校企合作汽车专业系列丛书

互联网+创新型“十四五”精品教材

新能源汽车

制动能量回收技术

（微课版）

主　编◎张云鹏　刘会倩　张晗玉

副主编◎孙晓燕　崔秀梅　金明明

黄慧青　潘号圆　白钦钦

哈尔滨工程大学出版社

Harbin Engineering University Press

内 容 简 介

本书注重严谨性和前瞻性，课程资源丰富，通俗易懂，图文并茂。全书共分为十个项目，包括能量回馈式制动概述、制动能量回馈系统总体方案设计、制动执行部件机理分析、防抱死制动回馈控制策略、液压制动力控制方法、气压制动力控制方法、电机制动控制算法、电动车辆制动系统电磁能量回收技术、电动车辆制动能量回收系统实验技术和电动车辆能量回收系统总线-标定技术。

本书既可作为应用型本科、职业院校汽车专业的通用教材，也可供汽车修理厂、汽车制造与装配技术人员参考。

图书在版编目（CIP）数据

新能源汽车制动能量回收技术 ： 微课版 / 张云鹏，刘会倩，张晗玉主编. -- 哈尔滨 ： 哈尔滨工程大学出版社，2025. 6. -- ISBN 978-7-5661-4801-8

Ⅰ. U469.7

中国国家版本馆 CIP 数据核字第 20259VR977 号

新能源汽车制动能量回收技术（微课版）

XINNENGYUAN QICHE ZHIDONG NENGLIANG HUISHOU JISHU（WEIKE BAN）

选题策划 张林峰

责任编辑 王丽华

出版发行 哈尔滨工程大学出版社

社　　址 哈尔滨市南岗区南通大街 145 号

邮政编码 150001

电　　话 0451-82519989

经　　销 新华书店

印　　刷 唐山唐文印刷有限公司

开　　本 889 mm×1 194 mm　1/16

印　　张 13.5

字　　数 389 千字

版　　次 2025 年 6 月第 1 版

印　　次 2025 年 6 月第 1 次印刷

书　　号 ISBN 978-7-5661-4801-8

定　　价 49.80 元

http://www.hrbeupress.com

E-mail:heupress@hrbeu.edu.cn

前　言

党的二十大报告指出，“坚持尊重劳动、尊重知识、尊重人才、尊重创造，实施更加积极、更加开放、更加有效的人才政策”“着力形成人才国际竞争的比较优势，加快建设国家战略人才力量”“深化人才发展体制机制改革……把各方面优秀人才集聚到党和人民事业中来”。

随着国民经济和汽车工业的飞速发展，汽车工业对当今世界的经济发展起到举足轻重的作用，我国的汽车工业在经济大潮中更是中流砥柱般的存在。由于汽车已成为人们生产、生活中重要的交通运输工具，因此越来越多的人想要了解汽车的相关知识。

本书主要有以下特色：

（1）重点突出，简明扼要。在介绍汽车制造工艺基本理论时，力求做到详略得当、通俗易懂，又不失系统性和严谨性。在介绍具体工艺方法时，尽可能对典型案例进行深入剖析，以便学生掌握规律和细节。

（2）理论联系实际，注重实用。紧密结合新能源汽车制动能量回收技术，阐述基本知识和基本理论，旨在培养学生分析和解决实际问题的能力。

（3）关注前沿，推陈出新。结合现代汽车制造技术的发展，充实新能源汽车制动能量回收新技术、新工艺，聚焦智能制造，体现产业需求。

（4）语言通俗易懂，图文并茂。本书使用了大量图片来配合零部件结构和装配的讲解，内容翔实，形象生动，实用性强，有助于提高学生学习的兴趣和理解力。书中还配备了任务工单和课后练习，便于学生学习和掌握专业知识。

本书由张云鹏（济南工程职业技术学院）、刘会倩（石家庄理工职业学院）、张晗玉（重庆移通学院）担任主编，由孙晓燕（乌兰察布市中等职业技术学校）、崔秀梅（石家庄理工职业学院）、金明明（鲁北技师学院）、黄慧青（广西电子高级技工学校）、潘号圆（巴中职业技术学院）、白钦钦（云南省玉溪技师学院）担任副主编。本书的相关资料和售后服务可扫描封底微信二维码或登录 www.bjzzwh.com 下载获得。

本书在编写过程中参阅了许多文献著述，引用了大量原厂手册及文献资料，在此向原作者们表示衷心的感谢！由于编者能力有限，书中不足之处在所难免，敬请读者和专家批评指正，以便后期修订。

编　者

目 录 CONTENTS

项目一 能量回馈制动概述

项目导读

能量回馈制动是一种将汽车制动过程中产生的动能转化为电能储存起来的技术。这种技术可以有效地提高汽车的能源利用效率，降低能源消耗，有助于实现汽车的节能减排目标。本项目将从发展背景、系统简介和研发进展三个方面对能量回馈制动进行介绍。

学习目标

知识目标

◆了解能量回馈制动技术的发展背景。

◆熟悉能量回馈制动系统的定义与组成。

能力目标

◆能够简述能量回馈制动系统的原理。

◆能够简述能量回馈制动系统的研发进展。

素质目标

◆要善于应变、善于预测、处事果断，能对实施情况进行决策。

◆坚定技能成才、技能报国的理想信念。

◆增强与时俱进的精神，树立爱岗敬业、奉献社会的道德风尚。

思政目标

引导学生理解能量回馈制动技术在环境保护中的重要作用，认识到该技术如何通过提高能效减少能源浪费，从而帮助降低碳排放，推动可持续发展。

任务一　能量回馈制动技术发展

任务描述

一家电动汽车制造公司正在计划开展一项新车款的研发项目。为确保这款新车在市场上具有竞争力，技术分析师需要深入了解能量回馈制动技术的历史和发展背景。其任务是探讨能量回馈制动技术是如何从最初的概念发展成为现代电动汽车和混合动力车中常见的技术，包括需要追溯技术的起源、发展历程以及关键的技术突破和应用场景，揭示这一技术如何解决传统制动系统中的能量浪费问题。如何系统地分析和总结能量回馈制动技术的演变过程，在新车研发项目中为公司做出科学决策？

任务分析

在这个任务中，重点是了解能量回馈制动技术的背景和发展历程。技术分析师需要梳理该技术从早期理论到实际应用的演变过程，包括技术的诞生、重要的技术突破和实际应用中的改进。这一任务不仅要求掌握技术发展的关键节点，还要理解其在能源效率、环保以及成本控制等方面的影响。通过深入分析技术的发展背景，技术分析师能够全面认识该技术，从而在新车研发过程中为公司提供必要的背景支持和决策依据。

任务重点与实施

在汽车行驶所消耗的能量中，制动消耗的能量占了很大比例。尤其是在城区中行驶的汽车，加减速频繁，制动过程中车轮旋转的动能转化为摩擦制动器衬片上的热量耗散在空气中。研究表明，在城区行驶的汽车在其制动过程中消耗的能量一般占直接驱动车辆行驶总能耗的 30%～50%，因此，能量回馈制动是一项重要的节能措施。在汽车减速制动时，能量回馈制动可将车轮旋转的动能转化为其他形式的能量并储存到储能系统中，供车辆的后续行驶及车载附件工作之用，同时为车辆提供回馈制动力。

早在 1906—1907 年，比利时生产的并联混合动力电动汽车 Auto-Mixte 就已尝试在制动时通过与内燃机曲轴共轴的电动机发电，将电能储存到电池组中。

19 世纪末至 20 世纪初，电动汽车的发展规模曾一度超越内燃机汽车。以美国为例，1915 年，电动汽车年产量达 5 000 辆。

1920 年后，随着内燃机技术的突飞猛进和石油开采加工技术的提升，内燃机汽车的发展渐渐超过电动汽车，成为机动车的主流，电动汽车逐渐失去优势，电化学储能式制动能量回馈技术的发展也随之停滞，人们便开始探索电化学储能以外的回馈能量的储存方式（主要有液压储能式和飞轮储能式）。

由于液压蓄能器具有功率密度大、工艺较成熟以及控制较方便的特点，一些学者和工程技术人员设计了用于回收制动能量的液压系统。当车辆处于制动或坡度行驶工况时，可使发动机停转，液压泵处于泵油工况并在车轮的拖动下将低压蓄能器中的油输送至高压蓄能器，高压蓄能器中存储的能量可用于起动或加速过程。尽管液压式能量回馈制动系统具有较多优点，但其也有体积大、成本高和能量密度小的缺点，因此并未得到广泛应用。另外一种吸引较多目光的能量回馈制动方案是飞轮储能。飞轮储能技术发展较早，在电力系统调峰、风力发电和卫星姿态调控等领域已有较多应用。飞轮储能具有能量密度大、功率密度大和效率高等优点，通过配套的电动机/发电机和整流器等可实现机械能至电能的双向转换。在基于飞轮储能的能量回馈制动系统中，飞轮通过行星齿轮变速器和无级变速器（CVT）与车轮相连，通过协调控制行星齿轮变速器和 CVT 的传动比可实现能量流动方向控制和功率控制。但是飞轮储能应用于汽车时也存在安装困难、可靠性差等问题。

20 世纪后期，三次石油危机的爆发以及全球对大气污染的关注，让人们重新重视起电动汽车。为改善能源与环境的现状，各国政府和各大汽车公司以及相关研究机构都致力于环境友好型的新能源与节能汽车的研发，具体包括无污染的燃料电池汽车和纯电动汽车，以及通过多能源管理改善汽车能耗的混合动力汽车和插电式混合动力汽车。从 20 世纪 90 年代初至今，随着新能源汽车技术的飞速发展，其规模开始迅速扩大。2021 年，全球电动汽车销量为 660 万辆，新能源汽车渗透率近 10%。2022 年一季度，全球电动汽车销量为 200 万辆，较 2021 年同期增长 75%。

随着电动汽车突飞猛进的发展，电能储存式制动能量回馈技术随之得到进一步研究和应用。从最初“小荷才露尖尖角”，到逐渐成为电动汽车的标配功能，至今仍在持续不断地创新、升级，并演化出多种技术形态。后文所述能量回馈制动系统均指电能储存式能量回馈制动系统。

任务二　能量回馈制动系统

任务描述

电动汽车制动能量回收

假如李路是一个新能源汽车项目的技术负责人，公司正在设计一款新型电动汽车。为确保团队在设计过程中能够准确实施能量回馈制动系统，李路需要编写一份详细的系统简介。这份简介需要涵盖能量回馈制动系统的基本原理、主要组成部分及其功能特点，以及系统在实际应用中的作用。李路的目标是将这一复杂的技术以易于理解的方式呈现给团队其他成员，以便他们能够更好地理解和应用这一技术。如何准确而全面地介绍能量回馈制动系统，以帮助团队在项目设计中有效地集成这一技术？

任务分析

在这项任务中，李路需要准确而简明地介绍能量回馈制动系统的基本构成和工作原理，包括系统的主要组件，如电动机、控制器和储能装置，以及它们如何协同工作以实现能量回馈；还需要解释系统在实际应用中的优势，如提高能效、延长制动寿命以及降低能耗等。这一任务要求将复杂的技术内容以通俗易懂的方式呈现，以确保团队成员能够正确理解和应用这些技术，支持项目的顺利进行。

任务重点与实施

能量回馈制动系统是在汽车滑行、减速或下坡时，将车辆行驶过程中的动能及势能转化或部分转化为车载储能系统的能量并将其存储起来的制动系统。

一、能量回馈制动系统组成

能量回馈制动系统主要包括电机回馈制动系统和摩擦制动系统两个子系统，同时涉及整车控制器、变速器、差速器和车轮等相关部件。

电机回馈制动系统包含驱动电机及其控制器、动力电池和电池管理系统。电机控制器用于控制驱动电机工作于发电状态，并施加回馈制动力；电池管理系统控制电能并将其回收于电池中。摩擦制动系统包括摩擦制动执行机构和制动控制器，用于控制摩擦制动力的建立与调节。

二、能量回馈制动系统原理

在车辆减速制动过程中，旋转的车轮带动电动机转动，电机控制器控制驱动电机工作于发电状态，回收车辆的动能并将其储存于电池中。电动机所提供的回馈制动力矩经过减速器、主减速器、差速器以及半轴的传递，作用于车辆前轮上。同时作用于车轮上的还有摩擦制动力矩。最终，来自电机回馈制动系统的回馈制动力矩与来自液压或气压制动系统的摩擦制动力矩在车轮处进行动态耦合，对车辆形成减速制动作用。

三、能量回馈制动系统分类

1. 按回馈制动力与摩擦制动力的耦合关系划分

按回馈制动力与摩擦制动力的耦合关系，能量回馈制动系统可分为叠加式和协调式两种，如图 1-1 所示。

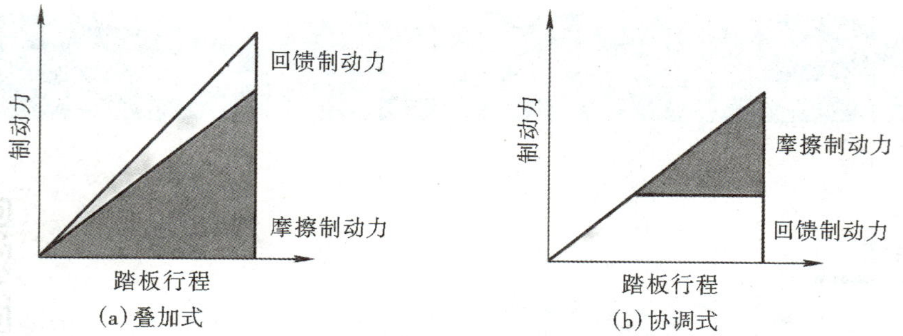

图 1-1　叠加式与协调式能量回馈制动系统制动力分配示意图

叠加式能量回馈制动系统是将电机回馈制动力直接叠加在原有摩擦制动力之上，不调节原有摩擦制动力，其实施方便，但回馈效率低，制动踏板感觉差。

协调式能量回馈制动系统则是优先使用回馈制动力，对液压制动力进行相应调节，使两种制动力之和与总制动需求协调一致，其回馈效率较高，制动踏板感觉较好，但须对传统液压制动系统进行改造，实施过程较为复杂。

早期的电驱动车辆大多采用叠加式能量回馈制动系统。但随着技术的发展，在回馈效率、制动踏板感觉和制动安全等诸多方面均具有巨大优势的协调式能量回馈制动系统逐渐成为研发主流。

2. 按液压调节机构所依托的技术平台划分

对于叠加式能量回馈制动系统，液压制动力无须调节，传统液压制动系统即可实现。而对于协调式能量回馈制动系统，则应对液压制动系统进行重新设计或改造。按照其液压调节机构所依托的技术平台，协调式能量回馈制动系统可分为以下三类。

（1）基于防抱死制动系统（ABS）/车身电子稳定控制（ESC）系统的能量回馈制动系统。此类方案基于 ABS/ESC 技术平台，利用标准化零部件，对制动管路布置进行相应改造。

（2）基于电子液压制动（EHB）系统的能量回馈制动系统。此类方案采用传统车辆 EHB 系统作为协调式能量回馈制动系统的执行机构。

（3）基于新型主缸/助力技术的能量回馈制动系统。此类方案根据协调式能量回馈制动的技术要求对制动主缸和助力系统进行重新设计与开发。

3. 按液压调节机构的布置方式划分

按液压调节机构在制动系统中的布置方式，协调式能量回馈制动系统可分为以下三类。

（1）与主缸集成的方案。在此类方案中，用于回馈控制的电磁阀等执行机构集成在制动主缸中。

（2）与液压单元集成的方案。此类方案将液压调节机构与传统车辆用于稳定性控制的液压单元进行了集成化设计。

（3）分散式布置的方案。在此类方案中，液压调节机构未进行一体化的设计，而是分散布置在制动系统中。

知识拓展

能量回馈制动系统按制动踏板与制动力的机械耦合关系划分

按照制动踏板与制动力的机械耦合关系，能量回馈制动系统可分为以下三类。

（1）踏板非解耦方案。在此类方案中，制动踏板与管路压力机械连接，中间环节未设置用于回馈控制的液压调节机构。

（2）踏板准解耦方案。在此类方案中，制动踏板与轮缸压力部分机械解耦或在部分工况下解耦。

（3）踏板解耦方案。在此类方案中，制动踏板与管路压力完全解耦，属“线控制动”。

任务三 能量回馈制动系统研发进展

任务描述

假如张帆是一个科研机构的项目负责人，正在负责一个关于能量回馈制动系统的研发项目。为了评估项目的当前状态和未来方向，张帆需要撰写一份关于该系统的研发进展报告。这个报告需要包括目前的技术进展、关键的研究成果、存在的问题以及未来的发展趋势。张帆的任务是总结最新的研究动态，并对目前的技术瓶颈和挑战提出解决方案和建议。如何系统地总结和评估能量回馈制动系统的研发进展，以便为未来的研发工作提供方向和支持？

任务分析

在这项任务中，张帆需要全面评估能量回馈制动系统的最新研发进展，包括技术成果、研究挑战和未来趋势。这要求张帆总结目前的研究成果，分析项目在技术实现、性能提升和应用场景方面的进展。同时，他还需要识别当前面临的技术瓶颈和挑战，并提出可能的解决方案或改进方向。这一任务的完成，将为团队在后续的研发工作中提供有价值的见解和方向，确保项目能够持续推进并取得更大的技术突破。

任务重点与实施

电驱动车辆由电驱动系统提供回馈制动，与原有摩擦制动共同完成整车制动操作，使得制动过程与能源系统和动力传动系统发生了关联。由于能量回馈制动将电动机引入制动系统，引发传统汽车能源系统和制动系统的结构与工作原理发生了变化：由单向驱动能量传递变成驱动与制动双向能量传递；由单一摩擦制动变成摩擦制动与回馈制动的机电混合制动。电机回馈制动在为车辆能量效率和制动性能改善带来机遇的同时，也对车辆能量管理与摩擦制动力控制提出了新的挑战。

一、关键技术

由于电动机可以提供的回馈制动力受到电动机外特性、电池荷电状态（SOC）等因素的影响和制约，车辆获得的回馈制动力在不断变化，因此对传统的摩擦制动系统提出了新的要求：需要其能够灵活精确地调节各制动管路压力，以确保摩擦制动力能够匹配变化的回馈制动力，共同满足总制动力需求以及各轮缸制动力需求；回馈制动系统应能保证制动踏板感觉不受制动管路压力变化的影响。为了应对这些新要求，需要对原有的摩擦制动系统进行重新设计，并对回馈制动力与摩擦制动力进行协调控制。

1. 摩擦制动力调节机构设计

摩擦制动力调节机构是能量回馈制动系统关键的执行机构，其任务是在不影响驾驶员制动踏板感觉的前提下，根据回馈制动力的变化对摩擦制动力进行调节，以满足驾驶员的全部制动意图。以液压制动力调节机构为例，执行机构的关键零部件主要包括踏板模拟机构、液压供给单元、压力调节机构。

2. 回馈制动力与摩擦制动力协调控制

能量回馈制动系统控制主要是指车辆在正常制动以及紧急制动工况下，回馈制动力与摩擦制动力的协调控制。

（1）驾驶员制动意图与需求的解析

在车辆正常制动的回馈控制中，通过制动踏板信号获取驾驶员操作踏板的行程与速率，解析其制动意图与需求，进而对电机回馈制动系统和液压执行机构进行控制，完成整车制动操作。

（2）制动力的分配

对于电驱动车辆制动力的分配，一方面，考虑回馈制动力与摩擦制动力之间的分配比例，尽可能提高能量回收效率；另一方面，由于受到法规的限制，汽车后轴也应具有一定的制动强度，因此还须考虑前/后制动力的分配。

（3）与传统底盘动力学控制系统 ABS/ESC 的协调

为避免电机回馈制动的介入对整车制动安全性和制动平顺性所带来的影响，须对回馈制动与传统底盘动力学控制系统 ABS/ESC 进行协调控制。

二、摩擦制动力调节机构研发进展

1. 基于 ABS/ESC 技术的液压控制系统

ESP hev 系统是博世公司在第九代 H 型管路布置的车身电子稳定程序（ESP）控制单元的基础上，利用标准化的零部件开发研制的。该系统只解耦了制动踏板与驱动轮制动回路之间的机械连接，使得驱动轮的液压制动压力可灵活独立地调节，而驾驶员的制动踏板感觉仅靠非驱动轴的液压回路保证。在制动踏板空行程中，仅有电动机的回馈制动力施加于驱动轴，可使车辆获得最大 0.2g 的回馈制动减速度，满足了新欧洲驾驶循环（new European driving cycle，NEDC）工况的制动需求。

韩国 MANDO 公司在 2009 年也推出了基于 ESC 的回馈制动系统。其在 ESC 基础上，增加了一套开关阀机构来隔断主缸和轮缸，以保证制动踏板感觉。利用 ESC 系统中的开关阀和油泵，将制动液从蓄能器抽入轮缸，各轮缸得以独立调节压力。

本书研究团队与国内制动零部件龙头企业浙江亚太机电基于自主 ABS 和 ESC 技术与资源，合作研发出能量回馈制动防抱死系统（EABS）和能量回馈车身电子稳定性控制（EESC）系统。在传统 ABS 基础上增设了 6 个开关电磁阀、3 个压力传感器以及 2 个踏板行程模拟器，形成了具有轮缸压力调节和制动踏板感觉模拟双重功能的 EABS 方案，可实现常规液压制动、协调式回馈制动以及 ABS 等多种制动模式。基于自主 ESC 技术平台，增加 4 个开关电磁阀、2 个制动踏板模拟器、4 个轮缸压力传感器和 3 条由储油壶引入压力调节单元的油路，提出了能够实现全制动工况范围主缸和轮缸解耦的 EESC 方案，可实现常规液压制动、回馈耦合制动、制动防抱死、驱动防滑和车辆稳定性控制等 5 种不同工作模式。

2. 基于 EHB 技术的液压控制系统

电子液压制动（electric hydraulic brake，EHB）系统是一种线控制动（brake-by-wire）系统，制动踏板与制动轮缸机械解耦，由液压执行机构来完成实际制动操作。其设计初衷是弥补传统制动系统制动效率和系统响应的不足，改善车辆的制动性能，但因其“踏板解耦”的特性恰好满足电驱动车辆协调式制动回馈的需求，故能被电驱动车辆所采用。部分汽车公司及零部件企业基于 EHB 技术体系开发出了具有制动能量回收功能的液压控制系统。

丰田旗下爱德克斯公司基于此思路开发了电控制动（electrically controlled brake，ECB）系统，成功将其应用于普锐斯混合动力车型。随着普锐斯车型的三次更新换代，ECB 系统也历经了三代的发展演化。在最新一代的 ECB 系统中，电动液压泵和高压蓄能器组成的高压供给单元被设置在液压单元之外，形成独立单元；用于回馈控制的液压调节机构与稳定性控制单元进行了集成。

同样是基于 EHB 思路，博世公司开发的 HAS-hev 能量回馈制动系统对压力调节机构未进行集成化的设计，而是分散化地布置在液压制动系统中。该系统中，踏板位移传感器、踏板行程模拟器、选择阀、减压控制阀组以及一个液压助力总成被集成在制动主缸内。而液压供给单元与用于增压控制的电磁阀则组成一个独立的模块，被设置在主缸之外。额外附加的一个电控单元（electric control unit，ECU）专门用于回馈制动控制，未与 ESP 进行集成。

此外，本田公司伺服液压制动系统、天合公司滑动控制制动（slip control brake，SCB）系统等解决方案也是基于 EHB 思路研发的，并已应用于部分商业化的电驱动车型。

本书研究团队与浙江亚太机电基于高压蓄能器和制动踏板模拟器的主结构，设计了制动能量回收和线控制动功能集成的、全解耦式的能量回馈电子液压制动系统（energy-regenerative electro-hydraulic braking system，EEHB），可实现常规液压制动、协调式回馈制动、ABS 制动、ESC 制动、智能主动制动等多种制动模式。

3. 基于电动主缸的液压控制系统

日立公司开发的电动机驱动智能制动系统已成功应用于日产聆风纯电动车型。系统中同轴设置的双活塞共同作用于主缸的液压腔，其中一活塞与制动踏板直接相连，另一活塞则由无刷电动机经滚珠丝杠直接驱动。电动机促动活塞的截面积比踏板促动活塞的截面积大得多，故实际建立的制动压力中大部分由无刷电动机提供。由于踏板力与制动力未完全解耦，当电促动机构失效时，踏板力仍能在主缸中建立一定的液压制动力，使整车具有一定的制动能力，保障行车安全。有别于广泛使用的制踏板模拟器的方式，该方案采用了一种踏板力补偿机构，利用弹簧组在踏板不同位置时产生的相对作用力，对踏板力进行补偿。

博世公司在 2010 年面向智能电动汽车推出了基于电动缸技术的 iBooster 智能助力制动系统。该系统是目前技术应用最成熟和市场推广最广泛的线控制动方案，iBooster 智能助力制动系统能量源为电助力主缸，通过机械传动将电动机的旋转运动转化为主缸推杆的直线运动，完成主缸制动液的压缩和释放，实现助力制动（部分解耦）和自主制动（完全解耦）。iBooster 现已推出两代：第一代 iBooster 的传动装置为蜗轮蜗杆和齿轮齿条，第二代 iBooster 的传动装置则采用了二级齿轮和螺杆螺套，传动更高效、结构更紧凑。iBooster 仅能主动控制主缸压力，无法独立控制轮缸压力，因此，必须配合另一制动调节模块——ESP，以实现车辆四轮制动力独立控制。

为了满足再生制动需求，第一代 iBooster 与 ESC 系统以及电控储液器（smart actuator）构成了 3-

BOX 制动系统。在回馈制动与摩擦制动协调工作时，过剩的制动液被吸入电控储液器，助力电动机协调控制踏板感觉。第二代 iBooster 配备了性能更优秀的 ESP hev 液压调节单元，二者构成的 2-BOX 制动系统可以在再生制动时通过电磁阀组件的协调控制将后轮制动液返回储液器实现后轮解耦制动，同时，前轴制动轮缸通过 ESP hev 的内部液路与主缸直连。因此，这一综合制动系统属于部分解耦方案。ESP hev 液压调节单元除了具有液压调节能力外，也提供一种制动能量源。在 ESP hev 液压调节单元运行时，其内的电控柱塞泵、低压蓄能器与电磁阀组件的协调控制确保了轮缸压力的快速、独立控制。

上海拿森汽车电子有限公司（以下简称“上海拿森”）推出 NBooster+ESC 的 2-BOX 方案，实现制动踏板与液压制动力完全解耦，建压能力可实现自动紧急制动（AEB）距离缩短 3~5 m。

大陆集团开发的 MKC1 制动系统是集助力制动、再生制动和 ESC 于一体的 1-BOX 方案，该方案采用制动副缸（电动缸）的方式，将制动主缸与轮缸进行完全解耦；采用的制动踏板感觉模拟器可提供制动踏板感觉反馈；采用的与踏板直连的制动主缸安置了压力传感器，用于识别制动需求。在正常工作模式下，制动控制器协调制动副缸和 4 对电磁阀对四轮轮缸压力进行独立解耦、精密控制。在轮缸与制动主缸/副缸之间存在 4 个隔离阀，用于解耦式液路与非解耦式液路的切换，实现不同制动模式以及制动失效安全控制。相比 2-BOX 的制动系统方案，MKC1 制动系统具有结构高度集成、制动功能完备的特点，其缺点是加工制造难度很大。

芜湖伯特利开发出国内首个基于 1-BOX 方案的一体式线控制动系统（WCBS），该系统集成了电动机助力和 ESC，具备快速增压、高度集成、解耦制动、优良的噪声性能以及集成后质量更小的技术优势。

三、回馈制动与摩擦制动协调控制技术研发进展

电机回馈制动系统与传统摩擦制动系统呈现出不同的动力学特性。例如，电机回馈制动力由电动机提供，经由机械传动系统的传递，作用于车轮，其产生机制及传递路径与传统液压、气压介质的制动系统不同；电机回馈制动响应快速、转矩易知，但其转矩大小受电动机和蓄电池等电驱动系统部件工作状态的影响比较大；回馈制动峰值功率及其持续时间远小于传统摩擦制动。

1. 正常制动工况下的协调控制研究

在整车层面上，正常制动工况下回馈制动力与摩擦制动力协调控制策略的研究分为能量管理与动态耦合两个层面。

（1）能量管理层面

回馈制动控制在能量管理层面的研究主要聚焦于制动力分配策略。在保证制动稳定性的前提下，充分挖掘制动能量回收潜力，以提高整车的能量经济性。

德国大陆、日本本田等整车企业在实际应用中采取较为简单的思路，对电机回馈制动力与摩擦制动力进行调节，始终保持前后轴液压制动力分配为一个固定比例。本书研究团队针对能量经济性、制动踏板感觉和制动舒适性等不同优化目标，设计了 3 种回馈制动控制策略。通过仿真分析与实车试验，研究团队验证了最大回馈效率策略在踏板非解耦系统下应用的不可行性；而所开发的良好制动踏板感觉策略以及综合兼顾策略在保证制动稳定性与舒适性的前提下，可大幅提高整车能量经济性。

（2）动态耦合层面

在正常制动过程中，电驱动车辆存在着回馈制动与摩擦制动的动态耦合，以及单一回馈制动、单一摩擦制动和回馈制动与摩擦制动动态耦合 3 种制动状态间的切换，如何确保上述动态耦合和切换过程中整车的平稳性，成为电驱动乘用车制动控制方面一项新的研究内容。此外，电驱动系统中包含大量非线性环节，如传动系统半轴弹性、齿隙非线性和通信网络延时非线性等，这些非线性因素为回馈制动力与摩擦制动力的协调控制带来巨大挑战。

英国萨里大学和意大利巴里理工大学的学者研究了由弹性特性引起的电驱动车辆半轴转矩动态特性。结果表明，半轴的转矩动态特性会对整车的纵向冲击和操纵稳定性带来潜在影响。德国 ZF 公司与戴姆勒克莱斯勒公司的研究人员对电驱动车辆的传动系统进行分析，指出轴系的弹性以及齿轮副的运动将会引起转矩振荡，导致系统产生振动与机械应力。本书研究团队对回馈制动力传递途径中的非线性特性进行分析，提出了电机回馈制动力矩补偿控制方法，抑制了系统机械非线性特性所引发的整车冲击。

2. 紧急制动工况下的协调控制研究

在紧急制动工况下，电驱动车辆回馈制动的介入可能会给传统成熟的 ABS 控制带来一定影响：电机转矩响应迅速且准确可控，在紧急制动工况下由回馈制动独立工作或与摩擦制动协调工作，可改善动力学控制效果。因此，深入研究防抱死制动过程回馈制动与摩擦制动的协调控制方法具有重要意义。

目前在防抱死制动过程中回馈制动与摩擦制动协调控制的研究主要有以下 3 种思路。

（1）回馈制动撤出实现 ABS 控制

该思路是指在 ABS 工作期间，回馈制动力以某种方式撤出，由摩擦制动独立完成 ABS 控制，避免回馈制动对原有 ABS 正常工作产生影响。美国通用公司、德国大陆公司等在各自开发的混合动力和纯电动汽车的制动系统中采用 ABS，一旦 ABS 触发立刻撤出回馈制动的方案。福特公司的方案是在防抱死制动的初期将回馈转矩保持一段时间，随后以一个固定的速率减小回馈转矩。日本爱德克斯公司则进一步提出了在 ABS 工作过程中施加不使车轮抱死的最大回馈制动力的控制方式。

（2）回馈制动独立实现 ABS 控制

该思路是指由回馈制动独立实现 ABS 控制，发挥电机制动力响应快、准确、可控的优点，结果表明这种控制方式确实可以利用电动机响应迅速的优点，改善控制效果。然而对于不同电驱动等级的车辆，这种控制方式并不完全适用。电机回馈转矩范围不能完全满足制动总需求，在大部分的制动过程中，总是需要摩擦制动系统起作用。因此该种控制方式目前只停留在仿真中，未见实车验证与应用。

（3）回馈制动与摩擦制动共同实现 ABS 控制

该思路是指由回馈制动和摩擦制动共同实现 ABS 控制。界业出现了采用逻辑门限值控制、模糊控制等方式，探索两种制动力共同实现 ABS 的新型控制模式。日本东京大学提出了一种称为 Hybrid-ABS 的回馈制动与液压制动混合防抱死控制方法，由回馈制动力负责制动需求中的高频部分，由液压制动力负责制动需求中的低频部分。其综合采用 PQ-method、基于滤波器的频带选择方法和模型跟随控制法来控制两种制动力以实现 ABS 功能。本书研究团队在回馈制动与摩擦制动共同实现 ABS 控制方面提出了多种控制策略。其中一种是以最佳滑移率为目标的优化补偿控制策略，即通过最优控制方法确定车轮最优制动力矩，利用逻辑门限值法控制摩擦制动力，用电动机力矩补偿最优制动力矩与摩擦制动力矩之间的差值。

项目小结

本项目主要对能量回馈制动进行了概述。首先介绍了能量回馈制动的技术发展；其次介绍了能量回馈制动系统的组成与原理；最后介绍了能量回馈制动系统的研发进展。通过本项目的学习，读者能够了解能量回馈制动技术的发展背景，明确能量回馈制动系统的组成与原理，掌握能量回馈制动技术的研发进展，从而对制动能量回收有了整体了解。

项目工单

1. 寻找成员

以 3~5 人为一组，选出组长并进行任务分工，将小组成员及分工情况填入表 1-1 中。

表 1-1　小组成员及分工情况

小组成员	姓名	学号	任务分工
组长			
组员			

2. 制订计划

（1）查阅相关资料，制订工单计划，并将其填入表 1-2 中。

表 1-2　工单计划

序号	工作内容	负责人

（2）将操作过程中所需的工具和耗材等填入表 1-3 中。

表 1-3　操作过程中所需的工具和耗材等清单

序号	名称	型号与规格	单位	数量	备注

3. 进行决策

（1）小组成员针对各自的工单计划展开讨论，并认真填写。

（2）指导教师根据各小组提交的工单计划给出评价。

（3）各小组成员根据指导教师的评价对工单计划进行调整，调整合格后的工单计划即为最终实施方案。

4. 工作实施

根据最终实施方案，学习认识新能源汽车制动能量回收技术内容。按实际操作过程，将实施内容、遇到的问题及解决办法等记录于表 1-4 中。

表 1-4　工作实施过程记录表

序号	实施内容	遇到的问题及解决办法	结果

5. 考核评价

各组展示任务完成情况，并完成如表 1-5 所示的考核评价表。

表 1-5　考核评价表

项目名称	评价内容	分值	评价分数		
			自评	互评	师评
职业素养 考核项目（40%）	安全意识、责任意识及服从意识强	10 分			
	积极参加教学活动，按时完成任务工单	10 分			
	团队合作、沟通交流能力强	10 分			
	劳动纪律良好	10 分			
专业能力 考核项目（60%）	专业知识查找及时、准确	12 分			
	理解能量回馈制动技术的发展	18 分			
	操作熟练，工作效率高	12 分			
	任务完成度高	18 分			
合计：综合分数________自评（20%）+互评（20%）+师评（60%）		100 分			
综合评估		教师（签名）：			

课 后 练 习

一、填空题

1. 能量回馈制动系统是在汽车________时，将车辆行驶过程中的________转化或部分转化为车载储能系统的能量并将其存储起来的制动系统。

2. 电机回馈制动系统包含________、动力电池和电池管理系统。

3. 摩擦制动力调节机构是能量回馈制动系统关键的________，其任务是在不影响驾驶员制动踏板感觉的前提下，根据回馈制动力的变化对摩擦制动力进行调节，以满足驾驶员的全部________。

二、简答题

1. 按照液压调节机构所依托的技术平台，协调式能量回馈制动系统可分为哪几类？

2. 按照液压调节机构在制动系统中的布置方式，协调式能量回馈制动系统可分为哪几类？

项目二

能量回馈制动系统总体方案设计

项目导读

能量回馈式制动不仅可以提供良好的制动效果，还可以将动能转化为电能，向电网送电，达到回收能量的效果，一举两得。本项目将讲解多种能量回馈制动系统，并对控制系统进行设计。

学习目标

知识目标

◆熟悉典型能量回馈制动系统的组成。

◆了解新型能量回馈制动系统的组成与原理。

能力目标

◆掌握功率变换器的分类与原理。

◆能够对制动工况进行分析。

素质目标

◆培养在工作中既要充分坚持原则，又要具备灵活处理问题的能力。

◆在工作中坚持多沟通、多协商，用以理服人的原则解决问题。

◆形成良好的工作习惯，提高自我创新意识。

思政目标

强调在学习各种控制方法时将理论与实践相结合，鼓励学生通过实验和实际应用验证理论知识，提升其实践能力和解决实际问题的能力。

任务一　能量回馈制动系统组成

任务描述

李丽是一个电动汽车项目的研发经理，其团队正在设计一种新的电动汽车。为了提高车辆的能效，李丽需要深入了解能量回馈制动系统的不同类型。李丽的任务是调查并比较当前市场上的典型能量回馈制动系统与新型能量回馈制动系统。李丽需要对典型能量回馈制动系统的工作原理、优缺点进行详细分析，并了解新型能量回馈制动系统的技术特点和创新点。通过对比，李丽将为团队选择最适合的新车设计系统提供科学依据。如何全面了解并评估这两类能量回馈制动系统，以便在项目中做出最佳选择？

任务分析

在这项任务中，关键是对能量回馈制动系统进行详尽的研究和比较。准确识别和理解典型能量回馈制动系统的工作机制及其在实际应用中的优缺点，将帮助李丽了解现有技术的成熟度和适用范围。同时，对新型能量回馈制动系统的研究将揭示其在技术和性能上的创新点和潜力。通过对比分析，李丽可以为项目选择最合适的系统，优化电动汽车的能效和性能。这一过程将确保李丽在设计阶段能够做出明智的决策，并最终提升产品的市场竞争力。

任务重点与实施

一、典型能量回馈制动系统

目前的电动汽车能量回馈制动系统中，最为常见的就是通过逆变器向蓄电池回馈电能。图 2-1 为常规能量回馈制动系统，该回馈系统主要由电动机、蓄电池、电机控制器以及直流功率变换器等装置组成。其工作原理为：当电动机工作时，通过改变功率变换器开关 T_1 的脉冲宽度调制（PWM）信号的占空比，将蓄电池电压升高，为电动机供电；当电机制动时，利用电动机自身的电感作为电源，通过控制 T_2 的 PWM 信号的占空比，再利用电动机产生的反电动势降压斩波，对蓄电池进行充电。在制动能量回馈过程中，电动机通过逆变器进行能量回馈，制动能力与电动机扭矩相关，回馈能量与车速成正比。随着车速减小，反电动势降压回馈的电压逐渐降低，直至电压小于或等于蓄电池电压时，制动回馈过程结束。

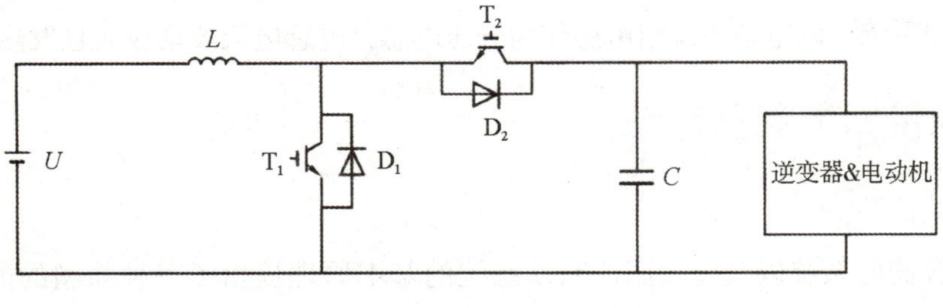

图 2-1　常规能量回馈制动系统

另一种常见的能量回馈制动系统为混合储能系统，如图 2-2 所示。该系统主要由蓄电池、超级电容器、双向 DC/DC 功率变换器、逆变器以及电动机等装置组成。其工作原理为：当电动机正常工作时，双向 DC/DC 功率变换器作为升压变换器，蓄电池以及超级电容器向电动机供电；而当电机制动时，双向 DC/DC 功率变换器作为降压变换器，通过传感器检测电动机的转速以及超级电容器的电量，由控制器决定向蓄电池或者超级电容器进行能量回馈。

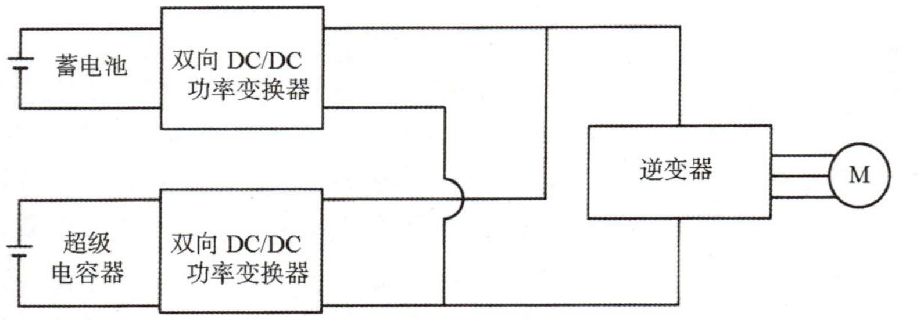

图 2-2　混合储能系统

针对混合储能系统，诸多高校、科研机构深入研究，提出了更为高效的系统方案，如图 2-3 所示。该系统仍然是由蓄电池和超级电容器组成的混合储能系统，通过控制 T_1 的通断降压，从而控制电动机供电或超级电容器充电；通过控制 T_2 的通断实现升压，从而向蓄电池回馈能量。

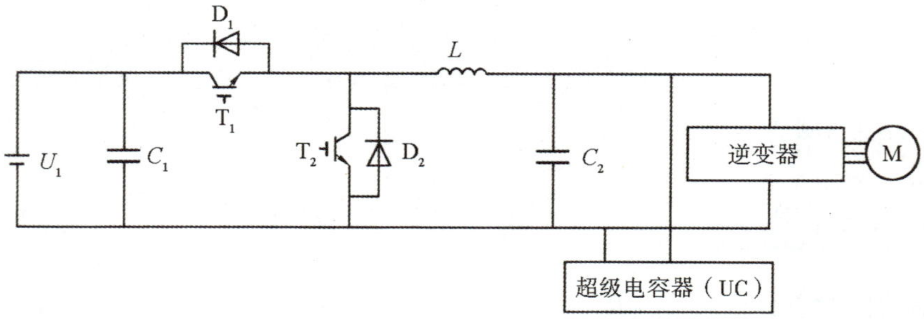

图 2-3　高效混合储能系统

目前能量回馈制动系统仍存在一些不足：

（1）双向 DC/DC 功率变换器的设计受限于电路的最大电流及负载，且电子元器件高频率的开关动作会增加电路中的能量损耗。

（2）电动机转速变化较大时，发电机的感应电动势向电源电压的斩波降压变换比的范围较大，从而降低双向 DC/DC 功率变换器的效率。

（3）初始制动车速较低时，电动机产生的反电动势较小，由于双向 DC/DC 功率变换器的最大变压比，反电动势升压低于电源电压后将不再回馈能量。

（4）常规混合储能系统如图 2-2 所示，当系统使用两个双向 DC/DC 功率变换器时，增大了回馈系统体积，且两个双向 DC/DC 功率变换器需要输出不同的升压比，从而导致系统控制方法复杂，系统效率降低；而图 2-3 所示的系统，以电动机绕组电感作为升压电感，电感电流波动较大且发热量大，损害增大。

二、新型能量回馈制动系统

1. 系统结构设计

本项目基于混合储能系统以及能量回馈制动系统的基本原理提出了一种新型的能量回馈制动系统，其结构简图如图 2-4 所示。该系统由可串/并联切换的超级电容器组以及蓄电池组组成的混合电源、双向 DC/DC 功率变换器、H 桥型逆变器和电动机等装置组成。

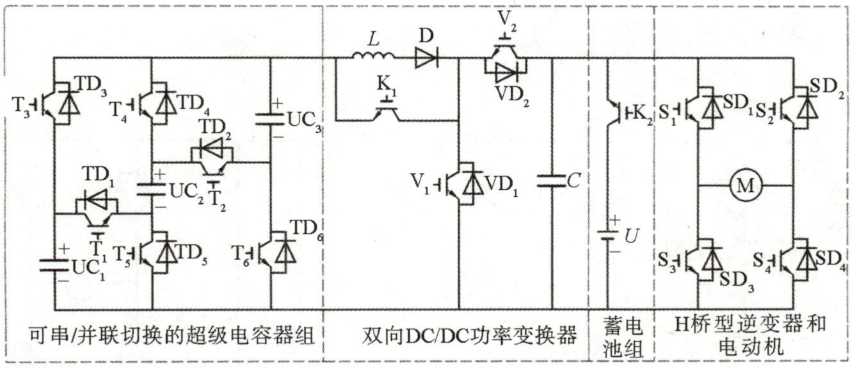

图 2-4　新型能量回馈制动系统结构简图

2. 系统工作原理

当电动汽车行驶时，其主要动力源为蓄电池组，新型能量回馈制动系统将可以进行串/并联切换的超级电容器组作为辅助电源；而当电动汽车开始制动时，该系统开始回馈制动能量，超级电容器组则成为主要的储能装置，蓄电池组成为辅助的储能装置。

驱动电机为能量转换装置，是纯电动汽车的唯一动力源，不仅可以产生车辆运行时所需的驱动力，还可以产生车辆所需的制动力。在驱动车辆行驶的过程中，电动机将电能转化为驱动车辆行驶所需的动能；在车辆制动时，电动机将车辆的动能通过电制动的形式转化为电能。

能量回馈制动系统工作过程为：通过新型能量回馈制动系统控制功率器件的开关状态，以及电动汽车的制动系统控制电动机的转速和转矩，完成电动机由驱动工作状态向制动状态的转换，从而在车辆行驶过程中将动能转化为电能，并将其储存在相应的储能装置中。

（1）启动阶段

在电动汽车启动阶段，且在车辆所需瞬时功率较大且超级电容器组储存的能量较为充足的情况下，系统设计的储能方式为由超级电容器组向电动机单独供电。如图 2-5 所示，系统控制 K_2、V_2 断开，T_1、T_2 导通，而系统中 V_1 则由 PWM 信号进行控制，充分利用超级电容器允许充放大电流的特点，通过双向 DC/DC 功率变换器进行升压变换，从而实现超级电容器组向电动机单独供电。

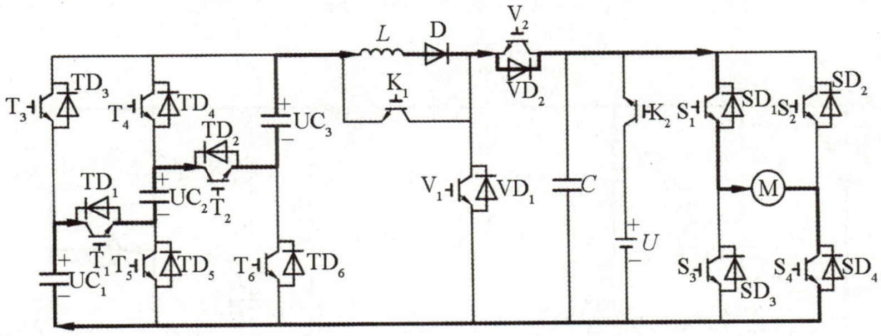

图 2-5　超级电容器组单独供电

（2）匀速行驶阶段

电动汽车在匀速行驶阶段所需功率较为稳定，由于超级电容器组在多数情况下只能短时间供电，但蓄电池组的电能较为充足，并且可以长时间为车辆提供电能，故系统设计为由蓄电池组向电动机单独供电。如图 2-6 所示，系统通过控制 V_2 和 V_1 断开、K_2 导通，从而实现蓄电池组向电动机单独供电。

（3）加速、爬坡阶段

电动汽车在加速、爬坡阶段所需功率较大，系统设计为蓄电池组和超级电容器组共同向车辆供电，其中蓄电池组可以为车辆提供一定的平均功率，而超级电容器组则为车辆提供所需功率中超出平均功率的部分。如图 2-7 所示，系统通过控制 V_2 断开，K_2、T_1 以及 T_2 导通，由 PWM 信号控制 V_1，从而实现蓄电池组和超级电容器组共同向电动机供电。

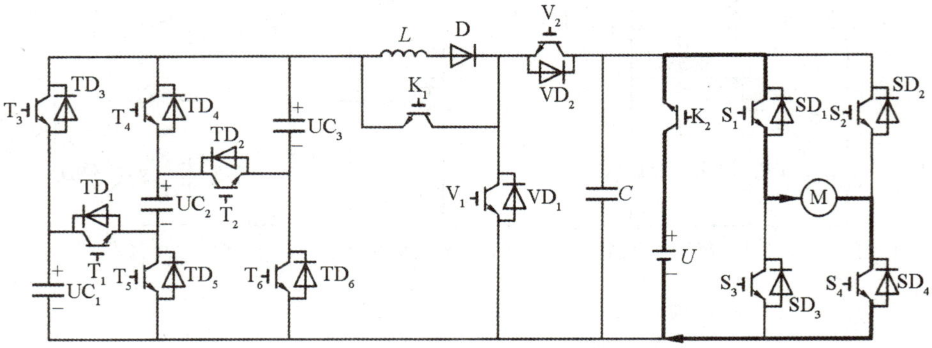

图 2-6　蓄电池组单独供电

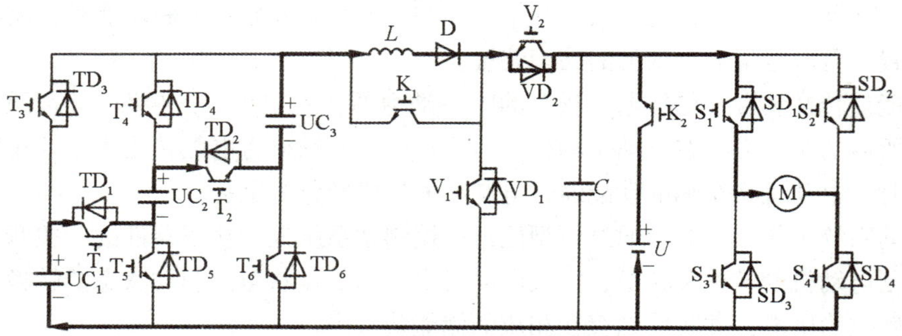

图 2-7　蓄电池组和超级电容器组共同供电

（4）制动阶段

在电动汽车制动阶段，电动机开始进入制动能量回馈阶段，电动机以发电机的状态开始工作。而当发电机产生的感应电动势高于超级电容器组的端电压时，制动能量回馈状态如图 2-8 所示。系统控制 K_1、T_3、T_4、T_5 以及 T_6 导通，车辆一部分动能利用电动机转化为电能，并将其贮存到超级电容器组中，同时系统控制 T_1 和 T_2 进行周期性导通，以此实现超级电容器组中能量的均衡传递。

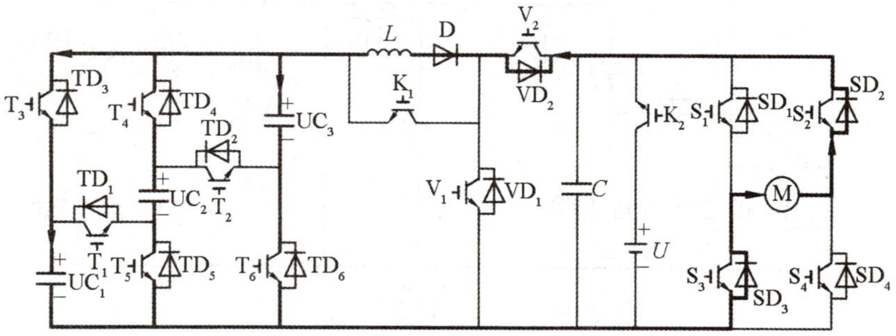

图 2-8　制动能量回馈状态

当车辆进行制动时，随着车速的不断降低，电动机产生的感应电动势会随之下降，而当感应电动势降低到与超级电容器组并联电压相同时，电动机将不再向超级电容器组进行制动能量回馈，制动能量回馈结束。

任务二　功率变换器的选择与设计

任务描述

张彩是一个电动汽车电气系统设计师，公司正在研发一种新型电动汽车。为了优化能量回馈系统的性能，张彩需要选择合适的功率变换器，并进行详细设计。张彩的任务包括将不同类型的功率变换器进行分类，设计H桥型逆变器和双向DC/DC功率变换器。张彩需要比较各类功率变换器的特点和应用场景，选择最适合的变换器类型，并确保其在系统中的设计符合性能要求。如何进行功率变换器的选择和设计，以确保电动汽车能量回馈系统的高效和稳定？

任务分析

这项任务的重点在于选择和设计功率变换器。首先，分类和比较不同类型的功率变换器（如H桥型逆变器和双向DC/DC功率变换器）是基础工作，需要理解每种变换器的特点、优势和适用范围。随后，需要在这些类型中选择最适合电动汽车应用的方案，并进行详细设计，以确保功率变换器能够高效稳定地工作。设计工作包括电路设计、参数选取及性能优化等。准确选择和优化设计功率变换器，将能够提升电动汽车系统的整体性能和能效，为项目的成功提供关键支持。

任务重点与实施

随着生产技术以及电子技术的不断发展，功率变换器已广泛应用于UPS系统、电动汽车驱动系统以及航空电源系统等领域。其中双向DC/DC功率变换器作为DC/DC功率变换器的双象限运行，其输入、输出电压极性不变，而输入、输出电流方向可变，从而实现了双向传递，在双向传递能量的场合可以减小系统体积，故得到广泛应用。

一、功率变换器分类

逆变器的工作原理

双向DC/DC功率变换器分类如图2-9所示，可分为隔离式和非隔离式，其中隔离式应用较广。根据直流源，传统的隔离式双向DC/DC功率变换器可分为电压源双向DC/DC功率变换器和电流源双向DC/DC功率变换器。

1. 电压源双向DC/DC功率变换器

传统电压源双向DC/DC功率变换器结构简图如图2-10所示，其双向传递是由隔离变压器两侧的高频整流/逆变单元以及高频变压器完成。常见的电压源双向DC/DC功率变换器电路主要有全桥式拓扑以及原边半桥、次边推挽式拓扑两种。

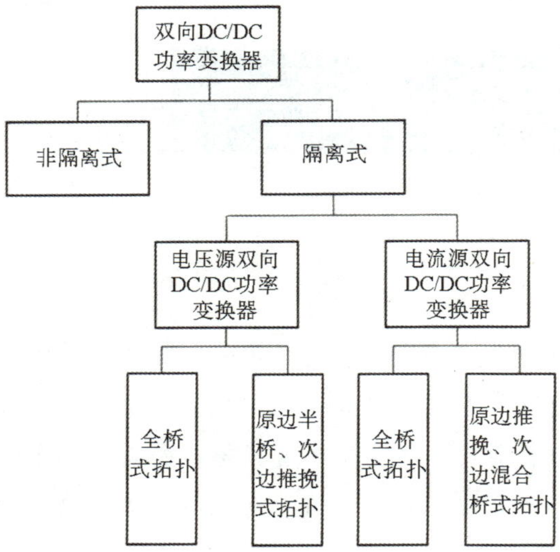

图 2-9　双向 DC/DC 功率变换器分类

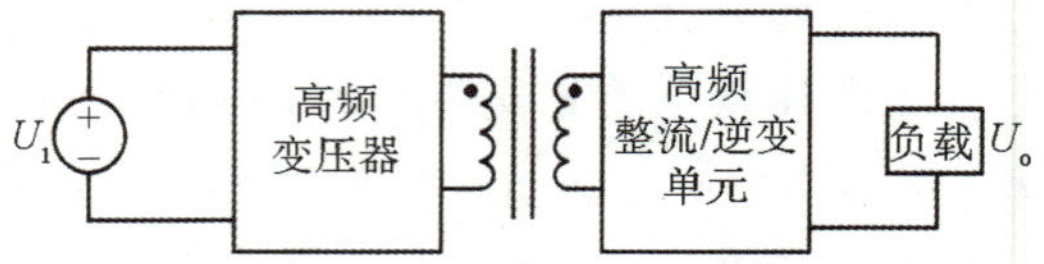

图 2-10　传统电压源双向 DC/DC 功率变换器结构简图

（1）全桥式拓扑

图 2-11 为全桥式拓扑，由两个全桥电路作为高频整流/逆变单元，该电路通常通过移相控制功率流向及大小，常用于有大功率需求的场合。该电路控制较为简单，且便于通过加入有源钳位电路、无源谐振电路以及饱和电感使其功率开关均以软开关状态工作；但该电路使用变压器漏感进行能量传递，变换器效率降低、成本高，且环流能量较大。

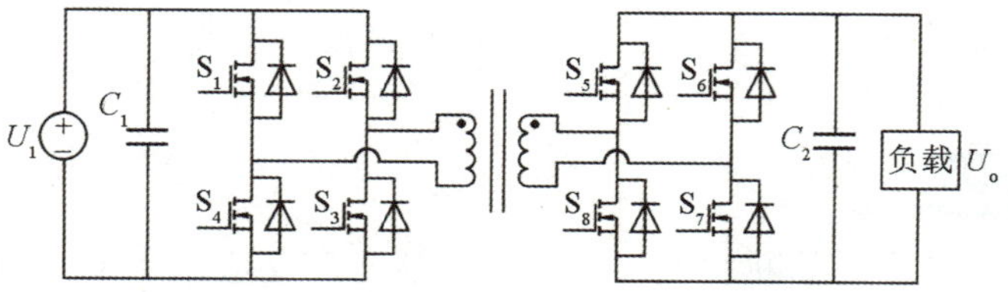

图 2-11　全桥式拓扑

（2）原边半桥、次边推挽式拓扑

图 2-12 为原边半桥、次边推挽式拓扑，其变压器原边为半桥电路、次边为推挽电路，主要应用于有中小功率需求的场合。该电路较为成熟，稳定性好，但为了保证磁通的平衡，该电路对变压器的要求较高。

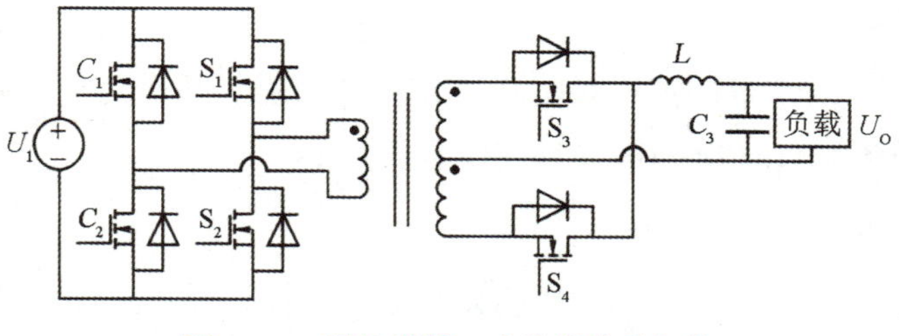

图 2-12　原边半桥、次边推挽式拓扑

2. 电流源双向 DC/DC 功率变换器

传统电流源双向 DC/DC 功率变换器结构简图如图 2-13 所示，与电压源双向 DC/DC 功率变换器的主要区别在于其在高频整流/逆变单元外增加了电感抑制电流纹波，减小了电解电容的体积。常见的电流源双向 DC/DC 功率变换器电路主要有全桥式拓扑以及原边推挽、次边混合桥式拓扑两种。

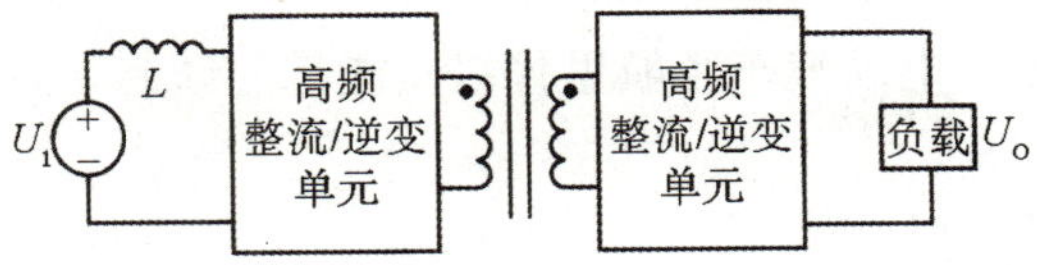

图 2-13　传统电流源双向 DC/DC 功率变换器结构简图

（1）全桥式拓扑

图 2-14 为全桥式拓扑，多应用于需要大功率且电源侧为电流源的场合。该电路与电压源全桥式双向 DC/DC 功率变换器相似，同样利用移相控制功率流向以及大小，同样可以使其功率开关均以软开关状态工作，但该电路具有瞬态电压尖峰以及启动等问题，制约了其应用。

（2）原边推挽、次边混合桥式拓扑

图 2-15 为原边推挽、次边混合桥式拓扑，多应用于有中小型功率需求的场合。该电路与电压源原边半桥、次边推挽式相似，同样具有稳定、可靠的优势，但其推挽电路对主变压器要求较高。

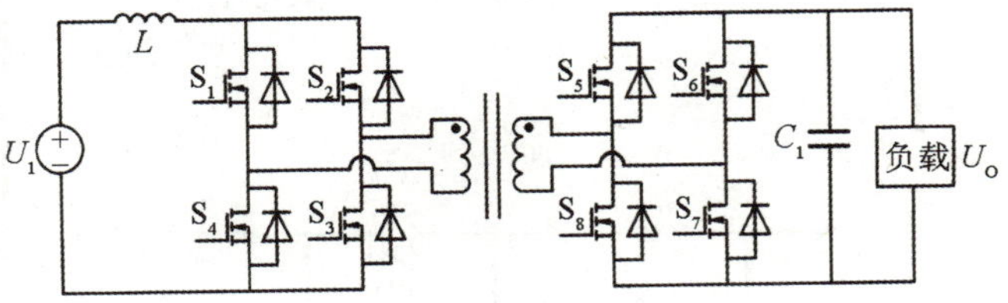

图 2-14　全桥式拓扑

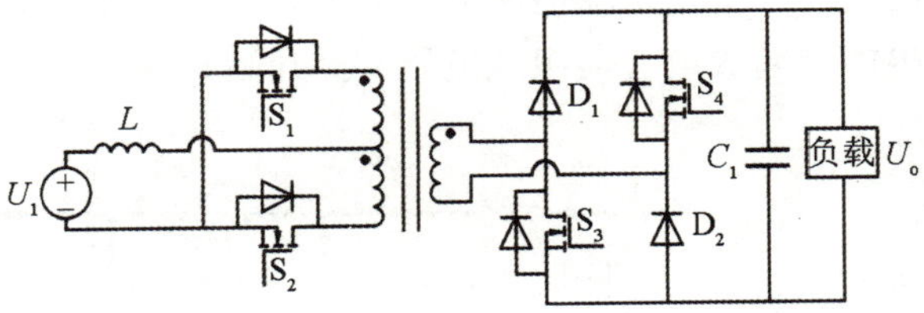

图 2-15　原边推挽、次边混合桥式拓扑

功率变换器是能量回馈制动系统中的关键装置，会显著影响储能装置的释能以及储能。提高功率变换器的工作效率，可以提高车辆的能量利用率，并减少功率变换器元器件的损耗，延长其使用寿命，从而提高能量回馈制动系统的效率及稳定性。

二、H 桥型逆变器

H 桥型逆变器又称为 H 型全桥式电路，其工作原理如图 2-16 所示。通过 H 桥型逆变器可实现电动机四象限运作，其应用较为广泛。

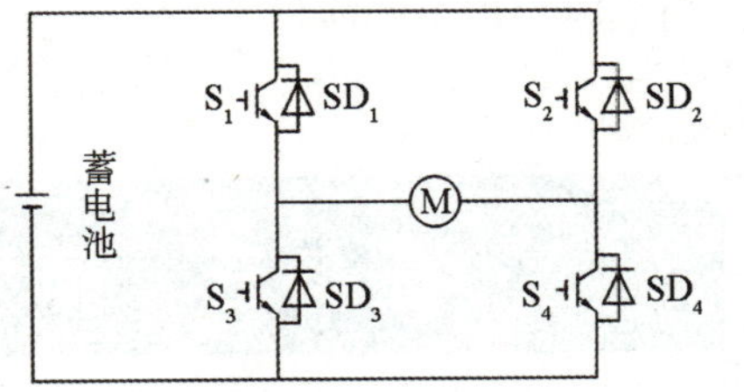

图 2-16　H 桥型逆变器工作原理

H 桥型逆变器中的开关管均以斩波状态工作，其中 S_1 和 S_4 为一组，S_2 和 S_3 为一组，且两组开关管的导通与关断保持相对立的状态。当 S_1 和 S_4 这一组开关管处于导通状态时，S_2 与 S_3 关断，电动机两端为正向电压，从而实现电动机的正转或反接制动；而当 S_2 和 S_3 这一组开关管处于导通状态时，S_1 与 S_4 关断，电动机两端为反向电压，从而实现电动机的反转或正接制动。

三、双向 DC/DC 功率变换器设计

电动汽车在行驶过程中，其电动机由混合储能系统中的超级电容器组以及蓄电池组共同供电，其中超级电容器组辅助蓄电池组为电动机提供额外峰值功率；而当车辆处于制动状态时，电动机将以发电机工作状态进行制动能量回馈，以超级电容器组作为储能装置，这将会使超级电容器组的电流以及电压发生较大变化。但能量回馈制动系统不能利用超级电容器组直接储能或者直接对外部进行供电，还需利用功率变换器进行变压。故而系统在 H 桥型逆变器和超级电容器组之间利用双向 DC/DC 功率变换器进行连接，从而使超级电容器组输出施加在电动机端的电压可以稳定在工作区域内，提高系统效率。

本文所提出的新型能量回馈制动系统拟采用经过优化设计的双向 DC/DC 功率变换器，可大幅度拓展制动能量回馈的车速范围，提高电动汽车续航里程以及能量回馈制动系统的工作效率，从而延长蓄电池的使用寿命。

1. 升压放电模式

功率变换器升压放电模式如图 2-17 所示，当电动机由超级电容器组供电驱动，且电动机端电压 U_M 大于或等于超级电容器组的端电压 U_{SC} 时，利用功率变换器对超级电容器组进行升压，为电动机供电。超级电容器组在为电动机供电的过程中，其端电压 U_{SC} 降低，则需要系统调整 V_1 的占空比。

在 V_2 截止、V_1 导通情况下，VD_1 二极管反向截止，超级电容器组输出的电能经过电感并贮存在电感中；电感开始放电时，电流经过 VD_2 流向负载，超级电容器组以及电感同时向电动机供电。

2. 降压回馈模式

功率变换器降压回馈模式如图 2-18 所示，当电动汽车进行制动，电动机开始向超级电容器组回馈能量时，电动机端电压 U_M 大于超级电容器组端电压 U_{SC}，电动机通过功率变换器向超级电容器组回馈电能，超级电容器组端电压 U_{SC} 开始升高。

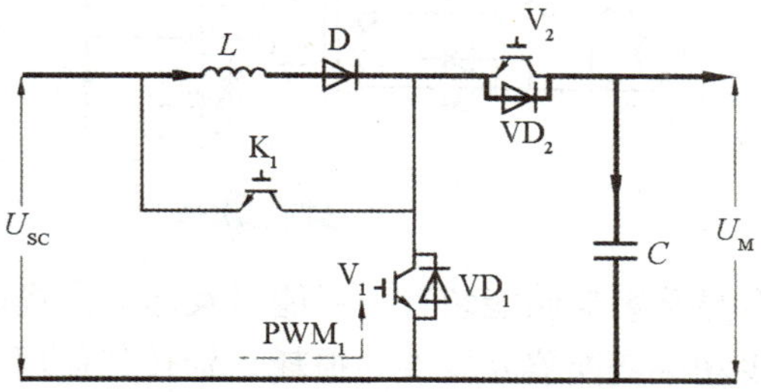

图 2-17 功率变换器升压放电模式

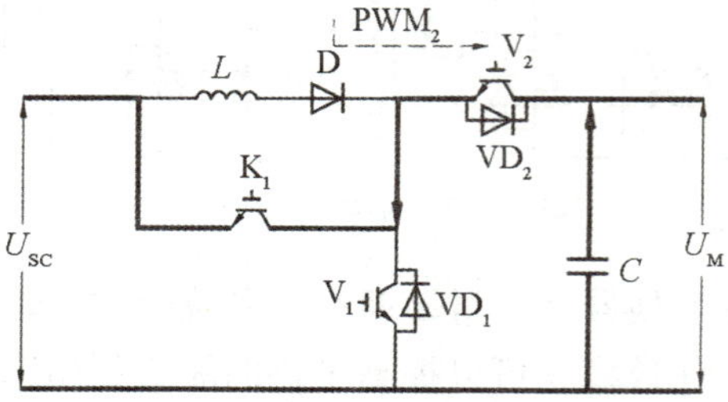

图 2-18 功率变换器降压回馈模式

在 V_2、K_1 导通，V_1 截止的情况下，电机回馈的制动能量以及在电容 C 中贮存的能量将共同流向超级电容器组，为其充电；而在 V_2 截止的情况下，电动机产生的能量则只能流向电容 C，VD_2 会断开流向超级电容器组的能量。

任务三 新型制动能量回馈控制策略的设计

任务描述

高素是一位高级控制系统工程师，其公司正在开发一种新型电动汽车。为了提升能量回馈制动系统的效果，高素需要设计一种新型的控制策略。高素的任务包括分析制动工况、设计适用于新型储能系统的制动能量回馈控制策略，并考虑影响系统性能的各种因素。高素需要制定有效的控制策略，以优化能量回馈的效率和系统稳定性，同时评估不同因素对系统性能的影响。如何科学地设计和评估制动能量回馈控制策略，以实现最佳的能量回馈效果和系统性能？

任务分析

这项任务的关键在于设计和优化制动能量回馈控制策略。首先，需要进行制动工况分析，以了解不同制动模式下的能量回馈需求和挑战；其次，需要为新型储能系统设计合适的控制策略，确保能量回馈过程高效、稳定；最后，需要考虑各种可能影响系统性能的因素，如环境条件、电池状态等，对控制策略进行调整和优化。通过全面设计和评估控制策略，能够最大化能量回馈系统的效能，提高电动汽车的整体性能和用户体验。

任务重点与实施

一、制动工况分析

电动汽车行驶过程中的制动工况不尽相同，可分为紧急制动、下长坡制动和正常制动，应针对不同的制动工况采取不同的控制策略。

1. 紧急制动

当车辆处于紧急制动工况时，车辆的制动强度十分大，此时制动力需求大且制动时间短。当由电动机提供最大的电制动力仍不足以满足制动需求时，制动力需求不足的部分则由机械制动力补足。但是因为制动时间较短，电动机即使提供最大电制动力，回馈的能量仍有限，所以紧急制动时系统设计应以机械制动为主。

2. 下长坡制动

当车辆处于下长坡制动工况时，车辆需求制动力较小且制动时间较长，此情况通过电动机的电制动力即可满足制动强度需求。所以该情况下车辆制动系统尽可能通过电动机产生的电制动力进行制动。

3. 正常制动

当车辆处于正常制动工况时，车辆的制动力需求强度一般，此时车辆制动力由电制动力以及机械制动力共同提供，其中电制动力达到最大，机械制动力则负责补足剩余不足部分。而当车辆制动后速度较低时，电动机产生的感应电动势相对较小，感应电动势经功率变换器升压后仍小于超级电容器组的端电压，则制动能量回馈结束，此时车辆只通过机械制动力进行制动，直至停车。

根据上述 3 种车辆主要制动工况分析可得：车辆在下长坡制动以及正常制动时，能量回馈制动系统回馈效率较高，回馈能量较多；而车辆在紧急制动时，能量回馈制动系统回馈的能量最少。

二、新型储能系统制动能量回馈控制策略

新型储能系统制动能量回馈控制策略如图 2-19 所示。

当驾驶员踩踏制动踏板时，制动踏板信号利用踏板模拟器传递到踏板传感器，从而使车辆的制动系统得到制动踏板行程以及踏板的速度，进而获取驾驶员的制动意图以及制动强度；与此同时，车辆的制动系统利用所得到的车速、制动强度以及储能装置的电量等参数，并综合电动机的外特性，在保证车辆前轮不抱死的前提下，对车辆前后轮的制动力进行分配，并根据图 2-19 所示的策略控制电液制动状态，实现制动能量回馈。

该策略在实现制动能量回馈效率最大化的同时，可以保证制动的稳定性以及安全性。此策略下，车辆正常制动以及下长坡制动时将以电制动为主，并尽可能利用电制动力实现车辆减速以及停车；而当紧急制动时，该策略以制动安全性为主，在保证车辆前后制动轮不会抱死的情况下，将优先利用机械制动进行制动，以电制动力作为辅助。具体各因素控制策略如下。

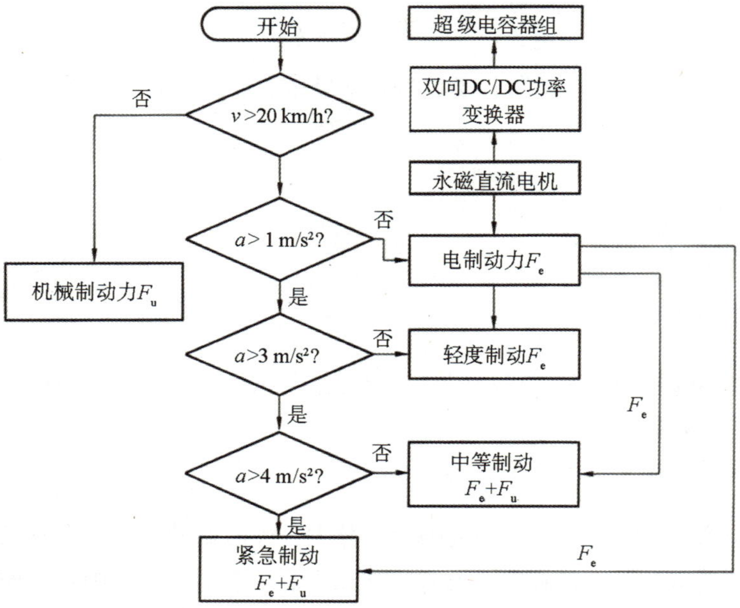

图 2-19　新型储能系统制动能量回馈控制策略

（1）轻度制动。车辆轻度制动（$z \leqslant 0.1$，z 为制动强度）时，控制电动机提供电制动力。

（2）中等制动。车辆中等制动（$0.1<z \leqslant 0.7$）时，在满足 ECE R13 的前提下，优先使用电制动力，并合理分配前后轮制动力，使制动能量回馈效率最大化。

（3）紧急制动。车辆紧急制动（$z>0.7$）时，在保证制动的安全性以及稳定性的基础上，电动机将提供最大制动力，机械液压制动力则补偿不足部分。若检测到前后车轮发生抱死，ABS 将会介入并逐渐减小电制动力、逐渐增加机械液压制动力，电制动力减小部分与液压制动力增加部分相同。

（4）超级电容器组电量。在回馈时，若超级电容器组的 SOC 小于 80%，则先对超级电容器组回馈；当超级电容器组的 SOC 大于等于 80%时，将停止充电以保护超级电容器组，并将回馈能量贮存到蓄电池组；若超级电容器组的 SOC 大于等于 20%，小于 80%时，则停止放电，蓄电池组开始对超级电容器组进行充电。

（5）电动机转速。在电动机转速过低的情况下，当电动机的回馈电压通过功率变换器变压后低于超级电容器组以及蓄电池组两端电压，且电制动力不再满足制动强度需求时，制动能量回馈过程就此结束。

知识拓展

新型能量回馈制动系统与传统、常规的能量回馈制动系统相比具有许多优点：可串/并联切换超级电容器组以及蓄电池组组成的混合储能电源，可提高车辆的动力性以及经济性；利用充放电回路控制可串/并联切换的超级电容器组优化后的制动力分配控制策略，可有效提高制动能量回馈效率。

三、能量回馈制动系统的影响因素

汽车在城市道路行驶时，空气阻力对制动分析过程的影响较小，因此可以忽略空气阻力的影响。以下阐述其他几个对能量回馈制动系统影响比较大的因素。

1. 电动机

电动机不但对电动汽车的动力性起决定性作用，而且是影响能量回馈制动系统能量转换装置的重要因素。电动机对制动能量转换的效率会直接影响能量回馈制动系统的工作效率。

电动机的电制动能力越强，所提供的制动转矩越大，电制动力所占整个车辆的制动力的比例越大，制动回收转化的电能就越多。当电动汽车的制动速度低时，由电动机产生的感应电动势太小而不能实现再生制动。当电动汽车的制动速度为中等速度且制动力较大时，电动机产生的动力与电动机速度成正比：速度越高，功率越大，制动能量回馈越多。当电动汽车的制动速度较高时，电动机处于高速运行中。由于电动机的制动能力有限，故制动能量损失更大。电动机的再生制动转矩受到功率和转速的制约，当制动强度过大时，电动机则无法满足制动要求。

2. 储能装置

蓄电池为电动汽车常规的储能装置。其中，锂电池、铅酸电池和镍氢电池等能量型电池可以作为蓄电池的选择，而蓄电池充电效率受 SOC 值、蓄电池温度以及充电电流的限制。

为了防止过充、保护蓄电池，在制动能量回馈的过程中，需要考虑电池的 SOC；由于制动的过程较短，在电动机转速较高时也要考虑最大充电电流，以避免破坏电池；在制动能量回馈过程中，需要考虑充电时的环境温度；在回收时，需要考虑功率不能超过电池的最大功率。

3. 制动力分配比例

电动汽车用能量回馈制动系统，无论是在前驱还是在后驱，都只用于驱动轮，其中一部分的制动能量是通过传统的摩擦损耗掉的。因此，在保证制动过程稳定性和安全性的前提下，对驱动轮优先提供电制动力可以提高制动能量回馈的利用率及能量回馈效率。

4. 制动工况

电动汽车在城市道路行驶时，制动工况对电动汽车的制动能量回馈影响较深。行驶工况不同，汽车的制动频率不同，从而可回收的制动能量也不同。由于在行驶的过程中，电动汽车需要不断地加速和减速，轻度的制动工况较多。如果能量回馈制动系统的利用率越高，则制动能量的回馈就越多。电动汽车在高速公路行驶的过程中，车速较高，制动能量回馈的频率较低，导致能量回馈制动系统的利用效率较低，制动时回馈的能量较少。

5. 驾驶舒适性

制动能量回馈时，能量回馈制动系统要能够满足制动的稳定性和安全性，同时也要满足在制动过程中驾驶的舒适性。因此，在能量回馈制动系统参与制动的过程中，驾驶员制动的主观感觉需要和传统的燃油汽车制动踏板的主观感觉相似。

项目小结

本项目主要介绍了能量回馈制动系统总体方案设计。首先介绍了两类能量回馈制动系统；其次介绍了不同类型的功率变换器的选择与设计；最后介绍了新型制动能量回馈控制策略的设计。通过本项目的学习，我们了解了能量回馈制动系统的结构设计和工作原理，掌握了功率变换器的分类、H 桥型逆变器的结构、双向 DC/DC 功率变换器的设计方法，学会了对制动工况和新型储能系统制动能量回馈控制策略进行分析。

项目工单

1. 寻找成员

以 3~5 人为一组，选出组长并进行任务分工，将小组成员及分工情况填入表 2-1 中。

小组成员	姓名	学号	任务分工
组长			
组员			

2. 制订计划

（1）查阅相关资料，制订工单计划，并将其填入表 2-2 中。

表 2-2　工单计划

序号	工作内容	负责人

（2）将操作过程中所需的工具和耗材等填入表 2-3 中。

表 2-3　操作过程中所需的工具和耗材等清单

序号	名称	型号与规格	单位	数量	备注

3. 进行决策

（1）小组成员针对各自的工单计划展开讨论，并认真填写。

（2）指导教师根据各小组提交的工单计划给出评价。

（3）各小组成员根据指导教师的评价对工单计划进行调整，调整合格后的工单计划即为最终实施方案。

4. 工作实施

根据最终实施方案，学习认识新能源汽车制动能量回收技术内容。按实际操作过程，将实施内容、遇到的问题及解决办法等记录于表 2-4 中。

表 2-4　工作实施过程记录表

序号	实施内容	遇到的问题及解决办法	结果

5. 考核评价

各组展示任务完成情况，并完成如表 2-5 所示的考核评价表。

表 2-5　考核评价表

项目名称	评价内容	分值	评价分数		
			自评	互评	师评
职业素养 考核项目（40%）	安全意识、责任意识及服从意识强	10 分			
	积极参加教学活动，按时完成任务工单	10 分			
	团队合作、沟通交流能力强	10 分			
	劳动纪律良好	10 分			
专业能力 考核项目（60%）	专业知识查找及时、准确	12 分			
	熟悉能量回馈制动系统方案设计	18 分			
	操作熟练，工作效率高	12 分			
	任务完成度高	18 分			
合计：综合分数________自评（20%）+互评（20%）+师评（60%）		100 分			
综合评估		教师（签名）：			

课后练习

一、填空题

1. 在制动能量回馈过程中，电动机通过逆变器进行________，制动能力与电动机扭矩相关，回馈能量与车速________，随着车速减小，反电动势降压回馈的电压________，直至电压小于等于蓄电池电压时，制动回馈过程结束。

2. 新型的能量回馈制动系统由可串/并联切换的超级电容器组以及蓄电池组组成的混合电源、________、________和电动机等装置组成。

3. 驱动电机为________，是纯电动汽车的唯一动力源，不仅可以产生车辆运行时所需的________，还可以产生车辆所需的制动力。

4. 电动汽车行驶过程中的制动工况不尽相同，可分为________、________和________，应针对不同的制动工况采取不同的控制策略。

二、简答题

1. 目前能量回馈制动系统仍存在哪些不足？
2. 简述制动能量回馈技术工作过程。

项目三

制动执行部件机理分析

项目导读

采用能量回馈制动，可以将制动过程中产生的能量回馈到电网，减少对制动系统的能量消耗，从而降低车辆运行成本，增加车辆里程。本项目将对制动踏板感觉模拟器、电磁阀、电机液压泵、高压蓄能器、电子机械助力装置、低压蓄能器和电动副主缸进行介绍。

学习目标

知识目标

◆了解制动踏板感觉模拟器的概念与用途。

◆熟悉电磁阀的概念与种类。

能力目标

◆能够简述电机液压泵的重要性。

◆能够简述低压、高压蓄能器的作用。

◆能够简述电子机械助力装置的结构与用途。

素质目标

◆向大国工匠和高技能人才看齐，学习他们身上的工匠精神。

◆认真体会工匠精神，自觉传承、践行工匠精神。

◆清楚自己的时代使命，树立职业荣誉感。

思政目标

引导学生认识到制动执行部件的技术进步对提升汽车性能和安全性的作用，同时使其关注这些技术在环保和能源节约方面的潜力，培养他们在未来工作中关注环保和可持续发展的意识。

任务一　制动踏板感觉模拟器与电磁阀

任务描述

李苗雨是一家汽车制造公司的系统工程师，正在研发一款新型电动汽车的制动系统。为了提升驾驶员的操控体验，李苗雨需要设计一个高效的制动踏板感觉模拟器，要求该模拟器能够提供与传统制动系统相似的踏板反馈感。同时，李苗雨还需要整合电磁阀来调节系统中的液压压力，以精确控制制动效果。李苗雨的任务是研究制动踏板感觉模拟器的工作原理以及电磁阀的角色，确保它们能够协同工作，实现目标设计。如何将制动踏板感觉模拟器和电磁阀有效集成到系统中，以优化制动系统的性能和用户体验？

任务分析

在这项任务中，李苗雨需要深入了解制动踏板感觉模拟器和电磁阀的工作机制。制动踏板感觉模拟器的设计目标是模拟传统制动系统的踏板反馈，以增强驾驶员的操控感和驾驶信心。电磁阀则用于调节液压压力，以实现精确的制动控制。李苗雨需要将这两个系统有效集成，以确保制动踏板感觉模拟器能够提供准确的反馈，电磁阀能够动态调整制动压力。这种集成设计，可以提升制动系统的性能，增强车辆的操控稳定性和舒适度。

任务重点与实施

制动踏板感觉模拟器的作用是模拟传统制动系统的制动踏板感觉，对驾驶员制动输入产生同质反馈，即保留了传统液压制动系统的踏板力与位移的关系。串联能量回馈制动系统需要实现制动轮缸与主缸的压力解耦，因此需要制动踏板感觉模拟器来容纳主缸排出的制动液，并形成液压力反馈出常规制动的踏板感觉。

由于制动踏板感觉模拟器是液压制动系统的容性元件，其制动压力的建立表现出很强的一致性，即制动压力 p 与进入的制动液体积 V 密切相关。基于这样的关系，选取不同的模拟器参数，模拟器会具有不同的 p-V（压力-体积）特性，串联系统也会因此产生不同的制动踏板感觉。

能量回馈制动系统工作时，其主缸前腔与前轴轮缸断开，主缸前腔制动液几乎全部进入制动踏板感觉模拟器中，因此制动踏板感觉模拟器应该具有与前轴轮缸相似的 p-V 特性。

图 3-1 为一种典型的制动轮缸 p-V 特性曲线示意图，可见 p-V 特性曲线大致可以分为以下两个区域。

① 非线性区域：轮缸压力处于低压区，p-V 特性曲线呈非线性。

② 线性区域：轮缸压力处于高压区，p-V 特性曲线近似线性。

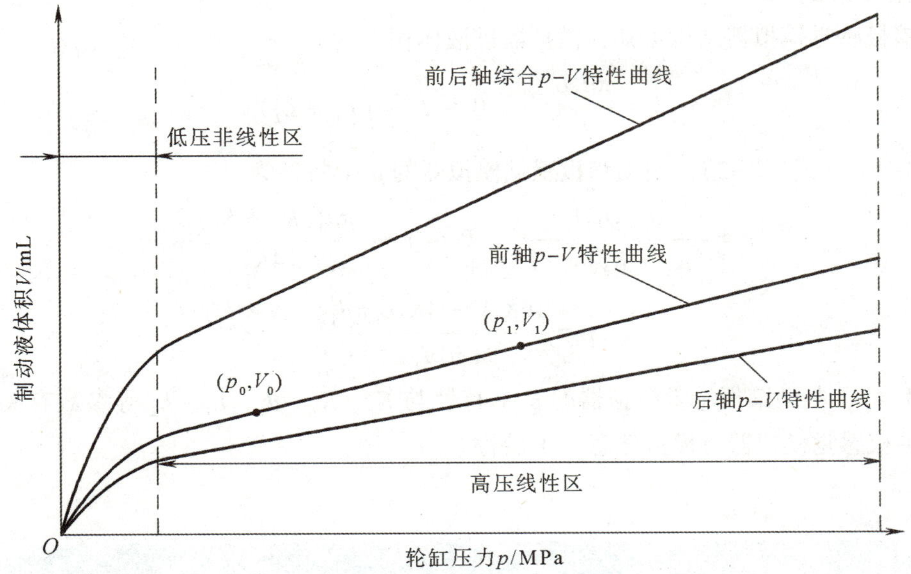

图 3-1　典型的制动轮缸 $p-V$ 特性曲线示意图

根据上述分析，制动轮缸的 $p-V$ 特性并不是绝对线性的，制动踏板感觉模拟器需要进行变刚度设计。图 3-2 为一种典型的制动踏板感觉模拟器结构，模拟器由活塞、弹簧 1、中间活塞、弹簧 2、橡胶块和模拟器缸体等组件构成。

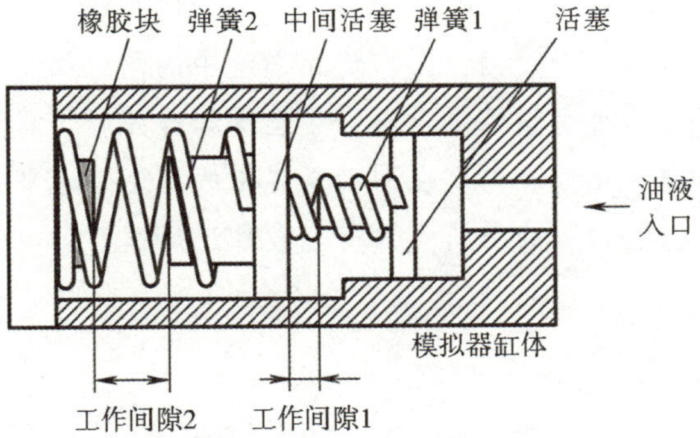

图 3-2　典型的制动踏板感觉模拟器结构

制动踏板感觉模拟器通过两个不同刚度的弹簧反馈踏板力，并且两段弹簧的工作间隙构成了制动踏板感觉模拟器的两个工作阶段。在第一阶段，制动液从主缸流入制动踏板感觉模拟器中，压缩弹簧 1 与弹簧 2，两个串联，对应轮缸的低压区 $p-V$ 特性，此时流入液体较多，但是反馈力较小；持续压缩弹簧，工作间隙 1 与工作间隙 2 同时变小，直至完全克服工作间隙 1，该模拟阶段结束。在第二阶段，踏板开度继续变大，该阶段仅压缩弹簧 2，对应轮缸高压区的 $p-V$ 特性。

当制动踏板感觉模拟器工作在低压非线性区时，其内部压力可以表示为

$$p = \frac{4K_1K_2L}{(K_1 + K_2)\pi d_1^2} \qquad 0 \leqslant L \leqslant L_1 \frac{K_1 + K_2}{K_2} \tag{3-1}$$

式中，p 为模拟器内部压力（制动系统中压力多指压强，下同），Pa；K_1 为模拟器弹簧 1 的刚度，N/m；K_2 为模拟器弹簧 2 的刚度，N/m；L 为活塞工作行程，m；L_1 为工作间隙 1，m；d_1 为活塞直径，m。

当制动踏板感觉模拟器工作在高压线性区时，其内部压力可以表示为

$$p = \frac{4K_2(L - L_1)}{\pi d_1^2} \qquad L_1 \frac{K_1 + K_2}{K_2} < L \leqslant L_1 + L_2 \tag{3-2}$$

式中，L_2 为工作间隙 2，m。

根据制动踏板感觉模拟器结构可知，模拟器进液体积 V 为

$$V=\frac{\pi d_1^2 L}{4} \qquad 0 \leqslant L \leqslant (L_1+L_2) \tag{3-3}$$

结合式（3-1）~式（3-3），制动踏板感觉模拟器的 p-V 特性为

$$\begin{aligned} p &= \frac{16K_1K_2V}{(K_1+K_2)\pi^2 d_1^4} \qquad 0 \leqslant V \leqslant \frac{\pi d_1^2 (K_1+K_2) L_1}{4K_2} \\ p &= \frac{16K_2V - 4K_2L_1\pi d_1^2}{\pi^2 d_1^4} \end{aligned} \tag{3-4}$$

根据式（3-4），制动踏板感觉模拟器的 p-V 特性与 K_1、K_2、d_1、L_1、L_2 等参数有关，通过调节上述参数，制动踏板感觉模拟器可模拟任意 p-V 特性。

任务二　电　磁　阀

任务描述

电磁阀工作原理

蔡旭是一个电动汽车制动系统的设计师，正在优化系统中的电磁阀组件。为了满足不同的制动需求，蔡旭需要研究两种类型的电磁阀：线性阀和开关阀。蔡旭的任务是详细了解这两种电磁阀的工作原理、优缺点以及在制动系统中的应用。蔡旭需要分析它们在制动控制中的作用，决定哪种电磁阀更符合当前项目的需求。如何比较和选择适合的电磁阀，以确保制动系统能够稳定、可靠地工作？

任务分析

在这项任务中，蔡旭要重点对电磁阀的两种主要类型进行比较和分析。线性阀通常用于需要连续调节流量的应用，而开关阀则适合需要快速切换的场合。蔡旭需要评估这两种电磁阀在制动系统中的适用性，考虑其响应速度、调节精度和可靠性等因素。通过详细分析，蔡旭能够确定哪种电磁阀更适合设计需求，以确保制动系统在性能和可靠性方面达到最佳状态。

任务重点与实施

根据对系统构型的分析，液压制动力的控制需要多个电磁阀配合工作，尤其是串联能量回馈制动系统。首先，制动主缸与轮缸压力解耦，需要电磁阀来切断主缸与轮缸之间的液压通道。其次，轮缸压力的精确调节需要电磁阀来精准控制流入轮缸内的液体体积。因此总结出两类电磁阀需求：一类电磁阀是用于切断或连通液压回路的，称为开关阀；另一类电磁阀是用于控制制动液的瞬时流量的，称为线性阀。从根本上讲，电磁阀是调节液压系统流阻的关键控制元件。为了正向开发压力调控方法，下面首先介绍电磁阀的工作机理。

一、线性阀

线性阀又称比例阀，是一种流量连续可控的电磁阀。控制其阀口流量大小可调节轮缸的压力变化率，阀口瞬时流量与阀口开度以及阀口两侧压力差有关，根据伯努利方程可知

$$q = C_d A\sqrt{\frac{2\Delta p}{\rho}} \tag{3-5}$$

式中，q 为阀口瞬时体积流量，m^3/s；C_d 为流量系数；A 为阀口节流面积，即阀口开度，m^2；Δp 为阀口两侧压差，Pa；ρ 为制动液密度，kg/m^3。

线性阀的流量控制实质是对阀口开度的控制，且唯一的控制量为阀芯的电流。一般来说，此类电磁阀的电流可调节的范围比较宽，且与电磁阀的开度具有一定的对应关系。根据电流为零时阀口的开合状态，线性阀可分为常开线性阀和常闭线性阀。下面将基于电磁阀结构，着重分析电流变化对电磁阀流量控制的影响。

1. 常开线性阀

图 3-3 为典型的常开线性阀的结构，其主要组件包括隔磁管、轭铁、动铁、电磁线圈、阀体、阀芯、阀座、回位弹簧、环滤网、端滤网和钢球等。其中隔磁管使用磁阻材料（如铝或塑料），并完全包住动铁；阀体使用软磁材料（如不锈钢）；阀芯使用磁阻材料，为防止腐蚀并保证一定强度，一般采用硬质塑料。该结构设计可改变电磁场的磁感线走向，以实现如下的电磁阀控制效果。

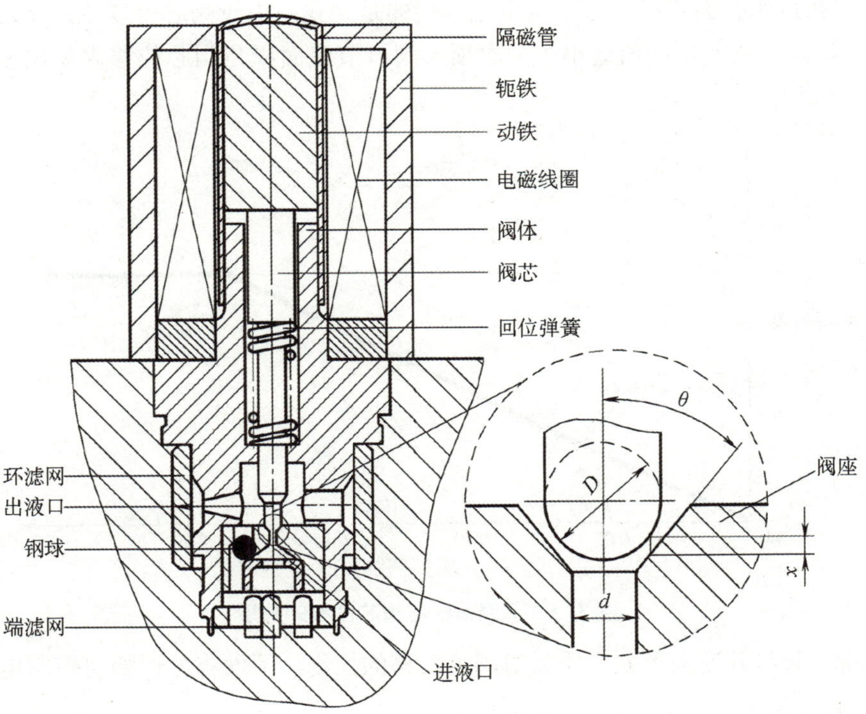

图 3-3　典型的常开线性阀的结构

图 3-3 中局部放大部分为阀口情况，阀口开度与阀芯的位移 x 有关。进一步分析阀口，如图 3-4 所示，实线是阀口开启状态，虚线为阀口关闭状态。阀口开启时，制动液由孔口经阀芯球头与锥面间的空隙流入阀内，阀口开度即为阀口的有效节流面积。

球阀结构下，有效的节流面积 A 为圆锥侧面积的一部分，计算方法如下。

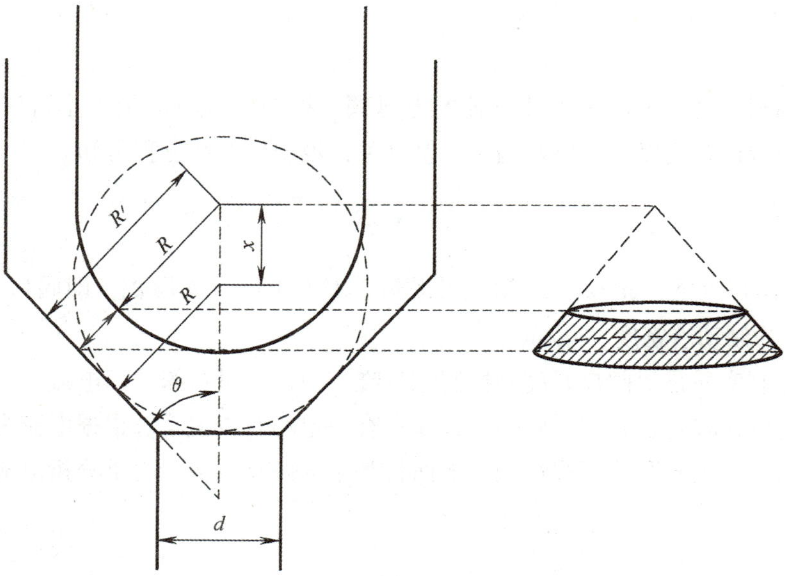

图 3-4　阀口示意图

$$A(x)=\pi[(R+x\sin\theta)^2-R^2]\cos\theta=\frac{\pi}{2}x^2\sin\theta\sin 2\theta+\pi xR\sin 2\theta \tag{3-6}$$

式中，x 为阀芯位移，mm；R 为阀芯球头半径，mm；θ 为阀座夹角，rad。

根据式（3-6），节流面积是关于阀芯位移的单调递增函数，而阀芯的位移是受几何尺寸限制的，且当阀口节流面积超过阀孔面积时，起主要节流作用的是阀孔。由于阀芯有效位移 x 远小于阀芯球头半径 R，因此式（3-6）中二次项的值远小于一次项，阀口节流面积与阀芯位移表现出很好的线性度，如图 3-5 所示。

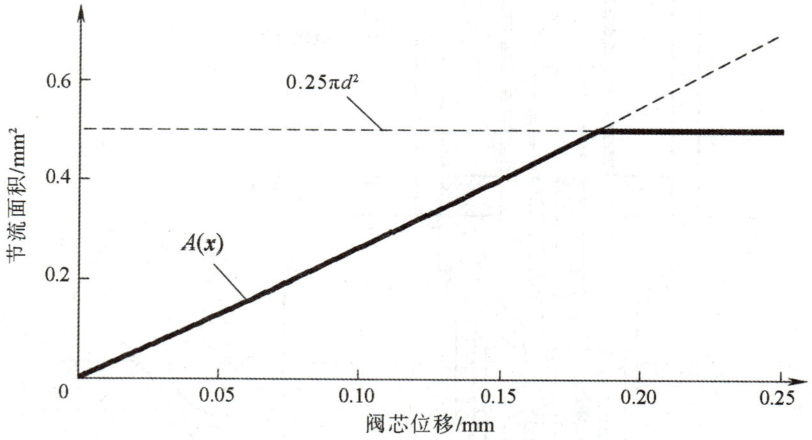

图 3-5　节流面积与阀芯位移的关系

综合上述分析，阀口开度的控制实质为对阀芯位移的控制。下面将分析如何控制电磁阀电流以实现对阀芯位移的控制。

电磁阀线圈通电时，动铁在电磁力的作用下推动阀芯克服弹簧力和液压力向下运动，使阀芯球头与阀座锥面接触，实现阀口关闭；线圈断电后，阀芯在回位弹簧的作用力下与阀座分离，阀口恢复开启状态。下面通过力学分析解释阀口开启关闭的动态过程。

阀芯运动状态是动铁的推力（动铁受到的电磁力），弹簧的弹力，阀芯孔壁的摩擦力、阻尼力及制动液压力的共同作用效果。阀芯受力分析示意图如图 3-6 所示。

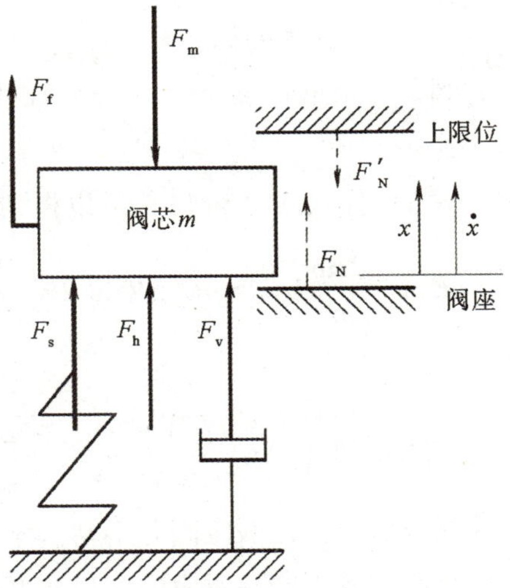

图 3-6　阀芯受力分析示意图

阀芯的运动平衡方程如下

$$m\ddot{x} = F_m - F_h - F_s - F_f - F_v \tag{3-7}$$

式中，F_m 为电磁力，N；F_s 为弹簧力，N；F_h 为液压力，N；F_f 为摩擦力，N；F_v 为阻尼力，N。

摩擦力和阻尼力与阀芯位移无关，此二力需要通过设计保证其数量级远小于电磁力、弹簧力和液压力，从而忽略其对阀芯运动的影响。在其余三力中，电磁力为控制量，弹簧力和液压力是状态量。弹簧力与阀芯位移呈线性关系，在此不做赘述。下面着重分析液压力、电磁力和阀芯运动状态的影响因素。

（1）液压力分析

对线性阀进行控制时，需要重点关注液压力是否会受阀芯位置的影响。首先，阀口两侧的压力差会对阀芯产生静压，若阀芯位置变化不会引起受压面积变化，则认为静压不受阀芯位置变化的影响。其次，阀芯的球头与阀座之间存在间隙（阀口未完全关闭）时，制动液的流动会造成动压（又称液动力）。当阀芯的球头完全抵在阀座上（阀口完全关闭）时，制动液流动被切断，液动力消失，此时阀芯会受到阀座的支持力 F_N。

由于阀芯外形呈轴对称，阀芯受到的液压力在径向的分力抵消后的残余部分与阀体提供的支持力平衡，此力使得阀芯在运动过程中与阀体产生摩擦力。由于液压力在径向的残余力比较小，在阀芯受力分析时可忽略此力及摩擦力的影响。阀芯在轴向（工作方向）所受的分力为

$$F_h = F_d + F_{hf} \tag{3-8}$$

式中，F_d 为静压力，N；F_{hf} 为液动力，N。

① 静压力 F_d。阀口两侧制动液的压力差会在阀芯上产生静压力。静压力的大小与压力差和阀芯的有效受力面积成正比：

$$F_d = \Delta p A(x) \tag{3-9}$$

② 液动力 F_{hf}。液动力是液体流经阀口时，由流动方向和流速的变化（动量变化）所导致的阀口趋于关闭的力。可以认为液动力是由液体流动所引起的压力。液动力是流量、阀芯位移和阀芯速度的函数，表达式如下：

$$F_{hf} = f(q,\ x,\ \dot{x}) \tag{3-10}$$

要获得阀芯液动力的计算方法，需对阀口的流量特性进行分析。流经阀口的油液液流的动量 P_{mon} 计

算方法如下：

$$P_{\mathrm{mon}}=\rho qL_{\mathrm{stiff}} \tag{3-11}$$

式中，ρ 为制动液密度，kg/m^3；L_{stiff} 为阀口的阻尼长度，m，与阀口的瞬时体积流量 q、开度和压差 Δp 有关。

将阀口的瞬时体积流量 q 关系式（3-5）代入式（3-11）可以得到油液液流的动量 P_{mon}：

$$P_{\mathrm{mon}}=\rho qL_{\mathrm{stiff}}=\rho C_{\mathrm{d}}A\sqrt{\frac{2\Delta p}{\rho}}L_{\mathrm{stiff}}=\rho C_{\mathrm{d}}\pi R\sin 2\theta\sqrt{\frac{2\Delta p}{\rho}}xL_{\mathrm{stiff}} \tag{3-12}$$

对式（3-12）求导得：

$$F_{\mathrm{hf}}=\pi\rho L_{\mathrm{stiff}}C_{\mathrm{d}}R\sin 2\theta\left(x\Delta\dot{p}\sqrt{\frac{1}{2\rho\Delta p}}+\dot{x}\sqrt{\frac{2\Delta p}{\rho}}\right) \tag{3-13}$$

因此，液动力可分为稳态和瞬态两部分。前者是假定阀芯不动（$\dot{x}=0$），从阀口流出的制动液造成压差变化而引起的对阀芯的反作用力，阀芯位置不同，对应的阀口开度也不同，阀芯受到的稳态液动力也就不同；后者是阀芯在移动过程中（$\dot{x}\neq 0$），阀腔中液流因阀芯运动而作用在阀芯上的力，与阀芯运动速度有关，可看作阀芯运动的阻尼力。当瞬态液动力较小，特别是线性阀控制时的阀芯位移速度较小时，液动力并不成为影响阀芯运动的主要因素，可以将液动力理解为在有流阻的环境下，由液体流动所引起的压力变化。

（2）电磁力分析

根据麦克斯韦应力法，电磁力的大小计算如下：

$$F_{\mathrm{m}}=\frac{\Phi^2}{2\mu_0 A}=\frac{B^2}{2\mu_0}A_{\mathrm{air}} \tag{3-14}$$

式中，Φ 为工作气隙的磁通，Wb；μ_0 为真空的磁导率，H/m；A_{air} 为工作气隙的极面积，m^2；B 为工作气隙处的磁感应强度，T。

工作气隙处的磁感应强度计算如下：

$$B=\frac{NI}{\delta}\mu_0 \tag{3-15}$$

式中，N 为线圈匝数；δ 为气隙长度，m；I 为电流，A。

若不考虑漏磁，工作气隙大小与动铁的位置有关，从而揭示了电磁力变化的机理：铁磁材料越靠近磁铁，所受的电磁力越大。将式（3-15）代入式（3-14）得

$$F_{\mathrm{m}}=\frac{(NI)^2}{2\delta^2}\mu_0 A_{\mathrm{air}}=\frac{\mu_0 A_{\mathrm{air}}N^2I^2}{2(l+x)^2}=f(I,\ x) \tag{3-16}$$

式中，l 为最小主工作气隙，m；x 为阀芯位移，m。

根据式（3-16）可知，电磁力是阀芯位移和线圈电流的函数。动铁所受电磁力与线圈电流、阀芯位移之间的关系曲面如图 3-7 所示。希望能够设计出具有严格的电流与电磁力线性关系的线性电磁阀，但在工程实践时要考虑结构的紧凑性，可能会出现一定的非线性，使得控制变得复杂。

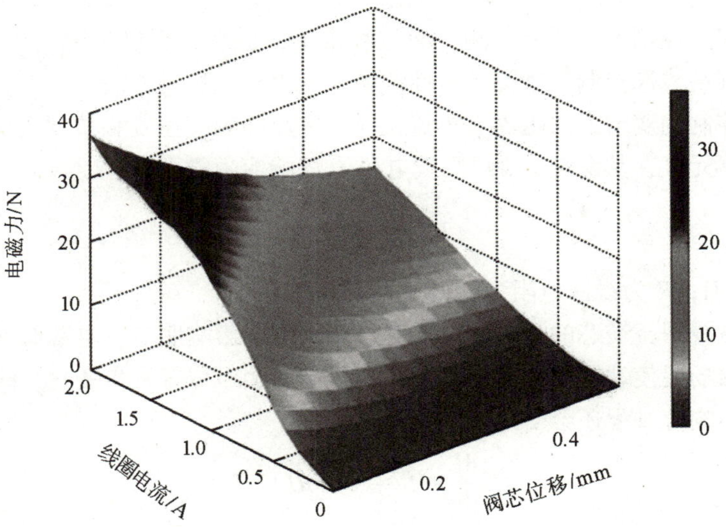

图 3-7　电磁力-线圈电流-阀芯位移的关系

综上分析得到如下结论。

① 阀芯位移同时影响阀芯（含动铁）所受的电磁力、液压力和弹簧力的大小。

② 弹簧力与阀芯位移具有线性关系，液压力的大小与阀口两侧的压差及阀芯位移密切相关，电磁力则受线圈电流、阀芯位移大小的影响。

（3）阀芯运动状态分析

至此，我们知道电磁力是调节阀芯位移的控制量，同时电磁力大小受阀芯位移的影响，控制过程受其状态影响而变得尤为复杂。在阀芯运动平衡方程中，电磁力为自变量，其大小可通过调整电磁线圈的电流进行控制；液压力和弹簧力为因变量，其大小需结合阀口状态进行分析。根据阀口开度将阀口状态分为三种：完全关闭、部分开启和完全开启。下面进一步分析三种状态下如何通过控制线圈电流进行阀芯的运动状态控制。

① 完全关闭状态。当阀芯关闭时，阀芯的位移 $x=0$，速度与阀芯受力关系为

$$F_h(\Delta p,\ 0)+K_s(S_0+x_{max})+F_N-F_m(I,\ 0)=0 \tag{3-17}$$

式中，K_s 为弹簧刚度，N/m；S_0 为弹簧预紧位移，m；x_{max} 为阀芯完全开启的位移，m；F_h（Δp，0）为阀芯受到的液压力，N。

阀芯受到的液压力计算如下：

$$F_h(\Delta p,\ 0)=\pi(R\cos\theta)^2\Delta p \tag{3-18}$$

阀芯处于关闭状态时，$F_N\geqslant 0$，即满足 $F_m(I,\ 0)-K_s(S_0+x_{max})-F_h(\Delta p,\ 0)\geqslant 0$，若常开线性阀阀口两端的压差不变，则需要提供一个电磁力，使其大于等于静压力与弹簧力的合力，因此可以得到一个最小的闭合电流 I_{min}，使得 $F_N=0$。

② 部分开启状态。如果线圈的电流小于 I_{min}，则 $F_m(I,\ 0)<K_s(S_0+x_{max})+F_h(\Delta p,\ 0)$，此时阀芯受力平衡被打破，阀芯运动试图寻找另一个平衡点，阀芯的动力学方程如下：

$$m\ddot{x}=F_h(\Delta p,\ x)+K_s(S_0+x_{max}-x)-F_m(I,\ x) \tag{3-19}$$

③ 完全开启状态。阀芯处于极限位置，阀口开启程度最大，阀芯位移 $x=x_{max}$，此时动铁还可能受到隔磁管的支持力，阀芯的动力学平衡方程如下：

$$F_m(I,\ x_{max})+F'_N-F_h(\Delta p,\ x_{max})-K_sS_0=0 \tag{3-20}$$

因此为使得进液阀保持完全开启状态，需满足 $F_h(\Delta p,\ x_{max})+K_sS_0\geqslant F_m(I,\ x_{max})$，电磁阀线圈断电即可。

至此，我们分析了轮缸压力–阀口流量–电磁力–电流的关系推演，得出了线性常开电磁阀实现压力调控的基本原理。在实际控制中，压差可测，而位移难量，机理分析仅是说明压力线性控制的可行性，实际控制实施时，将利用线性控制原理设计特性实验来获得线性控制方法。

此外，电流连续控制的实现方法也需要重点关注。电流的响应速度和精度直接影响电磁力的控制效果，而线圈为感性电器元件，其电流 I 对线圈端电压 U 的响应遵循下式：

$$L\frac{\mathrm{d}I}{\mathrm{d}t}+RI=U \tag{3-21}$$

式中，L 为线圈电感，H；R 为线圈电阻，Ω。

对于有铁芯的电磁线圈，铁芯的材料和位置对线圈的电感影响明显。电磁阀的动铁相当于线圈的铁芯，线圈通电产生的磁场促使动铁移动，使得铁芯与线圈的相对位置发生变化，线圈的电感也因此发生变化，因此电流的实际响应过程还会受电感变化的影响：

$$L\frac{\mathrm{d}I}{\mathrm{d}t}+I\frac{\mathrm{d}L}{\mathrm{d}x}\dot{x}+RI=U \tag{3-22}$$

因为实际控制时无法确定动铁的实际位置和速度，线圈电流的响应时间常数不宜从理论分析中得出，一般由试验获取。而且实际控制时为了获得较快的阀芯响应，一般使用较大的初始电压输入来快速获得较大的电流。

2. 常闭线性阀

图 3-8 为一种典型的常闭线性阀结构，主要组件包括回位弹簧、隔磁管、阀座、动铁、阀体和线圈等，其中动铁同时充当电磁阀的阀芯。

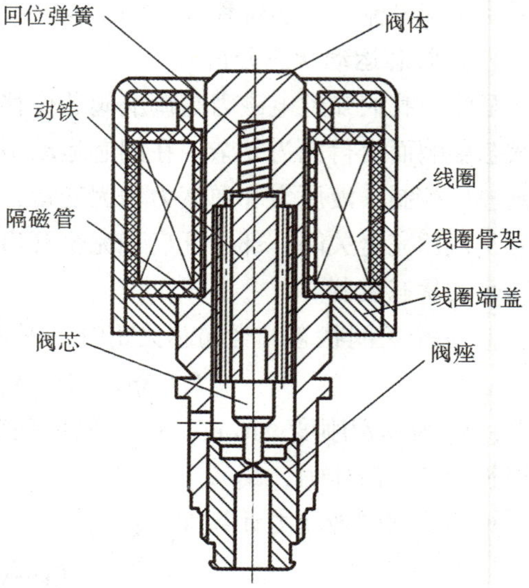

图 3-8　典型的常闭线性阀结构示意图

常闭线性阀与常开线性阀相比，二者在结构设计上存在两处明显差异，导致阀的功能差异。其一，回位弹簧的位置不同。常闭线性阀的回位弹簧作用效果为将阀芯压向阀座，弹簧力与液压力方向相反。因此，为避免液压力过大而把阀芯顶开，弹簧力和弹簧刚度较大，液压力数量级相对较小。其二，隔磁管有差异。常闭线性阀的电磁力需要用于克服回位弹簧力，因此隔磁管上端开放，让阀体暴露于磁场而更接近线圈。

常闭线性阀在不通电状态下，阀芯在弹簧力的作用下压合到阀座上处于关闭状态；通电后，线圈产生足够大的电磁力以克服弹簧力，使阀口开启；线圈断电后，在弹簧力的作用下，阀口恢复为关闭状态。

常闭线性阀阀芯受力分析如图 3-9 所示。通电后常闭线性阀受到电磁力 F_m、弹簧力 F_s、阀口两端的液压力 F_h、运动过程中的制动液黏性阻力 F_v 以及机械摩擦力 F_f 的作用。

阀芯运动平衡方程如下：

$$m\ddot{x}=F_m+F_h-F_s-F_f-F_v \tag{3-23}$$

制动液黏性阻力 F_v 与机械摩擦力 F_f 相比电磁力 F_m 和液压力 F_h 来说较小，因此在后文分析中忽略这两个力的影响。由式（3-16）可知，电磁力与线圈电流和阀芯位移有关，即 $F_m(I, x)$。由式（3-9）和式（3-13）可知，液压力与阀口两端压差和阀芯位移有关，即 $F_h(\Delta p, x)$。弹簧力正比于阀芯位移，即 $K_s(x)$。故式（3-23）可以表示为

$$m\ddot{x}=F_m(I, x)+F_h(\Delta p, x)-K_s(S_0+x) \tag{3-24}$$

同常开线性阀类似，常闭线性阀阀口也存在三种不同的工作状态：阀口完全关闭、阀口部分开启和阀口完全开启。通过控制线圈电流，获取不同电磁力，可以实现不同阀口状态的控制；阀口状态不同时，阀芯受力情况也不尽相同，需要分别进行分析。阀口关闭时，液动力变为零，但是阀芯会受到阀座的支持力 F_N 的作用，阀口前后的压差使得阀芯受到静压力的作用。由式（3-24）可以看出，电磁力、弹簧力以及液动力都与阀芯位移相关。弹簧力与阀芯位移之间的线性关系是一定的，电磁力与液动力变化则较为复杂，受到电流、阀口压差以及阀芯位移的影响，呈非线性变化。控制阀时，需要通过控制电磁阀线圈电流主动调节电磁力的大小，弹簧力与液动力跟随变化。针对三种不同工作状态，受力分析如下。

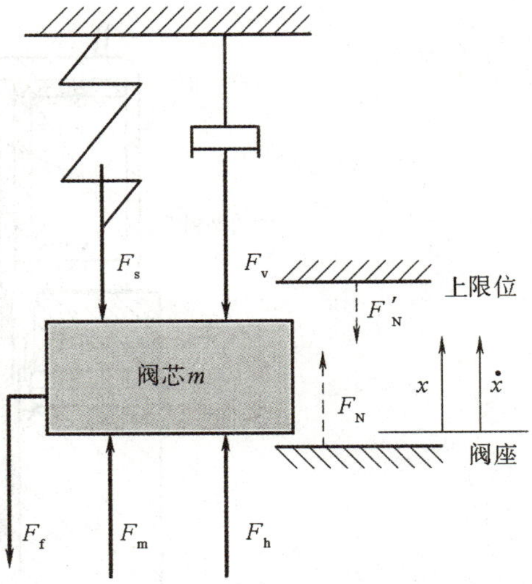

图 3-9　常闭线性阀阀芯受力分析

① 完全关闭状态：阀口完全关闭，阀芯位移 $x=0$，阀芯位于阀体上，受到阀体的支持力 F_N 的作用。有如下平衡方程：

$$F_m(I,\ 0)+F_h(\Delta p,\ 0)-K_sS_0+F_N=0 \tag{3-25}$$

阀口处于关闭状态时，$F_N\geqslant 0$，即满足 $K_sS_0-F_h(\Delta p,\ 0)-F_m(I,\ 0)\geqslant 0$，若保持阀口两侧压差不变，存在一个最小的电磁力使其与弹簧力和静压力平衡，即可以获得与之对应的最小电流 I_{min} 使得 $F_N=0$。

② 部分开启状态：如果线圈电流大于 I_{min}，则有 $F_m(I,\ 0)>K_sS_0-F_h(\Delta p,\ 0)$ 成立，此时阀口平衡被打破，弹簧力、液压力以及液动力发生变化，重新寻找新的平衡点，有如下平衡方程：

$$m\ddot{x}=F_m(I,\ x)+F_h(\Delta p,\ x)-K_s(S_0+x) \tag{3-26}$$

③ 完全开启状态：阀芯开口达到极限位置（一般地，未达到极限位置前，阀口已经完全开启），假设阀芯完全开启点的位移 $x=x_{max}$，此位置可能存在隔磁管的支持力的作用，有如下平衡方程：

$$m\ddot{x}=F_m(I,\ x_{max})+F_h(\Delta p,\ x_{max})-F'_N-K_s(S_0+x_{max}) \tag{3-27}$$

二、开关阀

开关阀主要用于实现液压回路的通断，能实现全开或全闭的控制状态即可。同样，开关阀也分为常开和常闭两类。

1. 常开开关阀

图 3-10 为一种典型的常开开关阀结构示意图。常开开关阀由动铁、电磁线圈、弹簧、阀座、阀芯等构成，其中，阀芯由动铁及嵌在动铁内的硬质塑料组成。因为常开的需求，弹簧力作用效果需设计为使阀芯远离阀口。弹簧的刚度及弹簧力的设计需要考虑开关的响应速率。一般地，为保证闭合响应快，弹簧刚度和弹簧力较小。此种设计下，液体的流向需保证液压力与弹簧力同方向，将阀芯压向远离阀座一端，避免液压力将阀口压合而阻断液体流动。解除制动时，液体回流将阀芯压向阀座，使得流通面积变小，影响制动液回流的速度。因此，这种常开开关阀结构不利于制动压力的快速解除。为此可以旁通一个单向阀，仅允许制动液从轮缸流回主缸，从而解决常开开关阀造成的制动液回流迟滞问题。

图 3-11 为常开开关阀阀芯受力示意图。电磁线圈通电后，动铁受电磁力作用，克服弹簧力和液压力，向下运动，并最终把塑料挤压在阀口的端面上，后者受压形变实现密封。

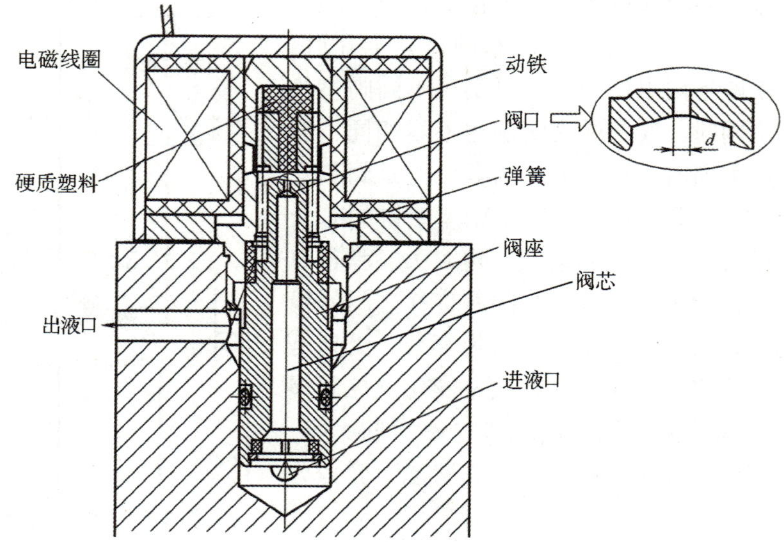

图 3-10　典型的常开开关阀结构示意图

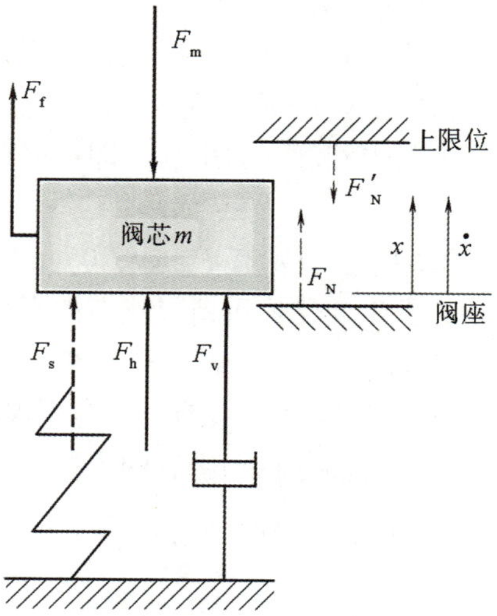

图 3-11　常开开关阀阀芯受力示意图

2. 常闭开关阀

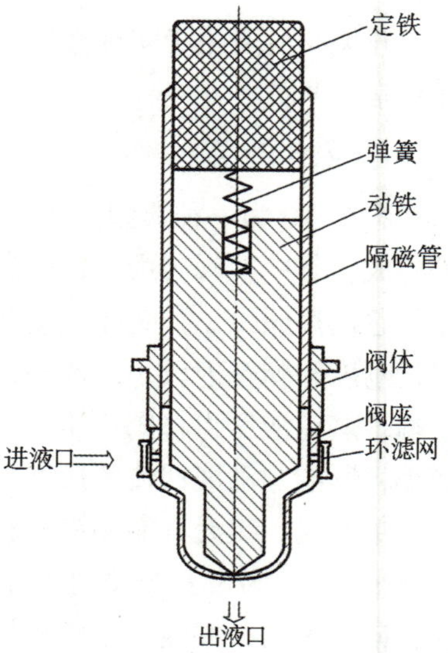

图 3-12　典型的常闭开关阀结构示意图

图 3-12 为典型的常闭开关阀结构示意图。常闭开关阀由定铁、弹簧、动铁、隔磁管、阀体、阀座、环滤网等构成，其中隔磁管把定铁固定在阀口的远端，动铁充当常闭开关阀的阀芯。

在自由状态下，弹簧的预紧力使得阀芯抵住出液口，使阀口关闭。在正常工作环境下，常闭开关阀的进液口压力高于出液口，阀芯所受的液压力会使阀芯压紧在阀口上，压差越大，密封越好。

根据图 3-13 所示的常闭开关阀阀芯受力示意图，阀芯运动方程为

$$m\ddot{x} = F_m - F_s - F_h - F_f - F_v \tag{3-28}$$

弹簧力、摩擦阻尼力与液压力相比，数量级较小，电磁力主要用于克服液压力。增大电磁阀线圈的电流，使得电磁力大于弹簧力、液压力及摩擦阻尼力的合力后，阀芯向上移动，阀口开启。存在如下过程：

$$I\uparrow \rightarrow F_m\uparrow \rightarrow \ddot{x} > 0 \rightarrow \dot{x} > 0 \rightarrow x\uparrow \rightarrow F_m\uparrow \text{ 且 } F_h\downarrow \rightarrow \ddot{x}\uparrow \rightarrow \dot{x}\uparrow$$

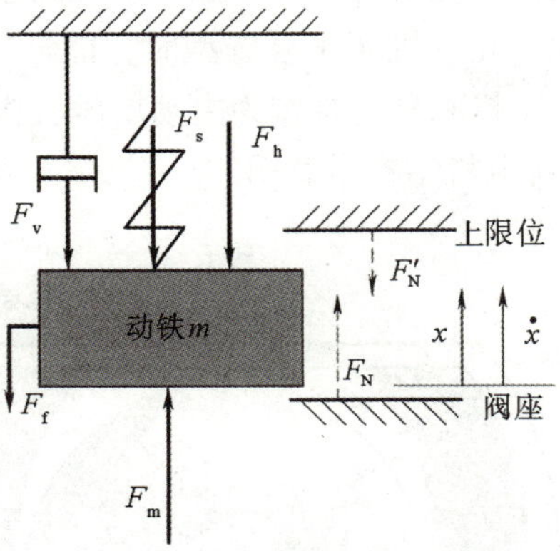

图 3-13　常闭开关阀阀芯受力示意图

提示：在上述过程中，阀芯位移变化存在自激励的现象。制动液的流动造成压力损失和阀口两侧的压差变小，使得阀芯受到的液压力迅速减小，同时阀芯位移增大，致使电磁场的工作气隙变小，阀芯所受的电磁力变大。根据式（3-28），阀芯的加速度会继续增大，使得阀口以更快的开启速度增大，进一步削弱阀芯所受的液压力，而增强电磁力。因此，常闭开关阀的阀芯开启过程非常短暂。

任务三　电机液压泵、蓄能器与其他部件

任务描述

公司正在研发一款全新的电动汽车。为了优化制动系统的性能，于桑作为电动汽车系统的开发工程师需要设计和集成多个关键组件，包括电机液压泵、高压蓄能器、电子机械助力装置、低压蓄能器和电动副主缸。于桑的任务是研究每个部件的功能和工作原理，确保它们能够有效协同工作，提升制动系统的效率和可靠性。如何设计和集成这些组件，以实现系统的最佳性能和稳定性？

任务分析

在这项任务中，需要对多个关键组件进行全面了解和优化设计。电机液压泵负责提供所需的液压动力，高压蓄能器和低压蓄能器分别用于储存与释放能量，电子机械助力装置负责提高制动系统的响应性，电动副主缸则提供额外的制动支持。每个组件的设计和功能都对制动系统的整体性能至关重要。需要确保这些组件能够高效协同工作，以达到系统的最佳效果。通过系统地设计和集成，制动系统的性能和用户体验可得到显著提升。

任务重点与实施

一、电机液压泵

电机液压泵在能量回馈制动系统中充当压力源的角色。当再生制动系统进入主动增压状态时，泵电机将电能转换为机械能，经由液压泵将机械能转换为液压能对轮缸进行增压协调。

在汽车制动过程中，液体主动增压范围受到再生制动系统的影响，作用范围较大，要求液压补偿时压力尽可能地快速平稳变化。因此，在电机液压泵选型时，能量回馈制动系统通常选用转动惯量较小、响应较快、控制简单的有刷直流电动机和柱塞泵作为主动增压机构。

图 3-14 为一种典型的有刷直流电机结构示意图。

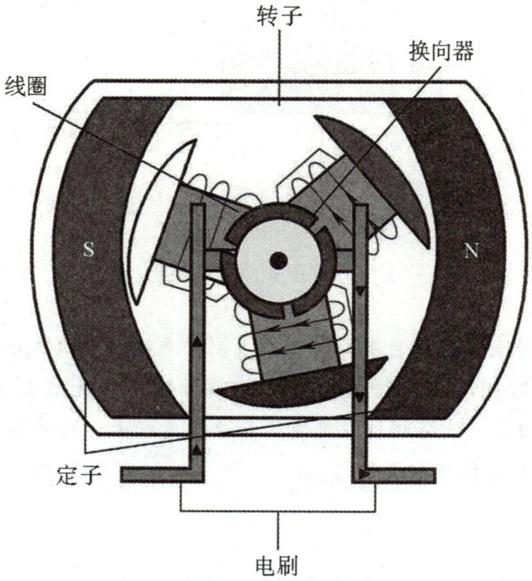

图 3-14　典型的有刷直流电机结构示意图

从结构上看，有刷直流电动机主要包括定子与转子两个部分。凸极式结构的永磁铁用弹簧卡箍夹在电动机壳体内构成电动机定子，铜线绕组缠绕在铁芯的凹槽上构成电动机转子。转子绕组通电后，在绕组产生的磁场力作用下，带动柱塞泵凸轮轴旋转。

图 3-15 为柱塞泵结构示意图。液压柱塞泵主要由偏心轮、柱塞、进油与出油单向阀组成。密封腔的进油口端盖、进油口回位弹簧与柱塞头部的阀座构成进油单向阀；出油口阀芯阀座与出油口回位弹簧构成出油单向阀。因为液体不可压缩，在制动液充足的情况下，泵油量与泵电机转速成正比。

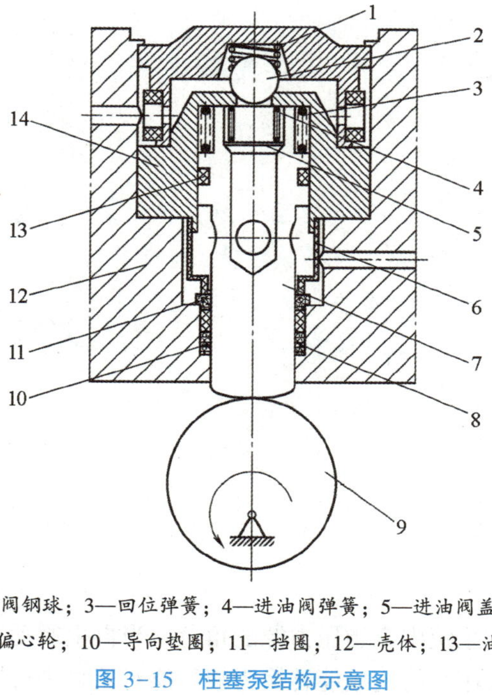

1—出油阀弹簧；2—出油阀钢球；3—回位弹簧；4—进油阀弹簧；5—进油阀盖板；6—滤网；7—柱塞；8—密封圈；9—偏心轮；10—导向垫圈；11—挡圈；12—壳体；13—油封；14—泵体。

图 3-15　柱塞泵结构示意图

当系统主动增压时，泵电机两端施加驱动电压为 U，根据电枢电压平衡关系可知：

$$I_a = \frac{U - E - \Delta U}{R_a} \tag{3-29}$$

式中，I_a 为泵电机电流，A；R_a 为等效电阻，Ω；ΔU 为电刷压降（通常忽略不计），V；E 为铜线绕组切割磁通产生的感应电动势，V。

感应电动势可以根据法拉第电磁定律计算：

$$E = C_e \Phi n_{motor} \tag{3-30}$$

式中，Φ 为磁通量，Wb；n_{motor} 为泵电机转速，r/min；C_e 为电动势常数，与磁极对数等结构参数有关。

通电线圈在定子绕组产生固定极性的磁场中受力，电枢输出的电磁转矩可以表示为

$$T_{em} = K_t \Phi I_a \tag{3-31}$$

式中，T_{em} 为泵电机电枢输出的电磁转矩，N·m；K_t 为泵电机转矩常数。

输出转矩克服空载转矩损失并带动柱塞泵的凸轮部分旋转，有如下关系：

$$T_{em} = T_0 + T_L + J\dot{\omega} \tag{3-32}$$

式中，T_0 为空载损失转矩，N·m；T_L 为负载转矩，N·m；J 为泵电机转动惯量，kg·m^2；$\dot{\omega}$ 为角加速度，rad/s^2。

由式（3-29）~式（3-32）可知，当电机液压泵开始主动增压时，泵电机首先通电克服空载损失转矩与液压泵负载，带动转子加速。由于初期负载较小，电动机转速会逐步升高，同时带动泵柱塞做往复运动，进行抽液与排液过程。随着转速的升高，感应电动势会逐渐变大，相应的电流变小，转矩降低，直至负载转矩与输出转矩重新达到平衡。

综上分析，泵电机转速的主要控制方法为调制泵电机两端的电压，在抵消掉线圈感应电动势后，使线圈电流产生的电磁转矩与偏心轮的泵油转矩平衡。

二、高压蓄能器

在电子液压制动系统中，高压蓄能器为能量转换装置，液压泵工作时，高压蓄能器将液体的液压能转化为势能存储。某一车轮需要增压时，控制相应电磁阀打开后，实现对车轮增压，将势能转化为液压能进行释放。高压蓄能器能为制动系统提供稳定的压力源，保证增压平稳，改善系统噪声、振动。

目前制动系统中常用气液式蓄能器，根据结构可以将气液式蓄能器分为气液直接接触式、活塞式、隔膜式和气囊式四种。电子液压制动系统采用气囊式高压蓄能器，主要由充气阀、气囊、壳体等组成，其结构如图 3-16 所示。气囊和壳体将蓄能器分为两个腔室，气囊内充入惰性气体，一般为氮气，发生泄漏时无毒害；气囊与壳体组成的腔室充入高压液体。这种结构具有容量较大、响应较快、气液密封可靠等优点，因此被广泛应用于液压系统中。

其工作原理：当电动机带动液压泵进行增压时，将制动液充入高压蓄能器中，使得气囊内体积缩小、液体体积增加，并且达到平衡，完成蓄能器充液阶段。当蓄能器对轮缸进行增压时，制动液减少，气囊体积增加，压力降低，直到达到新的平衡。

假定气囊内的气体为理想气体，并且忽略摩擦损失，高压蓄能器工作过程可以由气体定律描述，即

$$p_0 V_0^n = p_1 V_1^n = p_2 V_2^n = C \tag{3-33}$$

式中，p_0 为气囊的充气压力，Pa；V_0 为气囊充气体积，即蓄能器的容量，m^3；n 为多变指数，等温过程中 n 的取值为 1，绝热过程中 n 的取值为 1.4，蓄能器工作在充液与增压过程中，按照绝热过程考虑；p_1 为系统最高工作压力，Pa；V_1 为对应于 p_1 时的气体体积，m^3；p_2 为系统最低工作压力，Pa；V_2 为对应于 p_2 时的气体体积，m^3。

根据式（3-33）可以得到蓄能器工作过程中压力-容积（p-V）的变化关系，如图 3-17 所示。

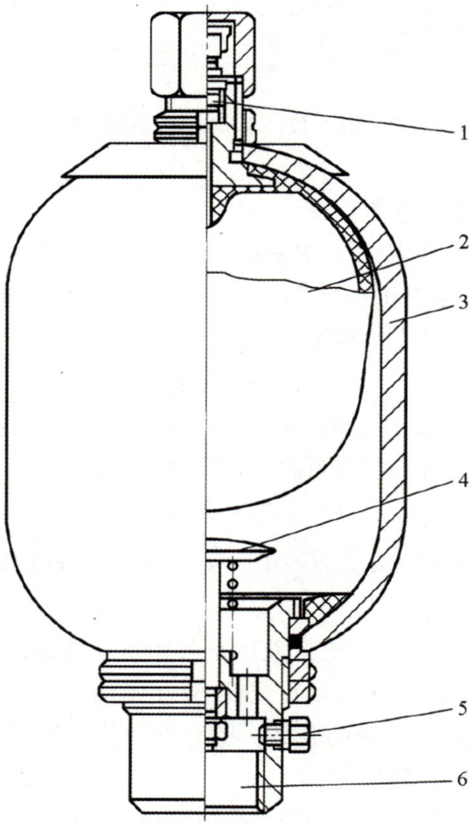

1—充气阀；2—气囊；3—壳体；4—菌形阀；5—放气螺塞；6—出油口。

图 3-16　气囊式高压蓄能器结构示意图

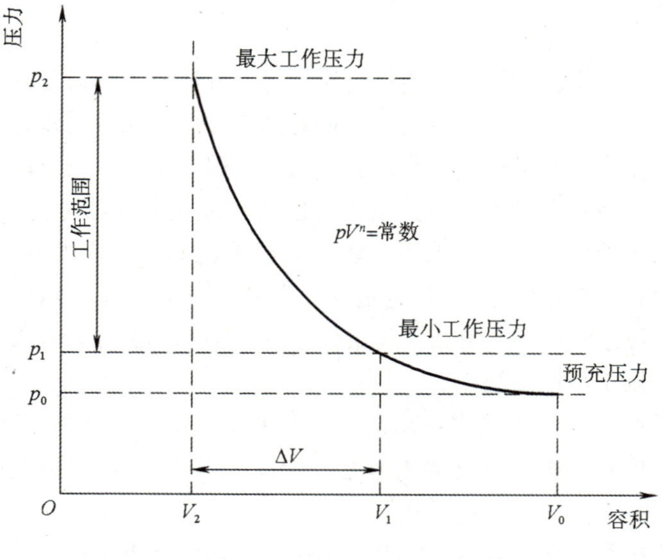

图 3-17　蓄能器工作过程中压力-容积关系曲线

进行参数匹配以及部件选型时，针对不同功能所用的蓄能器方法也不同，需要按照系统要求确定上述参数，同时需要考虑工作温度与环境压力对气囊中惰性气体的影响。蓄能器工作压力过高或过低都会影响蓄能器的使用寿命。为使蓄能器具有良好的工作性能，延长其使用寿命，蓄能器压力应该保持在一定范围内。

三、电子机械助力装置

在有限全解耦构型中，电子机械助力装置起到制动踏板感觉模拟的作用。如图 3-18 所示，电子机械助力装置由助力电动机（无刷直流电动机）、减速机构（齿轮 1、齿轮 2 等）、伺服阀体、输入推杆、反馈盘、输出推杆、预紧弹簧、回位弹簧、踏板位移传感器、电动机角度传感器和电流传感器等构成。根据传动形式的不同，减速机构有蜗轮蜗杆+齿轮齿条、齿轮+滚珠丝杠、行星轮+滚珠丝杠等形式。图 3-18 所示的减速机构采用齿轮+滚珠丝杠传动形式。当制动能量回收功能开启时，助力电动机通过减速机构，将旋转运动转化为伺服阀体的直线运动。伺服阀体传递的机械助力和输入推杆传递的踏板力共同作用在反馈盘上，随着主缸压力的变化，只要调节机械助力，就能保证制动踏板感觉的一致性。

对于机械助力的调节，其实就是控制助力电动机输出的转矩。为了提高控制精度，电子机械助力装置不采用直接的转矩控制方式，而是通过控制反馈盘变形量间接控制机械助力。

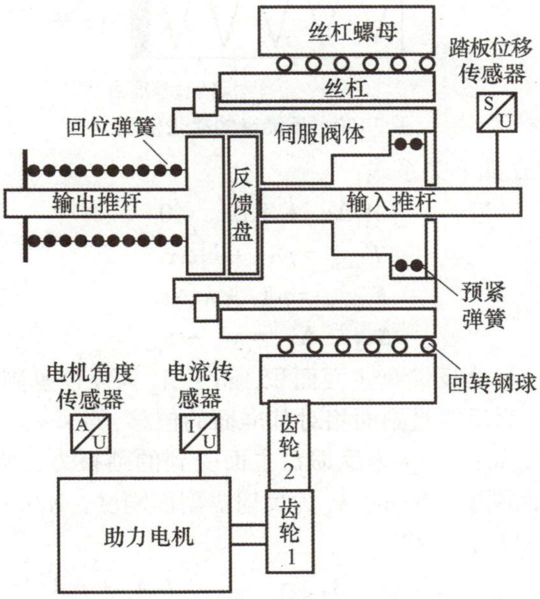

图 3-18　电子机械助力装置结构示意图

如图 3-19 所示，反馈盘是一种橡胶元件，可以实现机械助力和踏板力的耦合，并且随着助力的介入，反馈盘在缓和踏板冲击方面也有重要作用。反馈盘包括主面和副面。再生制动过程中，反馈盘会呈现出三种不同的凸起状态，分别为主面与副面持平、主面超前副面以及副面超前主面。通过工作状态的改变，反馈盘会产生不同的助力效果。

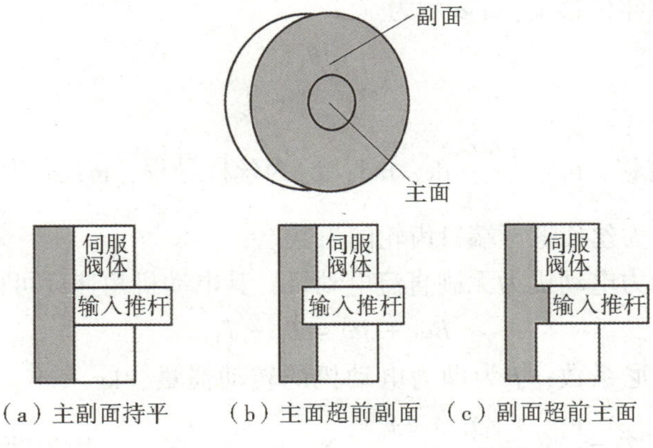

图 3-19　反馈盘结构及工作状态示意图

由于反馈盘为橡胶材质，其具有与液体类似的不可压缩特性（内部压强处处相等），因此可以把反馈盘看作两个带回位弹簧的液压缸。图 3-20 为反馈盘的简化模型，以反馈盘表面未发生变形时的状态为反馈盘基准面，以反馈盘主面为横截面的部分为圆柱体液压缸，以反馈盘副面为横截面的部分为圆环体液压缸，两个液压缸之间液体自由流通，并且活塞与缸体之间有弹簧连接。

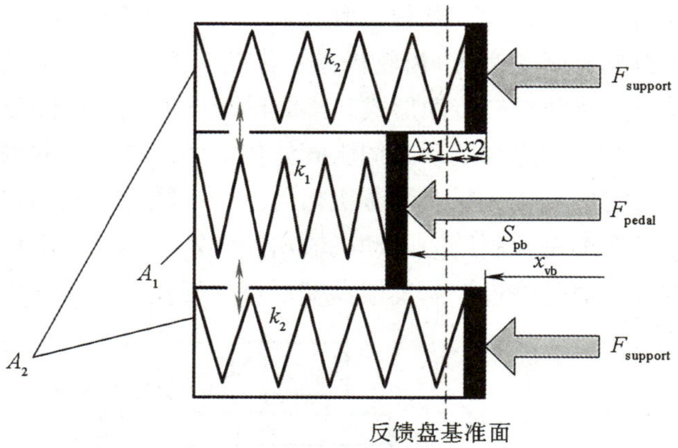

图 3-20　反馈盘的简化模型

通过分析，反馈盘存在如下关系式：

$$A_1\Delta x_1 + A_2\Delta x_2 = 0 \tag{3-34}$$

$$F_{pedal} = pA_1 + k_1\Delta x_1 \tag{3-35}$$

$$F_{support} = pA_2 + k_2\Delta x_2 \tag{3-36}$$

$$\Delta x_2 - \Delta x_1 = x_{vb} - S_{pb} \tag{3-37}$$

式（3-34）~式（3-37）中，A_1 为反馈盘主面面积，m^2；A_2 为反馈盘副面面积，m^2；Δx_1 为反馈盘主面相对基准面的位移，m；Δx_2 为反馈盘副面相对基准面的位移，m；x_{vb} 为伺服阀体的位移，m；S_{pb} 为输入推杆的位移，即踏板位移，m；F_{pedal} 为反馈盘主面受到的踏板力，N；$F_{support}$ 为反馈盘副面受到的机械助力，N；k_1 为反馈盘主面刚度，N/m；k_2 为反馈盘副面刚度，N/m；p 为反馈盘内部压强，Pa。

结合式（3-34）~式（3-37），可得

$$F_{support} = F_{pedal}\frac{A_2}{A_1}(x_{vb} - S_{pb})\frac{k_1A_1 + k_2A_2}{A_1(A_1 + A_2)} \tag{3-38}$$

由式（3-38）可知，机械助力 $F_{support}$ 是踏板力 F_{pedal}、伺服阀体位移 x_{vb} 和踏板位移 S_{pb} 的函数。其中踏板位移可由踏板位移传感器获得，踏板力根据踏板位移-踏板力曲线求得，因此通过控制伺服阀体位移 x_{vb}，便能间接控制机械助力 $F_{support}$。

电子机械助力装置工作时通过一级齿轮传动和二级滚珠丝杠传动将助力电动机的旋转运动转化为伺服阀体的直线运动，伺服阀体位移 x_{vb} 可表示为

$$x_{vb} = \frac{\theta_L L_s}{2\pi} \tag{3-39}$$

式中，θ_L 为丝杠螺母的角位移，$\theta_L = \int\frac{\omega Z_1}{Z_L}dt$，rad；$L_s$ 为丝杠导程，m；ω 为助力电动机的角速度，rad/s；Z_1 为齿轮 1 的齿数；Z_L 为丝杠螺母端口齿轮的齿数。

电子机械助力装置的助力电动机为无刷直流电动机，其电动机角速度可由下式求得：

$$B\omega + J\dot{\omega} = T_e - T_L \tag{3-40}$$

式中，B 为助力电动机的阻尼系数；J 为助力电动机的转动惯量，kg·m²；T_e 为助力电动机的输出转矩，N·m；T_L 为负载转矩，$T_e = \frac{e_a i_a + e_b i_b + e_c i_c}{\omega}$，N·m；$e_a$、$e_b$、$e_c$ 均为助力电动机三相绕组定子的反

电动势，V；i_a、i_b、i_c 均为助力电动机三相绕组定子的相电流，A。

结合式（3-38）~式（3-40）可知，通过控制助力电动机的三相电流，可对伺服阀体位移进行控制，最终转化为反馈盘所受机械助力和反馈盘总输出力的控制。

四、低压蓄能器

在单轴解耦和有限全解耦系统中，轮缸排液减压通过低压蓄能器实现。图 3-21 为低压蓄能器结构示意图。能量回馈制动系统采用的低压蓄能器为弹簧活塞式低压蓄能器，当低压蓄能器入口处有高压制动液时，活塞会在液压力作用下移动，低压蓄能器弹簧被压缩。当制动液流出低压蓄能器时，弹簧回位将储存的弹性势能释放。

低压蓄能器可简化为图 3-22 所示的物理模型，对活塞进行受力分析，可得如下关系式：

$$k_0 x + F_0 = p_0 A_a \qquad 0 \leqslant x \leqslant H \tag{3-41}$$

式中，k_0 为低压蓄能器弹簧刚度，N/m；F_0 为弹簧预紧力，N；p_0 为低压蓄能器内制动压力，Pa；A_a 为低压蓄能器活塞面积，m^2；x 为活塞工作行程，m；H 为活塞最大行程，m。

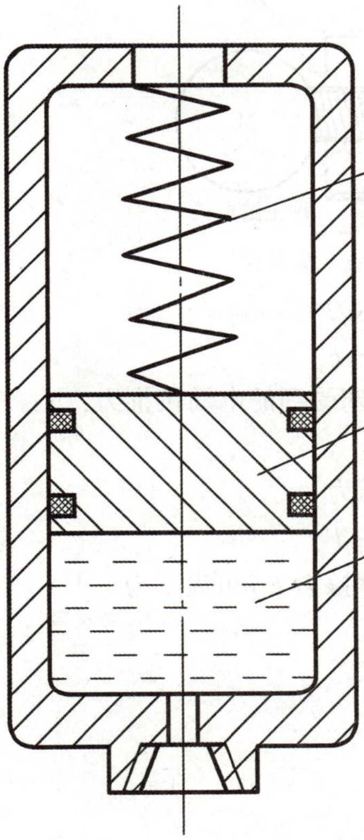

图 3-21 低压蓄能器结构示意图

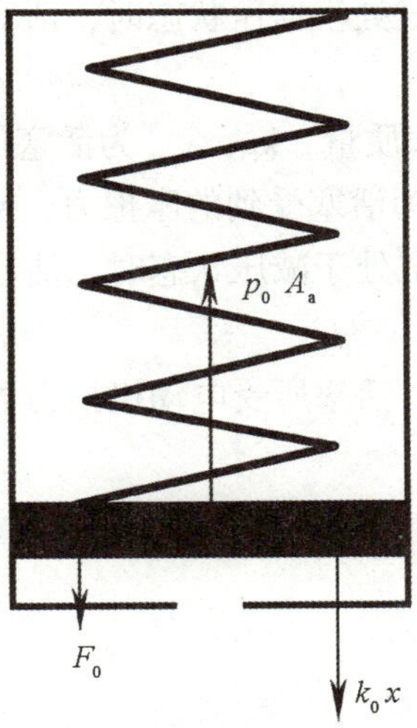

图 3-22 低压蓄能器简化模型

当活塞运动到最大行程 H 处，低压蓄能器内压力为

$$p_H = \frac{k_0 H + F_0}{A_a} \tag{3-42}$$

式中，p_H 为低压蓄能器充满时的内部压力，Pa。

当低压蓄能器未充满时，不考虑制动液的变形，将式（3-42）两边对时间 t 求导，可得低压蓄能器流量压力特性为

$$q_0 = A_a \frac{dx}{dt} = \frac{A_a^2}{k_0} \frac{dp_0}{dt} \qquad 0 \leqslant p_0 \leqslant p_H \tag{3-43}$$

式中，q_0 为低压蓄能器入口处体积流量，m^3/s。

由于低压蓄能器为液容性元件，当其内部充满制动液后，需要考虑制动液的体积弹性模量，此时低压蓄能器的流量压力特性为

$$q_0 = \frac{A_a H}{K_y} \frac{dp_0}{dt} \qquad p_0 > p_H \tag{3-44}$$

式中，K_y 为制动液体积弹性模量，Pa。

五、电动副主缸

在电动副主缸式制动系统中，制动轮缸的压力由电动副主缸调节。如图 3-23 所示，电动副主缸由副主缸电动机（无刷直流电动机）、滚珠丝杠副、副主缸和副主缸活塞构成。其中滚珠丝杠副的摩擦角小于滚珠丝杠的螺旋角，因而不能被自锁。能量回馈制动系统工作时，滚珠丝杠将副主缸电动机的正反旋转运动转化为副主缸活塞的往复直线运动，以实现对轮缸压力的调节。

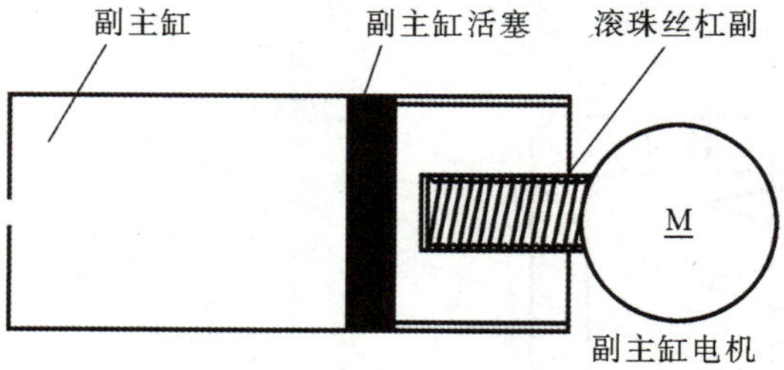

图 3-23　电动副主缸结构示意图

当电动副主缸处于增压状态时，活塞的运动方程可表示为

$$m_{pis}\ddot{x}_{pis} = F_{pp} - F_{ph} - F_{pf} \tag{3-45}$$

式中，m_{pis} 为活塞质量，kg；x_{pis} 为活塞位移，m；F_{pp} 为活塞受到的电动机推力，N；F_{ph} 为活塞受到的液压力，N；F_{pf} 为活塞受到的摩擦力，N。

当电动副主缸处于减压状态时，活塞的运动方程可表示为

$$m_{pis}\ddot{x}_{pis} = F_{pp} + F_{ph} - F_{pf} \tag{3-46}$$

上述两式中，活塞所受电动机推力 F_{pp}、液压力 F_{ph}、摩擦力 F_{pf} 可表示为

$$\begin{cases} F_{pp} = \dfrac{2\pi\eta_B T_{am}}{L_B} \\ F_{ph} = \dfrac{\pi d_c^2}{4} p_{ac} \\ F_{pf} = F_c + f_v |\dot{x}_{pis}| \end{cases} \tag{3-47}$$

式中，η_B 为丝杠效率；T_{am} 为副主缸电机转矩，N·m；L_B 为丝杠导程，m；d_c 为副主缸内径，m；p_{ac} 为副主缸压力，Pa；F_c 为库仑摩擦力，N；f_v 为黏性摩擦系数。

根据图 3-1，制动轮缸压力与轮缸进液体积直接关联，而轮缸进液体积又近似等于副主缸排液体积，因此可以通过改变副主缸排液体积来调节轮缸压力。

由电动副主缸的结构可知，副主缸排液体积与活塞位移成正比，可表示为

$$V_{ac} = \frac{\pi d_c^2}{4} x_{pis} \tag{3-48}$$

式中，V_{ac} 为副主缸排出的制动液体积，m^3。

制动轮缸压力可表示为

$$p = K_h V_{ac} \tag{3-49}$$

式中，K_h 为由轮缸 $p-V$ 特性确定的比例系数，其值随着轮缸进液体积的变化而变化。

由式（3-48）和式（3-49）可得制动轮缸压力与液压缸活塞位移的关系为

$$p = \frac{K_h \pi d_c^2}{4} x_{pis} \tag{3-50}$$

项目小结

本项目主要对制动执行部件进行机理分析。首先介绍了制动踏板感觉模拟器与电磁阀的结构；其次介绍了不同的电磁阀；最后介绍了电机液压泵、蓄能器与其他部件。通过对本项目的学习，学生能够认识到制动踏板感觉模拟器的用途与结构，熟悉线性电磁阀与开关电磁阀的定义与作用，了解电机液压泵、高压蓄能器、电子机械助力装置、低压蓄能器、电动副主缸的组成与应用。

项目工单

1. 寻找成员

以 3~5 人为一组，选出组长并进行任务分工，将小组成员及分工情况填入表 3-1 中。

表 3-1　小组成员及分工情况

小组成员	姓名	学号	任务分工
组长			
组员			

2. 制订计划

（1）查阅相关资料，制订工单计划，并将其填入表 3-2 中。

表 3-2　工单计划

序号	工作内容	负责人

（2）将操作过程中所需的工具和耗材等填入表 3-3 中。

表 3-3　操作过程中所需的工具和耗材等清单

序号	名称	型号与规格	单位	数量	备注

3. 进行决策

（1）小组成员针对各自的工单计划展开讨论，并认真填写。

（2）指导教师根据各小组提交的工单计划给出评价。

（3）各小组成员根据指导教师的评价对工单计划进行调整，调整合格后的工单计划即为最终实施方案。

4. 工作实施

根据最终实施方案，学习认识新能源汽车制动能量回收技术内容。按实际操作过程，将实施内容、遇到的问题及解决办法等记录于表 3-4 中。

表 3-4　工作实施过程记录表

序号	实施内容	遇到的问题及解决办法	结果

5. 考核评价

各组展示任务完成情况，并完成如表 3-5 所示的考核评价表。

表 3-5　考核评价表

项目名称	评价内容	分值	评价分数		
			自评	互评	师评
职业素养考核项目（40%）	安全意识、责任意识及服从意识强	10 分			
	积极参加教学活动，按时完成任务工单	10 分			
	团队合作、沟通交流能力强	10 分			
	劳动纪律良好	10 分			
专业能力考核项目（60%）	专业知识查找及时、准确	12 分			
	熟悉制动执行部件机理	18 分			
	操作熟练，工作效率高	12 分			
	任务完成度高	18 分			
合计：综合分数________	自评（20%）+互评（20%）+师评（60%）	100 分			
综合评估		教师（签名）：			

课后练习

一、填空题

1. 制动踏板感觉模拟器的作用是模拟________的制动踏板感觉，对驾驶员制动输入产生同质反馈，即保留了传统液压制动系统的________与________的关系。

2. 典型的制动踏板感觉模拟器结构由________、弹簧 1、________、弹簧 2、________和模拟器缸体等组件构成。

3. 线性阀又称________，是一种流量连续可控的电磁阀。控制其阀口流量大小可调节轮缸的________，阀口瞬时流量与阀口开度以及阀口两侧压力差有关。

4. 常闭线性阀的主要组件包括________、隔磁管、阀座、动铁、阀体和________等，其中动铁同时充当电磁阀的阀芯。

二、简答题

1. 制动踏板感觉模拟器是如何工作的？
2. 典型的常开线性阀的结构是怎样的？

项目四

防抱死制动回馈控制策略

项目导读

随着新型电力电子器件的不断出现和性价比的提高，加之人们节能降耗意识的增强，能量回馈制动技术有着广泛的应用前景。本项目讲述了回馈制动保守参与的控制策略、补偿最优制动力矩策略、基于频率特性转矩分配的防抱死制动回馈控制策略、传动系统非线性特性的防抱死制动回馈控制策略、基于电机磁场定向控制的防抱死制动回馈控制策略。

学习目标

知识目标

◆了解回馈制动保守参与防抱死制动的三种控制策略。

◆熟悉补偿最优制动力矩策略与基于频率特性转矩分配的防抱死制动回馈控制策略的定义和区别。

能力目标

◆能够简述传动系统非线性特性的防抱死制动回馈控制策略，并进行仿真分析。

◆能够简述基于电机磁场定向控制的防抱死制动回馈控制策略，并进行仿真分析。

素质目标

◆立足现实，练就过硬本领，用技能成就梦想。

◆体认劳动不分贵贱，热爱劳动，尊重普通劳动者。

◆在日常生活中培养自己的实干精神。

思政目标

通过技术的学习，强调技术进步对社会和环境的影响，鼓励学生在未来的工程实践中关注环保和能源效率，推动社会的可持续发展。

任务一 回馈制动保守参与的控制策略

任务描述

闫宇是一个电动汽车制动系统的工程师，公司的新型电动汽车需要确保制动系统在各种驾驶条件下都能保持最佳性能。闫宇的任务是设计一种回馈制动系统，使其保守地参与防抱死制动系统（ABS）控制策略中。闫宇需要考虑如何将回馈制动与 ABS 有效结合，以防止轮胎抱死，同时提升制动性能和车辆稳定性。如何设计回馈制动的控制策略，使其在 ABS 中既能发挥作用，又不会影响系统的稳定性和安全性？

任务分析

这项任务的核心是将回馈制动系统与 ABS 进行有效整合。回馈制动系统通过将制动过程中回收的能量用于系统优化，进而提高能效。而 ABS 则用于防止轮胎在制动过程中抱死。闫宇的任务是设计一种保守的回馈策略，使其在 ABS 中可以有效运作，避免过度干预而影响车辆的制动稳定性。闫宇需要平衡两者的作用，确保系统的稳定性和安全性，同时提升整体制动性能。这需要对制动系统的工作原理和控制策略有深刻理解，并设计出合适的控制算法和参数。

任务重点与实施

整车厂和零部件厂在防抱死制动的回馈控制上普遍采用较为保守的做法，尽量不改变原有成熟的摩擦制动防抱死控制逻辑，在常规制动向防抱死制动切换的过程中对回馈转矩施加一定的控制，以避免回馈制动对防抱死制动产生不利影响。

下面展示了回馈制动保守参与防抱死制动的三种控制策略，以及这些策略在后轴驱动电动汽车气压制动硬件在环试验台上的试验结果。三种控制策略分别是：①回馈制动立即切断策略；②回馈制动力矩以固定速率减小策略；③回馈制动保持策略。

1. 回馈制动立即切断策略

回馈制动立即切断策略下后轮控制效果如图 4-1 所示。在该策略下，后轮受到的影响不大。后轮轮速仅在刚进入防抱死控制时，下降的程度稍大一些，这是由于回馈转矩的实际值与命令值之间存在延迟。

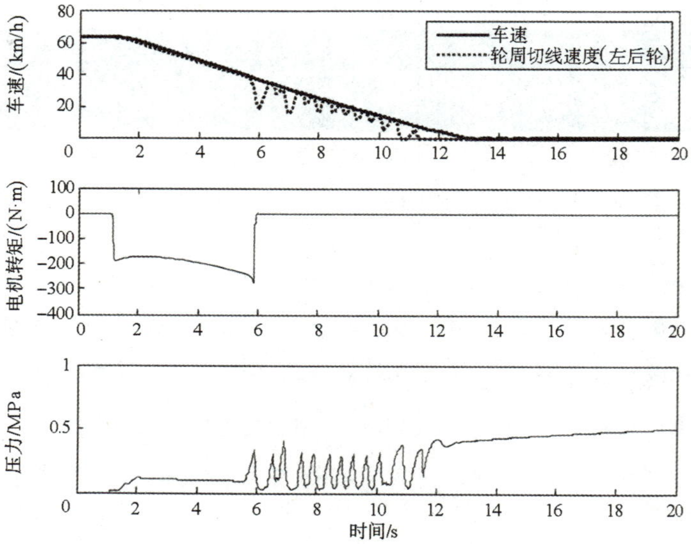

图 4-1　回馈制动立即切断策略下后轮控制效果

2. 回馈制动力矩以固定速率减小策略

回馈制动力矩以 50 N · m/s 速率减小策略下后轮控制效果如图 4-2 所示。在该策略下，防抱死控制第一个控制循环的轮速下降幅度比立即切断策略的轮速下降幅度更大。这是因为此时回馈转矩维持在 200 N · m 左右，这导致后轮轮速下降幅度更大，上升也更慢。该策略的平均制动气压（0.151 MPa）相比回馈制动立即切断策略（0.171 MPa）也稍有降低。

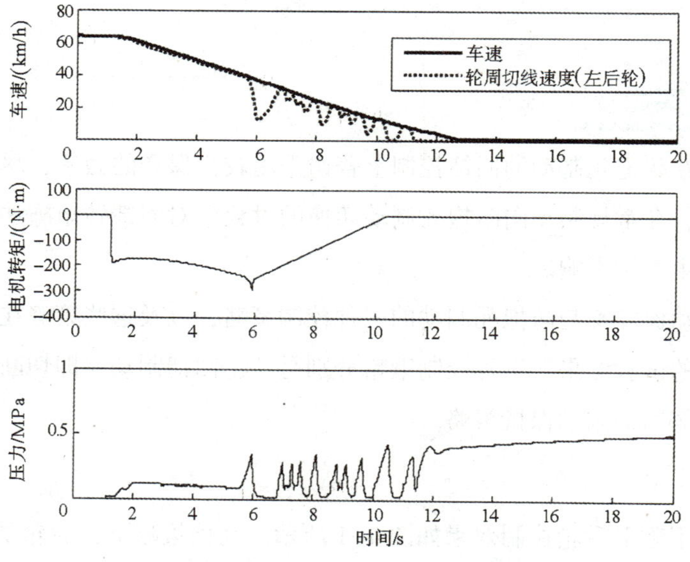

图 4-2　回馈制动力矩以 50 N · m/s 速率减小策略下后轮控制效果

回馈制动力矩以 100 N · m/s 速率减小策略下后轮控制效果（图 4-3）与回馈制动力矩以 50 N · m/s 速率减小策略下后轮控制效果类似，两种策略的轮速波动规律非常接近，平均制动气压（1.599 MPa）介于回馈制动立即切断策略和回馈制动力矩以 50 N · m/s 速率减小策略之间。可以发现，在防抱死控制过程中将回馈制动力矩限制在一定的范围内不会给防抱死控制带来不利影响。

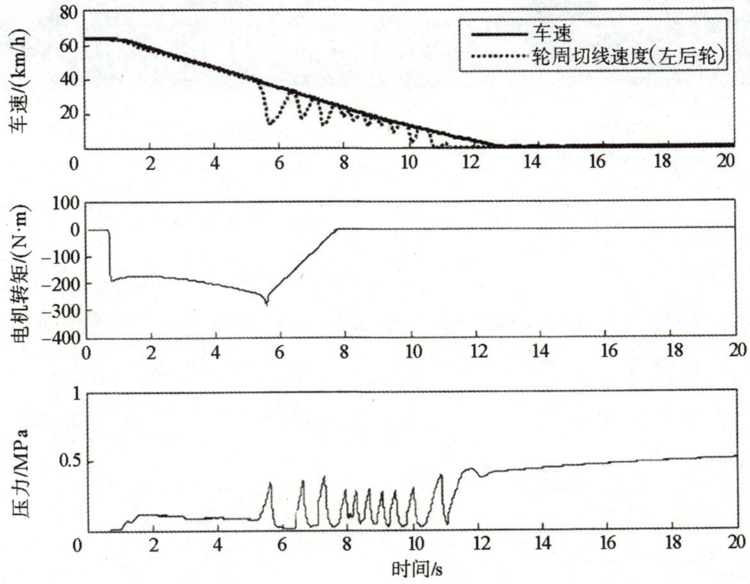

图 4-3 回馈制动力矩以 100 N·m/s 速率减小策略下后轮控制效果

3. 回馈制动保持策略

回馈制动保持策略下后轮控制效果如图 4-4 所示。进入防抱死控制后回馈制动力矩维持在 250 N·m 左右，直到因为车速过低而退出。由于回馈制动力矩几乎贯穿了整个防抱死过程，可以看到大部分控制循环中轮速的波动幅度都较大，气压的波动相应地也较大，更多情况下制动气压甚至下降至零。在该策略下平均制动气压为 0.127 MPa，比回馈制动立即切断策略降低了约 25%。

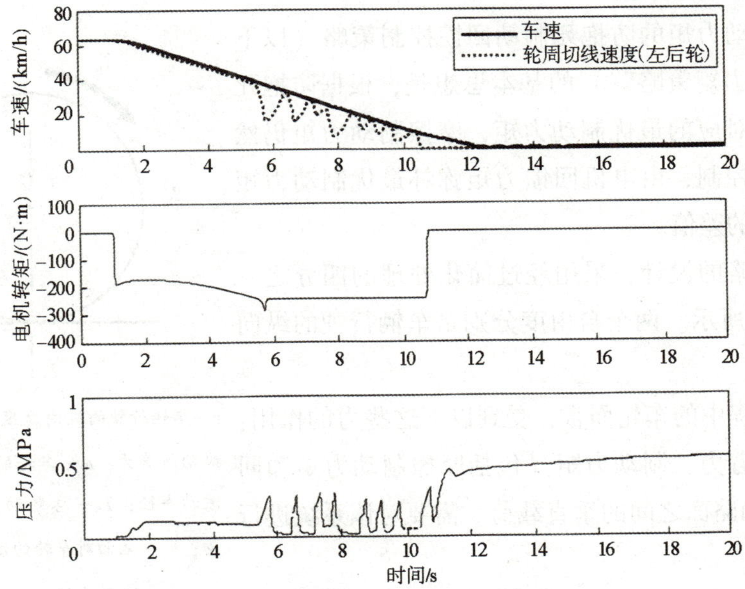

图 4-4 回馈制动保持策略下后轮控制效果

可以看到，上述三种回馈制动保守参与防抱死制动的控制策略并未利用电机转矩快速、精准控制的优势，下面将继续探讨回馈制动充分参与防抱死制动的控制策略。

任务二 补偿最优制动力矩策略

任务描述

孟凡是一名高级车辆控制工程师，其公司正在研发一款新型电动汽车。为了提高制动系统的性能，孟凡需要设计一种基于补偿最优制动力矩的防抱死制动回馈控制策略。孟凡的任务是开发一种算法，利用制动力矩补偿来优化制动效果，并有效防止轮胎抱死。孟凡需要研究如何通过补偿机制提升制动回馈的精度和效率，确保车辆在各种制动条件下都能保持稳定性。如何设计和实现这种控制策略，以优化制动系统的效率和安全性？

任务分析

在这项任务中，孟凡需要设计一种新的控制策略，以补偿最优制动力矩来优化防抱死制动系统的性能。补偿机制的目的是通过调整制动力矩来提升制动系统的稳定性和响应速度。孟凡需要研究并开发相关算法，确保在各种制动条件下，系统能够精确地调整制动力矩，从而有效防止轮胎抱死，并提升制动效率和安全性。这项任务涉及复杂的控制策略设计，需要对制动系统的动态特性和优化算法有深入的理解。

任务重点与实施

基于补偿最优制动力矩的防抱死制动回馈控制策略（以下简称“补偿最优制动力矩策略”）的基本思想是，根据防抱死制动目标滑移率确定对应的最优制动力矩，摩擦制动力矩仍然利用逻辑门限值方法控制，由电机回馈力矩弥补最优制动力矩与摩擦制动力矩之间的差值。

为了简化控制策略的设计，采用经过简化处理的四分之一轮胎模型，如图 4-5 所示。两个自由度分别是车辆行驶的纵向速度和车轮的角速度。

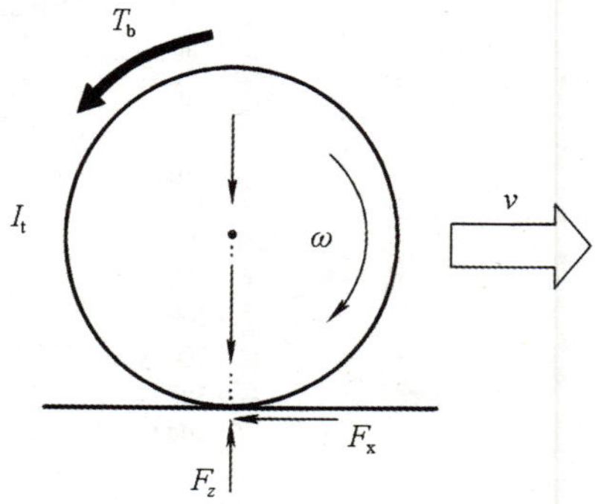

v—车辆行驶的纵向速度；F_x—轮胎与路面之间的纵向附着力；ω—车轮的角速度；R—车轮的有效滚动半径；T_b—总制动力矩；I_t—车轮的转动惯量；F_z—地面对车轮的法向作用力。

图 4-5 车轮的受力分析

对于处于制动过程中的车轮而言，受到以下这些力的作用：轮胎与路面之间的附着力、制动力矩（包括摩擦制动力矩和回馈制动力矩）、轮胎和路面之间的垂直载荷。需要对该系统进行动力学建模：

$$\dot{v} = \frac{-F_x}{m_t} \tag{4-1}$$

式中，m_t 是四分之一车辆的质量，kg。

$$\dot{\omega}=\frac{1}{I_{\mathrm{t}}}(RF_{\mathrm{x}}-T_{\mathrm{b}}) \tag{4-2}$$

车轮的纵向滑移率 s 为

$$s=\frac{v-R\omega}{v} \tag{4-3}$$

m_{t} 由下式求得：

$$m_{\mathrm{t}}=\frac{1}{4}m_{\mathrm{vs}}+m_{\mathrm{w}} \tag{4-4}$$

式中，m_{vs} 是整车的簧上质量，kg；m_{w} 是单个车轮的质量，kg。

对式（4-3）进行求导计算，得到如下关系：

$$\dot{s}=\frac{\dot{v}(1-s)-R\dot{\omega}}{v} \tag{4-5}$$

将式（4-1）和式（4-2）代入式（4-5），得到

$$\dot{s}=-\frac{1}{v}\left[\frac{F_{\mathrm{x}}}{m_{\mathrm{t}}}(1-s)+\frac{R^2F_{\mathrm{x}}}{I_{\mathrm{t}}}\right]+\left(\frac{R}{vI_{\mathrm{t}}}\right)T_{\mathrm{b}} \tag{4-6}$$

对于车轮这个受控系统而言，可以通过一个二阶状态变量的状态空间方程来表示。状态方程是式（4-1）和式（4-6）。变量的取法有很多种，在这里取 v 和 s 为状态变量，分别定义为 x_1 和 x_2。因此，可以将式（4-1）和式（4-6）进行改写。同时取滑移率的积分量为 x_3，T_{b} 则是应由控制策略决定的制动力矩值。可以看到，在推导上面的状态空间方程的过程中，车辆的侧倾和俯仰带来的影响被忽略了。

$$\dot{x}_1=\dot{v}=f_1 \tag{4-7}$$

$$\dot{x}_2=\dot{s}=f_2+\frac{R}{I_{\mathrm{t}}x_1}T_b \tag{4-8}$$

$$\dot{x}=x_2 \tag{4-9}$$

式中，f_1 和 f_2 分别有如下关系：

$$f_1=\frac{-F_{\mathrm{x}}}{m_{\mathrm{t}}} \tag{4-10}$$

$$f_2=-\frac{1}{v}\left[\frac{F_{\mathrm{x}}}{m_{\mathrm{t}}}(1-s)+\frac{R^2F_{\mathrm{x}}}{I_{\mathrm{t}}}\right] \tag{4-11}$$

综合考虑滑移率和滑移率的目标函数 J，有如下关系：

$$J=\frac{1}{2}w_2\,[x_2\,(t+h)\,-x_{2\mathrm{d}}\,(t+h)\,]^2+\cdots+\frac{1}{2}w_3\,[x_3\,(t+h)\,-x_{3\mathrm{d}}\,(t+h)\,]^2 \tag{4-12}$$

式中，$x_{2\mathrm{d}}(t+h)$ 和 $x_{3\mathrm{d}}(t+h)$ 分别代表滑移率和滑移率积分在 $t+h$ 时刻的目标值；$x_2(t+h)$ 和 $x_3(t+h)$ 分别代表 $t+h$ 时刻的滑移率和滑移率积分的实际值；w_2 和 w_3 分别代表这两个环节在整个目标函数中所占的比重大小，反映了各自的重要性。该目标函数同样可以写成如下形式：

$$J=\frac{1}{2}\sum_{n=1}^{3}w_n[x_n(t+h)-x_{n\mathrm{d}}(t+h)]^2 \tag{4-13}$$

为了在控制策略中简化计算，利用微积分中常见的泰勒级数对滑移率进行如下简化处理：

$$x_n(t+h)=x_n(t)+h\dot{x}_n(t)+\frac{h^2}{2!}\ddot{x}_n(t)+\cdots+\frac{h^{k_n}}{k_n!}x_n^{(k_n)}(t) \tag{4-14}$$

考虑本身控制量 T_b 的阶数为 1，$x_2(t+h)$ 和 $x_3(t+h)$ 采用泰勒级数展开时所取的级数应该分别是 2 和 3。展开后的结果为

$$x_2(t+h)=x_2(t)+h\dot{x}_2(t) \tag{4-15}$$

$$x_3(t+h)=x_3(t)+h\dot{x}_3(t)+\frac{h^2}{2}\ddot{x}_3(t) \tag{4-16}$$

式中，h 是该控制策略所取的控制周期。在该周期内，T_b 的变化很小，为了其后计算的方便，可以将其当成一个固定值。

将式（4-8）和式（4-9）代入式（4-15）和式（4-16）中有如下关系：

$$x_2(t+h)=x_2(t)+h\left(f_2+\frac{R}{x_1 I_t}T_b\right) \tag{4-17}$$

$$x_3(t+h)=x_3(t)+hx_2(t)+\frac{h^2}{2}\left(f_2+\frac{R}{x_1 I_t}T_b\right) \tag{4-18}$$

目标滑移率同样也可以用泰勒级数表示，展开后的结果可以表示成如下形式：

$$x_{2d}(t+h)=x_{2d}(t)+h\dot{x}_{2d}(t) \tag{4-19}$$

$$x_{3d}(t+h)=x_{3d}(t)+h\dot{x}_{3d}(t)+\frac{h^2}{2}\ddot{x}_{3d}(t) \tag{4-20}$$

采取经过简化处理的 Dugoff 非线性轮胎模型，该模型可以描述在联合制动和转弯制动过程中轮胎的力学特性，纵向附着力有如下关系：

$$F_x=\frac{C_i s}{1-s}f(\kappa) \tag{4-21}$$

式中，C_i 是轮胎的纵向刚度；$f(\kappa)$ 的表达式为

$$f(\kappa)=\begin{cases}\kappa(2-\kappa), & \kappa<1\\ 1, & \kappa>1\end{cases} \tag{4-22}$$

κ 的计算公式为

$$\kappa=\frac{\mu F_z(1-\varepsilon_r v\sqrt{s^2+\tan^2\alpha})(1-s)}{2\sqrt{C_i^2 s^2+C_\alpha^2\tan^2\alpha}} \tag{4-23}$$

式中，μ 是路面附着系数（估算方法会在后面提到）；ε_r 是路面附着系数衰减因子，取 0.8；α 是轮胎的侧偏角，在非转弯工况下一般取为零；C_α 是轮胎的侧偏刚度。

为使目标函数在整个控制过程中都保持最小，需满足以下关系：

$$\frac{\partial J}{\partial T_b}=0 \tag{4-24}$$

可以得到满足该条件的系统控制量 T_b 的变化规律如下：

$$T_b(t)=-\frac{x_1 I_t}{Rh}\frac{1}{1+0.25\beta h^2}[(1+0.5\beta h^2)e_2+\cdots+(0.5\beta h)e_3+\cdots+hf_2(1+0.25\beta h^2)] \tag{4-25}$$

式中，β、e_2、e_3 的意义如下：

$$\beta=\frac{w_3}{w_2} \tag{4-26}$$

$$e_2=x_2(t)-x_{2d}(t) \tag{4-27}$$

$$e_3 = x_3(t) - x_{3d}(t) \tag{4-28}$$

式（4-25）描述了一个带有积分反馈控制的防抱死制动力矩控制方法。考虑到在实际的应用中加上滑移率积分这一项，会给控制器的运行增加负担。因此，在这里将 β 取为零。实际上只要系统响应足够快，该种控制手段完全可以适应常规的防抱死控制需求。将式（4-25）改写，有

$$T_b(t) = -\frac{x_1 I_t}{Rh}(e_2 + hf_2) \tag{4-29}$$

由于摩擦制动力矩的控制响应和精度无法完全跟踪式（4-29）表达的最优制动力矩，因此摩擦制动力仍在成熟的逻辑门限值控制方法下进行调节，由电机回馈制动力矩跟踪该最优制动力矩与摩擦制动力矩之间的差值。故将单个车轮上的回馈制动力矩的值定为：

$$T_m(t) = 2i_g i_0\left[-\frac{x_1 I_t}{Rh}(e_2 + hf_2) - T_f\right] \tag{4-30}$$

式中，T_f 为某个车轮上的摩擦制动力矩。

至此，补偿最优制动力矩策略已设计完毕。以能量回馈气压制动系统为例，整个控制策略的流程如图 4-6 所示。

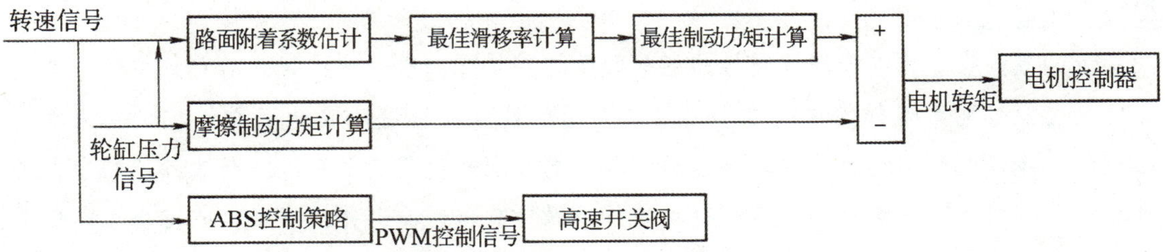

图 4-6　补偿最优制动力矩策略流程图

补偿最优制动力矩策略实验结果如图 4-7 所示。可以看到，在电机回馈制动充分参与防抱死制动后，电动机通过工作在驱动和制动的两个象限，来补偿气压制动力矩与最优制动力矩之间的偏差，相比任务一中的回馈制动保守策略，其整个防抱死制动过程中轮速波动范围更小。

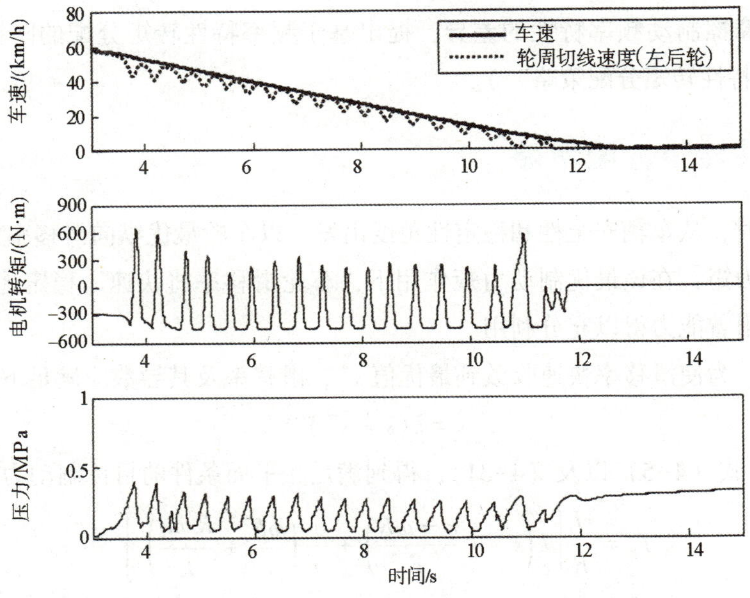

图 4-7　补偿最优制动力矩策略实验结果

任务三　频率特性转矩分配策略

任务描述

小李是一个制动系统的研发工程师，公司希望在新型电动汽车中实现一种基于频率特性转矩分配的防抱死制动回馈控制策略。小李的任务是设计一种控制策略，利用频率特性转矩分配来优化制动系统的回馈性能，并防止轮胎抱死。小李需要首先研究频率特性转矩分配策略的原理，然后进行硬件在环试验，以验证和优化控制策略的效果。如何将频率特性转矩分配策略有效应用于防抱死制动系统中，以提升车辆的制动性能和安全性？

任务分析

这项任务的重点在于将基于频率特性转矩分配的控制策略应用于防抱死制动系统中。小李需要深入理解频率特性转矩分配策略如何影响制动性能，并通过硬件在环试验来验证和优化这一策略的实际效果。频率特性转矩分配旨在通过调整不同频率下的转矩分配来优化制动系统的回馈性能。有效的控制策略设计和试验验证将确保系统能够在各种制动条件下保持最佳性能，并提高车辆的安全性和稳定性。

任务重点与实施

电驱动车辆的制动系统包括回馈制动系统和摩擦制动系统。摩擦制动系统能够提供较大的制动力矩，但是难以实现高频、高精度的制动力矩控制；回馈制动系统受电动机外特性限制，难以在高速、大强度制动场合满足车辆制动需求，但是回馈制动力矩控制准确、迅速，能够响应较高频的转矩指令。本任务基于回馈制动与摩擦制动频率特性的差异，提出基于频率特性转矩分配的防抱死制动回馈控制策略（以下简称“频率特性转矩分配策略”）。

一、频率特性转矩分配策略

在车辆紧急制动时，从车辆安全性和稳定性角度出发，以车轮最优纵向滑移率为目标，存在符合相平面条件的最优制动力矩，在该最优制动力矩作用下，车轮滑移率将快速、稳定地收敛至最优滑移率，使得轮胎与路面间的附着能力得以充分利用。

根据相平面理论，为使滑移率快速收敛到最优值 s^*，滑移率及其导数应满足下式：

$$\dot{s} = k(s - s^*) \tag{4-31}$$

联立式（4-1）~式（4-5）以及（4-31），得到满足相平面条件的目标制动力矩：

$$T_b = \frac{vI_t}{R}\left[k\left(s^* - \frac{v - \omega R}{v}\right) + \frac{\dot{v}}{v}\left(\frac{\omega R}{v} + \frac{R^2 m_t}{I_t}\right)\right] \tag{4-32}$$

式中，k 为控制参数，通过试验调试确定。

对于电驱动车辆来说，式（4-32）中的目标制动力矩由回馈制动系统和摩擦制动系统共同提供。

摩擦制动系统适宜提供高强度、低频率的制动力矩需求；回馈制动系统适宜提供低强度、高频率的制动力矩需求。

摩擦制动力矩用于提供目标制动力矩中的稳态成分，不受滑移率频繁变动的影响。令 $\dot{s}=0$，并将其代入式（4-32），此时 $T_b=T_{steady}$，可得目标制动力矩的稳态成分为

$$T_{steady}=\frac{I_t\dot{v}}{R}(1-s)-R\dot{v}m_t \tag{4-33}$$

式中，T_{steady} 是使得车轮滑移率 s 维持在当前值的力矩。经仿真验证，式（4-33）中第一项远小于第二项，T_{steady} 主要取决于车辆减速度 $\dot{v}$，在防抱死控制时，$\dot{v}$ 反映了当前轮胎与路面的附着能力，因此，T_{steady} 是与当前路面附着能力相适应的制动力矩值，是制动力需求中的低频、稳定成分，不随滑移率变化而频繁波动，因此将 T_{steady} 作为防抱死控制时摩擦制动力矩命令。由于 T_{steady} 变化频率较低，利用既有的回馈制动时的压力跟踪算法即可满足制动防抱死控制中摩擦制动压力调节的需要。

回馈制动力矩是用于提供目标制动力矩中高频波动的成分，特别是当滑移率没有达到最优值时，按照相平面条件对轮速进行微调。即当 $\dot{s}\neq 0$ 时，应由回馈制动力矩对摩擦制动力矩进行补充，使得总制动力矩等于目标制动力矩，从而使得系统满足相平面条件，即

$$T_b=T_{steady}+T_{wave} \tag{4-34}$$

将式（4-32）、式（4-33）代入式（4-34），有

$$T_{wave}=\frac{vI_tk(s-\dot{s})}{R} \tag{4-35}$$

如式（4-35）所示，当 $s\neq s^*$ 时，由回馈制动系统提供的 T_{wave} 对车轮进行制动或驱动，使得系统满足相平面条件，保证滑移率快速准确地收敛到最优值。当 $s=s^*$、$T_{wave}=0$ 时，回馈制动系统不参与防抱死控制，制动力矩完全由摩擦制动力矩 T_{steady} 承担。

综上所述，频率特性转矩分配策略首先根据轮速信号，利用式（4-32）计算得到满足相平面条件的目标制动力矩；其次，根据式（4-33）和式（4-35）分别决定摩擦制动力矩和回馈制动力矩的命令值；最后，分别对气压制动系统和回馈制动系统进行调节，使得二者制动力矩耦合的合力矩满足相平面条件，实现车辆制动防抱死控制功能。频率特性转矩分配策略示意图如图 4-8 所示。

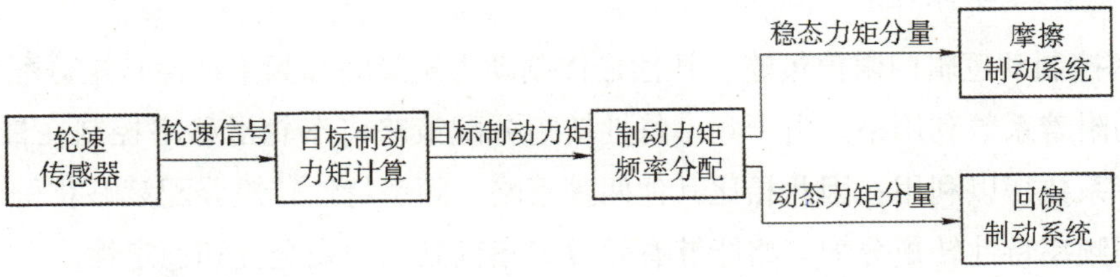

图 4-8　频率特性转矩分配策略示意图

二、硬件在环试验

硬件在环试验

1. 硬件在环试验结果分析

图 4-9 是极低附路面制动防抱死控制的硬件在环试验结果。在制动防抱死控制初期，硬件在环试验结果中的轮速跌落较为严重，滑移率一度接近 60%。这是因为在实际气压制动系统中，制动压力的调节存在滞后，制动气压不可能立刻降低。因此，在硬件在环试验的防抱死制动初期，

回馈制动等效制动压力为负值，这意味着电动机工作在驱动状态，应尽可能使轮速快速回升，避免车轮发生抱死。

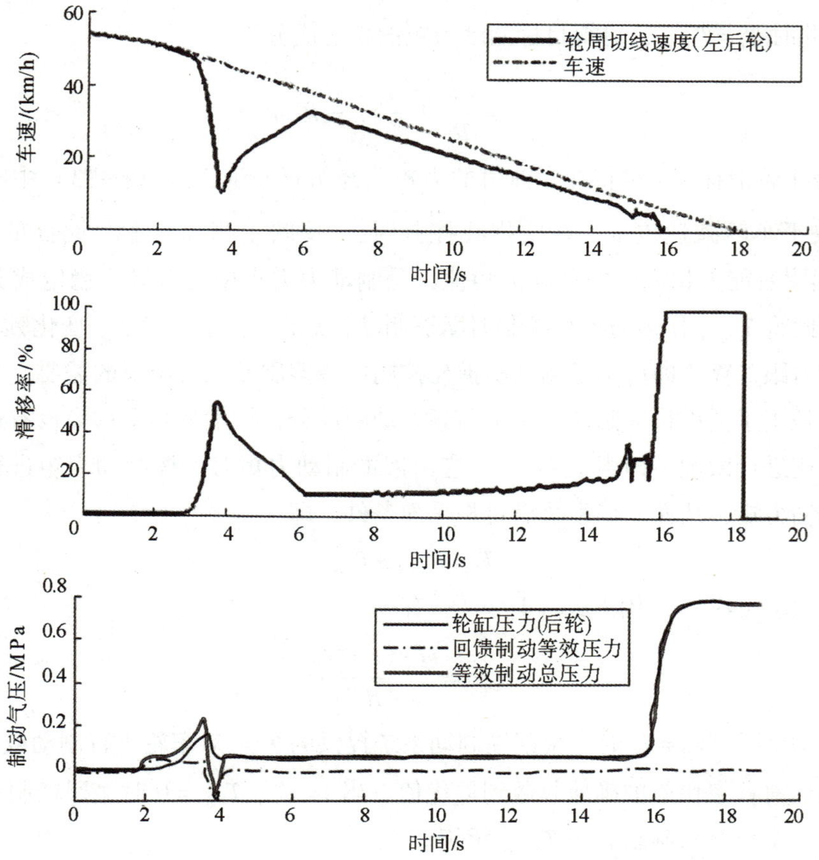

图 4-9　极低附路面制动防抱死控制的硬件在环试验结果

经过短暂调节，车轮滑移率稳定在最优值，没有出现大幅抖动；在防抱死控制过程中，对制动气压进行低频调节，提供与路面附着相当的制动强度，回馈制动在控制初期进行高频调节，对滑移率进行快速修正，当滑移率收敛至最优之后回馈制动调节逐渐减弱。

2. 不同控制策略硬件在环试验结果对比

表 4-1 为摩擦制动逻辑门限值策略、补偿最优制动力矩策略和频率特性转矩分配策略在相同硬件在环试验条件下的附着系数利用率。由于频率特性转矩分配策略将车轮滑移率控制在最优值，使得路面-轮胎的峰值附着系数得以利用，因此相比其他两种策略，频率特性转矩分配策略获得了更高的附着系数利用率，这说明频率特性转矩分配策略能够有效改善车辆制动的安全性和稳定性。

表 4-1　不同制动防抱死策略硬件在环试验结果

控制策略	附着系数利用率/%
摩擦制动逻辑门限值策略	92.5
补偿最优制动力矩策略	94.3
频率特性转矩分配策略	95.0

任务四　传动系统非线性特性策略

任务描述

周暮是一个电动汽车系统开发工程师，其公司希望在新款电动汽车中实现一种考虑传动系统非线性特性的防抱死制动回馈控制策略。周暮的任务是首先建立一个考虑齿隙影响的弹性传动系统的电机回馈制动系统模型，然后开发针对传动系统非线性特性的防抱死制动回馈控制策略，并进行仿真分析。如何设计和优化这一控制策略，以确保在实际应用中能有效处理传动系统的非线性特性，提高制动系统的性能和稳定性？

任务分析

在这项任务中，周暮需要处理传动系统的非线性特性，设计一种适应这些特性的防抱死制动回馈控制策略。首先，周暮需要建立一个准确的系统模型，考虑齿隙等非线性因素对制动系统的影响。然后，周暮需要开发相应的控制策略以处理这些非线性特性，并通过仿真分析验证策略的有效性。这项任务涉及复杂的系统建模和控制策略设计，要求周暮深入理解传动系统的非线性特性及其对制动系统的影响，并设计出有效的解决方案来优化系统性能。

任务重点与实施

前面讨论的防抱死制动回馈控制策略均未考虑能量回馈制动系统的非线性特性，本任务针对半轴弹性、阻尼和传动系统齿隙非线性特性，提出传动系统非线性特性的防抱死制动回馈控制策略（以下简称“传动系统非线性特性策略”）。

一、考虑齿隙影响的弹性传动系统的电机回馈制动系统建模

针对前轴单电机集中驱动式电动汽车，电机转矩经传动系统分配至左前轮及右前轮。该车的能量回馈制动系统结构及电机回馈制动系统简化模型如图 4-10 所示。电机制动与液压摩擦制动共同作用在前轮，后轮由液压系统实现制动，其中液压转矩的调节装置为制动主缸压力源与液压阀块等。电机回馈制动系统简化模型表征电机转矩的传递过程，其中将传动系统各对齿轮的周向接触间隙简化为单个齿隙，大小定义为 2α rad。电机转矩由减/差速器和齿隙传递至半轴，再经半轴及万向节作用于车轮。假设车辆保持直线行驶，电机转矩平分至左右两侧车轮，只考虑左侧车身及车轮的纵向受力与运动；假设传动系统弹性及阻尼体现在半轴。

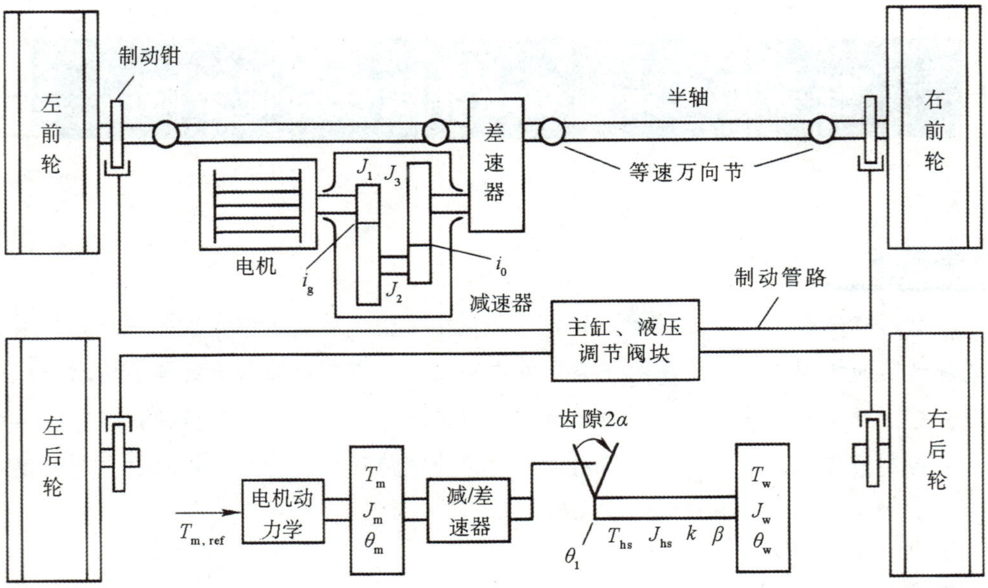

图 4-10　能量回馈制动系统结构及电机回馈制动系统简化模型

单电机前轴集中驱动式车辆的电动机在制动时，其输出端至差速器的动力学方程变为

$$T_m - \frac{2T_{hs}}{i} = J_m^* \ddot{\theta}_m \tag{4-36}$$

式（4-36）简化了传动系统效率，假设其对转矩传递无影响，T_m 为电动机实际转矩；T_{hs} 为左侧的半轴转矩；i 为总传动速比，$i=i_g i_0>1$；θ_m 为电动机输出轴转角；J_m^* 为电动机至半轴的等效转动惯量，表示为

$$J_m^* = J_m + J_1 + \frac{J_2}{i_g^2} + \frac{J_3 + J_{hs}}{i^2} \tag{4-37}$$

式中，J_m、J_1、J_2、J_3 和 J_{hs} 分别为电动机、减速器输入轴及齿轮、减速器中间轴及齿轮、减速器输出轴及齿轮、半轴的转动惯量。半轴转矩 T_{hs} 为

$$T_{hs} = \beta(\dot{\theta}_1 - \dot{\theta}_w) + k(\theta_1 - \theta_w) = 0 \tag{4-38}$$

式中，β 为半轴扭转阻尼系数；k 为半轴扭转刚度；θ_1 为半轴前端转角；θ_w 为前轮转角。

当齿隙两侧齿轮处于接触状态时，齿隙转角 $\theta_b=\theta_m/i-\theta_1$ 的大小为±α；当齿隙两侧的齿轮未接触时，$-\alpha<\theta_b<\alpha$，此时电机转矩无法传递至半轴，电动机与车轮处于解耦状态，忽略 J_{hs}，则有

$$T_{hs} = \beta(\dot{\theta}_m/i - \dot{\theta}_b - \dot{\theta}_w) + k(\theta_m/i - \theta_b - \theta_w) = 0$$

故 $\dot{\theta}_b$ 可表示

$$\dot{\theta}_b = \begin{cases} \dfrac{\dot{\theta}_m}{i} - \dot{\theta}_w + \dfrac{k}{\beta}\left(\dfrac{\theta_m}{i} - \theta_w - \theta_b\right) = A, & -\alpha < \theta_b < \alpha \\ \max(0,\ A)\theta_b = -\alpha \\ \min(0,\ A)\theta_b = \alpha \end{cases} \tag{4-39}$$

最终作用在左前轮的电机制动力矩 T_w 为

$$T_{hs}-T_w=\frac{J_{hs}}{2}\ddot{\theta}_w \tag{4-40}$$

规定电动机提供驱动转矩时为正方向，制动力矩为负值。不考虑道路坡度，制动时左前轮及左侧车身的动力学方程为

$$\begin{cases} T_w+T_{h,f}-F_x r-fF_{z,f}r=J_w\ddot{\theta}_w \\ F_x+\dfrac{T_{h,r}}{r}-fF_{z,r}-\dfrac{1}{2}F_{air}=\left(\dfrac{1}{2}m+\dfrac{J_w}{r^2}\right)a \end{cases} \tag{4-41}$$

式中，$T_{h,f}$、$T_{h,r}$ 分别为前轮及后轮液压摩擦制动力矩；F_x 为前轮地面纵向力；r 为车轮有效半径；f 为车轮滚阻系数；$F_{z,f}$、$F_{z,r}$ 分别为前轮及后轮的法向载荷；J_w 为车轮转动惯量；F_{air} 为整车空气阻力；m 为整车质量；a 为整车纵向加速度。当车辆制动时，若道路附着不足或制动需求过大，车轮将发生滑移甚至抱死，F_x 可表示为

$$F_x=\mu F_{z,f} \tag{4-42}$$

式中，μ 为前轮与路面间的纵向利用附着系数，是前轮滑移率 λ 的函数，二者在不同路面上的对应关系不同，$\mu=f(\lambda)$。

制动时车轮滑移率为

$$\lambda=\frac{v-r\omega_w}{v} \tag{4-43}$$

二、考虑传动系统非线性特性策略

为了增强前轴集中驱动式车型的电动机参与车辆防抱死制动时的制动效果，提升车辆操纵性和舒适性，需要设计能够同时补偿传动系统弹性、阻尼及齿隙特性的电动机与液压制动力矩协调控制方法。在车辆制动时，实时观测齿隙转角 θ_b 的大小，判断齿轮接触状态。当齿轮开始穿过齿隙时（$-\alpha<\theta_b<\alpha$）切换至齿隙补偿控制；当齿轮重新接触后（$\theta_b=\pm\alpha$），随着制动踏板行程的增加判断是否进入防抱死制动工况，同时切换至半轴补偿控制。在齿隙补偿与半轴补偿两种模式下，控制器根据被控量的反馈误差生成电机制动与液压制动各自的转矩命令，通过二者的动态配合实现前轴集中驱动式电动汽车极端工况下快速平稳的制动。

齿隙补偿控制目标为：当车辆传动系统的齿隙发生接触面变化时，尽可能减小齿轮在重新接触瞬间的转速差，从而达到减小接触冲击力的效果；同时关注穿过齿隙所用的时间，以免用时过长而影响电机转矩动态响应。由于滑模控制能够处理系统非线性且响应快速，因此可以用其实现齿隙补偿。将转速差 $\Delta\omega$ 重新记为 e，有

$$e=\Delta\omega=\frac{\omega_m}{i}-\omega_w \tag{4-44}$$

滑模面 S 为

$$S=e+\varepsilon\int e \tag{4-45}$$

式中，ε 为满足 Hurwitz 条件的常数，$\varepsilon>0$。定义 Lyapunov 函数为

$$v=\frac{1}{2}S^2 \tag{4-46}$$

由于在穿过齿隙的过程中 $T_m = J_m^* \cdot \dot{\omega}_m$，则有

$$\dot{v} = S\dot{S} = S\left(\frac{T_m}{iJ_m^*} - \dot{\omega}_w + \varepsilon e\right) \tag{4-47}$$

为了保证系统稳定性条件 $\dot{v} = S\dot{S} \leq 0$ 成立，设计滑模控制律为

$$T_m = iJ_m^*(-\varepsilon e + \dot{\omega}_w - \eta_s \mathrm{sgn}\, S) \tag{4-48}$$

式中，η_s 为常数，$\eta_s > 0$；sgn S 为 S 的符号函数。从而有

$$\dot{v} = S\dot{S} = S(-\eta \mathrm{sgn}\, S) = -\eta|S| \leq 0 \tag{4-49}$$

在实际应用中，将 sgn S 替换为饱和函数 sat S 可减小滑模控制量 T_m 的抖振。另外，液压制动力矩的变化对齿隙补偿效果有着不可忽视的影响：在齿轮穿过齿隙的过程中，若液压制动强度减小，齿轮重新接触时的转速差随之增大，则加剧了齿隙补偿的难度；若液压制动强度增加，转速差虽有减小趋势，但却延长了穿过齿隙的时间，甚至有可能使齿隙两侧的齿轮在正向重新接触。为了避免液压制动系统对齿隙补偿效果的干扰，当齿轮穿过齿隙时，保持前轮液压转矩不变：

$$\dot{T}_{h,f} = 0 \tag{4-50}$$

当齿隙两侧的齿轮重新接触后，即由齿隙补偿切换至半轴补偿控制，目的是使由电动机通过传动系统传递至前轴两侧车轮处的总制动力矩 $2T_w$ 准确跟随由滑移率控制算法输出的电机转矩参考值 $T_{m,ref,abs}$ 与传动比 i 的乘积。基于以电机回馈制动为主、液压制动为辅的思路，采用双闭环反馈法，外环利用 PID 法控制前轮滑移率，内环利用 PID 法对半轴转矩进行补偿控制（图 4-11）。

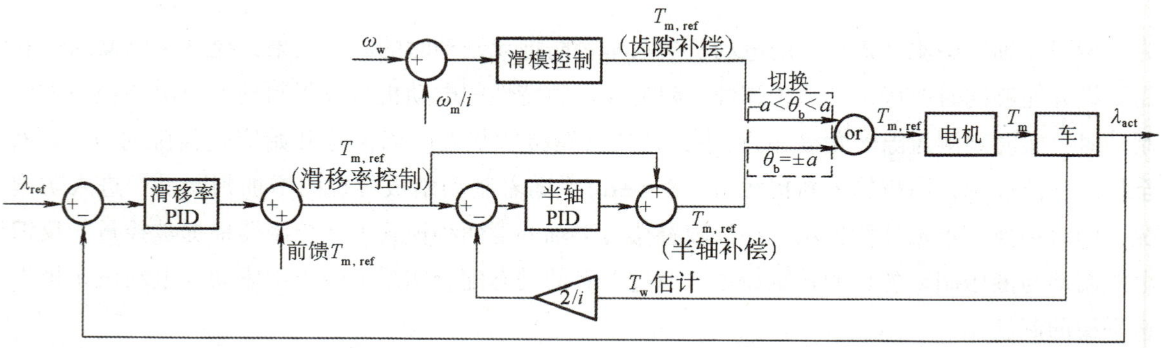

图 4-11 考虑齿隙影响的弹性传动系统回馈制动系统动态控制框图

三、仿真分析

在紧急制动开始前，驾驶员操纵加速踏板驱动车辆；当制动开始时，驾驶员快速释放加速踏板同时快速深踩制动踏板以触发防抱死控制。为了对比验证所提出的防抱死制动方法的有效性，设计未考虑齿隙及半轴特性的电机回馈制动系统动态控制方法（下称“电机防抱死未补偿方法”）：取消齿隙补偿滑模控制及半轴转矩控制内环，只保留车轮滑移率控制外环，将 $T_{m,ref,abs}$ 直接作为最终的电机转矩命令值；液压制动系统控制策略不变。

路面附着系数为 0.2，车辆制动初始速度为 35 km/h。传动系统特性未补偿与补偿的低附路面防抱死制动仿真结果分别如图 4-12 和图 4-13 所示。由于车辆在该路面制动时电动机能够提供足够的制动力

矩，触发防抱死制动后液压制动力矩被迅速置零；当车速降至 8 km/h 以下电动机难以提供稳定的制动力矩时，将电机制动迅速撤出，同时恢复前轮轮缸压力，使车辆抱死拖滑直至停车。

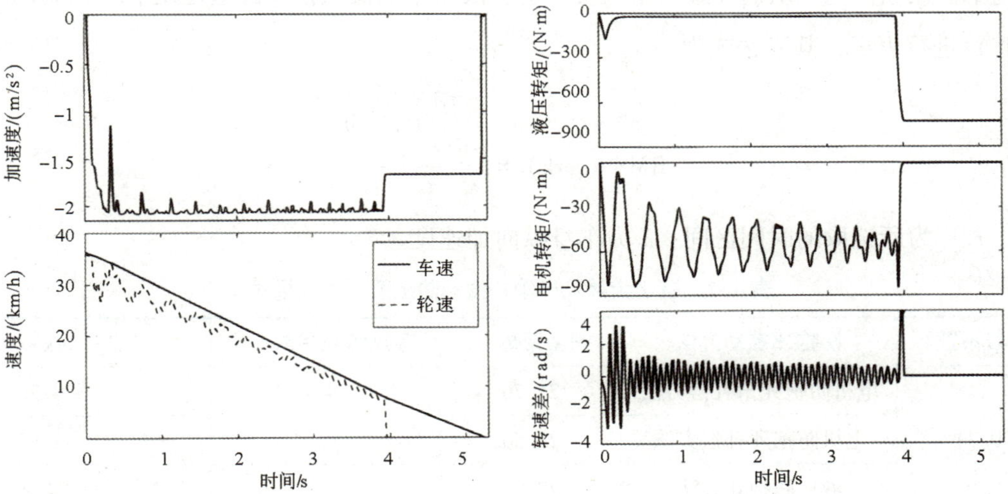

（a）　　（b）

图 4-12　未补偿传动系统特性的低附路面防抱死制动仿真结果

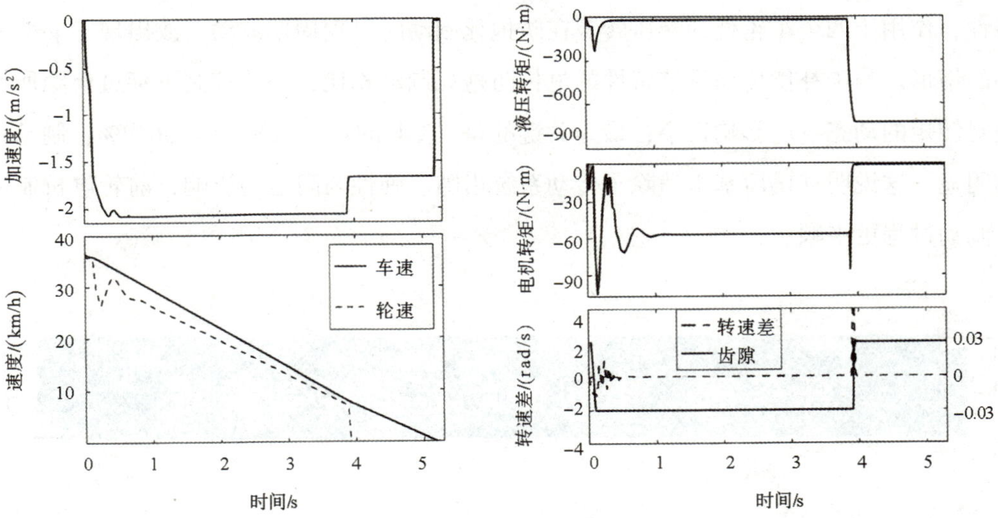

（a）　　（b）

图 4-13　补偿传动系统特性的低附路面防抱死制动仿真结果

对比图 4-12 和图 4-13，车辆在未补偿传动系统特性时转速差达到±3 rad/s。电机制动力矩振荡幅度大，导致轮速与车身加速度的持续波动，影响驾驶舒适性；在加入补偿控制后，齿隙补偿方法在穿过齿隙时减小电机转矩幅值，极大地抑制了转速差，同时半轴补偿方法增强了系统稳定性，电机转矩调节迅速，使前轮滑移率快速稳定在目标值，车身加速度几乎无波动。补偿后的齿隙转角曲线显示，制动开始后齿隙位置从 0.03 rad 变为-0.03 rad，电动机由驱动车轮转为制动；当撤出电机制动后齿隙反向，车轮侧的液压转矩为电动机侧的惯量提供制动力矩。与不考虑齿隙非线性的控制效果相比，半轴补偿内环微分项的存在使防抱死制动过程轮速波动得到抑制，滑移率控制效果进一步变好。

表 4-2 对比了传动系统特性补偿前后车辆防抱死制动效果，用量化指标突出仿真结果的差异，并加入传统车辆采用逻辑门限值法进行液压防抱死制动的仿真结果。若车身纵向加速度的导数 jerk 幅值过大，会恶化车辆操纵性能，从而导致驾乘人员不适，故将车辆操纵性及舒适性用 jerk 在制动过程内的均方根（RMS）进行表征，其表达式为

$$\mathrm{RMS}\ (\mathrm{jerk}) = \sqrt{\frac{\int_{t_1}^{t_2}(\dot{a})^2 \mathrm{d}t}{t_2 - t_1}} \tag{4-51}$$

式中，$[t_1, t_2]$ 为所选取的时间区间；a 为车身纵向加速度。

表 4-2 基于齿隙及半轴补偿的防抱死制动效果对比

路面（附着系数）	防抱死制动方法	制动距离/m	穿过齿隙用时/ms	RMS(jerk)/(m/s³)
低附（0.2）	电机防抱死未补偿方法	25.76	41	4.72
	电机防抱死补偿方法	25.56	65	2.98
	液压防抱死方法	27.90	—	24.90

与只采用液压转矩完成制动相比，补偿控制时的防抱死制动距离缩短了 8.4%，制动强度与安全性得到提升，体现了电动机作为执行机构时转矩响应的优势。由于液压制动力矩调节的逻辑门限值法存在增减保压特性，作用于四个车轮处的液压转矩在防抱死制动时呈现周期波动，故出现了 jerk 的幅值远大于电机制动的情形。与未补偿传动系统特性的电机防抱死制动相比，补偿控制下穿过齿隙所用时间虽略有增加，但对转矩的动态响应影响很小；最为关键的是，jerk 的均方根降低了 36.9%，制动强度越大时改善效果越明显。这说明补偿后基本消除了传动系统齿隙、弹性与阻尼的影响，前轮电机制动力矩得到准确控制，制动过程更平顺。

任务五　电机磁场定向控制策略

任务描述

王希是一个电动汽车电机控制工程师，其公司正在开发一种基于电机磁场定向控制的防抱死制动回馈控制策略。王希的任务是设计并实现电机回馈制动系统的建模，利用磁场定向控制的方法来优化制动回馈的控制策略，并进行仿真分析。如何基于电机磁场定向控制设计高效的防抱死制动回馈控制策略，以确保制动系统在各种工况下的性能和稳定性？

任务分析

在这项任务中，王希需要利用电机磁场定向控制技术来设计防抱死制动回馈控制策略。电机磁场定向控制可以提供精确的电机控制，优化制动回馈过程。王希需要首先建立电机回馈制动系统的模型，应

用磁场定向控制的方法来优化控制策略，并通过仿真分析验证策略的效果。这项任务涉及电机控制理论和系统建模，王希需要深入理解磁场定向控制的原理，并能够将其有效应用于制动系统中，以提升系统的性能和稳定性。

任务重点与实施

本任务针对前轴集中驱动式电动汽车极端制动工况，提出综合考虑电机磁场定向控制及传动系统机械特性补偿的电机回馈制动系统动态控制方法。将电机磁场定向控制与传动系统机械特性补偿控制相结合，实现极端工况下电机回馈制动系统、液压制动系统及轮胎路面特性的电动汽车制动系统机电一体化控制。

一、电机回馈制动系统建模

研究对象为前轴集中驱动式电动轿车，单电机生成的驱制动力矩通过减速器、差速器、半轴等环节传递至车轮，车辆动力学表示为

$$
\begin{cases}
T_{\mathrm{m}} - \dfrac{2T_{\mathrm{hs}}}{i} = J_{\mathrm{m}}^{*} \cdot \ddot{\theta}_{\mathrm{m}} \\
T_{\mathrm{hs}} = \beta(\dot{\theta}_1 - \dot{\theta}_{\mathrm{w}}) + k(\theta_1 - \theta_{\mathrm{w}}) \\
T_{\mathrm{hs}} - T_{\mathrm{w}} = \dfrac{J_{\mathrm{hs}}}{2}\ddot{\theta}_{\mathrm{w}} \\
J_{\mathrm{m}}^{*} = J_{\mathrm{m}} + J_1 + \dfrac{J_2}{i_g^2} + \dfrac{J_3 + J_{\mathrm{hs}}}{i^2} \\
T_{\mathrm{w}} + T_{\mathrm{h,f}} - F_{\mathrm{x}} r - fF_{\mathrm{z,f}} r = J_{\mathrm{w}}\ddot{\theta}_{\mathrm{w}} \\
F_{\mathrm{x}} + \dfrac{T_{\mathrm{h,r}}}{r} - fF_{\mathrm{z,r}} - \dfrac{1}{2}F_{\mathrm{air}} = \left(\dfrac{1}{2}m + \dfrac{J_{\mathrm{w}}}{r^2}\right)a \\
F_{\mathrm{x}} = \mu F_{\mathrm{z,f}}
\end{cases}
\tag{4-52}
$$

式中，T_{m}、T_{hs}、T_{w} 分别为电机转矩实际值、左侧半轴转矩及左前轮处的电机转矩；θ_{m}、θ_1、θ_{w} 分别为电动机输出轴转角、半轴内端转角和左前轮转角；i 为总传动比，$i=i_g i_0$；J_{m}^{*}、J_{m}、J_1、J_2、J_3、J_{hs} 分别为电动机至半轴、电动机、减速器输入轴及齿轮、减速器中间轴及齿轮、减速器输出轴及齿轮、半轴的转动惯量；β、k 分别为半轴扭转阻尼系数及刚度；$T_{\mathrm{h,f}}$、$T_{\mathrm{h,r}}$ 分别为前后轮液压制动力矩；F_{x} 为前轮地面纵向力；r 为车轮有效半径；f 为车轮滚阻系数；$F_{\mathrm{z,f}}$、$F_{\mathrm{z,r}}$ 分别为前后轮垂向载荷；J_{w} 为车轮转动惯量；F_{air} 为整车空气阻力；m 为整车质量；a 为车身纵向加速度；μ 为轮胎与路面间的纵向利用附着系数，$\mu=f(\lambda)$。

忽略 J_{hs}，齿隙转角 θ_{b} 为

$$
\dot{\theta}_{\mathrm{b}} = \begin{cases}
\dfrac{\dot{\theta}_{\mathrm{m}}}{i} - \dot{\theta}_{\mathrm{w}} + \dfrac{k}{\beta}\left(\dfrac{\theta_{\mathrm{m}}}{i} - \theta_{\mathrm{w}} - \theta_{\mathrm{b}}\right) = A, & -\alpha < \theta_{\mathrm{b}} < \alpha \\
\max(0,\ A)\theta_{\mathrm{b}} = -\alpha \\
\min(0,\ A)\theta_{\mathrm{b}} = \alpha
\end{cases}
\tag{4-53}
$$

将车身纵向速度记作 v，左前轮轮速记作 ω_w（$\dot{\theta}_w$），则车辆制动时车轮的滑移率为

$$\lambda = \frac{v - \omega_w r}{v} \qquad \lambda \in [0,\ 1] \tag{4-54}$$

轮胎、液压制动系统模型与前文相同。研究车型采用电驱动车辆常用的永磁同步电动机（permanent magnet synchronous motor，PMSM）作为动力源。d-q 参考系下电动机方程可描述为

$$\begin{cases} u_d = Ri_d + \dfrac{L\mathrm{d}i_d}{\mathrm{d}t} - p\omega_m Li_q \\ u_q = Ri_q + \dfrac{L\mathrm{d}i_q}{\mathrm{d}t} - p\omega_m Li_d + p\omega_m \psi \\ T_m = p\psi i_q \end{cases} \tag{4-55}$$

式中，u_d、u_q 为 d-q 轴的端电压；i_d、i_q 为 d-q 轴电枢电流；R 为电枢电阻；L 为 d-q 轴电感，假设该电动机 d-q 轴电感相等；p 为极对数；ψ 为永磁磁链。

由于 T_m 取决于 i_q，故期望将 i_d 控制为零。采用磁场定向控制（field-oriented control，FOC）控制电动机实际转矩 T_m 跟随转矩命令值 $T_{m,ref}$，永磁同步电机磁场定向控制框图如图 4-14 所示。

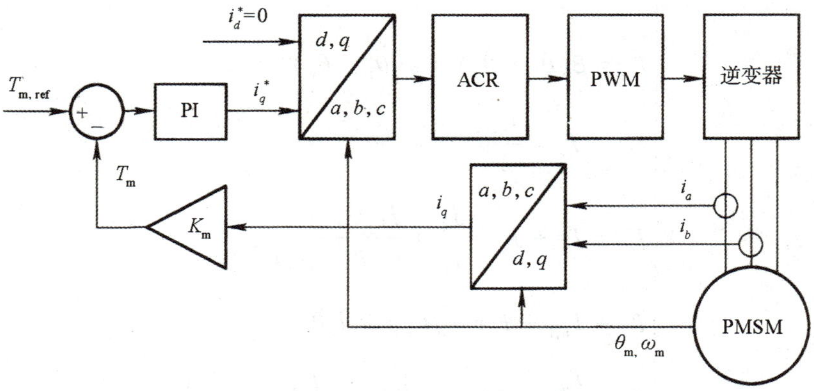

图 4-14 永磁同步电机磁场定向控制框图

通过传感器得到电动机的相电流 i_a 和 i_b，经坐标变换（abc 坐标系→dq 坐标系）后得到 i_q，再通过增益 K_m 得到电动机实际转矩 T_m。转矩目标值 $T_{m,ref}$ 与之作差后输入 PI 控制器得到 q 轴电流目标值 i_q^*，与 i_d^* 同经过坐标变换（dq 坐标系→abc 坐标系）后，输入至相电流调节器 ACR，最后通过 PWM 控制逆变器，形成 PMSM 的转矩控制闭环。其中，坐标变换需要电动机的转角 θ_m 及转速 ω_m 信息。

二、基于磁场定向控制的电机回馈制动系统控制方法

采用传动系统特性补偿下的防抱死制动方法，包括以电动机为主、液压为辅的协调控制方法。

当路面制动力不足、导致车轮滑移而触发防抱死制动时，首先忽略传动系统的特性，利用 PID 法将车轮滑移率误差 $\lambda_{ref}-\lambda_{act}$ 转化为电机制动力矩命令，其中 λ_{ref} 为目标滑移率，λ_{act} 为实际滑移率。车辆防抱死制动工况未考虑传动系统补偿的前轮滑移率控制框图如图 4-15 所示，其中省略了液压制动控制环节。若记滑移率 PID 控制参数为 k_p、k_i、k_d，则电机转矩命令增量 $\Delta T_{m,ref}(k) = T_{m,ref}(k) - T_{m,ref}(k-1)$ 通过下式计算：

$$\Delta T_{m,ref}=k_p\ (\lambda_{ref}-\lambda_{act})\ +k_i\int(\lambda_{ref}-\lambda_{act})dt+k_d\frac{d(\lambda_{ref}-\lambda_{act})}{dt} \tag{4-56}$$

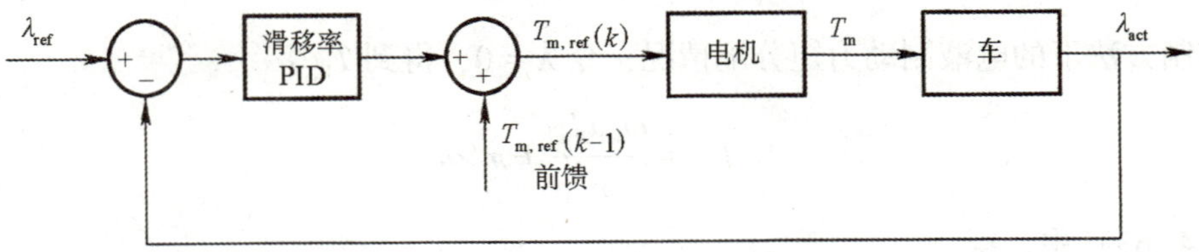

图 4-15 未考虑传动系统补偿的前轮滑移率控制框图

其次，对传动系统特性进行补偿。电动机从驱动切换为制动或是当制动过程中路面附着发生变化时，电动机端与车轮端转矩的作用关系会发生变化，导致齿隙转角在±α 中切换。采用模式切换控制补偿传动系统特性，对齿隙转角 θ_b 进行识别以判断是否进行齿隙补偿或半轴补偿。当穿过齿隙时进行齿隙补偿，可通过滑模法调节电机制动力矩以降低齿轮接触时的转速差，减小冲击。将齿隙补偿下的电机转矩控制量 $T_{m,ref,b}$ 的符号函数替换为饱和函数。当齿隙重新接触后进行半轴补偿，选取滑移率控制模块输出的电机转矩命令值 $T_{m,ref,sr}$ ［即图 4-15 中的 $T_{m,ref}$（k）］和所估计的两侧车轮处总电机制动力矩除以传动比后的值 $2T_{w,est}/i$，二者的误差通过 PID 控制模块最终输出补偿后的电机转矩命令值 $T_{m,ref,hs}$。记半轴 PID 控制参数为 k_α、k_β、k_γ，补偿后的电机转矩命令值为

$$T_{m,ref,hs}=T_{m,ref,sr}+\left[k_\alpha\left(T_{m,ref,sr}-\frac{2T_{w,est}}{i}\right)+k_\beta\int\left(T_{m,ref,sr}-\frac{2T_{w,est}}{i}\right)dt+k_\gamma\frac{d\left(T_{m,ref,sr}-\frac{2T_{w,est}}{i}\right)}{dt}\right] \tag{4-57}$$

将半轴补偿 PID 控制作为内环，完成前轮滑移率控制双闭环的建立。车辆防抱死制动过程齿隙及半轴补偿模式切换控制情况如图 4-11 所示。

最后，选取包括相平面法及滑模法在内的两种车辆防抱死制动工况使用的车轮滑移率控制方法，与所提出的补偿传动系统特性的电机回馈制动系统转矩控制方法进行对比。在以上两种方法中，车轮滑移率控制方法的推导过程将车辆传动系统简化为刚性，车身及左前轮的动力学方程为

$$\begin{cases}F_x=m'a\\T'-F_xr=J_w\dot{\omega}_w\end{cases} \tag{4-58}$$

式中，m' 等效为作用在左前轮的车身质量；T' 为作用在左前轮的电机转矩与液压转矩之和，忽略了车身风阻与车轮滚阻等影响。推导 λ 的表达式为

$$\dot{\lambda}=\frac{\omega_w r\dot{v}-\dot{\omega}_w rv}{v^2} \tag{4-59}$$

进一步可得：

$$\dot{\lambda}=\frac{r}{v^2}\left[\omega_w\dot{v}-\frac{v(T'-m'r\dot{v})}{J_w}\right] \tag{4-60}$$

记滑移率误差为 $e_{pp}=\lambda-\lambda_{ref}$，根据滑移率相平面控制原理，令：

$$\dot{e}_{pp}=k_{pp}e_{pp} \tag{4-61}$$

式中，$k_{pp}<0$ 为控制参数。假设 λ_{ref} 保持不变，有

$$\dot{\lambda}=k_{pp}e_{pp} \tag{4-62}$$

将式（4-60）代入式（4-62），得到电机转矩作用在左前轮处的命令值 $T_{w,ref,pp}$ 为

$$T_{w,ref,pp}=\left(\omega_{w}a-\frac{k_{pp}e_{pp}v^{2}}{r}\right)\frac{J_{w}}{v}+m'ra-T_{h,f} \tag{4-63}$$

考虑该控制方法下的电液制动力矩分配情况，令 $\dot{\lambda}=0$，得到 $T_{h,f}$：

$$T_{h,f}=\frac{\omega_{w}aJ_{w}}{v}+m'ra \tag{4-64}$$

代入式（4-63）中，得

$$T_{w,ref,pp}=\frac{k_{pp}e_{pp}vJ_{w}}{r} \tag{4-65}$$

最终，车轮滑移率控制相平面法的电机转矩命令值 $T_{m,ref,pp}$ 为

$$T_{m,ref,pp}=\frac{2T_{w,ref,pp}}{i}=-\frac{2k_{pp}e_{pp}vJ_{w}}{ir} \tag{4-66}$$

另外，在滑移率控制滑模法中，选取滑模面 S_{sm} 为

$$S_{sm}=e_{pp}+\alpha\int e_{pp} \tag{4-67}$$

式中，$\alpha_{s}>0$ 为常数。令滑移率控制滑模法控制量 $T_{ref,sm}$ 为

$$T_{ref,sm}=\left[\frac{\omega_{w}ra}{v^{2}}+\alpha_{s}e_{pp}+\gamma_{1}S_{sm}+\gamma_{0}\mathrm{sat}\left(\frac{S_{sm}}{\varphi}\right)\right]\frac{J_{w}v}{r}+m'ra \tag{4-68}$$

式中，$\mathrm{sat}\left(\frac{S_{sm}}{\varphi}\right)$ 为饱和函数；$\gamma_{0}>0$、$\gamma_{1}>0$、$\varphi>0$，均为常数。此时，Lyapunov 函数 $V=\frac{1}{2}S_{sm}^{2}$ 的导数满足：

$$\begin{aligned}\dot{V}&=S_{sm}\dot{S}_{sm}=S_{sm}(\lambda+\alpha_{s}e_{pp})=S_{sm}\left[\frac{\omega_{w}ra}{v^{2}}-\frac{r(T_{ref,sm}-m'ra)}{J_{w}v}+\alpha_{s}e_{pp}\right]\\&=-\gamma_{1}S_{sm}^{2}-\gamma_{0}S_{sm}\cdot\mathrm{sat}\left(\frac{S_{sm}}{\varphi}\right)\leqslant 0\end{aligned} \tag{4-69}$$

车轮滑移率控制滑模法的控制量 $T_{ref,sm}$ 在电液制动系统中的分配按照以电动机为主、液压为辅的方式进行。

三、仿真分析

1. 滑移率 PID 控制仿真分析

利用含 FOC 法控制下的 PMSM 模型在内的系统模型，在 MATLAB/Simulink 环境下进行车辆防抱死制动工况的仿真研究。选取四种典型路面完成车辆的制动过程：低附路面 $\mu_{max}=0.2$、高附路面 $\mu_{max}=0.8$、低附路面切换高附路面 $\mu_{max}=0.2\rightarrow0.8$、高附路面切换低附路面 $\mu_{max}=0.8\rightarrow0.2$。初始车速为 45 km/h，在制动开始时驾驶员快速将踏板踩至最大行程，触发防抱死控制。

图 4-16 和图 4-17 分别为低附路面未补偿时滑移率 PID 控制仿真结果、低附路面补偿时滑移率 PID 控制仿真结果。低附路面防抱死制动时，减速度约为 $-2\ \mathrm{m/s^{2}}$，电机回馈制动系统能够单独提供车辆制动所需转矩，液压转矩接近零。

与未考虑传动系统特性的控制方法相比，补偿后的轮速、车身减速度、电机转矩及转速差的波动变

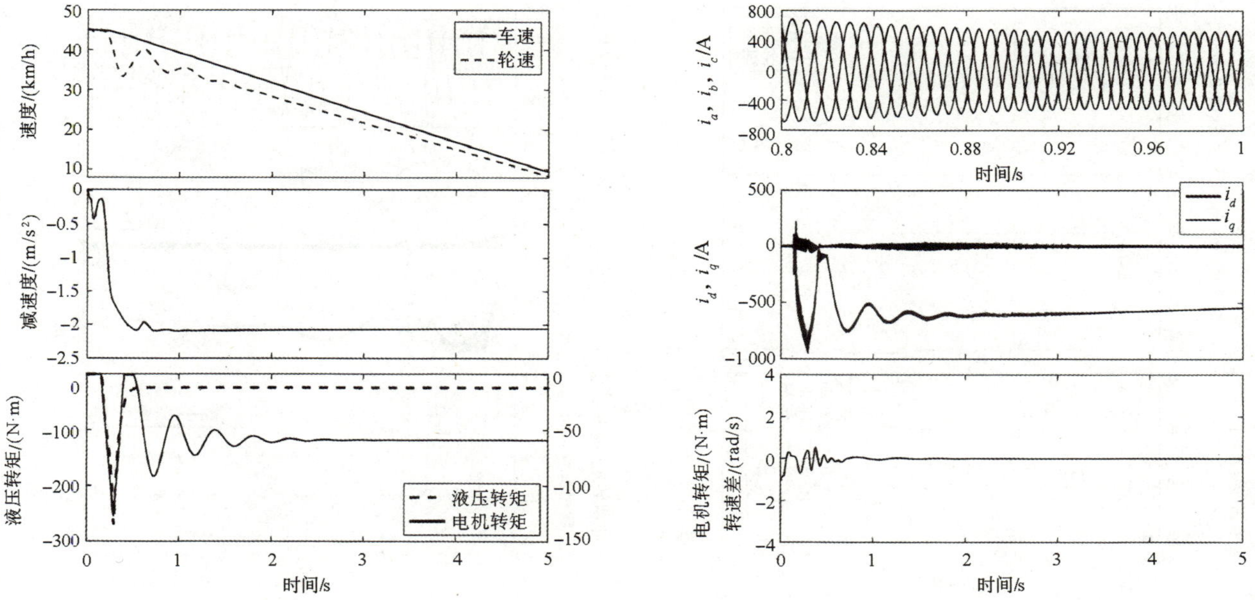

图 4-16 低附路面未补偿时滑移率 PID 控制仿真结果

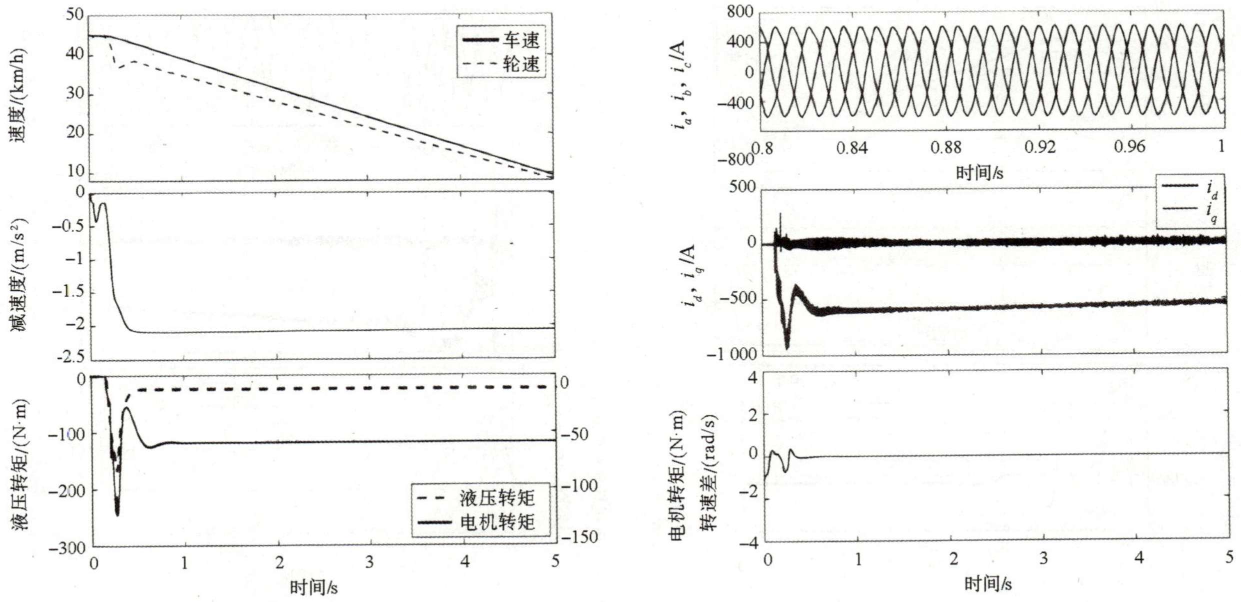

图 4-17 低附路面补偿时滑移率 PID 控制仿真结果

小，车轮滑移率更快地收敛至目标值，车辆的制动过程更平稳。

图 4-18 和图 4-19 分别为高附路面未补偿及补偿后的滑移率 PID 控制仿真结果。高附路面防抱死制动时，减速度约为-8 m/s^2，电动机无法单独提供足够的制动力矩，需要液压制动系统的参与，其转矩稳定在约-800 N·m，在此基础上调节电机转矩使车轮滑移率跟随目标值。

若传动系统半轴与齿隙未补偿，则制动初始阶段齿轮出现正负向反复接触，转速差波动很大，幅值达到 8 rad/s，导致轮速及车身减速度出现振荡。补偿后，齿隙非线性不再引起齿轮反复接触，转速差、轮速及车身减速度振荡衰减，整车制动过程更平稳。

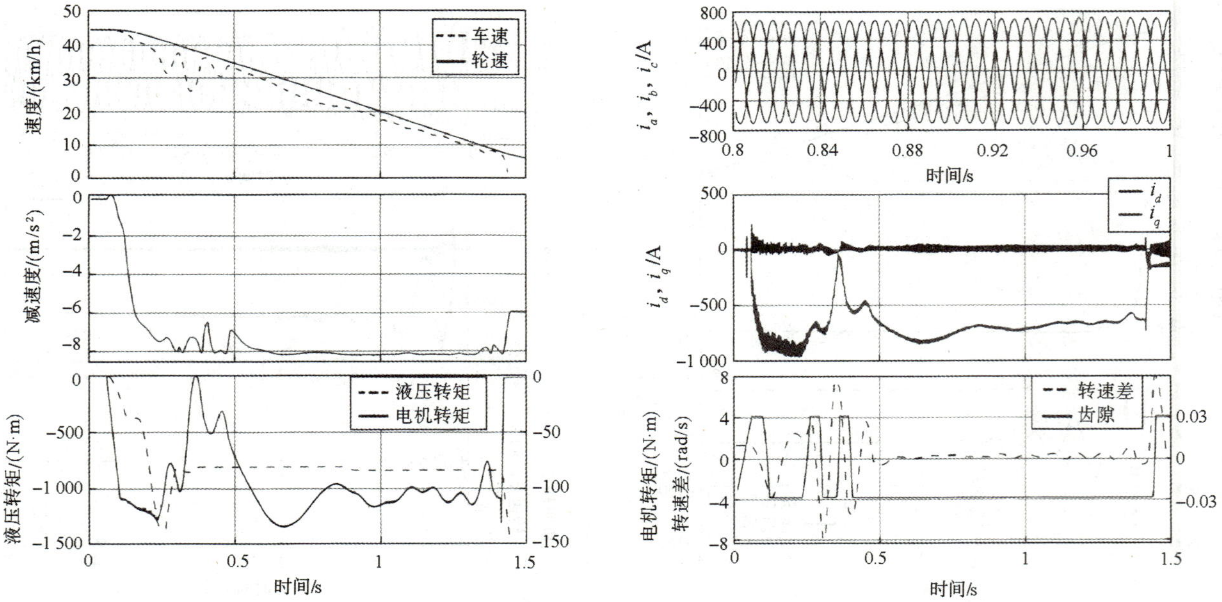

图 4-18　高附路面未补偿的滑移率 PID 控制仿真结果

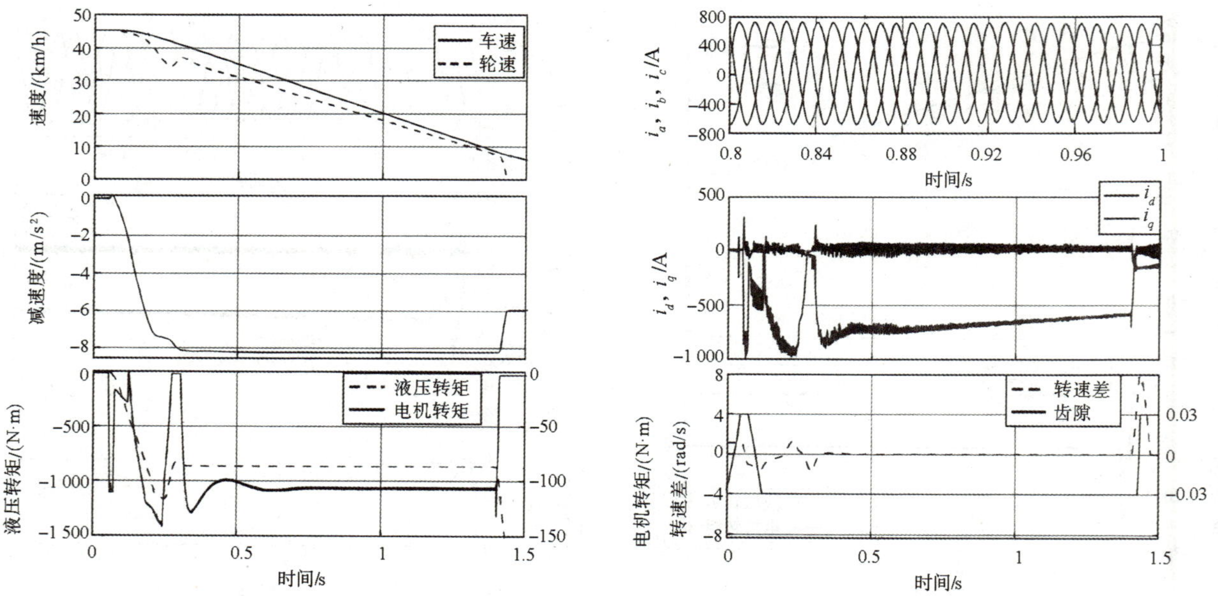

图 4-19　高附路面补偿后的滑移率 PID 控制仿真结果

另外，在 FOC 法控制下 PMSM 的 $d-q$ 轴电流控制正常，电机转矩高频波动的幅值可以控制在 2 N·m 内，能够很好地跟随动态转矩命令。

图 4-20 和图 4-21 分别为低附路面切换高附路面未补偿及补偿后的滑移率 PID 控制仿真结果。在车速降至 35 km/h 时车辆由低附驶入高附路面，切换前后的液压转矩由接近零变为-800 N·m，车身减速度由-2 m/s^2 变为-8 m/s^2。从两图中路面切换时电动机相电流及 $d-q$ 轴电流的变化趋势上可以看出，传动系统补偿情形下电机转矩瞬时变化更剧烈，i_q 调节更迅速、幅度更大。由于补偿后电机转矩快速准确的响应，转速差、车身减速度能够更快平稳下来。

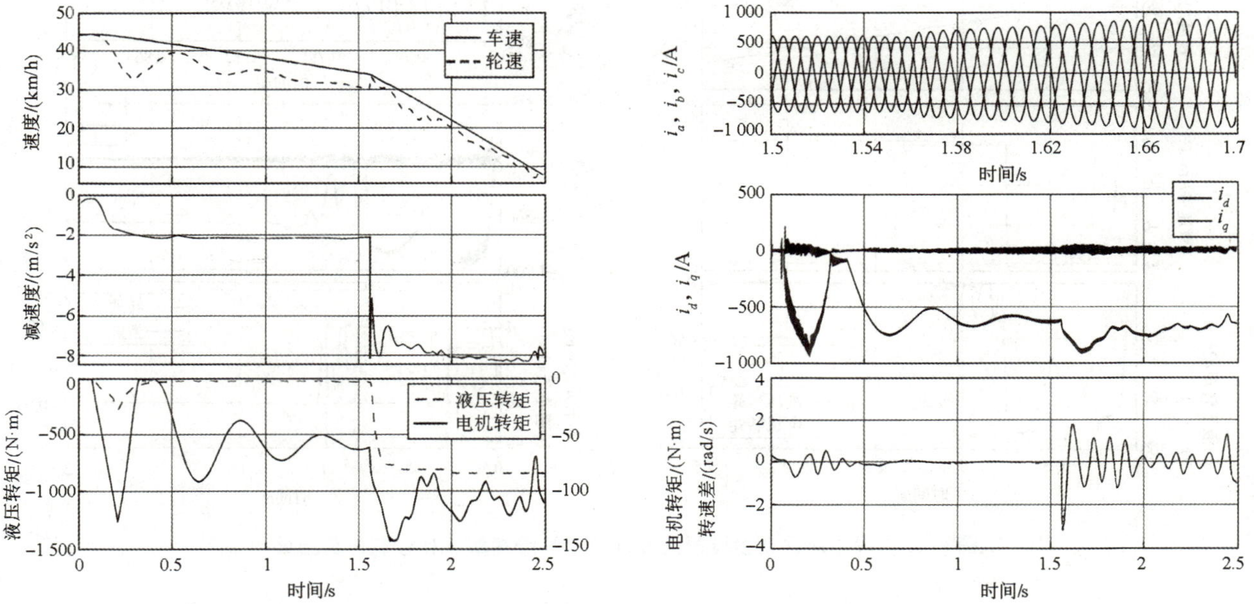

图 4-20　低附路面切换高附路面未补偿的滑移率 PID 控制仿真结果

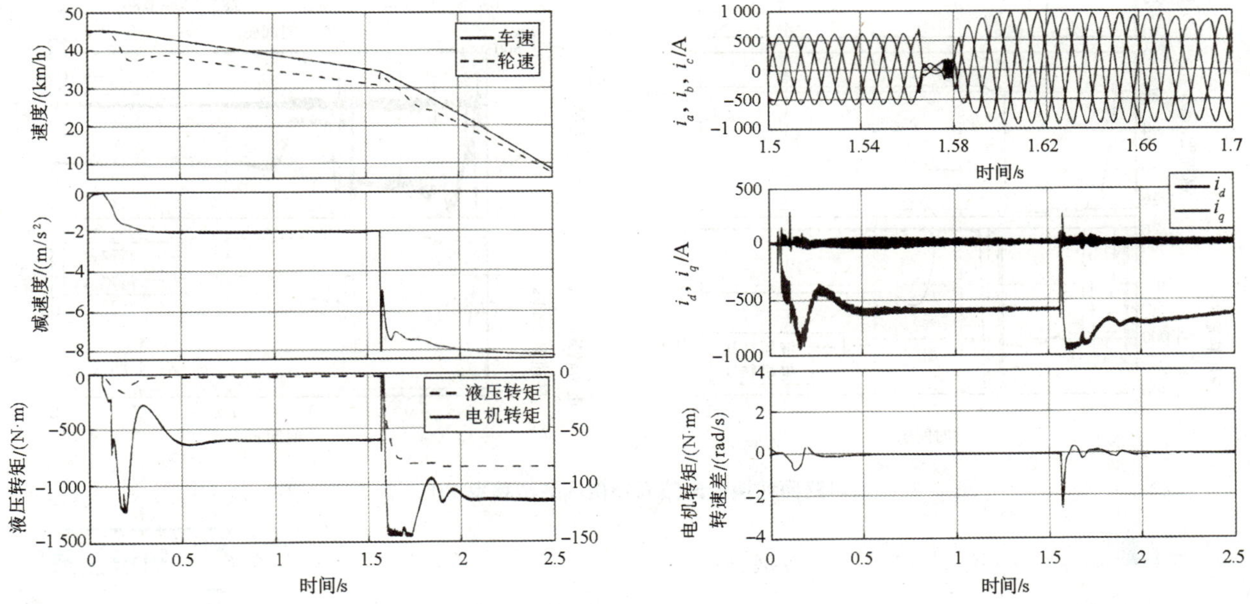

图 4-21　低附路面切换高附路面补偿后的滑移率 PID 控制仿真结果

图 4-22 和图 4-23 分别为高附路面切换低附路面未补偿及补偿后的滑移率 PID 控制仿真结果。在车速降至 28 km/h 时车辆由高附路面驶入低附路面，切换前后的液压转矩稳态值由 −800 N · m 变为接近零，车身减速度由 −8 m/s² 变为 −2 m/s²。

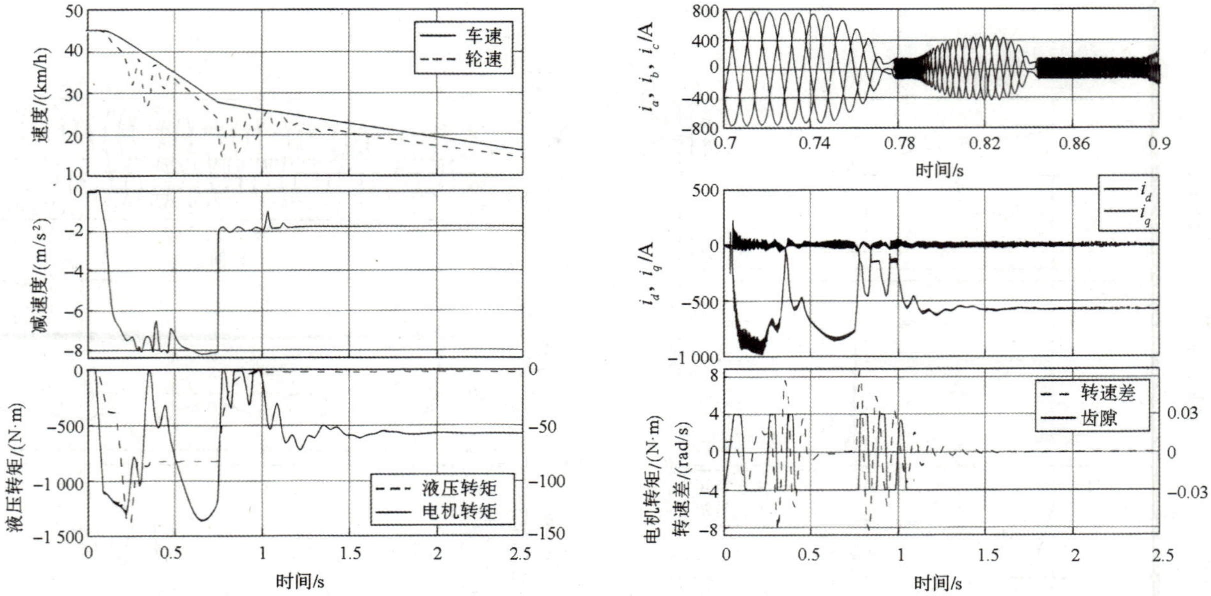

图 4-22　高附路面切换低附路面未补偿的滑移率 PID 控制仿真结果

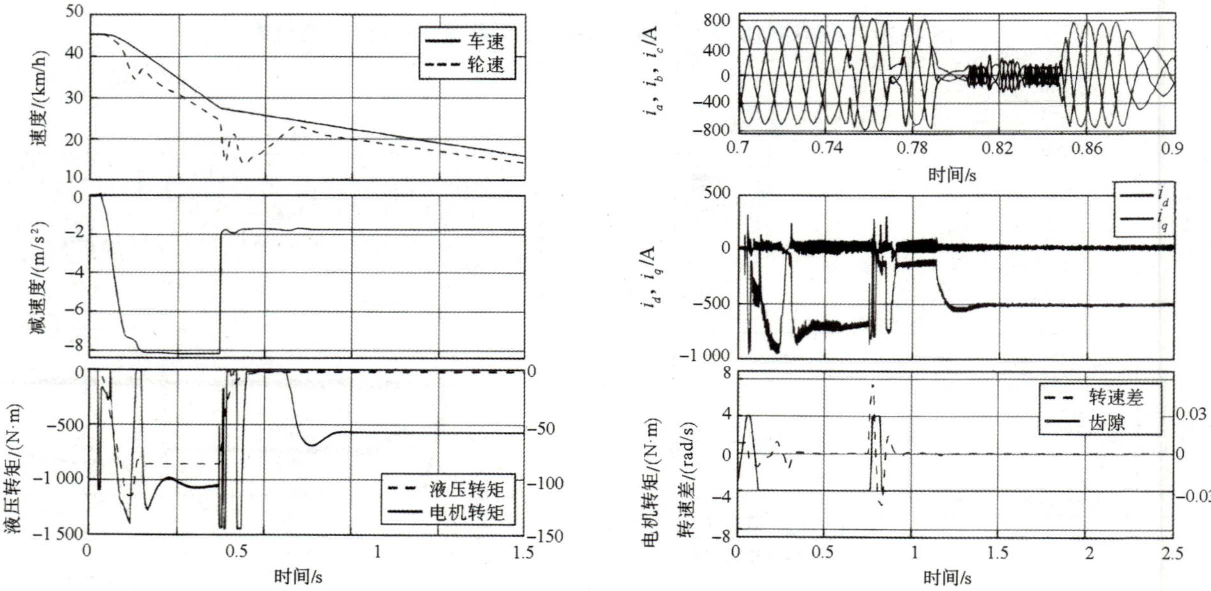

图 4-23　高附路面切换低附路面补偿后的滑移率 PID 控制仿真结果

知识拓展

与由车辆驱动/滑行切换至制动工况类似，该附着路面的切换，也将激发齿隙非线性的负面作用。若此时不进行传动系统的补偿，转速差、轮速及车身减速度的波动大，将导致制动效果变差。若考虑补偿，利用电机制动力矩的快速调节可使得齿隙位置快速稳定，进而衰减轮速及车身减速度波动，提升制动平稳性。

上述典型防抱死制动工况中，利用电机制动力矩快速准确地控制以补偿传动系统特性，很好地抑制了齿隙及半轴对转矩传递的不良影响，对制动效果的改善明显。

2. 滑移率相平面及滑模控制仿真分析

高附路面滑移率相平面控制仿真结果如图 4-24 所示。随着制动的进行，电动机不再工作在制动相位，根据相平面法计算生成电机驱动转矩以使滑移率跟随目标值。在整个制动过程中，电机转矩、轮速及车身减速度都处于振荡状态，这种振荡由半轴特性所致。由于相平面控制方法的提出将传动系统简化为刚性，尤其是无法消除研究车型传动系统的弹性对转矩传递的影响，因此电机回馈制动系统参与防抱死制动控制的效果恶化。

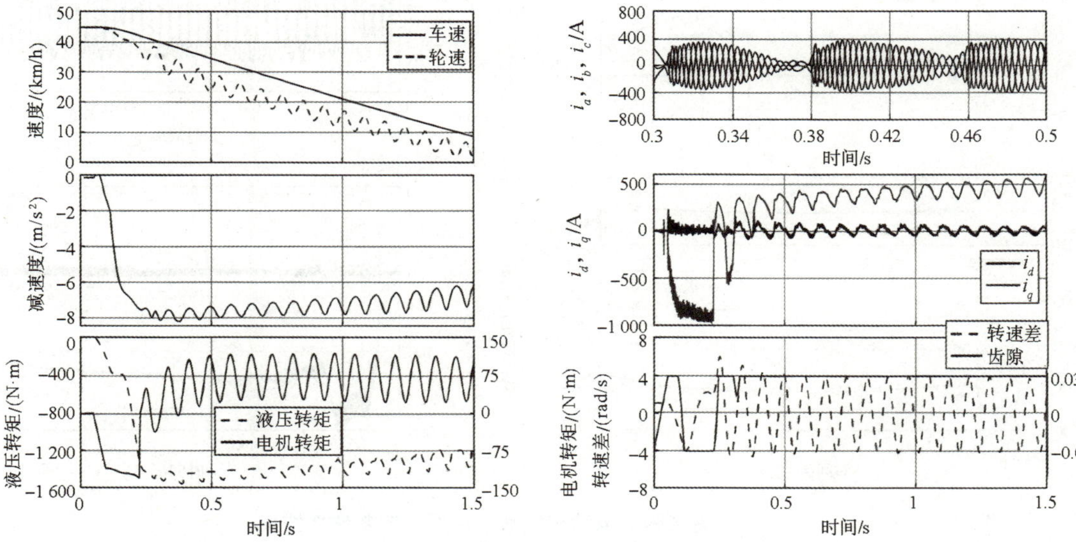

图 4-24　高附路面滑移率相平面控制仿真结果

对于车轮滑移率控制滑模法，为了验证其有效性，首先进行纯液压制动仿真分析。高附路面滑移率液压滑模控制仿真结果如图 4-25 所示。在防抱死制动触发时，将电机转矩置零，使制动过程完全由液压制动系统完成。在滑模控制下，液压制动力矩稍有振荡，其能够将滑移率控制在目标值，车身减速度波动很小，车辆制动平稳。由于液压转矩直接作用在车轮处，传动系统特性不会对其调节效果造成影响。

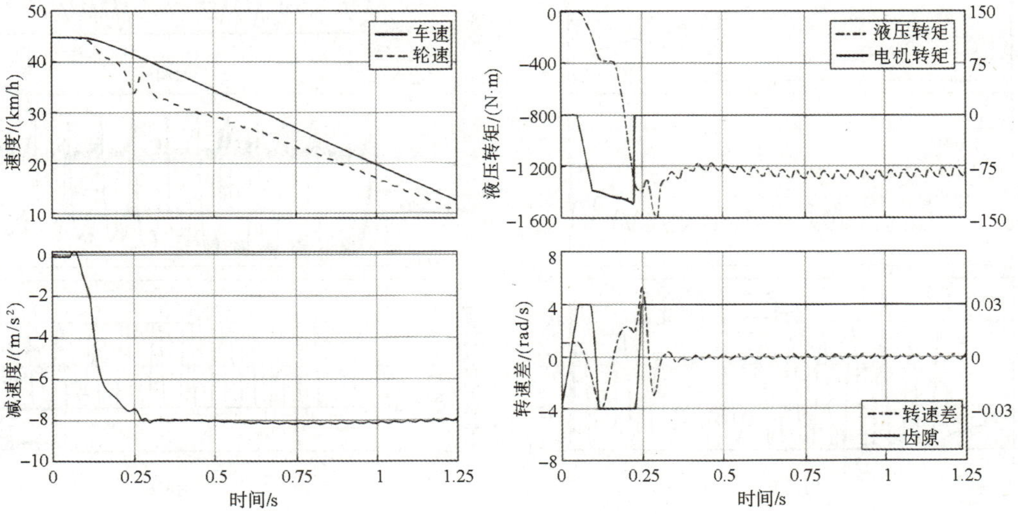

图 4-25　高附路面滑移率液压滑模控制仿真结果

其次，进行刚性传动系统车型防抱死制动过程车轮滑移率滑模控制仿真分析。高附路面电动车型滑移率滑模控制仿真结果如图 4-26 所示。将车辆传动系统变成刚性后，滑模法能够实现良好的车轮滑移率控制。液压制动系统提供辅助转矩约-800 N · m，在此基础上电动机执行滑模法生成的制动力矩动态调节命令，转矩值、车身减速度均快速收敛。这验证了滑模法对防抱死制动过程中车轮滑移率控制的有效性。

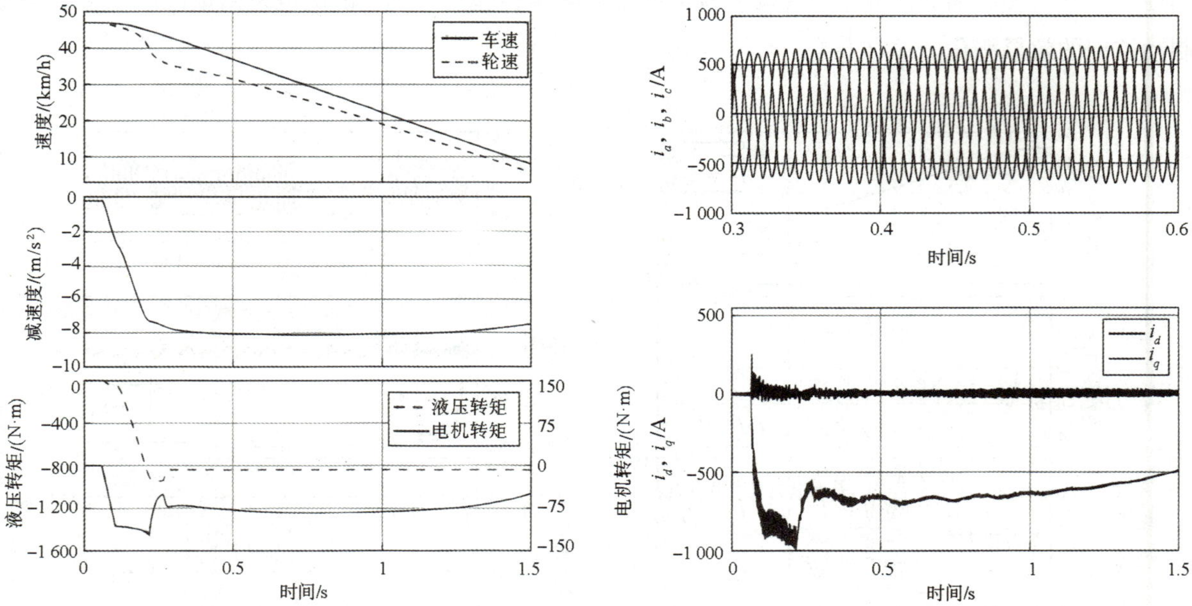

图 4-26　高附路面电动车型滑移率滑模控制仿真结果

高附路面未补偿的滑移率滑模控制仿真结果、高附路面补偿后的滑移率滑模控制仿真结果分别如图 4-27 和图 4-28 所示。未补偿时，整个制动过程中的电机转矩在驱动与制动相位间切换，齿轮在正负向反复接触。未补偿传动系统特性的电机回馈制动系统滑模法控制下的轮速、车身减速度波动最大，波动幅值分别达到 11 km/h 及 2 m/s^2，制动效果尤其是制动舒适性恶化严重。

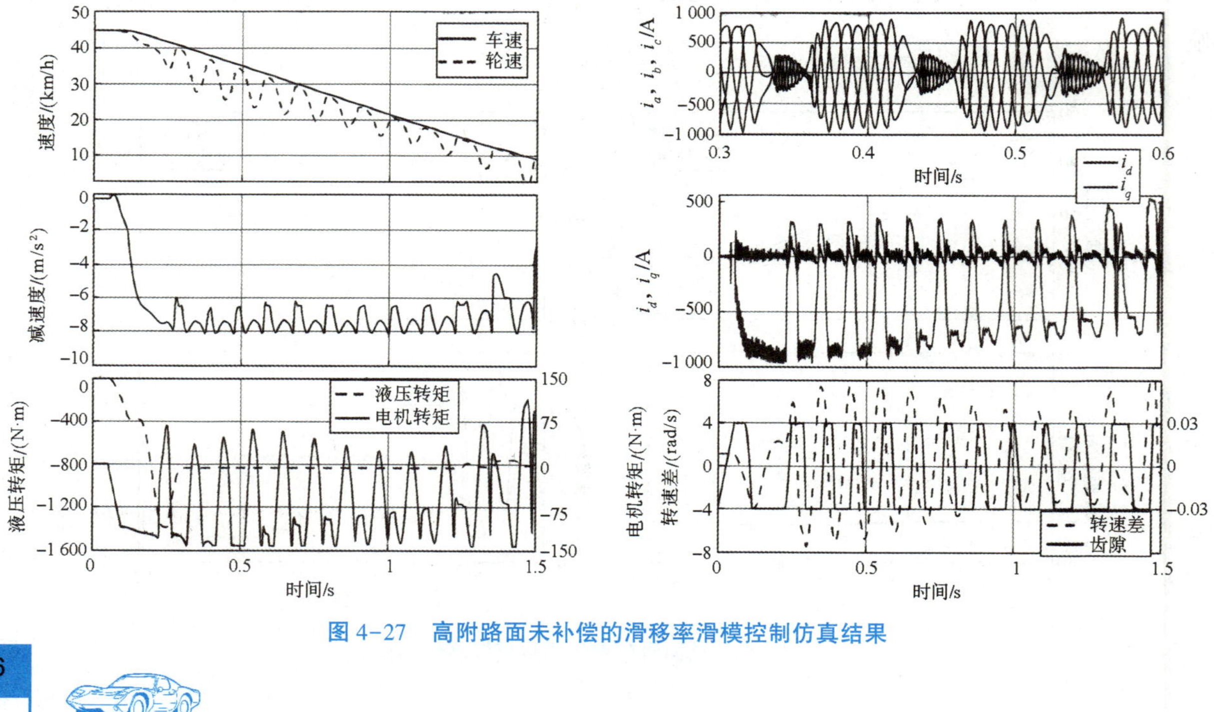

图 4-27　高附路面未补偿的滑移率滑模控制仿真结果

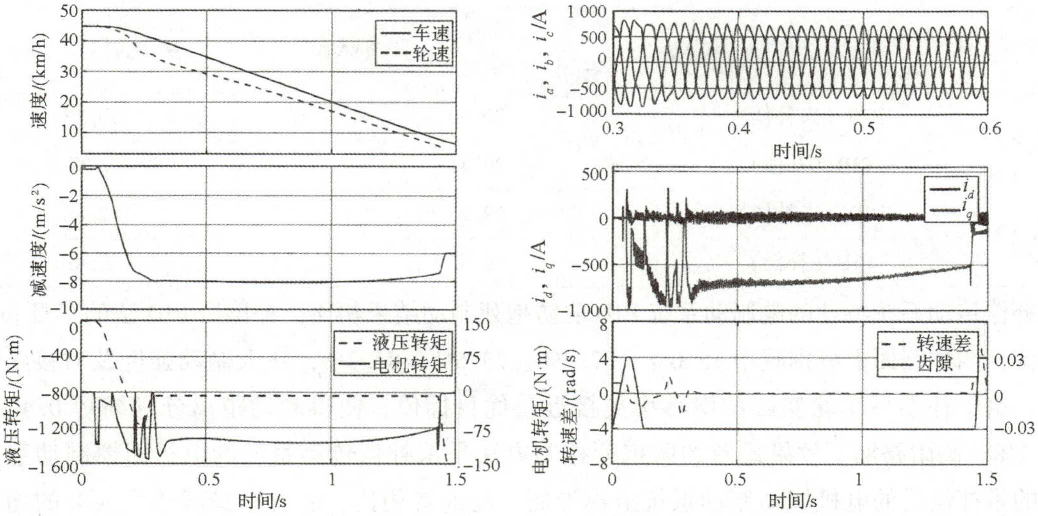

图 4-28 高附路面补偿后的滑移率滑模控制仿真结果

补偿后，传动系统齿隙及半轴的模式切换控制环节提升了系统控制的稳定性，在电机制动力矩的调节下，齿隙位置快速稳定，轮速、车身减速度波动几乎消除。车辆制动冲击度大幅降低，防抱死制动效果得到明显改善，制动过程平稳且制动距离缩短。

综上，若没有充分考虑到传动系统机械特性对电机回馈制动系统转矩传递的影响，当利用相平面法或滑模法对电机转矩进行动态调节时，电机转矩、车身减速度波动大，即使 PMSM 电动机的 FOC 法可以快速准确地跟随转矩命令，也无法得到平稳的制动过程。用所提出的模式切换方法对传动系统补偿后，转矩传递效果得到明显改善，结合 PMSM 转矩控制的优势可以大幅提升车辆防抱死制动过程车轮滑移率控制的平稳性及舒适性，同时缩短制动距离，提升安全性。

3. 结果对比

为了进一步验证所提出基于电动机特性的传动系统补偿下防抱死制动方法的有效性，表 4-3 对比了传动系统特性补偿前后车辆防抱死制动效果，用量化指标突出上述仿真结果的差异。其中，依旧使用车身纵向加速度 a 的导数 jerk 在制动过程中时域内的均方根表征车辆操纵性能及乘客的舒适性。所选取的时间区间 $[t_1,\ t_2]$ 一般为制动开始或路面附着切换时的时间区间。

表 4-3 不同滑移率控制方法仿真结果对比

μ_{max}	滑移率控制方法	制动距离/m（在 45 km/h→10 km/h 时）	RMS（jerk）/（m/s³）
0.2	PID（未补偿）	35.14	1.40
	PID（补偿）	35.00	1.19
0.8	PID（未补偿）	9.34	24.38
	PID（补偿）	9.19	3.10
	相平面（未补偿）	9.84	24.69
	液压滑模	9.23	5.68
	电机滑模（未补偿）	9.99	77.12
	电机滑模（补偿）	9.15	2.08

续表

μ_{max}	滑移率控制方法	制动距离/m（在 45 km/h→10 km/h 时）	RMS（jerk）/（m/s^3）
0.2→0.8	PID（未补偿）	20.50	16.13
	PID（补偿）	20.41	4.27
0.8→0.2	PID（未补偿）	19.93	12.80
	PID（补偿）	19.52	1.96

与未补偿传动系统特性的电制动系统 PID 法防抱死制动结果相比，补偿后 PID 法的车身 jerk 的均方根显著降低，四种路面下分别减小 15.0%、87.3%、73.5%、84.7%，在大制动强度及对接路面时改善效果明显。由于补偿后车轮实际的滑移率更接近最优目标值，使得制动距离分别缩短 0.4%、1.6%、0.4%、2.1%。高附路面下效果最差的防抱死控制方法是未补偿传动系统的电机回馈制动系统滑模控制，最好的是补偿后的电机回馈制动系统滑模控制。与前者相比，后者车身减速度 jerk 的均方根降低 97.3%，制动距离缩短 8.4%。补偿后基本消除了传动系统齿隙与半轴的负面影响，使得 PMSM 的 FOC 法优势得到充分发挥，前轮处的电机转矩得到准确控制，制动过程更平稳，驾驶操纵性与乘客舒适度大幅提升。

通过仿真分析得到以下结论：与未考虑电机电压-电流-转矩物理模型及未考虑传动系统弹性、阻尼、齿隙补偿的制动方法相比，所提出的基于电机磁场定向控制的电机回馈制动系统动态控制方法在单一附着及对接路面上电动机的电流分量控制正常；同时车轮滑移率及车身减速度波动小，能充分利用 PMSM 转矩控制优势，实现极端工况下电动汽车平稳、快速的防抱死制动效果。

项目小结

本项目主要对防抱死制动回馈控制策略进行介绍。首先介绍了回馈制动保守参与的控制策略与补偿最优制动力矩策略；其次介绍了频率特性转矩分配策略与传动系统非线性特性策略；最后介绍了电机磁场定向控制策略。本项目主要内容为防抱死制动回馈的多种控制策略，旨在掌握控制过程中的细节与方法，以便能够更好地对防抱死系统进行控制。

项目工单

1. 寻找成员

以 3~5 人为一组，选出组长并进行任务分工，将小组成员及分工情况填入表 4-4 中。

表 4-4　小组成员及分工情况

小组成员	姓名	学号	任务分工
组长			
组员			

2. 制订计划

（1）查阅相关资料，制订工单计划，并将其填入表 4-5 中。

表 4-5　工单计划

序号	工作内容	负责人

（2）将操作过程中所需的工具和耗材等填入表 4-6 中。

表 4-6　操作过程中所需的工具和耗材等清单

序号	名称	型号与规格	单位	数量	备注

3. 进行决策

（1）小组成员针对各自的工单计划展开讨论，并认真填写。

（2）指导教师根据各小组提交的工单计划给出评价。

（3）各小组成员根据指导教师的评价对工单计划进行调整，调整合格后的工单计划即为最终实施方案。

4. 工作实施

根据最终实施方案，学习认识新能源汽车制动能量回收技术内容。按实际操作过程，将实施内容、遇到的问题及解决办法等记录于表 4-7 中。

表 4-7　工作实施过程记录表

序号	实施内容	遇到的问题及解决办法	结果

5. 考核评价

各组展示任务完成情况，并完成如表 4-8 所示的考核评价表。

表 4-8　考核评价表

项目名称	评价内容	分值	评价分数		
			自评	互评	师评
职业素养考核项目（40%）	安全意识、责任意识及服从意识强	10 分			
	积极参加教学活动，按时完成任务工单	10 分			
	团队合作、沟通交流能力强	10 分			
	劳动纪律良好	10 分			

续表

项目名称	评价内容	分值	评价分数		
			自评	互评	师评
专业能力 考核项目（60%）	专业知识查找及时、准确	12 分			
	了解防抱死制动回馈制动策略	18 分			
	操作熟练，工作效率高	12 分			
	任务完成度高	18 分			
合计：综合分数________	自评（20%）+互评（20%）+师评（60%）	100 分			
综合评估		教师（签名）：			

课后练习

一、填空题

1. 对于处于制动过程中的车轮而言，受到以下这些力的作用：轮胎与路面之间的________，制动力矩（包括摩擦制动力矩和回馈制动力矩），轮胎和路面之间的________。

2. 针对前轴单电机集中驱动式电动汽车，电机转矩经传动系统分配至________及________。

3. 在紧急制动开始前，驾驶员操纵________驱动车辆；当制动开始时，驾驶员快速释放加速踏板同时快速深踩________以触发防抱死控制。

4. 典型防抱死制动工况中，利用电机制动力矩快速准确地控制以补偿________，很好地抑制了齿隙及半轴对转矩传递的不良影响，对________的改善明显。

二、简答题

1. 回馈制动保守参与防抱死制动的三种控制策略是什么？

2. 电驱动车辆的制动系统包括哪些？

项目五

液压制动力控制方法

项目导读

能量回馈制动技术可以提供更加平稳且高效的制动效果，从而提升了驾驶者的驾驶体验。本项目将从液压制动的角度出发，讲述电磁开关阀液压力开环动态限压差控制、电磁开关阀液压力闭环动态限压差控制、电磁开关阀流量拟线性控制和针对 EEHB 的自适应增益规划闭环压力控制。

学习目标

知识目标

◆熟悉电磁阀耦合动力学模型的组成。

◆了解各种因素对限压差控制效果的影响。

能力目标

◆能够简述限压差控制模型硬件在环试验验证方法。

◆能够对液压制动力进行调节。

◆能够针对 EEHB 进行自适应增益规划闭环压力控制。

素质目标

◆培养学生勇于负责、敢于创新、敢于承担风险的精神。

◆培养学生的探索精神、创新精神。

思政目标

引导学生认识能量回馈制动系统在提高能源利用效率和推动绿色发展方面的重要性，鼓励学生在未来的职业生涯中关注可持续技术与环保问题，积极参与绿色科技的研究和应用。

任务一　电磁开关阀液压力开环动态限压差控制

任务描述

吕玮是一个控制系统工程师，正在研发一款新型电动汽车的液压系统。为了提高系统的可靠性和稳定性，吕玮需要开发一种电磁开关阀液压力开环动态限压差控制策略。首先，吕玮需要建立电磁阀的“机-电-液”耦合动力学模型，以准确描述阀门在液压系统中的行为。其次，吕玮需要分析动态限压差控制方法的机理，进行硬件在环试验以验证模型，并研究限压差控制的调节特性和规律。最后，吕玮还需要考察结构参数和环境温度对控制效果的影响。如何在这些方面进行系统的设计和验证，以确保液压系统的稳定性和性能？

任务分析

在这项任务中，吕玮需要全面研究电磁开关阀在液压系统中的动态限压差控制。首先，建立“机-电-液”耦合动力学模型是基础工作，这有助于理解电磁阀的综合性能。其次，通过分析限压差控制方法的机理，确保控制策略能够有效实现预期的压力限制。硬件在环试验可以验证模型的实际效果，而调节特性及规律的研究将帮助吕玮优化控制策略。最后，结构参数和环境温度对控制效果的影响需要特别关注，以确保在各种条件下系统能够稳定运行。通过这些研究和优化，吕玮可以提升液压系统的整体性能和稳定性。

任务重点与实施

现有高速开关阀PWM的控制方式无法满足回馈制动过程中液压制动力的精密控制。为了进一步提高系统的可靠性、耐久性，改善液压力控制品质，保证整车制动平顺性与舒适性，需要探索电磁阀新型控制方式。

一、电磁阀“机-电-液”耦合动力学模型

在汽车液压制动控制系统中，由制动主缸产生的制动压力经进油阀的调制进入轮缸，产生制动器制动力。进油阀的控制品质对整车摩擦制动力的调节以及耦合制动力的控制效果至关重要。选取液压制动系统中最具代表性的进油阀，将其作为研究对象来探索精密控制方法。

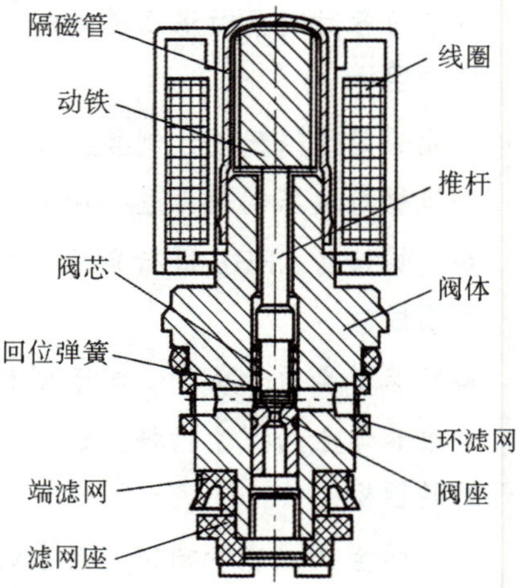

图 5-1　液压制动系统进油阀结构

进油阀为典型的外流式常开电磁阀，其结构如图5-1所示。其主要部件包括：线圈、隔磁管、动铁、推杆、阀体、阀芯、回位弹簧与阀座等。其中，线圈套在隔磁管上，动铁在隔磁管内，与阀体间有一定气隙，因而能在隔磁管内上下

运动。推杆在阀体内，一端与动铁接触，另一端与阀芯上端面固连。阀芯下端面为球面，与回位弹簧的一端接触。在线圈不通电的情况下，电磁阀处于开启状态。当线圈通电时，其内部产生磁场，在电磁力的作用下，动铁推着推杆和阀芯一起向阀座方向运动，直至阀芯球状端面接触阀座，电磁阀关闭。

1. 阀芯动力学平衡方程

如图 5-2 所示，以电磁阀阀芯关闭状态下阀芯球状端面顶点位置为坐标原点，以阀芯开启的方向为正方向，建立系统坐标系。阀芯在运动过程中，受到电磁力、液动力和弹簧力等的制约。仅考虑阀芯轴向运动，则阀芯动力学平衡方程为

$$m_v \frac{d^2 x_v}{d^2 t} = -F_e + F_s + F_h - F_B \tag{5-1}$$

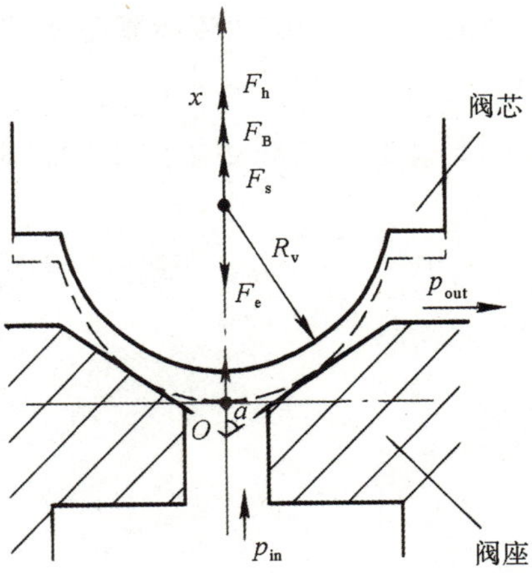

图 5-2　电磁阀阀芯坐标系

式中，m_v 为动铁、阀芯及推杆的总质量；x_v 为阀芯位移；F_e 为电磁力；F_s 为弹簧力；F_h 为液动力；F_B 为阻尼力。

2. 电磁力

套在隔磁管外的线圈通电后，产生电磁力作用于阀芯。而电磁力的强度主要受线圈电流、线圈匝数、气隙长度以及气隙磁阻等相关参数的影响，可表示为

$$F_e = (IN)^2 / (2R_g l) \tag{5-2}$$

式中，N 为线圈匝数；R_g 为气隙磁阻；l 为气隙长度；I 为通过线圈的电流。

对式（5-2）进行线性化，可以得到：

$$F_e = \frac{\partial F_e}{\partial i} I(t) + \frac{\partial F_e}{\partial x_e} x_v(t) = K_i I(t) + K_{xe} x_v(t) \tag{5-3}$$

式中，K_i 为线圈电流-电磁力增益系数；K_{xe} 为阀芯位移-电磁力增益系数；x_v 为阀芯位移（指在图 5-2 所示坐标系中距 O 点的位置坐标）。

3. 弹簧力

电磁阀阀芯所受的弹簧力大小主要与回位弹簧的刚度及缩量相关。对于阀口常开的电磁阀，在常态下阀芯位移为零，回位弹簧处于预压缩状态；当电磁阀线圈通电，阀芯完全关闭时，回位弹簧压缩量达到最大值，该最大值即等于弹簧预压缩量 x_0 加上阀芯的最大位移值 x_m。当阀芯处于任一位置 x_v 时，弹簧力为

$$F_s = K_s (x_0 + x_m - x_v) \tag{5-4}$$

式中，K_s 为回位弹簧刚度。

4. 黏性阻力

当电磁阀阀口开启时，液流对阀芯产生的黏性阻力将作用于阀芯，其大小主要与阀芯运动速度及液体的黏滞性质相关。电磁阀所受到的黏性阻力可表示为

$$F_B = B_v \frac{dx_v}{dt} \tag{5-5}$$

式中，B_v 为液体的速度阻尼系数。

5. 液动力

在电磁阀的运动过程中，由于流体的作用，阀芯会受到液动力。考虑阀芯下端面的轴向液动力 F_h 包括稳态液动力 $F_{h,st}$ 与瞬态液动力 $F_{h,i}$，即

$$F_h = F_{h,st} + F_{h,i} \tag{5-6}$$

稳态液动力是指阀内流体流动过程中无时变流动的情况下，液体流动引起的液体介质对阀芯的附加作用力。

在图 5-2 所示的阀芯坐标系中，于节流口处取一段液流体作为控制体，由动量定理可知如下关系式：

$$F_{h,st} = \Delta p A_j - \rho q_v (v_j \cos\alpha - v_0) \tag{5-7}$$

$$v_j = \frac{q_v}{A_j} \tag{5-8}$$

$$v_0 = \frac{q_v}{A_0} \tag{5-9}$$

$$A_j = \frac{\pi d_m}{R_v}\sqrt{R_v^2 - \frac{d_m^2}{4}}\, x_v = w x_v \tag{5-10}$$

式（5-7）~式（5-10）中，v_0 为进入节流口前控制体的初速度；v_j 为节流口处控制体的速度；A_j 为节流口处过流面积；q_v 为节流口处流量；Δp 为节流口两侧压力差；d_m 为阀座大端直径 d_2 和小端直径 d_1 的平均值；R_v 为阀芯端面球体半径；α 为阀座锥角的一半；w 为阀芯位移与过流面积之间的比例关系，见式（5-11）。

$$w = \frac{\pi d_m}{R_v}\sqrt{R_v^2 - \frac{d_m^2}{4}} \tag{5-11}$$

由于 x_v 值极小，故忽略二次项，则稳态液动力可表示为

$$F_{h,st} = \pi R_v^2 (\cos\alpha)^2 \Delta p - 2C_d^2 \Delta p (\cos\alpha) A_j \tag{5-12}$$

式中，$\pi R_v^2 (\cos\alpha)^2$ 为常数项系数，其大小仅与电磁阀结构参数有关，其决定了阀口关闭时阀芯所受稳态液动力的大小，即阀芯所受到的静压力。

瞬态液动力是时变流动情况下液体流动引起的液体介质对阀芯的附加作用力，是由阀口开度变化而产生的。在外流式阀中，瞬态液动力的方向与阀芯运动方向相反，为正阻尼力，可表示为

$$F_{h,i} = -C_d L w \sqrt{2\rho\Delta p}\,\frac{\mathrm{d}x_v}{\mathrm{d}t} \tag{5-13}$$

式中，L 为阻尼长度。

综上，电磁阀阀芯所受的液动力可表示为

$$\begin{aligned} F_h &= F_{h.st} + F_{h,i} \\ &= \pi R_v^2 (\cos\alpha)^2 \Delta p - 2wC_d^2 \Delta p (\cos\alpha) x_v - C_d L w \sqrt{2\rho\Delta p}\,\frac{\mathrm{d}x_v}{\mathrm{d}t} \end{aligned} \tag{5-14}$$

对于电磁阀阀口的输出压力，直接采用轮缸模型，即简化的“活塞-弹簧”结构形式，此处不再赘述。

二、电磁阀动态限压差控制方法机理分析

在建立的电磁阀“机-电-液”耦合动力学模型的基础上，进一步探索液压制动力精密控制的新方法。

当电磁阀阀芯处于关闭状态时，如图 5-3 所示，阀芯的受力平衡方程为

$$-F_e+F_s+F_h+F_N\sin\alpha=0 \tag{5-15}$$

式中，F_e 为电磁力；F_s 为弹簧力；F_h 为液动力；F_N 为阀座对阀芯的轴向支持力。

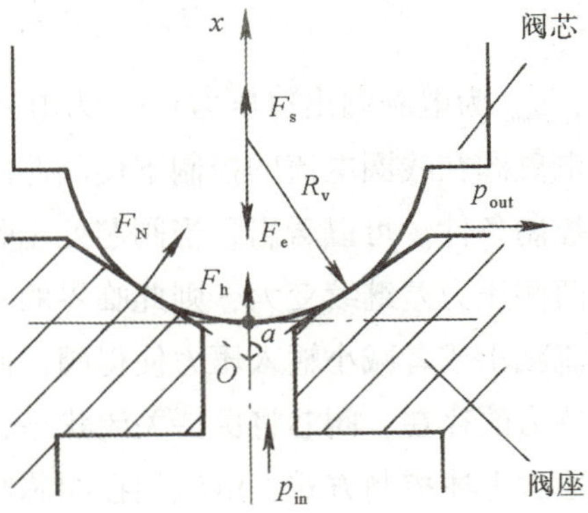

图 5-3　电磁阀阀芯坐标系

然而，当阀芯处于临界开启状态时，即阀芯位移为零，而其加速度已不为零，即 $x_v=0$，$\ddot{x}_v\neq0$。此时阀座对阀芯的支持力消失，则在此状态下阀芯的动力学平衡方程可写为

$$-F_e+F_s+F_h=0 \tag{5-16}$$

又由式（5-3）可以得到：

$$F_e=K_iI(t)+K_{xe}x_v(t) \tag{5-17}$$

在临界平衡状态下，$x_v=0$，那么此时阀芯所受到的电磁力大小为线圈电流值的一次函数，可表示为

$$F_e=K_iI(t) \tag{5-18}$$

此状态下阀芯所受的弹簧力为

$$F_s=K_s(x_0+x_m) \tag{5-19}$$

在临界开启的平衡状态下，阀芯所受的液动力中仅包含稳态部分，而瞬态液动力分量变为零，则：

$$F_{h,st}=\pi R_v^2(\cos\alpha)^2\Delta p \tag{5-20}$$

综上，在阀芯处于临界开启状态时，式（5-1）表示的阀芯动力学平衡方程可写作：

$$-K_iI+K_s(x_0+x_m)+\pi R_v^2(\cos\alpha)^2\Delta p=0 \tag{5-21}$$

整理式（5-21），可以得到：

$$\Delta p=\frac{K_i}{\pi R_v^2(\cos\alpha)^2}I-\frac{K_s(x_0+x_m)}{\pi R_v^2(\cos\alpha)^2} \tag{5-22}$$

式（5-22）表明，在临界开启平衡状态下，电磁阀阀口两侧压差值 Δp 与线圈电流 I 之间存在着一种线性的对应关系。

基于式（5-22）所得到的机理分析算式，对电磁阀在阀芯临界开启状态下进行控制试验。调节电磁阀的线圈电流，观察阀芯临界开启状态下阀口两侧所对应的压力差，试验结果如图 5-4 所示。根据试验结果可以看到，这种由理论分析得出的线性关系与实际测试得到的结果吻合度较高，说明此前的机理分析是正确的。

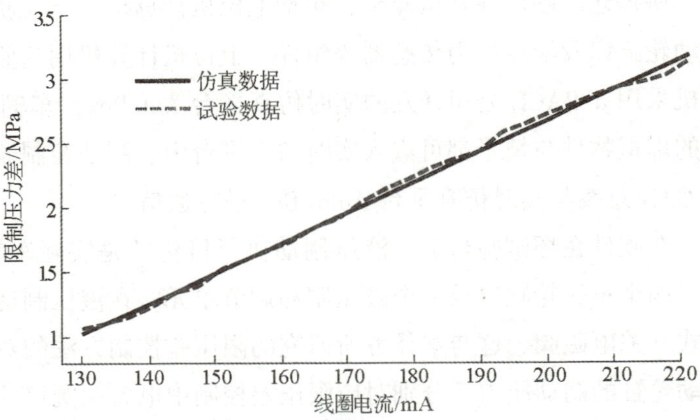

图 5-4　阀口两侧压差与线圈电流之间的线性对应关系

基于上述电磁阀阀芯临界平衡状态下阀口两侧压力差值 Δp 与线圈电流 I 之间

的线性对应关系，在一定输入压力作用下，可利用线圈电流与压力差之间的一一映射关系，通过对线圈电流的动态调节获得阀口两侧理想的压差值，能够得到所期望的输出压力：

$$p_{\text{out}}=p_{\text{in}}-\Delta p=p_{\text{in}}-\frac{K_{\text{i}}}{\pi R_{\text{v}}^{2}(\cos\alpha)^{2}}I+\frac{K_{\text{s}}(x_{0}+x_{\text{m}})}{\pi R_{\text{v}}^{2}(\cos\alpha)^{2}} \tag{5-23}$$

式中，p_{out} 为电磁阀出口压力；p_{in} 为电磁阀入口压力。

电磁阀在线圈电流的控制下使阀芯的运动状态发生变化，图 5-5 给出了阀芯在临界开启状态下的限压差控制条件。可以看出，当阀芯处于临界开启状态时，若给定的线圈电流减小或者增大输入压力使得阀口两侧压力差继续变大，则此临界的平衡状态将被打破，阀芯开始运动，电磁阀开启；而若给定的线圈电流减小或者减小输入压力使得阀口两侧压力差减小，则此临界的平衡状态亦将被打破，不过由于阀座支持力的存在，阀芯将保持关闭状态，电磁阀不开启。

通过上述控制方式，电磁阀在阀芯临界稳定状态下，工作在一种“限压差”工作模式，即：通过对线圈电流的动态调节，获得电磁阀阀口两侧理想的压差值，进而精确控制电磁阀阀口的输出压力。该方法可广泛应用于各种液压控制场合，包括电动汽车的制动能量回收动态耦合控制，具有大幅提高液压力控制精度的潜力。

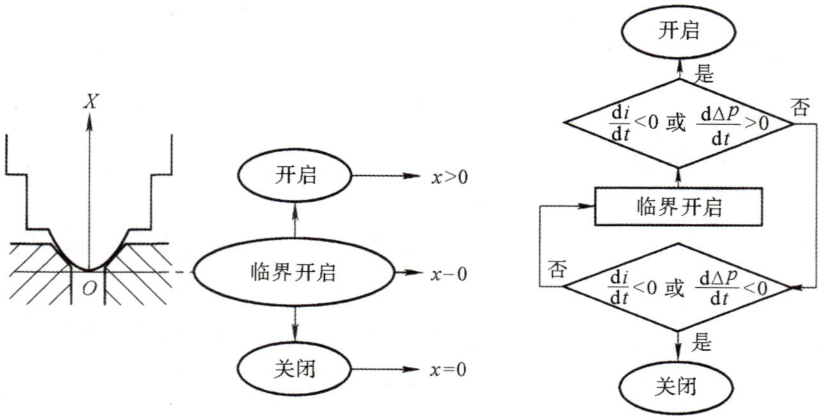

图 5-5　限压差控制方法阀芯运动状态示意图

三、限压差控制模型硬件在环试验验证

1. 液压制动系统硬件在环试验台

所搭建的硬件在环试验台，包括上位机计算机、下位机计算机、制动控制器、液压制动调节单元、制动轮缸以及液压压力传感器等组件。上位机计算机用于监控试验进程、分析保存试验数据。下位机计算机采用 dSPACE 公司开发的实时仿真平台 AutoBox，车辆模型、运行工况、路面状况等无法用实物再现的虚拟物件与情景都可嵌入实时仿真平台中。制动控制器用于控制液压制动调节单元等执行机构，通过 CAN 总线与实时仿真平台 Auto-Box 进行通信。

在硬件在环试验台上，液压制动执行机构即是实际车辆上使用的零部件，包括制动踏板、制动主缸、四个车轮轮缸以及一个液压制动调节单元。在液压制动调节单元中，对应各个轮缸的进油阀均为外流式开关电磁阀，这与本任务所研究的限压差控制方法的对象是一致的。压力传感器采集制动主缸与各制动轮缸的制动压力，分别对应限压差控制中电磁阀阀口的输入压力与输出压力。压力传感器采集的液压力信号被发送至制动控制器，在本研究中所采集的轮缸压力只用于监控，未用于控制。

设置两种不同工况，分别为：①线圈电流一定，电磁阀输入压力变化；②电磁阀输入压力一定，线圈电流变化。上述两种试验工况分别对应车辆回馈制动过程中的两种典型控制过程，即驾驶员总制动需求变化，以及总制动需求保持不变，而摩擦制动需求变化。

2. 限压差控制方法硬件在环试验

在上述液压制动系统硬件在环试验台上，对限压差控制方法进行硬件在环试验，在第一种工况下的限压差控制试验结果如图 5-6 所示。线圈电流恒定为 150 mA。电磁阀阀口输入压力可近似视为阶跃输入，在第 2~8 s，输入压力维持在 6 MPa 左右，之后分别减至 4 MPa 与 2 MPa，并各自维持 5 s。由图 5-6 可知，在各不同输入压力下，电磁阀阀口输出压力呈现动态的跟随变化。然而在经历初期短暂调节后，阀口两侧压力差迅速收敛至 1.5 MPa，并维持恒定，证明了线圈电流保持恒定，则电磁阀阀芯对阀口两侧压差的限制能力保持一定。

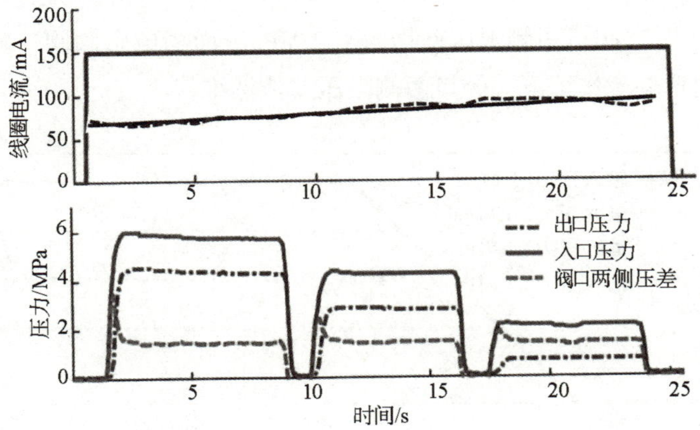

图 5-6　限压差控制方法在测试工况一下的试验结果

第二种工况的试验结果如图 5-7 所示。电磁阀阀口输入液压力恒定为 4.5 MPa，而电磁阀线圈电流则为 150 mA、175 mA、200 mA，呈动态变化。由图可知，随着电磁阀线圈电流的逐渐增大，阀口两侧压力差随之发生动态变化。在恒定的阀口输入液压力的作用下，阀口输出压力逐渐由线圈电流 150 mA 作用下的 3 MPa 降至线圈电流 170 mA 作用下的 2 MPa，则阀口两侧的压力差由 1.5 MPa 上升至 2.5 MPa。这表明电流增大，则压力差限制能力增强。

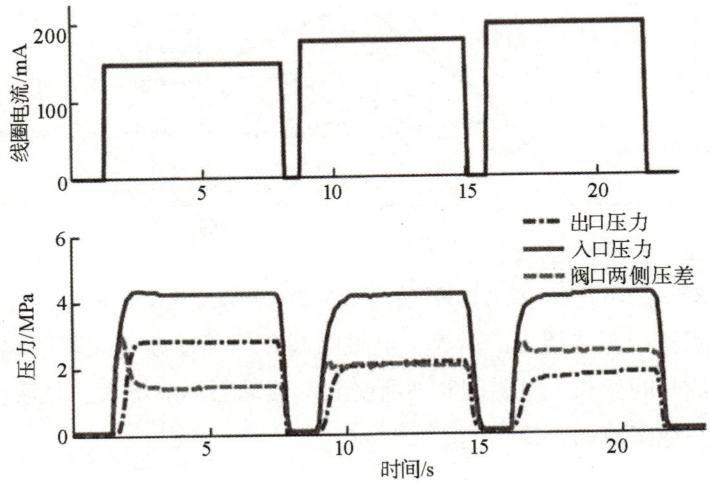

图 5-7　限压差控制方法在测试工况二下的试验结果

根据硬件在环试验数据可知，在阀芯临界开启的平衡状态下，电磁阀阀口两侧压力差与线圈电流之间存在线性对应关系。

四、电磁阀限压差控制方法的调节特性及规律

基于所建立的电磁阀机-电-液耦合动力学模型，在 MATLAB/Simulink 环境下对电磁阀动态限压差控制特性及规律进行进一步分析。

1. 不同输入压力作用下的压差变化规律

在恒定的 140 mA 线圈电流作用下，将电磁阀阀口输入压力设为斜坡输入。分别对电磁阀阀口输入压力为 1.5 MPa、2.5 MPa、3.5 MPa 以及 4.5 MPa 的情形进行仿真分析，仿真结果分别如图 5-8 和图 5-9 所示。

如图 5-8 所示，当电磁阀阀口输入压力为 1.5 MPa 时，阀口两侧限压差为 1.2 MPa；当电磁阀阀口输入压力增大到 2.5 MPa 时，阀口两侧限压差仍为 1.2 MPa。而当电磁阀阀口输入压力增大到 4.5 MPa 时，在相同的 140 mA 线圈电流作用下，阀口两侧限压差依然维持不变。

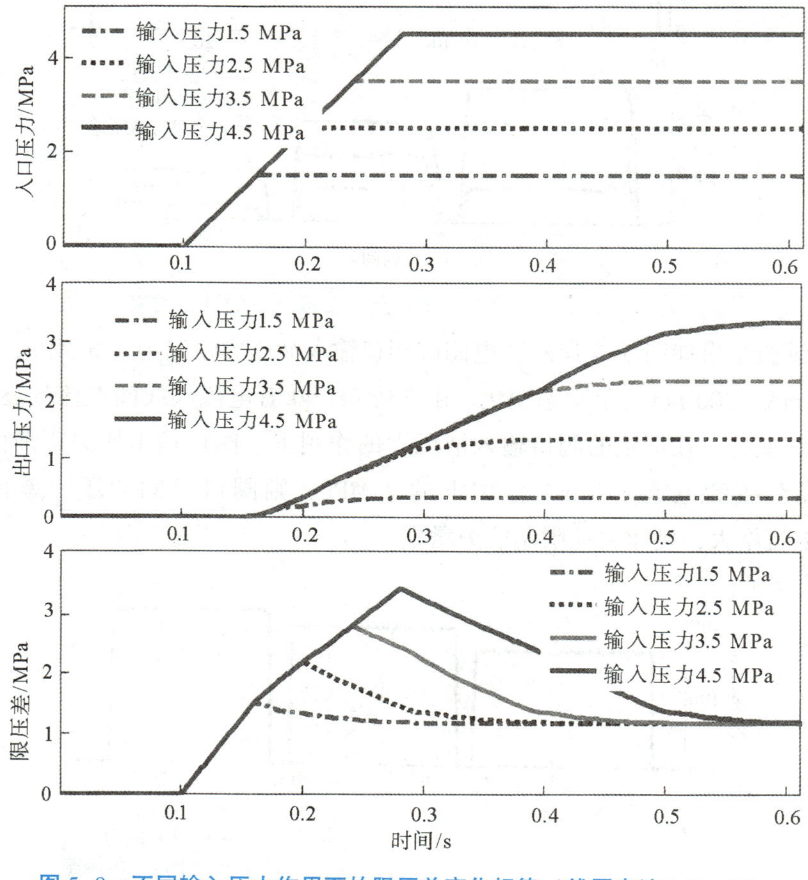

图 5-8　不同输入压力作用下的限压差变化规律（线圈电流 140 mA）

如图 5-9 所示，随着阀口输入压力的增大，电磁阀阀芯位移逐渐增大，即阀口处的节流面积增大，且阀芯处于最大位移处的时间变长。电磁阀阀芯所受到的液动力幅值增大，且液动力的变化时间逐渐变长，但最终均收敛于同一稳态液动力值。

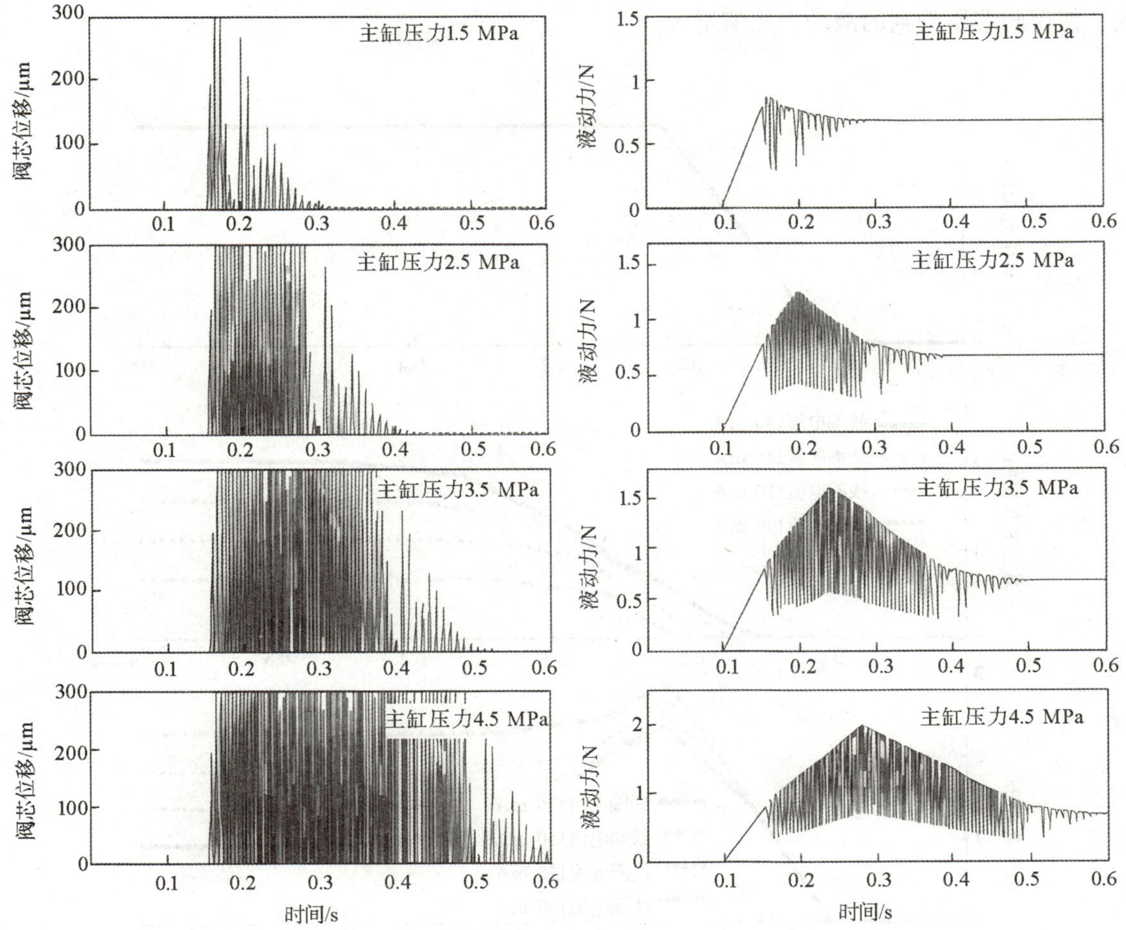

图 5-9 不同输入压力作用下的阀芯位移及液动力变化情况

由上述现象可知，在不同输入压力作用下，所对应的电磁阀限压差经过一定时间的调节，最终都收敛至一个相同的数值。这表明一个输入电流仅对应一个限压差值，且该限压差值与输入压力无关。但输入压力越大，压差的调节时间越长，即达到稳定压差的时间越长。

2. 不同线圈电流作用下的压差变化规律

在相同 3 MPa 的阀口输入液压力作用下，分别对线圈电流为 130 mA、150 mA、170 mA 以及 190 mA 的情形进行仿真分析，仿真结果如图 5-10 所示。

由图 5-10 可知，随着线圈输入电流的增大，电磁阀阀芯在起始时刻所受的合力逐渐增大，经过动态调节，当阀芯受力达到平衡状态后，其阀口两侧所限压差逐渐增大。当线圈电流为 130 mA 时，阀口两侧限压差低于 0. 93 MPa；当线圈电流为 150 mA 时，阀口两侧限压差为 1. 39 MPa；而当线圈电流增大到 190 mA 后，阀口两侧限压差则增至近 2. 31 MPa。且随着输入线圈电流的增大，阀芯达到受力平衡所需要的调节时间逐渐缩短。当线圈电流为 130 mA 时，阀口两侧限压差收敛至稳态的时间超过 0. 2 s；而当线圈电流增大到 190 mA 后，收敛时间减至 0. 1 s 左右。

由图 5-10 还可知，在达到平衡状态之前的动态调节过程中，线圈输入电流越大，阀口两侧限压差也越大，使得阀芯所受到的液动力幅值增大。

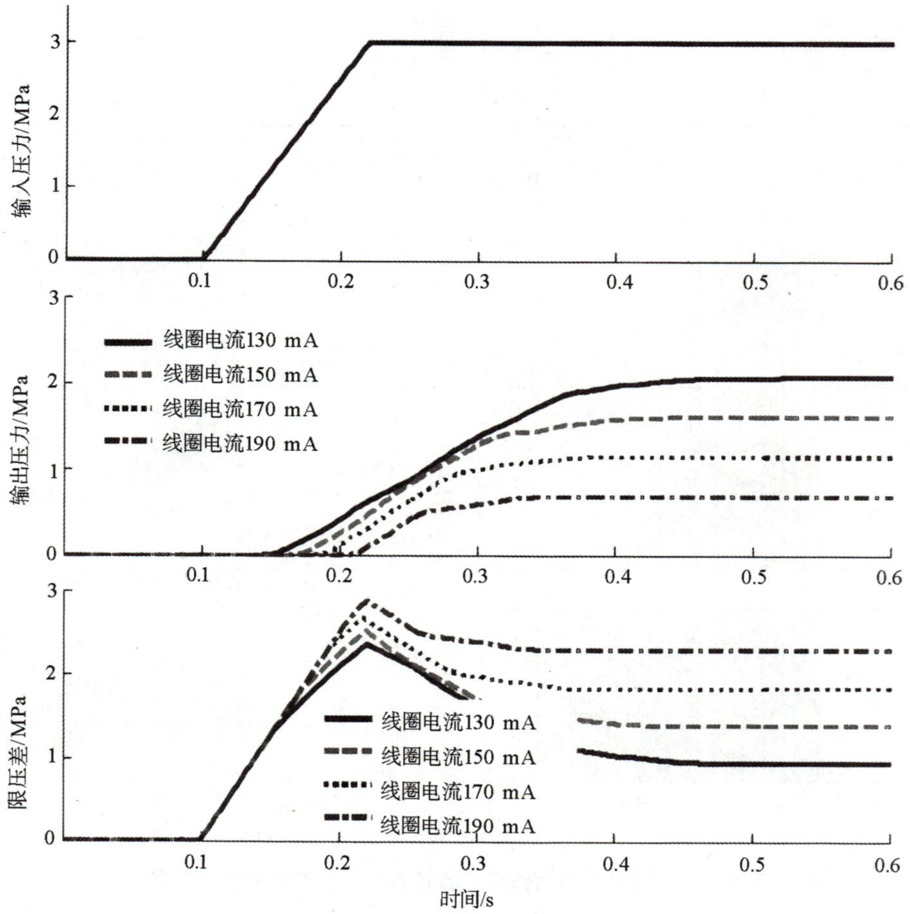

图 5-10　不同线圈电流作用下的压差变化规律（输入压力 3 MPa）

线圈电流对动态限压差控制过程中阀芯位移以及所受液动力的影响规律如图 5-11 所示。当线圈电流为 130 mA 时，阀芯所受到的液动力幅值达 1.4 N；当线圈电流为 150 mA 时，阀芯所受到的液动力幅值为 1.49 N；而当线圈电流增大到 190 mA 后，阀芯所受到的液动力幅值则增至 1.7 N。但在动态调节过程中，阀口两侧的实时压差与所限压差的差距，则随着输入电流的增大而逐渐减小，使得阀口开度逐渐减小，压力波动的周期逐渐缩短。在线圈电流为 130 mA 的情形下，动态调节过程中，阀口开度均值为 200 μm 左右，收敛至稳态的调节时间超过 0.28 s；当线圈电流增大到 150 mA 后，阀口开度均值达 150 μm 左右，收敛时间减至 0.2 s 左右；而当线圈电流增大到 190 mA 后，阀口开度均值低于 100 μm，收敛时间减至 0.1 s 左右。

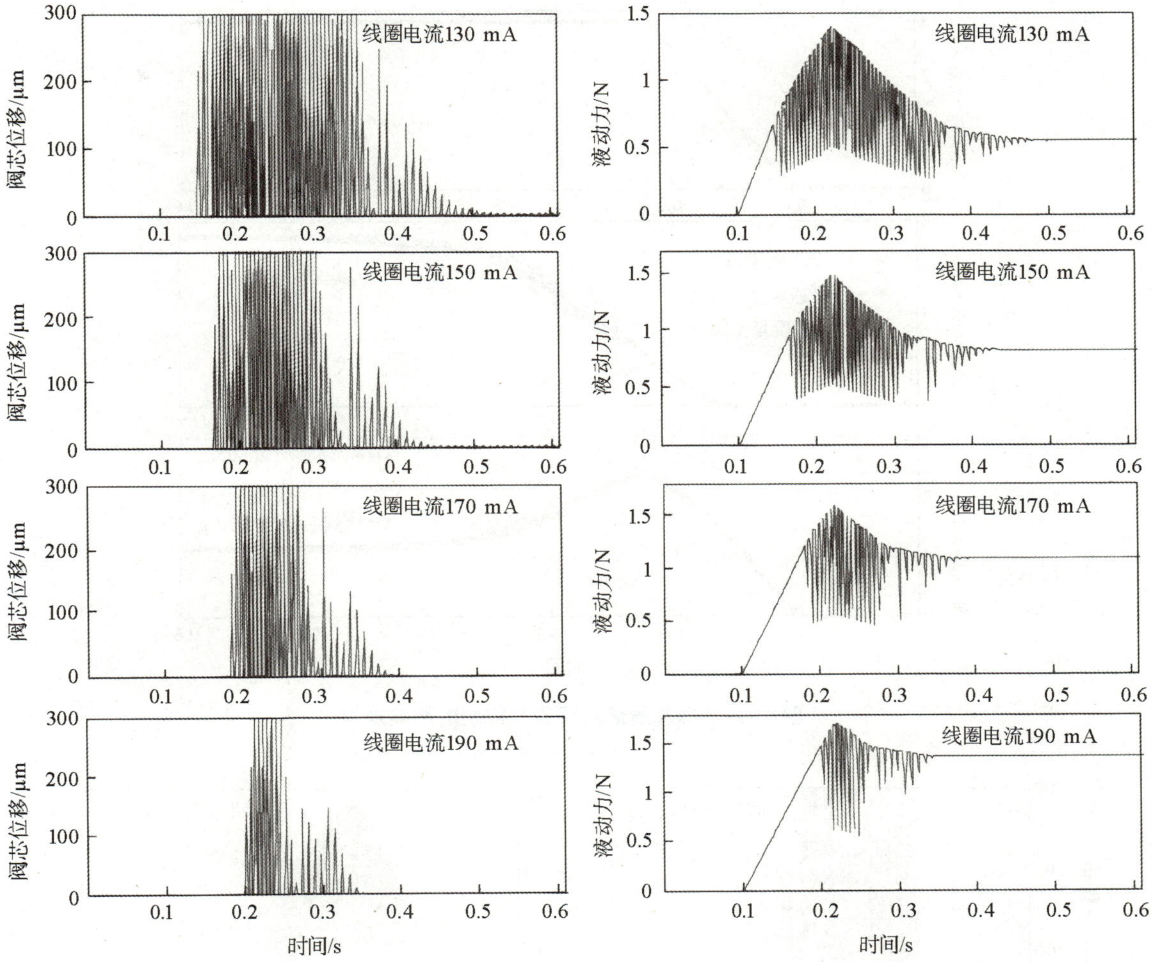

图 5-11　不同线圈电流作用下阀芯位移及液动力变化情况

五、结构参数对限压差控制效果的影响

在上述对电磁阀动态限压差控制特性及规律分析的基础上，为了进一步探索动态限压差方法的控制品质与性能，以及该控制方法对现有液压制动系统关键零部件设计的新要求，需深入分析电磁阀关键结构参数对动态限压差控制效果的影响。

1. 阀芯质量对限压差控制效果的影响

给定相同的线圈输入电流（140 mA）和相同的电磁阀阀口输入压力（3 MPa），令电磁阀阀芯质量取为 1.05 g、2.10 g 以及 4.20 g 三种，进行仿真分析。

由图 5-12 给出的仿真结果可知，阀芯质量的大小对最终收敛达到的电磁阀限压差值并无明显影响。在各个阀芯质量所对应的仿真情形中，限压差最终均收敛至同一稳定压差 1.2 MPa。

电磁阀阀芯质量对动态限压差控制过程中阀芯位移以及所受液动力的影响规律如图 5-13 所示。随着阀芯质量的增大，在达平衡状态前的动态调节过程的时间变长。这主要是由于阀芯质量增大，系统惯量增大；在整个系统中，阀芯位移的响应表现为二阶振荡环节，系统调整时间与无阻尼自振角频率的倒数正相关，即 $t_s \propto \omega_n^{-1}$，而阀芯质量的增大将造成此二阶系统无阻尼自振角频率 ω_n 变小，使得系统调整时间变长。

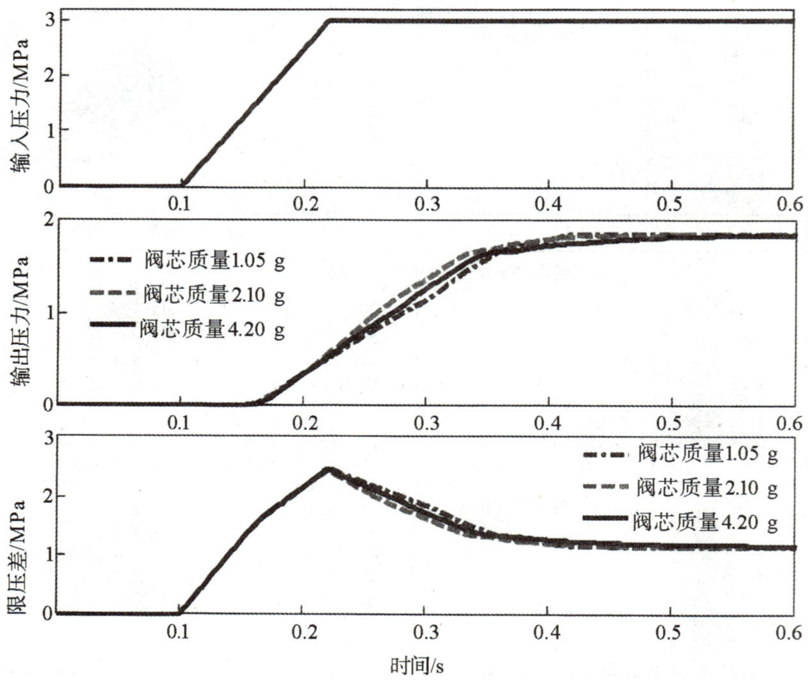

图 5-12　阀芯质量对限压差控制的影响规律

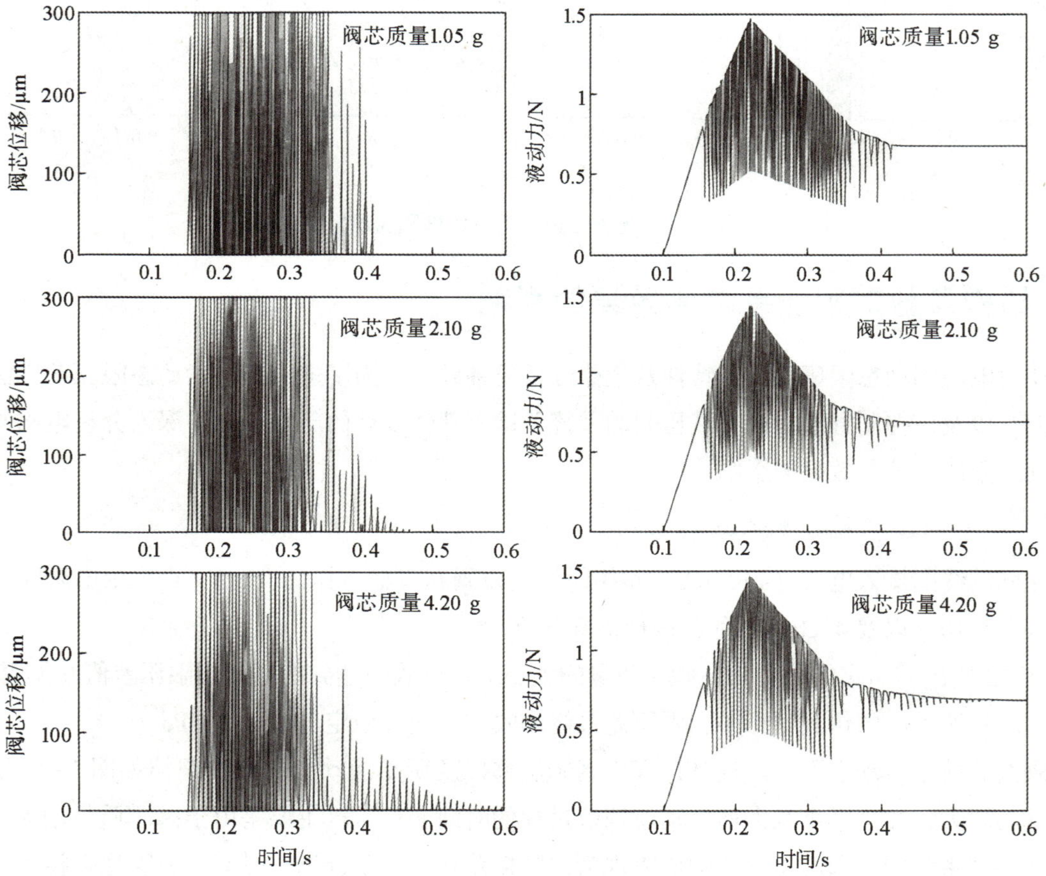

图 5-13　阀芯质量对阀芯位移及液动力的影响规律

2. 阀芯直径对限压差控制效果的影响

给定相同的线圈电流（140 mA）以及相同的电磁阀阀口输入液压力（3 MPa），阀芯球形端面直径则取为 1.388 mm、1.588 mm 和 1.788 mm 三种，分别进行仿真分析，结果如图 5-14 所示。

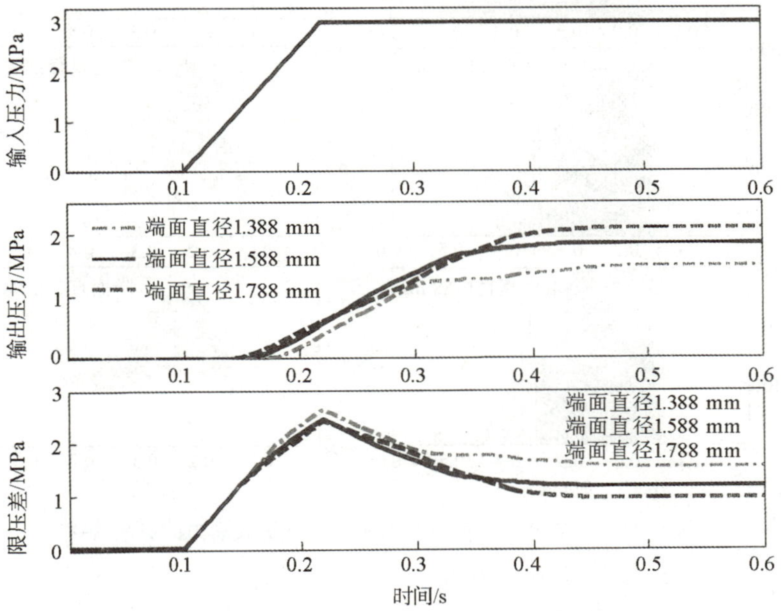

图 5-14　阀芯球形端面直径对限压差控制的影响规律

在一定范围内，随着阀芯球形端面半径的增大，阀口两侧压力差的限制效果逐渐减弱。当阀芯球形端面直径为 1.588 mm 时，在线圈电流保持 140 mA、阀口输入液压力斜坡输入稳定至 3 MPa 后，阀口两侧压差的限制能力为 1.2 MPa；而当直径增加至 1.788 mm 后，在其他条件相同的情况下，阀口两侧压差的限制能力为 0.9 MPa。可以看到，随着阀芯球形端面直径的增大，在线圈电流一定的情况下，限压差控制对电磁阀阀口两侧压差的限制能力逐渐降低。

产生这种现象的原因主要是：在电磁阀临界开启状态下，电磁阀阀芯对阀口两侧压差产生限制作用时，当线圈电流保持不变，则阀芯所受到的弹簧力、电磁力以及来自液体的静压力均保持不变；而在静压力分量中，阀芯球形端面直径与压差呈反比例关系，故采用球体半径加大的阀芯，对阀口两侧压力差的限制能力将会减弱。

阀芯球形端面直径大小对动态限压差控制过程中阀芯位移以及所受液动力的影响规律如图 5-15 所示。随着阀芯球形端面直径的加大，在整个控制过程中阀芯位移的平均值略有增大。这主要是因为阀芯与液流接触面积随着阀芯球形端面直径的加大而增大，使得液动力的幅值变大。当阀芯球形端面直径为 1.388 mm 时，阀芯所受到的液动力幅值在 1.2 N 左右；而当阀芯球形端面直径加大到 1.788 mm 后，阀芯所受到的液动力幅值则增至 1.8 N。这主要是因为在达平衡状态之前的动态调节过程中，电磁阀阀芯所受到的液动力与阀芯球形端面直径大小正相关，故当阀芯球形端面直径加大时，液动力的幅值增大。而在动态调节过程中，系统收敛至稳态的调节时间随着阀芯球形端面直径的增大而略有减小，但变化程度并不明显。

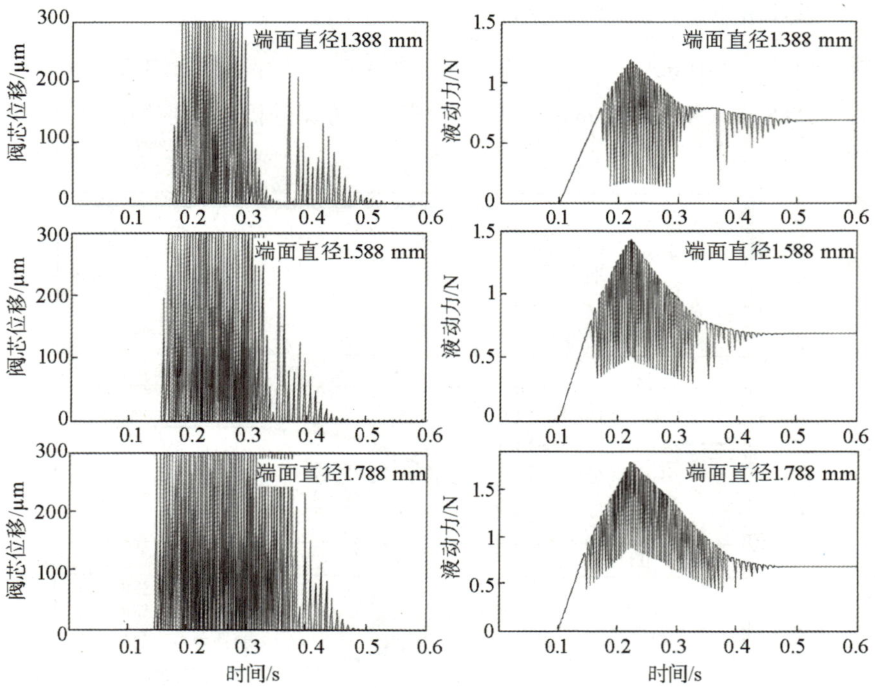

图 5-15　阀芯球形端面直径对阀芯位移及液动力的影响规律

3. 回位弹簧刚度对限压差控制效果的影响

给定相同的线圈电流以及相同的电磁阀阀口输入液压力，回位弹簧刚度取为 170 N/m、340 N/m 和 510 N/m 三种，分别进行仿真分析，仿真结果如图 5-16 所示。

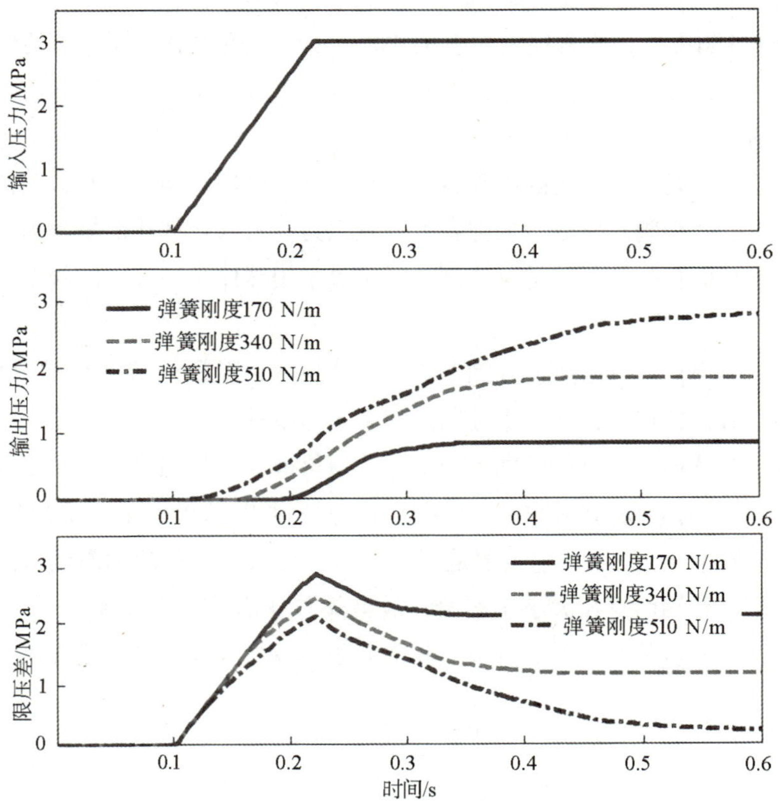

图 5-16　回位弹簧刚度对限压差控制的影响规律

由图 5-16 可以看出，在一定范围内随着回位弹簧刚度的增大，阀口两侧压力差的限制效果逐渐减弱。当回位弹簧刚度为 170 N/m 时，在线圈电流为 140 mA、阀口输入液压力斜坡输入稳定至 3 MPa 后，对阀口两侧压差的限制能力为 2.1 MPa；而当回位弹簧刚度增加至 510 N/m 后，在其他条件相同的情况下，阀口两侧压差的限制能力降低至 0.2 MPa。不难看出，随着回位弹簧刚度的增大，在线圈电流一定的情况下，限压差控制对电磁阀阀口两侧压力差的限制能力逐渐降低。

产生上述现象的原因主要是：在电磁阀临界开启的平衡状态下，电磁阀阀芯位移一定，当回位弹簧刚度增大时，电磁阀阀芯所受的弹簧回复力增大；根据阀芯动力学平衡方程可知，为了保持系统平衡状态，线圈电流所产生的电磁力用于克服弹簧力的分量变大；在线圈电流不变的情况下，电磁力中用于限压差的部分则相应减小，故阀口两侧压力差的限制能力将会减弱。

回位弹簧刚度对动态限压差控制过程中阀芯位移以及所受液动力的影响规律如图 5-17 所示。当回位弹簧刚度为 170 N/m 时，阀芯位移的平均值为 100 μm 左右，调节时间低于 0.2 s；当回位弹簧刚度为 340 N/m 时，阀芯位移的平均值为 150 μm 左右，调节时间低于 0.3 s；而当回位弹簧刚度增大到 510 N/m 时，阀芯位移的平均值增大到 200 μm 以上，且调节时间亦显著增加，达到 0.4 s 以上。可以看到，随着回位弹簧刚度的加大，在整个控制过程中阀芯位移的平均值明显增大，且系统收敛至稳态的调节时间明显变长。

而在达平衡状态之前的动态调节过程中，当回位弹簧刚度为 170 N/m 时，阀芯所受到的液动力幅值为 1.7 N 左右，并最终收敛至 1.3 N 左右；当回位弹簧刚度为 340 N/m 时，阀芯所受到的液动力幅值为 1.45 N 左右，并最终收敛至 0.7 N；而当阀芯球形端面直径增大到 510 N/m 后，阀芯所受到的液动力幅值则衰减至 1.3 N 左右，而最终收敛至的稳定值仅为 0.2 N。可以看到，在限压差控制作用下，阀芯所受到的液动力的幅值则随着回位弹簧刚度的增大而明显下降。

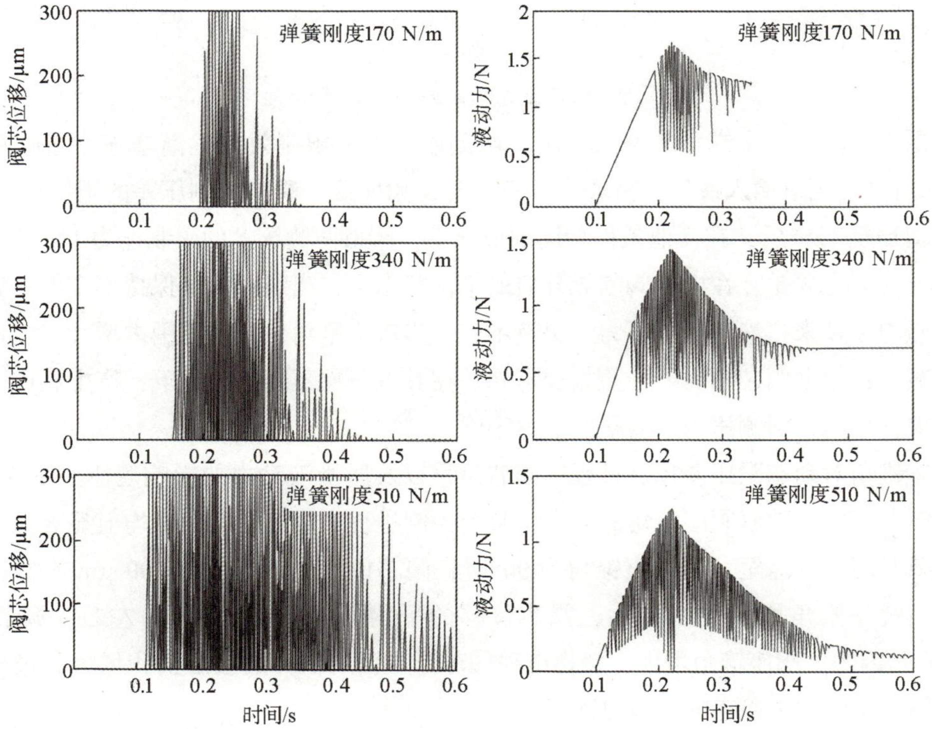

图 5-17　回位弹簧刚度对阀芯位移及液动力的影响规律

4. 阀座锥角对限压差控制效果的影响

给定相同的线圈电流以及相同的电磁阀阀口输入液压力，电磁阀阀座锥角取为 90°、114°以及 125°三种，分别进行仿真分析，结果如图 5-18 所示。

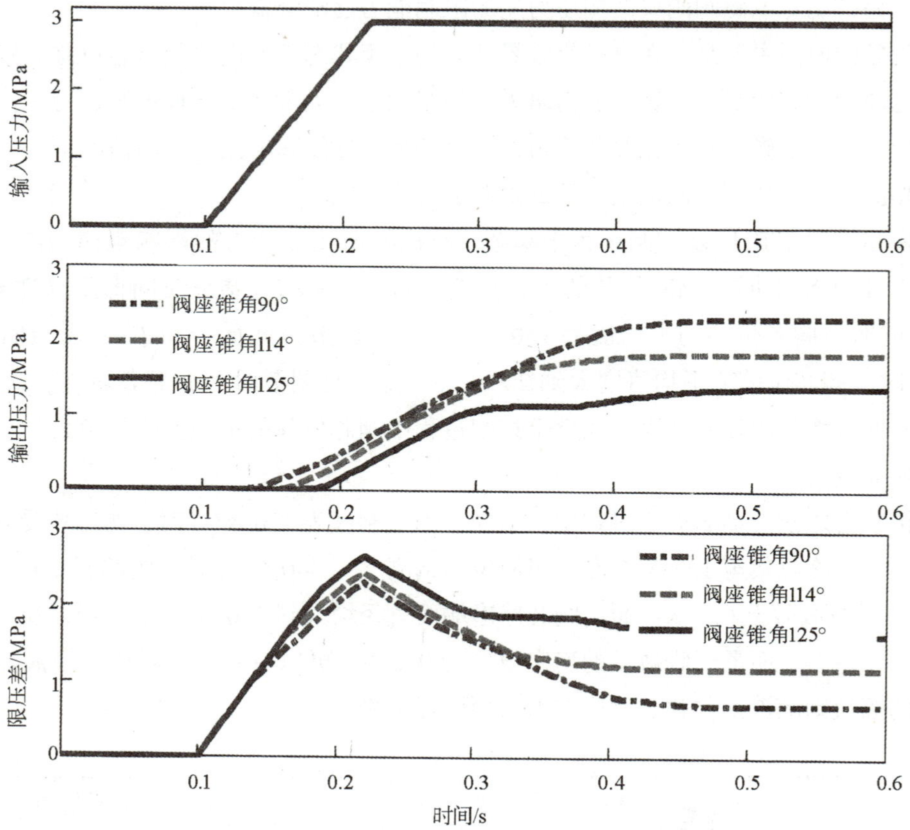

图 5-18　阀座锥角对限压差控制的影响规律

在一定范围内，随着阀座锥角的增大，阀口两侧压力差的限制效果逐渐增强。当阀座锥角为 90°，线圈电流为 140 mA、阀口输入液压力斜坡输入稳定至 3 MPa 后，阀口两侧压差的限制能力为 0.7 MPa；而当阀座锥角增加至 125°后，在其他条件相同的情况下，阀口两侧压差的限制能力上升至 1.6 MPa。

上述情况的成因主要是：在电磁阀临界开启的平衡状态下，当线圈电流保持不变时，则阀芯所受到的弹簧力、电磁力以及来自液体的静压力均保持不变；当阀座锥角在一定范围内增大时，电磁阀阀芯与液流的接触面减小；根据阀芯动力学平衡方程可知，在其他条件不变的情况下，产生相同大小静压力所需的压强值增大，故阀口两侧压力差的限制能力增强。

电磁阀阀座锥角对动态限压差控制过程中阀芯位移以及所受液动力的影响规律如图 5-19 所示。可以看出，在一定范围内，随着阀座锥角的增大，整个控制过程中阀芯位移的平均值显著减小，且系统收敛至稳态的调节时间亦有缩短。当阀座锥角为 90°时，阀芯位移的平均值达 200 μm 左右，调节时间大于 0.35 s；而当阀座锥角增大到 125°后，阀芯位移的平均值降低至 150 μm 左右，调节时间降低至 0.25 s。这主要是因为，阀座锥角增大，使得电磁阀球形端面与液体的接触面积增大，进而增大了系统的流量，从而减少了收敛至稳态的调节时间。

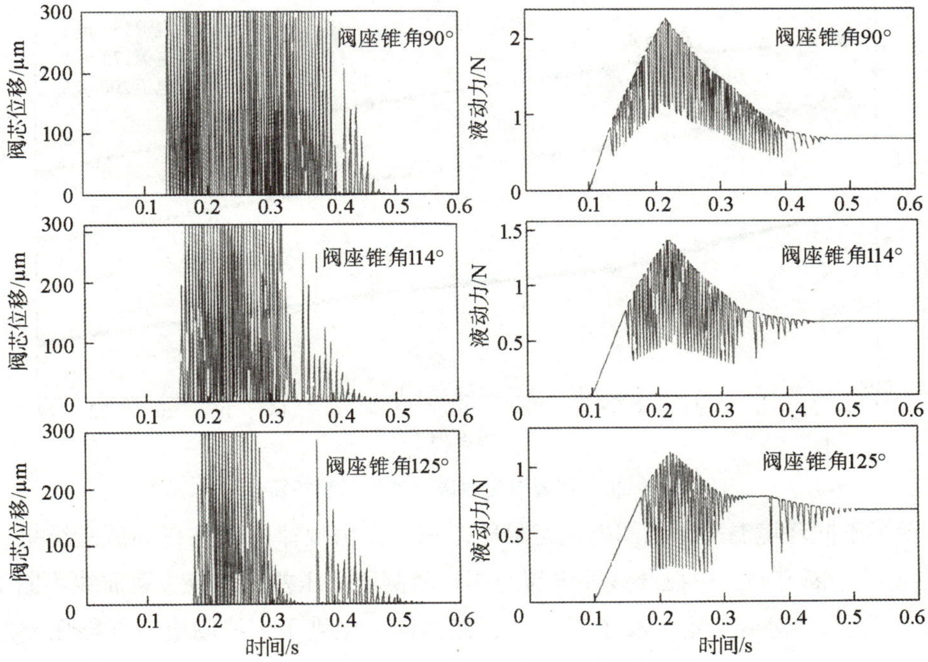

图 5-19　阀座锥角对阀芯位移及液动力的影响规律

而在达平衡状态之前的动态调节过程中，阀芯所受到的液动力的幅值随着阀座锥角的增大有明显下降，但其最终收敛的稳定值未有明显变化。当阀座锥角为 90°时，阀芯所受到的液动力幅值为 2.3 N 左右，并最终收敛至 0.7 N；而当阀座锥角增大到 125°后，阀芯所受到的液动力幅值则衰减至 1.2 N 左右，最终稳定值也为 0.7 N。

六、环境温度对限压差控制效果的影响

除了系统的相关结构参数，环境温度亦会显著影响机-电-液系统的整体功能与控制性能。例如，温度会影响执行机构的响应性能、液压系统的密封性能、流体的黏度等性能，这些因素都可能会影响系统的整体控制效果。因此，研究环境温度对电磁阀限压差控制调节性能的影响是非常必要的。

1. 环境温度对所限压差的影响规律

为了探究环境温度变化对同一线圈电流下电磁阀两侧限压差的影响规律，在不同环境温度下进行了电磁阀限压差控制的硬件在环试验。设置三个试验组，所给定的电磁阀线圈电流分别为 150 mA、175 mA 以及 200 mA，而在每组试验中，环境温度逐渐变化，在温度达到-3 ℃、2 ℃、3 ℃、5 ℃、13 ℃和 24 ℃ 时采集数据，上述三个试验组的硬件在环试验结果如图 5-20 所示。

由图 5-20 可知，在一定的电磁阀线圈电流作用下，电磁阀阀芯对阀口两侧压力差的限制能力将会随环境温度的上升而逐渐降低。以线圈电流 150 mA 的试验组为例，电磁阀阀口两侧的限压差由-3 ℃下的 3.18 MPa 逐渐降低至 24 ℃下的 2.43 MPa，其限压差的压降在温度 27 ℃ 的变化范围内达到了 0.7 MPa。

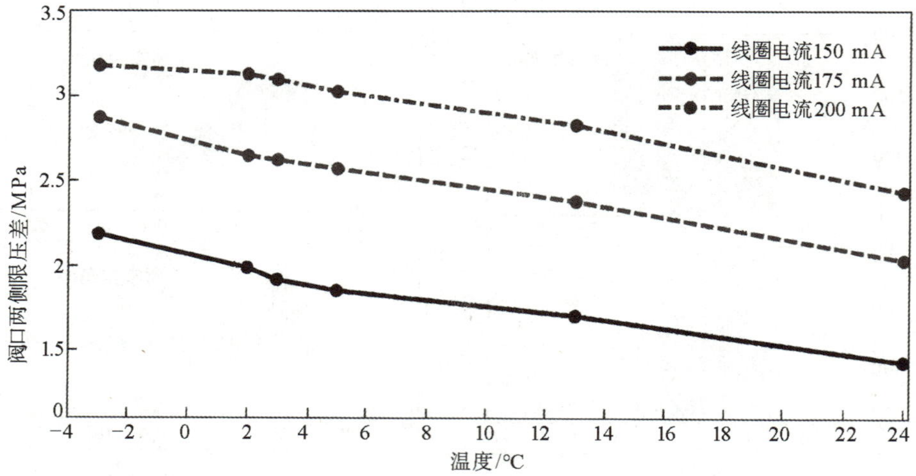

图 5-20　环境温度对限压差的影响规律

图 5-21 显示了不同环境温度下线圈电流与限压差相互作用规律的硬件在环试验结果。根据试验结果可知，随着温度的不断升高，电磁阀线圈电流与阀口两侧所限压差的对应关系曲线不断下移。在-3～24 ℃这一范围内，该线性对应关系下移了近 50%，然而同一温度下，线圈电流与限压差之间的线性关系仍然保持得相对较好。

造成上述现象的主要原因是温度变化引起线圈电阻值的变化。电磁阀线圈电阻值受温度影响显著，二者之间的关系为

$$R=R_0+\alpha T\ (\alpha>0) \tag{5-24}$$

式中，R_0 为线圈电流的参考值；α 为温度系数；T 为环境温度。

由式（5-24）可知，当环境温度降低时，线圈电阻会相应减小，在输入线圈电流一定的情况下，其输出功率上升，使得电磁阀阀芯所受的电磁力变大，进而提高了电磁阀对阀口两侧压差的限制能力，导致所限压差值上升。

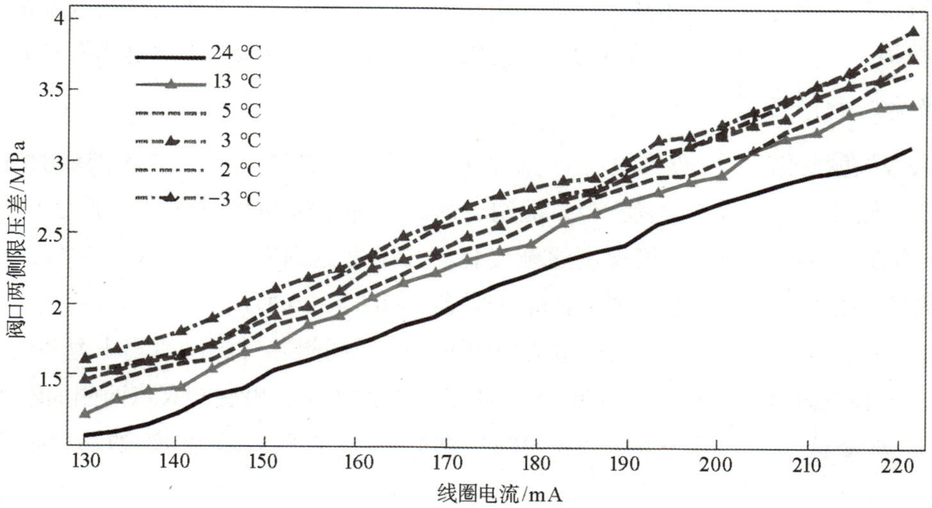

图 5-21　不同环境温度下线圈电流与限压差的相互作用规律

2. 限压差与线圈电流对应关系的修正

基于试验结果可知，电磁阀阀芯对阀口两侧压力差的限制能力明显受环境温度变化的影响。因此，

根据所得到的环境温度变化下的测试结果，对线圈电流与限压差之间的线性对应关系进行修正。以正常室温（24 ℃）限压差与线圈电流之间的线性关系为基准，在一定环境温度的变化范围内（-5~25 ℃），考虑环境温度变化对电磁阀线圈电阻值所带来的影响，该线性对应关系式（5-22）可修正为

$$\Delta p=\frac{K_{\mathrm{i}}}{\pi R_{\mathrm{v}}^{2}(\cos\alpha)^{2}}I-\frac{K_{\mathrm{s}}(x_{0}+x_{\mathrm{m}})}{\pi R_{\mathrm{v}}^{2}(\cos\alpha)^{2}}-0.02\ (T-297) \tag{5-25}$$

式中，T 为环境温度（K）。

任务二　电磁开关阀液压力闭环动态限压差控制

任务描述

郭杰是一个液压系统工程师，公司正在开发一款高性能的电动汽车。为了实现更精确的压力控制，郭杰需要设计一种电磁开关阀的液压力闭环动态限压差控制策略。郭杰的任务包括研究液压力闭环动态限压差控制方法的机理，开发相关的控制算法，并在硬件在环试验中进行验证。如何设计和实现这一闭环动态限压差控制策略，以提高液压系统的动态响应速度和稳定性？

任务分析

在这项任务中，关键是设计并实现一种液压力闭环动态限压差控制策略。闭环控制系统能够实时调整控制输入，以确保液压力在设定范围内，从而提高系统的精确性和稳定性。郭杰需要首先理解和分析闭环动态限压差控制方法的机理，确保能够有效处理液压力的动态变化。然后，开发和优化控制算法，并在硬件在环试验中验证其性能。通过闭环控制，系统可以自动补偿外部扰动和内部误差，提升液压系统的整体响应速度和稳定性，确保电动汽车的液压系统能够高效、稳定地运行。

任务重点与实施

在机电混合制动过程中，液压制动力的调节精度会对机电耦合协调控制效果产生直接影响，对车辆安全性、制动舒适性和能量经济性等整车性能指标影响巨大。与此同时，与传统制动系统相比，能量回馈车身电子稳定控制（EESC）系统制动主缸与轮缸在制动工况下完全机械解耦，对轮缸压力实现精密控制难度增大。目前高速开关阀主流控制方式为PWM，由于PWM控制无法实现液压力的连续调节，因此难以满足机电混合制动过程中液压制动力的调节精度。为进一步提高EESC系统液压制动力控制品质，需要在EESC系统液压管路布置方案的基础上，对新型高速电磁阀控制方式进行探索。

一、液压力闭环动态限压差控制方法机理分析

在EESC系统中，轮缸进油阀的开度直接决定轮缸制动液的进液量，是影响轮缸压力调节精度的重要因素。探索进油阀的精密控制方法有助于提升机电混合制动过程中回馈制动力与液压制动力的耦合控制效果。故本任务以进油阀为例说明闭环限压差控制方法的工作机理，后续将该控制方法推广至溢

流阀。

如图 5-1 所示，轮缸进油阀结构为外流式常开电磁阀。电磁阀由电磁组件和机械组件构成。其中，线圈固定在隔磁管上，动铁在隔磁管内，动铁与阀体间存在气隙。推杆装配在阀体内，一端与阀芯上端面相连，且与回位弹簧接触；另一端与动铁接触。阀芯下端面为球面，落座时可与阀座形成密封面。当线圈不通电时，电磁阀在回位弹簧的作用下处于开启状态。当线圈通电时，动铁在电磁力的作用下克服弹簧回复力，带动推杆和阀芯向阀座运动，当阀芯落座后，阀芯和阀座形成球面密封，此时电磁阀处于关闭状态。

通过分析可知，在已知阀入口压力和目标压力的前提下，通过开环限压差控制可以得到跟踪阀出口目标压力所需的电磁阀电流值。然而在实际工程应用过程中，该开环控制方式存在以下两个问题：①电磁阀在使用过程中的部件发生老化变形、系统参数随温度发生变化以及各电磁阀制造装配存在偏差，开环限压差控制无法保证控制效果对以上问题的鲁棒性；②在 EESC 系统中，进油阀入口处无压力传感器，入口压力估计误差会对开环限压差控制效果造成较大影响。基于以上两个工程实际问题，需要探索液压力闭环动态限压差控制方法。

液压力闭环动态限压差控制框图如图 5-22 所示。为提高压力调节精度和对外界干扰的鲁棒性，液压力闭环动态限压差控制由前馈模块和反馈模块组成。其中前馈模块根据目标压差 Δp_{tgt} 与实际压差 Δp_{act} 的差值 Δp_{error}，以及压差-电流脉谱图得到前馈参考电流指令值 I_{ff}。该电流脉谱图可通过电磁阀动态限压差控制方法机理分析中的试验离线测得，或根据电磁阀参数利用式（5-22）计算得到。反馈模块则根据目标压力和实际压力的差值 Δp_{error}，通过比例-积分环节计算得到电流反馈控制指令值 I_{fb}。电流指令值可以写成：

$$I=I_{ff}+I_{fb} \tag{5-26}$$

需要说明的是，前馈模块可以将系统状态迅速调整至目标值附近，由此可以提高压力调节响应速度。通过反馈控制可使系统在平衡点附近消除稳态跟踪误差，同时提升控制算法抗干扰能力。

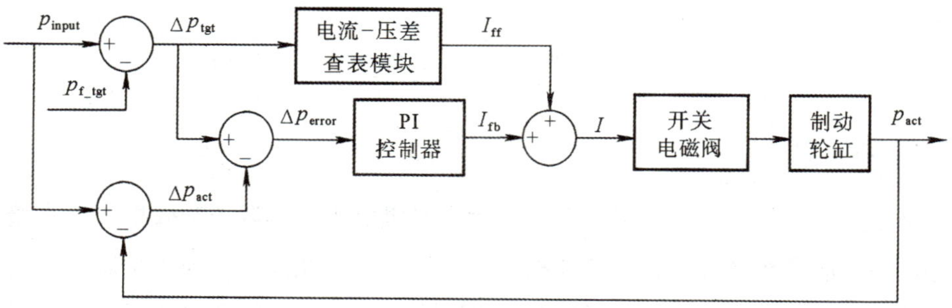

图 5-22　液压力闭环动态限压差控制框图

电磁阀在电流控制下可以改变阀芯开启时阀口两侧压差，从而对轮缸压力进行实时调节。根据闭环限压差控制的特点，提出了如图 5-23 所示的轮缸压力调节控制流程。该控制流程通过实际轮缸压力与目标轮缸压力差值的门限值控制压力调节状态。压力调节状态由增压状态、保压状态和减压状态构成。通过调节跟踪误差门限值的大小可以对压力跟踪精度进行调节。

与传统电磁阀 PWM 控制相比，电流控制可以实现对阀口进液量的连续调节，同时当阀口两侧压差达到目标值时，电磁阀在电磁力、弹簧力和液压力的共同作用下迅速关闭，有效缓解了 PWM 控制过程中压力超调的问题。

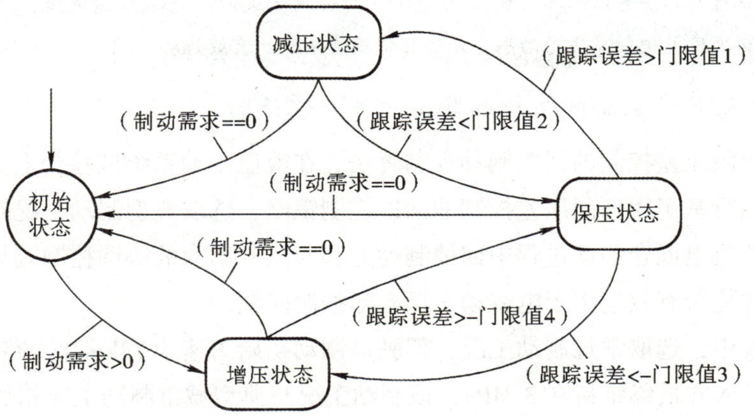

图 5-23　轮缸压力调节控制流程

二、液压力闭环动态限压差控制算法硬件在环试验

1. 基于闭环限压差控制的压力跟踪硬件在环试验

对闭环限压差控制的硬件在环试验的目标压力为斜坡输入并最终稳定至 3 MPa，该目标压力与典型常规制动工况相似。闭环限压差压力跟踪控制效果如图 5-24 所示。在 0.3 s 时，目标压力开始增长，此时为克服油泵建压存在滞后的问题，溢流阀电流指令保持在较高的数值，减少制动液溢流量，配合泵油电机实现进油阀入口端快速建压，此时 EESC 系统处于快速建压模式。与此同时，进油阀线圈电流指令由 0 跳变至 300 mA，控制进入轮缸的制动液流量，在实现轮缸快速建压的同时尽可能减小压力超调量。在 0.8 s 之后，油泵压力建立完成，此时进油阀开度逐渐减小，在目标压力附近根据目标压力与实际压力的差值进行微调。同时，溢流阀电流指令减小，开度增大，进油阀入口端高压源数值降低。随着目标压力稳定在 3 MPa，轮缸进入保压状态，此时进油阀和出油阀均处于关闭状态。

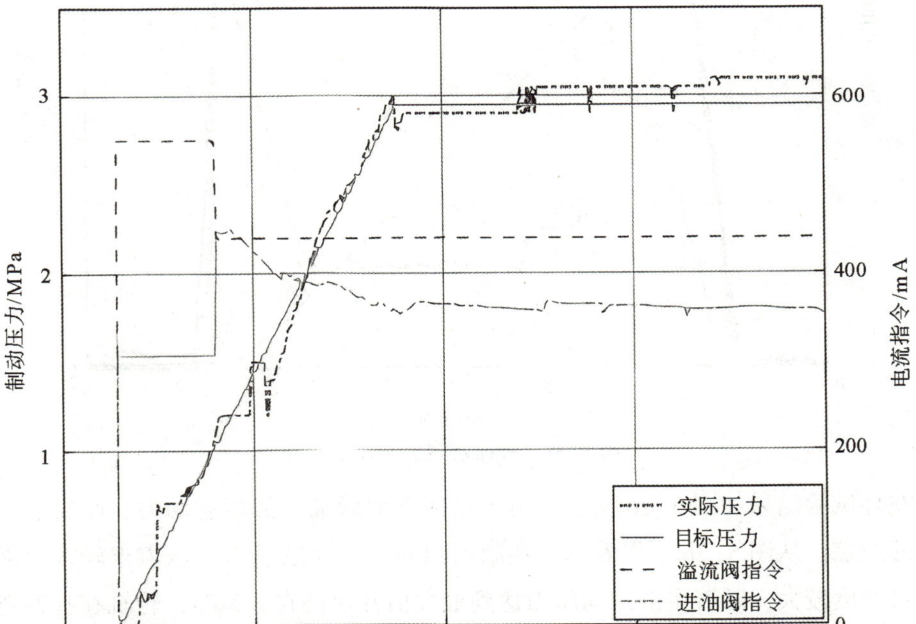

图 5-24　闭环限压差压力跟踪控制效果

提示：闭环限压差控制算法可以根据目标压力变化，实时调节进油阀电磁线圈电流，从而实现对目标压力的跟踪。该试验验证了闭环限压差控制算法对动态变化的目标压力跟踪的有效性。

2. 基于闭环限压差控制的回馈控制算法硬件在环试验

为验证基于闭环限压差控制的回馈制动控制算法，在液压制动系统试验台上进行硬件在环试验。在实际制动控制器上运行基于闭环限压差控制的回馈控制策略，选取典型制动工况对控制策略的控制效果进行分析，主要关注机电混合制动过程中回馈制动力和液压制动力的协调控制效果，从而验证所提出的闭环限压差控制算法能否有效应用于电驱动车辆实际控制问题。

在硬件在环试验中，选取常规制动工况，驾驶员制动初始车速为 72km/h，路面附着系数为 0.8，主缸制动压力为斜坡输入并最终维持在 3 MPa，该制动工况与典型城市制动工况相似。

前轴硬件在环试验结果如图 5-25 所示。在 0.8 s 时，驾驶员逐渐踩下制动踏板，主缸压力沿着一定斜率开始上升，此时电动机工作在发电状态，电机回馈制动力逐渐施加。由于制动初期驾驶员制动力矩增加速率大于回馈制动力增加速率，在 BCU 的控制下，液压制动力逐渐增加。在 1.5 s 左右，驾驶员保持制动踏板在固定开度，主缸压力稳定在 3 MPa，此时为最大限度地回收制动能量，回馈制动力沿其外特性曲线继续增加，为实现对驾驶员制动意图的精确跟踪，EESC 系统在 BCU 的控制下减小轮缸压力。直到 4 s，电机回馈制动力达到峰值，液压制动力保持在稳定值。在 5.5 s 左右，车速下降到较低值，受外特性限制，电机转矩迅速下降，此时液压力需要进行补充以保证车辆需求制动力。前轮进油阀在 BCU 的控制下按电机转矩退出速率对前轮轮缸进行增压，回馈制动力和液压制动力协调控制效果良好。

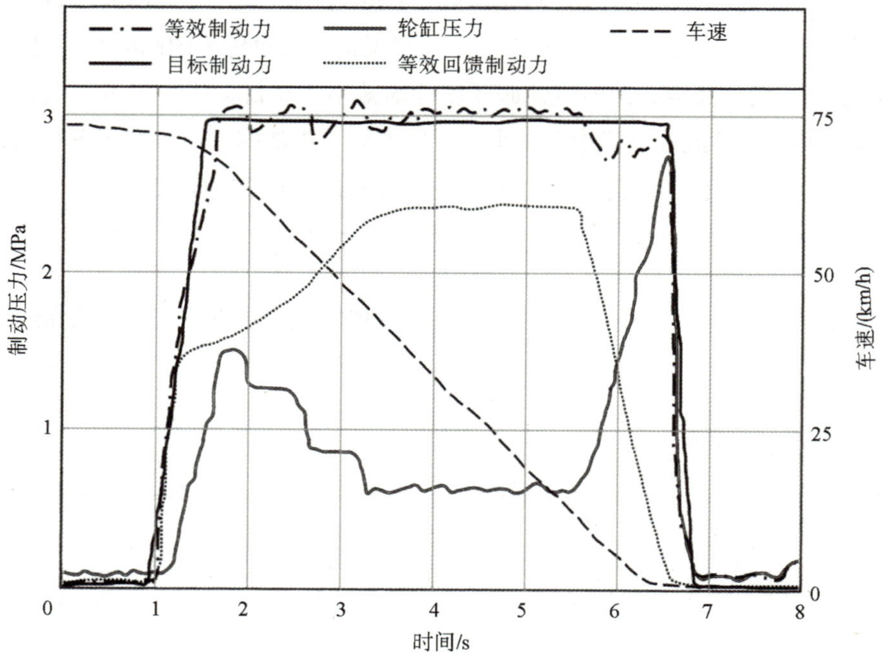

图 5-25　前轴硬件在环试验结果

后轴硬件在环试验结果如图 5-26 所示。由于目标车型后轴无回馈制动力，需要液压制动力单独实现对主缸压力的跟踪。从图 5-26 可以看出，在制动初期由于轮缸压力建压需求较大，因此进油阀电流指令较小，阀口开度较大。随着主缸制动压力达到最大值并保持在 3 MPa，轮缸在控制逻辑的调节下进入保压状态。当驾驶员松开制动踏板时，轮缸出油阀打开，制动液直接流回油壶。整个制动过程中后轴实际轮缸压力对目标压力跟随效果良好，满足后轴制动需求。

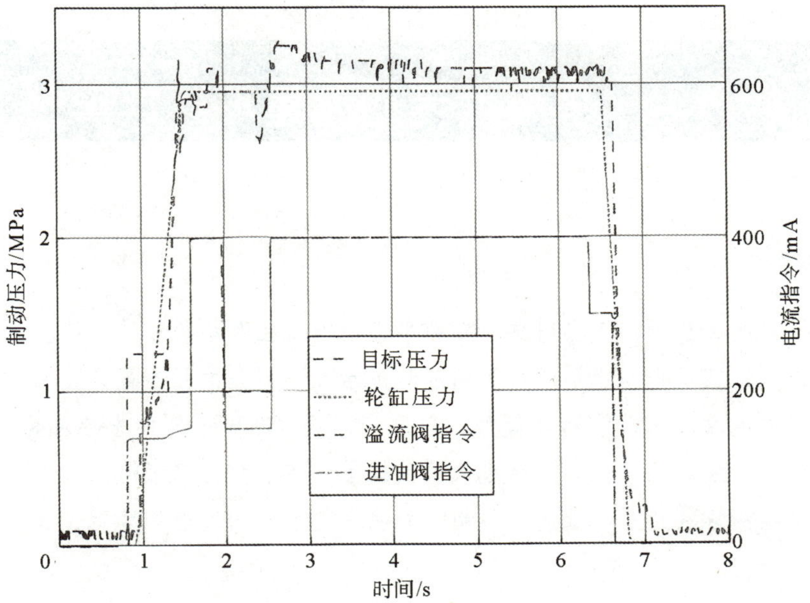

图 5-26　后轴硬件在环试验结果

3. 与传统电磁阀 PWM 控制算法的比较

与传统 PWM 相比，闭环限压差控制可以通过对阀口两侧压差进行精确调节，实现对进入轮缸的制动液体积进行精密控制。当轮缸实际压力到达目标压力附近时，电磁阀在液压力、电磁力和弹簧力的作用下会迅速关闭，因此压力超调现象会得到显著缓解。下面利用定量方式，比较在传统 PWM 和闭环限压差控制下，轮缸压力对目标压力的跟踪效果。

目标压力为斜坡输入并最终稳定至 3 MPa，分别采用闭环限压差控制和传统 PWM 方式对目标压力进行跟踪。同时分别采用整个过程压力跟踪平均误差（RMSE）和均方根误差作为评价指标，其中平均误差反映稳态跟踪效果，均方根误差则反映动态过程跟踪效果，目标制动压力跟踪均方根误差计算公式可表示为

$$\mathrm{RMSE}=\sqrt{\frac{1}{n}\sum_{k=1}^{n}\left[p_{\mathrm{eq}}(k)-p_{\mathrm{m}}(k)\right]^{2}} \tag{5-27}$$

式中，p_{eq} 为等效目标制动压力，MPa；p_{m} 为实际测量制动压力，MPa。

PWM 控制和闭环限压差控制压力跟踪效果硬件在环试验结果见表 5-1。相比于 PWM 控制，闭环限压差控制算法在目标压力稳态压力跟踪和动态压力跟踪效果两方面均有明显提升。在目标压力稳态跟踪效果方面，闭环限压差控制算法较 PWM 提升了 47.1%，动态压力跟踪效果提升 58.3%。试验结果说明，所设计的闭环限压差控制算法较传统 PWM 控制对液压制动力的调节精度起到大幅改善作用。

表 5-1　两种不同电磁阀控制方式下目标压力跟踪效果比较

控制方式	PWM 控制	闭环限压差控制	提升程度
目标压力稳态跟踪误差/MPa	0.17	0.09	47.1%
动态压力跟踪均方根误差/MPa	0.24	0.10	58.3%

任务三　电磁开关阀流量拟线性控制

任务描述

赵亮是一个液压系统工程师，正在研发一款新型工业液压控制系统。该系统要求电磁开关阀能够提供精确的流量控制，以便实现更高级别的控制精度和灵活性。赵亮的任务是开发一种流量拟线性控制方法，通过数值求解开关电磁阀的数学物理模型，以及应用高频 PWM 饱和先导流量控制策略。接下来，赵亮将在台架上验证该方法的有效性，并通过试验数据进一步优化控制策略。如何在保证控制精度的同时，避免传统的流量控制方法对系统性能的限制，并确保整个控制过程的稳定性和响应速度？

任务分析

在这项任务中，赵亮需要开发一种电磁开关阀的流量拟线性控制方法，以提升液压系统的控制精度和响应速度。首先，通过数值求解开关电磁阀的数学物理模型，可以帮助赵亮理解阀门的动态行为并预测流量的变化。其次，高频 PWM 饱和先导流量控制策略可以实现更为精确的流量控制。再次，通过台架试验，可以验证控制策略的有效性，并收集数据，对性能进一步优化。最后，拟线性控制方法可以有效地模拟流量变化，并确保在整个控制范围内保持良好的线性度，从而提高系统的控制精度和稳定性。这种控制方法相比传统的流量控制方法，能够在更广泛的范围内实现精确控制，并能更快响应外部输入，提高整个系统的性能。

任务重点与实施

液压制动系统通过电磁阀的控制实现制动压力的调节，电磁阀的控制效果直接影响液压力与目标压力的跟踪效果，还会影响整车层面的制动平顺性、稳定性以及制动能量回收效率等。因此，对电磁阀的底层液压控制特性的研究至关重要。当前 ABS 及 ESC 系统中，主要通过低频 PWM 技术对电磁阀进行控制，实施阶梯增/减压。制动压力的调节不够平滑，控制精度较差，并伴随较大的工作噪声，无法满足线控制动系统的需求。为了进一步提高液压系统的控制精度，降低压力调节的噪声，电磁阀的底层控制方法必须进行重新设计。

一、开关电磁阀数学物理模型数值求解

由于电磁阀的数学物理方程都是非线性高阶方程，目前尚没有较好的数学方法求得其解析解，仅能根据简单的推导，对其参数值变化的影响进行推测。加之流量系数、节流面积等关键的系数也均为时变参数，使得电流和流量关系的求解更加困难。

虽然解析解求解困难，但是由于在固定压差下，电磁阀为单输入单输出系统，其输入为 PWM 控制占空比，输出为电磁阀流量，因此可以借助计算机方法建立数值模型，对电磁阀控制的过程进行数值模拟，得到 PWM 占空比与流量之间对应关系的数值解。

1. 数学物理模型数值模型建立

根据上面推导的电磁阀数学物理模型，在 MATLAB/Simulink 中建立电磁阀的数值仿真模型，具体的建模思路如图 5-27 所示。

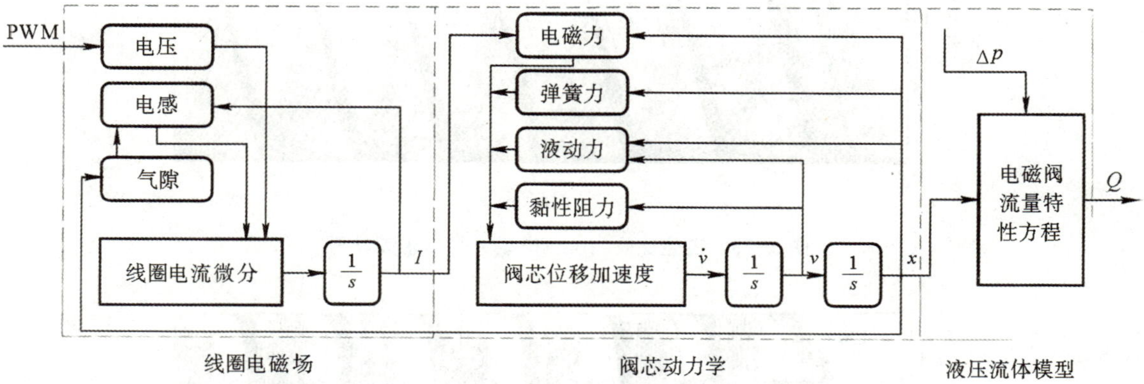

图 5-27　电磁阀数值仿真模型建模

在模型的建立过程中涉及的各个子系统的参数，包括电磁阀、制动液以及制动轮缸等，详见表 5-2～表 5-4。

表 5-2　电磁阀相关参数

参数	数值
最大流量系数	0.7
由层流变湍流的雷诺数	400

表 5-3　制动液相关参数

参数	数值
制动液密度/(kg/m^3)	850
制动液黏度/(mm^2/s)	42.5
制动液体积模量/MPa	1 700
制动液平均工作温度/℃	40

表 5-4　制动轮缸相关参数

参数	数值
活塞直径/mm	35
活塞质量/kg	0.5
制动盘间隙/mm	0.25
等效弹簧刚度/(N/m)	2.5×10^6
等效阻尼系数/(N·s/m)	1.1×10^7

设立可变恒压源，使得电磁阀两侧的跨阀压差始终保持在 20 MPa，PWM 控制频率为 400 Hz，控制电压为 12V。以 1%的增幅从 0 开始调整输入电磁线圈的占空比数值，遍历从 0 到 100%，记录电磁阀的电磁力、线圈电流、阀芯位移和流量特性，得到数值求解的结果如图 5-28～图 5-31 所示。

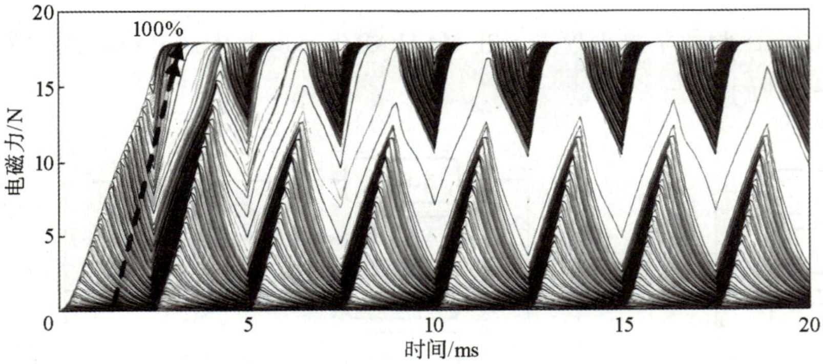

图 5-28　占空比 0~100%电磁力数值求解结果

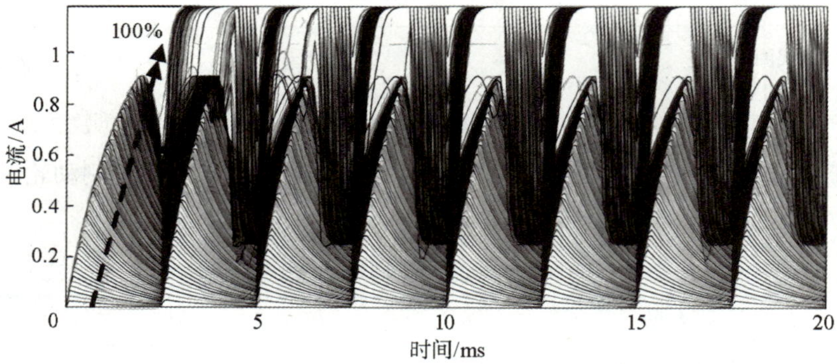

图 5-29　占空比 0~100%线圈电流数值求解结果

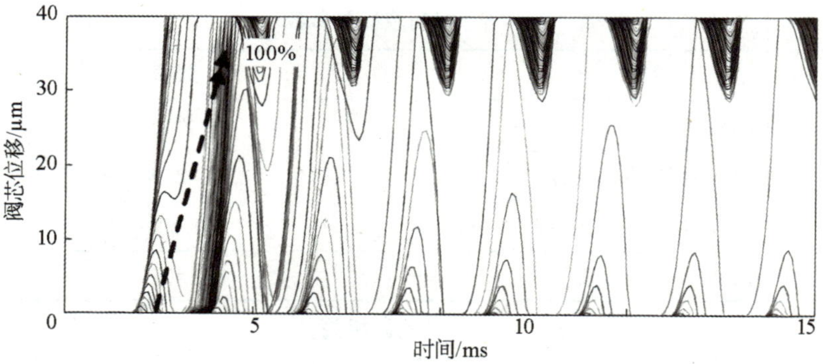

图 5-30　占空比 0~100%阀芯位移数值求解结果

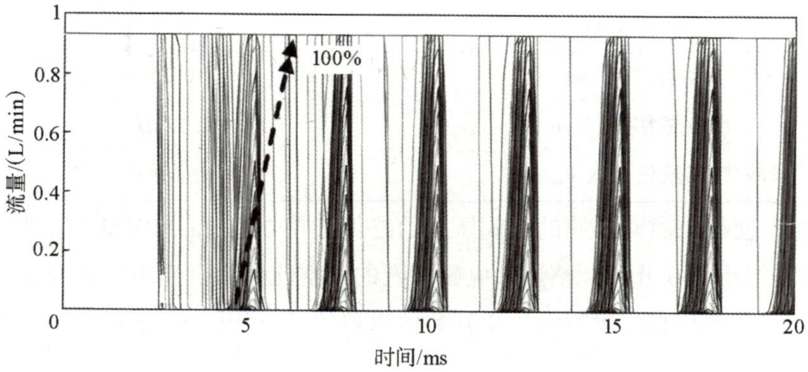

图 5-31　占空比 0~100%流量特性数值求解结果

通过对上述数值求解结果的简单分析可以得到，PWM 空占比从 0~100%的过程中，电磁阀的运动可以分为四个阶段。

第一阶段是占空比较小时（小于 50%），此时电磁力不足以克服静止状态下回位弹簧力和液压力的合力，电磁阀处于长开状态。

第二阶段是随着占空比的不断增大（55%~60%），电流增加，电磁力增大，当达到了回位弹簧力和压力的合力时，电磁阀在其上止点附近小幅度振荡，但电磁力不足以将电磁阀完全关闭。

第三阶段是随着占空比的进一步增大（65%~80%），电磁阀阀芯会克服回位弹簧力和液压力的阻力，将电磁阀完全关闭，并在下止点附近振荡。

第四阶段是随着占空比的再次增大（85%以上），电磁力远大于回位弹簧力和液压力的阻力，将阀芯紧压在阀座上，而断电时间电磁力下降的最低值仍大于回位弹簧力和液压力的合力，电磁阀处于长关状态。

2. 电磁力累积效应分析

随着占空比的增加，电磁力的变化呈现了阶段化的特点。选择 20%、50%、60%、80%、90% 占空比驱动下电磁力的数值结果进行分析，如图 5-32 所示。

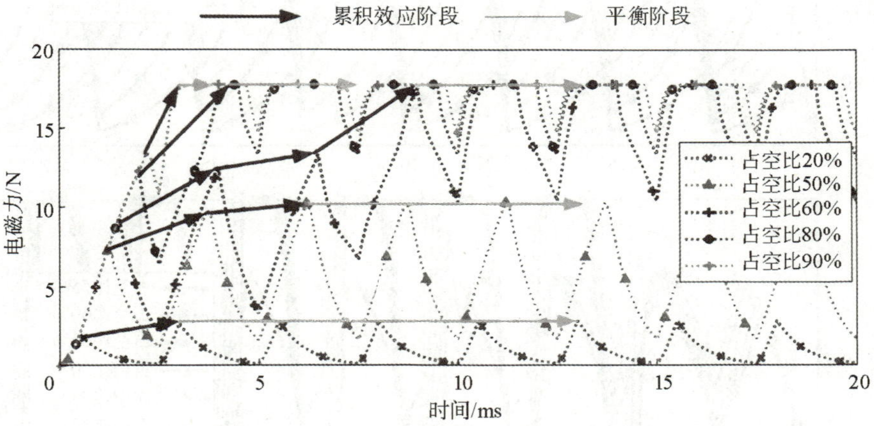

图 5-32　占空比 20%、50%、60%、80%、90% 下的电磁力

根据结果可以得出，不同占空比下，当电源接通初始时，电磁力按照完全一致的速率迅速上升。当电源切断时，电磁力下降速率则根据电磁力的不同而不同，电磁力越大，则其下降速度越快。

当占空比较小时，电源切断时间内（设为 T_{NC}）电磁力将完全释放为 0，下一个控制周期又从 0 开始增加，如 20% 占空比下的控制结果。

当占空比逐渐增加时，电源导通时间（设为 T_C）增加，电磁力的数值也随之增加，但由于 T_{NC} 缩小，在 T_{NC} 时间内电磁力将无法完全释放为 0，那么下一个周期的电磁力初始值则不为 0，在相同的 T_C 时间内，电磁力的终值将高于上一个周期，由此出现了电磁力的累积效应，该累积效应随着占空比的增加而增加。但由于电磁力增加后，在 T_{NC} 时间内的电磁力释放速率也增加了，因此经过几个周期的终值和释放速率同时增加后，二者达到了平衡。也即每个周期的电磁力初始值和最终释放后的终值相等，电磁力的累积效应结束，如 50% 占空比的控制结果。

当占空比进一步增加后，T_C 时间内电磁力的终值显著增大，而 T_{NC} 显著减少，电磁力的释放不及时，电磁力的累积效应越发剧烈，经过几个周期的累积，达到了电磁力的峰值，此时线圈电流最大，气隙最小，电磁力和线圈电流均达到了饱和，占空比越大则饱和出现的时间越早。电磁力饱和后，此后的所有周期，电磁力在饱和区域附近呈现了有规律的振荡。占空比越大，电磁力的振荡越小，如 60%、80%、90%占空比的控制结果。

由于电磁力的累积效应，电磁阀在控制开始的前几个周期可能没有动作，但随着电磁力逐渐累积增加，几个周期之后，电磁阀开始动作，占空比越大，开始动作所需时间越短。为了使得结果更加准确并具有代表性，选择 10 ms 作为判定阀芯动作和不动作的界限，在 10 ms 内阀芯位移可以达到最大值的，认为其对应的占空比为可使得阀芯动作的占空比。

3. 电流平均值与饱和效应分析

通过前面的分析可知，电磁力具有周期的累积效应，该累积效应的产生与线圈电流和阀芯位移直接相关。在占空比很小时，阀芯不动，该累积效应仅由电流直接决定，则此时电流必然出现与电磁力相同的累积效应。当阀芯移动时，气隙变短，电磁力与二者同时相关，数值结果如图 5-33 所示。

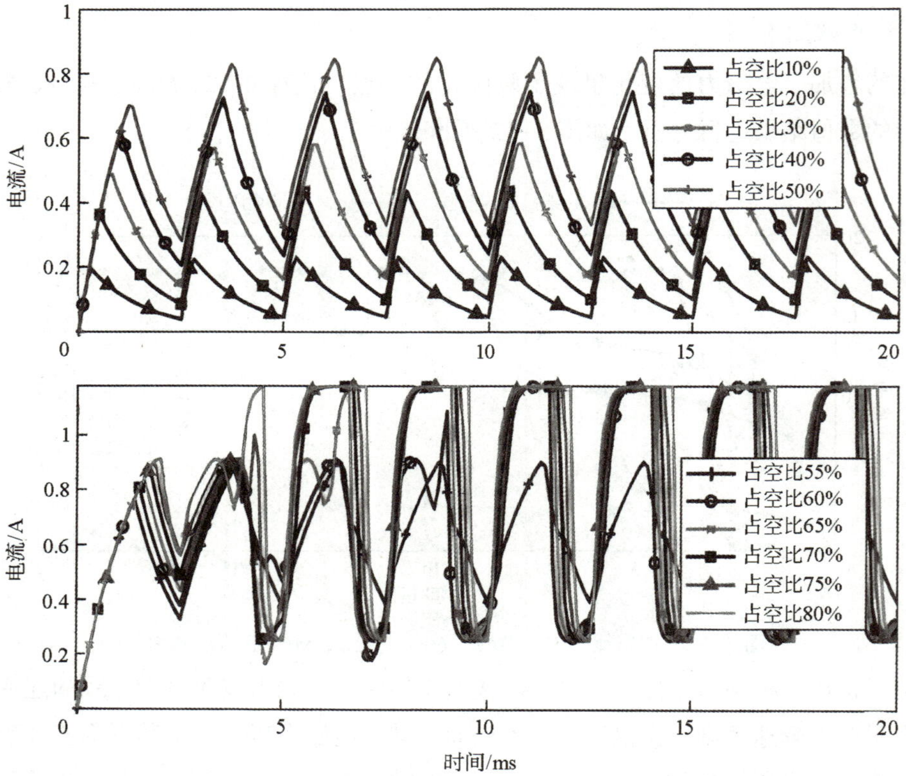

图 5-33　占空比 10%~50%、55%~80%下的线圈电流

根据数值求解的结果，线圈电流变化可以按照两个阶段分析。第一阶段是在小占空比区间，阀芯没有动作或动作微小，此时气隙的改变也比较微小，电流在前几个周期出现与电磁力相同的累积效应，随后经过数个周期的调整，达到增减平衡，如图 5-33 中 10%~50%占空比的结果。但不同的占空比下，最终达到的平衡状态不同。占空比越大，电流的平均值也越大。在 T_C 和 T_{NC} 时间内，电流在各自占空比对应的平均值附近振荡。

随着占空比的不断增加，电流平均值也不断增大，相应的电磁力也不断增加，带动阀芯运动，使得气隙出现了明显的缩小，此时电流的特性出现了明显的变化，进入第二阶段。首先是电源导通时，不同占空比下电流增加的曲线基本吻合，电流均达到饱和电流。其次是电源切断时，与电流增加过程类似，不同占空比下电流降低后的最低值也基本相同，出现了电流降低的类“饱和”现象。根据数值求解结果，该阶段不同占空比下线圈电流之间的不同仅存在于饱和电流的持续时间上。与上个阶段类似，电流的平均值同样随着占空比的增加而增加。

根据上面的分析过程，无论占空比处于怎样的区间，在控制开始的几个周期内，电流均处于累积过程，经过数个周期的调整后，小占空比控制的情况进入累积平衡状态，大占空比控制的情况进入饱和平衡状态。为了分析在累积过程和平衡过程占空比与平均电流的关系，对第一个周期内和最后一个周期内的电流平均值进行计算，计算的结果如图 5-34 所示。

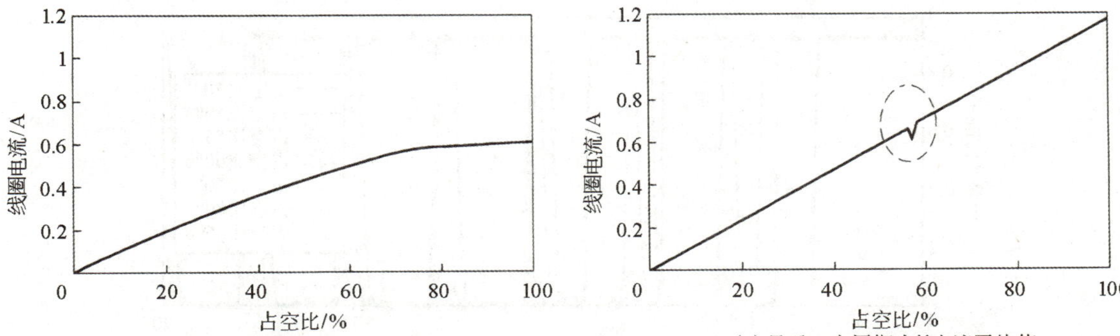

(a) 第一个周期内的电流平均值　　(b) 最后一个周期内的电流平均值

图 5-34　不同周期内的电流平均值

在控制第一个周期内，电流平均值之间除了单调增长没有明显的数学关系。而当电流进入稳态后，无论是累积平衡状态，还是饱和平衡状态，占空比都与平均电流之间存在着明显的线性关系。在两个平衡状态之间存在一个过渡区域，该区域是两种平衡状态均存在的区域。由于在过渡状态下，其达到平衡状态需要更长的时间，因此在计算的最后一个周期内（17.5~20 ms），电流仍处于累积效应过程，使得其电流平均值低于预期，如图 5-34（b）中画圈部分所示。

4. 可用占空比区间分析

根据电磁力的累积效应和饱和效应，基于电磁阀的动力学方程，可以推测，阀芯位移也存在累积效应和饱和效应。不同占空比驱动下的阀芯位移分析如图 5-35 所示。

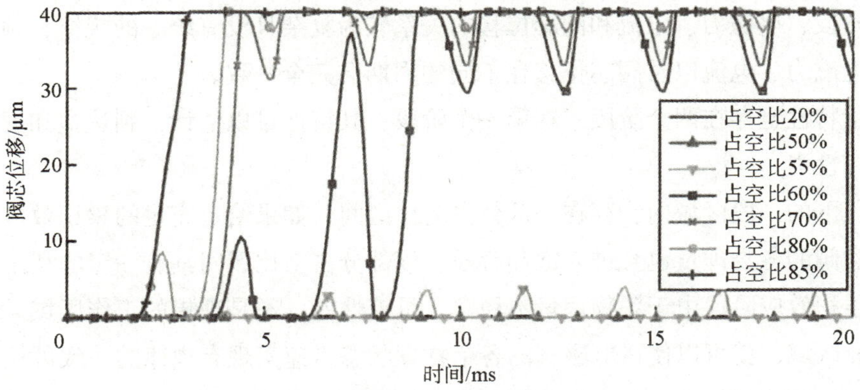

图 5-35　不同占空比驱动下的阀芯位移分析

根据求解结果，可以认为在常规控制方法下，电磁阀的可用控制占空比区间为 60%~85%。

以 10 ms 内阀芯达到最大位移为划分标准，可用占空比的最低值为 60%。随着占空比的增加，阀芯位移达到最大值的时间不断缩短，并在其最大值附近小幅度振荡。当占空比高于 85%时，在电源断开的时间内，电磁阀阀芯没有动作。

5. 可用区间流量特性分析

根据可用占空比，将对应的电磁阀流量特性的计算结果绘制在图 5-36 中。从结果可知，电磁阀的流量特性仅与电磁阀的开度有关。电磁阀开度越大，则其流量越大；对应的阀芯位移越大，则其流量越小。从计算结果可知，流量特性没有明显的累积效应，只有在电磁力进入饱和平衡区域之后，其流量特性才具有明显的规律性，在此之前其流量特性不稳定。

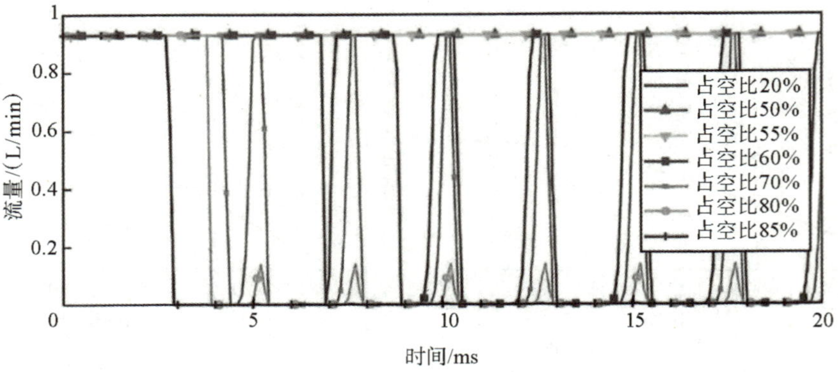

图 5-36　不同占空比驱动下的流量特性分析

在占空比 60%~70%的区间，其流量特性可以实现在设计最大流量和最小流量之间的切换，占空比大小影响最大流量持续的时间。70%占空比以上，阀芯开度显著减小，节流面积缩小，其最大流量低于电磁阀的设计最大流量，随着占空比的增加，最大流量不断减小。电磁阀的流量与轮缸压力的变化率相对应，因此在可用占空比区间内，基本可以实现压力保持和最大增速的切换控制。

二、开关电磁阀高频 PWM 饱和先导流量控制方法

先导式电磁阀

根据上面的分析过程，可以得到以下几个初步结论。

可用占空比区间内，电磁力、电流以及阀芯的位移均存在两个阶段，即累积效应阶段和饱和平衡阶段。占空比越大，饱和出现的时间越早。

在累积效应阶段，电磁力、电流和阀芯位移的关系较为复杂且没有统一的规律，预测困难。到达饱和平衡阶段后，电磁力、电流以及阀芯位移在不同的周期会完全一致。

电磁阀的流量特性也存在两个阶段，在第一个阶段，其特性难以估计，到达饱和区域后，其变化特性单调一致，可控性强。

在可用占空比下的一段区域内，存在一部分占空比区间，如果给定充足的累积效应时间，该部分占空比控制下，电磁阀的各物理量也会进入饱和阶段，该部分占空比区间具有一定的利用潜力。

根据结论，累积效应阶段由于各物理量不稳定、可控性差，不是理想的工作区域。如果能够使得电磁阀快速进入饱和区域，就可以使得电磁阀的各个物理状态迅速实现有规律的一致可控。

在固定的 PWM 控制频率下，使电磁阀快速进入饱和区的唯一方法是提高占空比。

1. 饱和先导控制方法

根据上述分析，提高 PWM 控制信号的占空比到 100%，可以使电磁阀在一个周期（2.5 ms）内即进入饱和区。但是 100%占空比下电磁阀是完全关闭、不可控的。为了避免这个问题，提出饱和先导控制方法。

在控制信号的第一个周期内，给 100% 占空比的控制信号，使得电磁阀的所有物理量在一个周期内迅速进入饱和区域。

进入饱和区后，PWM 控制占空比切换至上面推导出的可用占空比区间，进行电磁阀的流量控制。

在每个控制周期内先执行断电时间 T_{NC}，再按照占空比执行导通时间 T_C，保证在每个控制周期最后电磁阀状态又回到饱和位置，作为下一个控制周期的引导。

不失一般性，将各个物理量的变化过程假设为线性增减，其控制思路如图 5-37 所示。

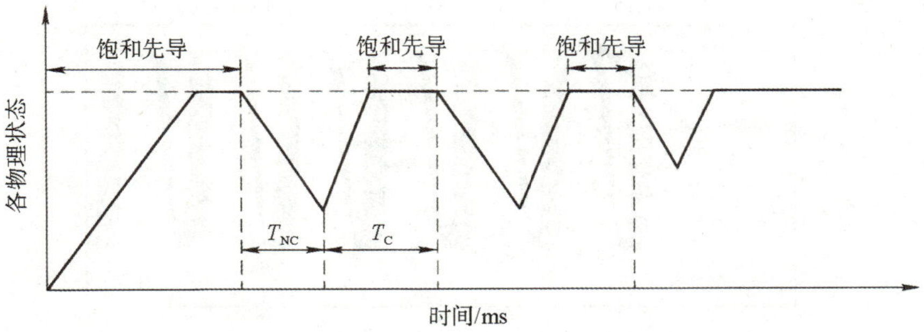

图 5-37　饱和先导控制方法控制思路

根据上述的电磁阀饱和状态下的各物理量的变化规律，在饱和先导控制方法下，阀芯从完全关闭的极限位置开始运动，可以看作电源导通时间和关断时间调换的 PWM 控制方法，即从饱和位置开始，先进入 T_{NC} 时间，再进入 T_C 时间。T_{NC} 时间内电磁阀离开极限位置，电流减小，电磁力减小，阀芯开度增加。而在 T_C 时间内，电磁阀调转方向，电流增加，电磁力增加，阀芯开度减小，向饱和位置运动。通过这样的控制过程，每个控制周期的结束时刻，电磁阀均回到饱和位置，引导下一个控制器的电磁阀运动。根据前面的分析结果，从饱和位置出发的电磁阀运动，在控制周期间的一致性良好，而且与占空比存在明显的单调关系。这种控制周期开始和结束时刻都在饱和位置的控制方法，被称为饱和先导控制方法。

2. 饱和先导控制效果仿真

按照饱和先导控制方法调整控制信号的输入方式，在可用占空比区间内，对电磁阀的运动情况进行仿真研究。电磁阀两侧的压差仍然设置为 20 MPa，控制信号的频率设定为 400 Hz，占空比的遍历区间选择 60%~85%，电磁阀各物理量的仿真结果如图 5-38 所示。

从仿真结果可以看出，在饱和先导控制方法下，电磁阀的所有物理量在第一个周期内迅速进入饱和，随后的所有周期均维持了完全一致的变化规律，在 T_{NC} 时间内离开饱和位置，在 T_C 时间内回到饱和位置，并在饱和位置持续到周期结束，而且占空比越小，其在饱和位置停留的时间越短。

各物理量占空比与平均值关系如图 5-39 所示。根据计算结果，电磁力、阀芯位移的平均值与占空比均不存在线性关系，而线圈平均电流与占空比之间的线性关系较为明显。控制输出即流量特性，在 60%~80%的范围内基本也为线性关系。由于流量特性对应轮缸压力的变化率，根据仿真的结果推断，在占空比 60%~80%之间，可以线性地调节压力的变化。

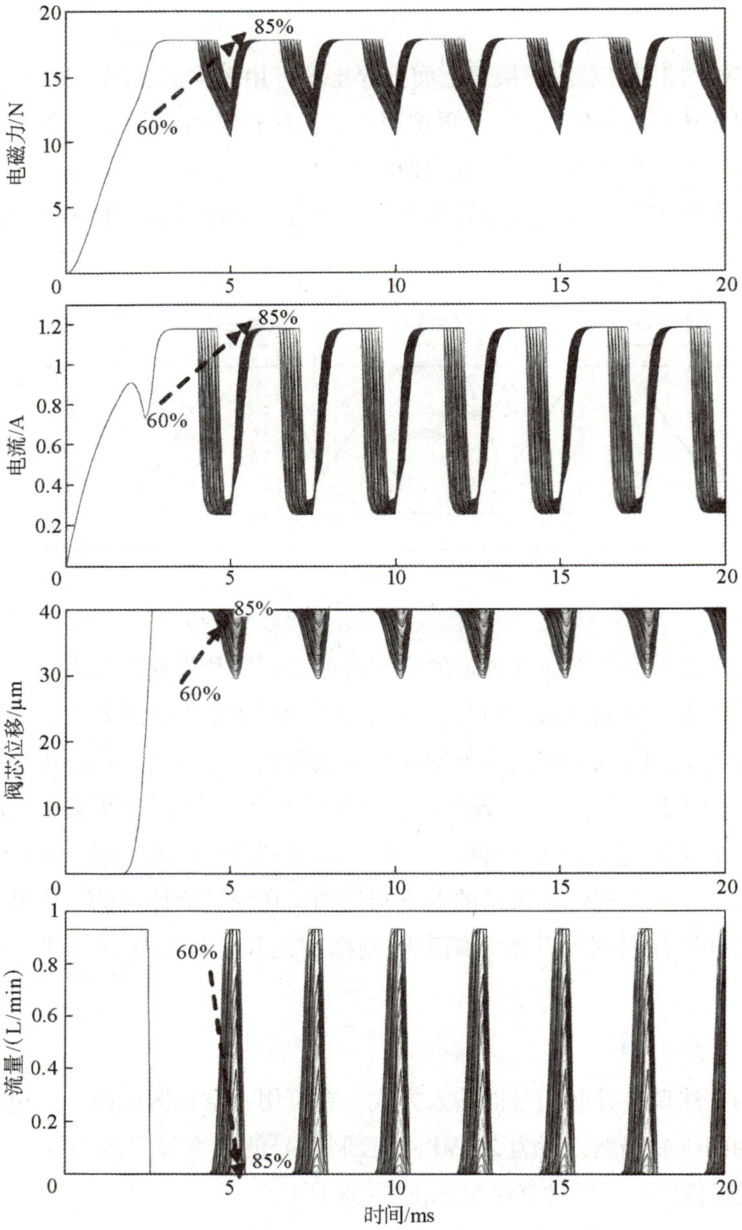

图 5-38　饱和先导控制方法仿真结果

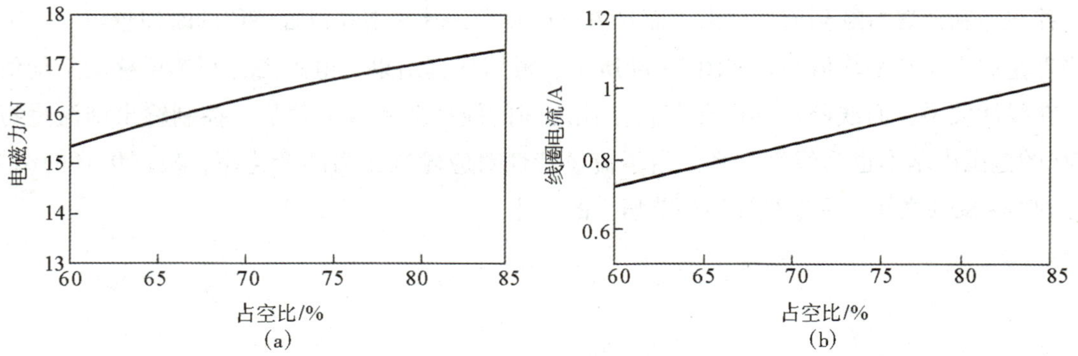

图 5-39　各物理量占空比、平均值关系

根据图 5-39，在可用占空比区间内，每个控制周期仍有部分时间处于完全饱和状态，说明在饱和先导控制方法下，在原传统 PWM 控制方法可用占空比的区间下方，本属于不可用占空比的区间范围内的部分占空比数值，可以拓展为可用占空比区间。

3. 可用占空比区间拓展

根据上面的分析，降低仿真分析的控制输入占空比为 40%～60%，观察各物理量的仿真情况。根据仿真结果，当占空比低于 47%时，电磁无法再恢复至饱和位置，经过几个周期的振荡后，电磁阀回归到传统 PWM 控制方法的累积平衡状态。根据仿真结果可知，饱和先导控制方法的占空比下限可以拓展到 47%。选择阀芯位移作为代表性结果如图 5-40 所示，重新计算各物理量的周期内平均值如图 5-41 所示。

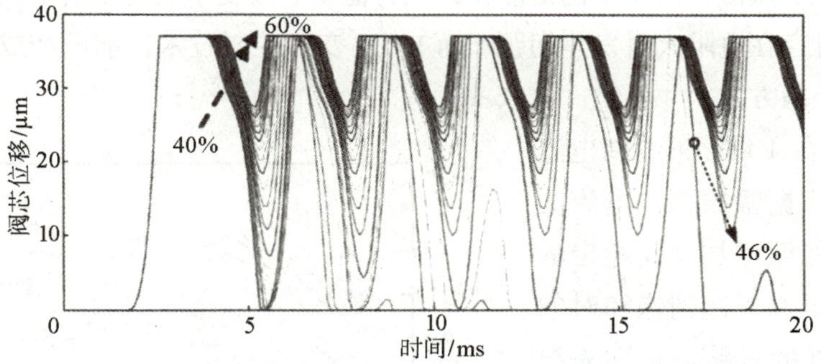

图 5-40　饱和先导控制下 40%～60%占空比内阀芯位移的求解结果

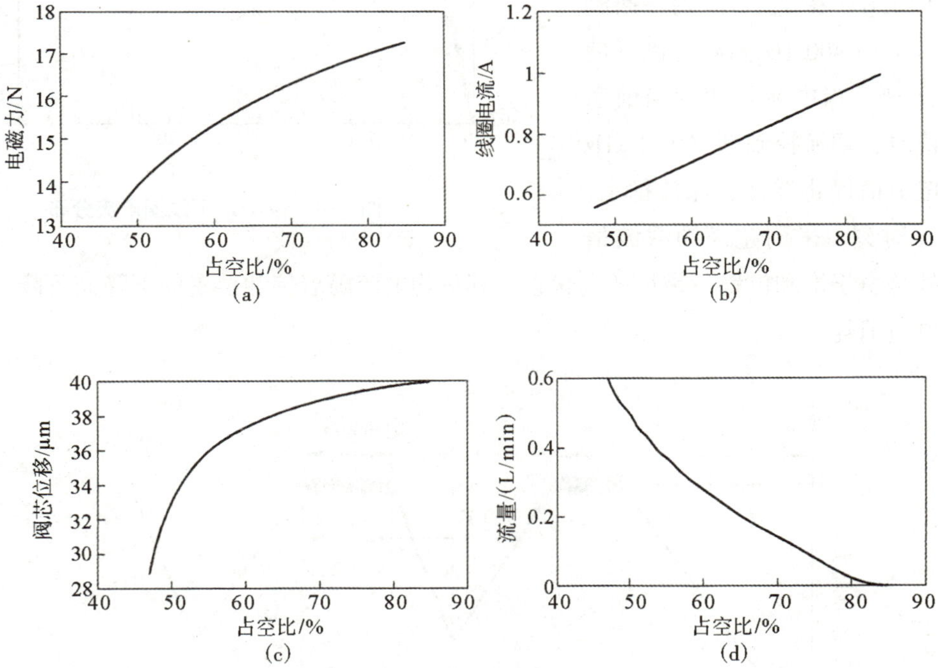

图 5-41　拓宽占空比区间后各物理量占空比与平均值关系

根据仿真结果可知，拓宽占空比区间后，电磁力、阀芯位移以及流量的平均值与占空比已经完全不存在线性关系了，电流仍然保持良好的线性关系。平均流量与占空比之间呈现了分段线性的关系，在 47%～55%及 55%～85%两个区间内，可以分别进行线性拟合。该拟线性关系可以作为开环控制的参考模型，是压力控制设计的重要依据。

4. 混合高频压差修正方法

在上述分析过程中，始终保持电磁阀两侧的压差在 20 MPa，然而高压蓄能器在实际工作中的压力是逐渐降低的，直至达到其最低允许压力 8 MPa 时，柱塞泵重新对高压蓄能器进行增压。当蓄能器中的压力减小时，其相应的静态液动力也随之减小。由于液压力的减小，驱动阀芯运动的最小电磁力减小，对应平均电流随之减小，因此可用占空比区间的下限降低。同理，从饱和区域离开饱和位置时所需的电流也减小，这需要给电磁线圈更多的 T_{NC} 时间，因此可用占空比的上限也随蓄能器压力的减小而减小。

解决上述问题的主要思路是，降低饱和状态的电流大小，使得饱和电磁力减小，减小幅度与液压力的降低量级相等，改变饱和状态的出现位置。要降低线圈电流，一种方法是改变线圈内阻的大小，另外一种方法是提升载波信号的频率到 4 kHz 超高频，用较高的占空比将电流维持在一个较低的水平。

对于改变线圈内阻的做法，需要根据蓄能器的压力值动态改变串联电阻的电阻值，理论上可行，但难以在工程中实现，且存在电阻大量发热问题。而 PWM 变频控制技术目前已经成熟，并且有多个集成电路芯片支持这样的控制方式。

如图 5-42 所示，在 4 kHz 下线圈电流在平均电流附近以极小振幅振荡，电流的平均值随占空比的增加而增加。其稳定的电流值可以作为不同压差下达到饱和时的电流值，因此按照这样的思路对饱和先导法进行修正。

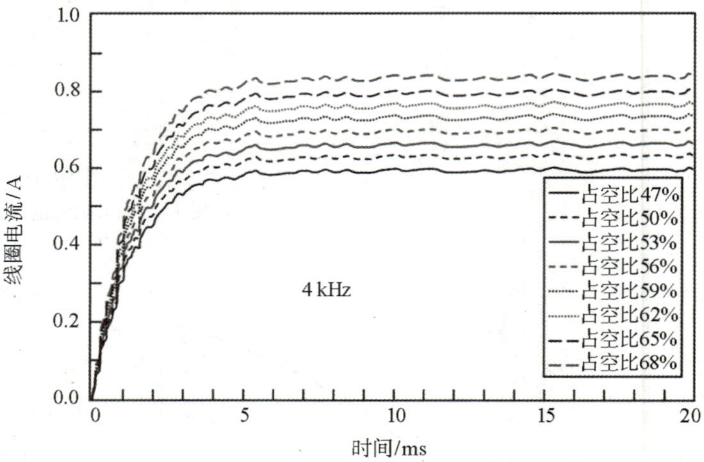

图 5-42　4 kHz 下线圈电流分布

如图 5-43 所示，在 T_C 时间内，回到饱和位置的过程采用 400 Hz 高频控制，使得电流值增加迅速。当电流值达到当前压差对应的饱和值时，切换控制频率为 4 kHz 超高频率，使电流值停止增加，保持稳定，直至下一个 T_{NC} 时刻。采用超高频载波信号的另一个好处是由于饱和位置不是长通电状态，其平均电流随着饱和位置的下降而下降，有利于减小电磁阀本身的电力消耗。

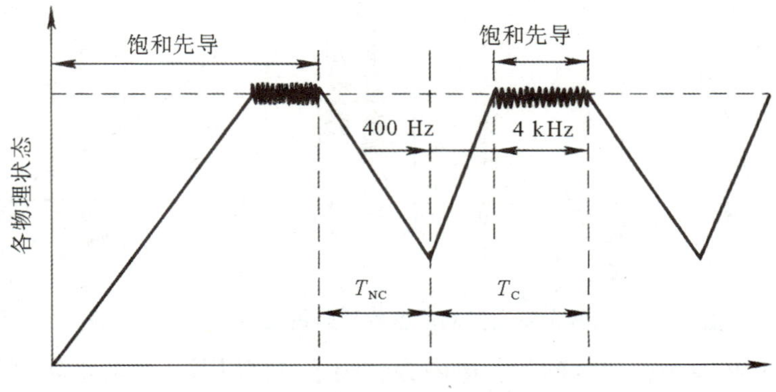

图 5-43　混合高频修正方法

三、高频 PWM 饱和先导流量拟线性控制台架试验

在电磁阀流量特性测试试验台上对设计的饱和先导控制算法进行试验验证，电磁阀流量特性测试试验台主要通过输入不同的控制占空比和高压压力，对电磁阀的流量特性以及轮缸压力-容积（pressure-volume，p-V）特性进行测定。

1. 电磁阀流量特性测试试验台

电磁阀流量特性测试试验台由三部分组成，分别是液压控制单元测试油路、数采与驱动子系统和高压供给子系统。

液压控制单元测试油路由制动轮缸钳盘总成、多个流量和压力传感器、液压控制单元、高压供油与回油以及连接各部分的油路开关组成。高压供油油路提供了制动液的来源，用来替代方案中的高压蓄能器，便于试验压力的控制。流量传感器对管路中的制动液流量进行测定，压力传感器安装在制动钳盘总成中，对制动轮缸中的压力进行测定。数采与驱动子系统由工控机及 LabVIEW 商业软件、稳压电源、数采单元等组成，主要负责上述传感器的数据采集。高压供给子系统由泵油电机、高压蓄能器、储油箱和冷却室等组成，可以模拟方案中的高压蓄能器，其输出的制动压力是实时可调的。

2. 电磁阀流量特性测试试验

在 20 MPa 恒定压差下，通过饱和先导法，对轮缸增压阀施加 47%～85%连续的占空比驱动信号，通过电流传感器对线圈电流进行监测，通过流量传感器对电磁阀流量进行采集，试验结果如图 5-44、图 5-45 所示。

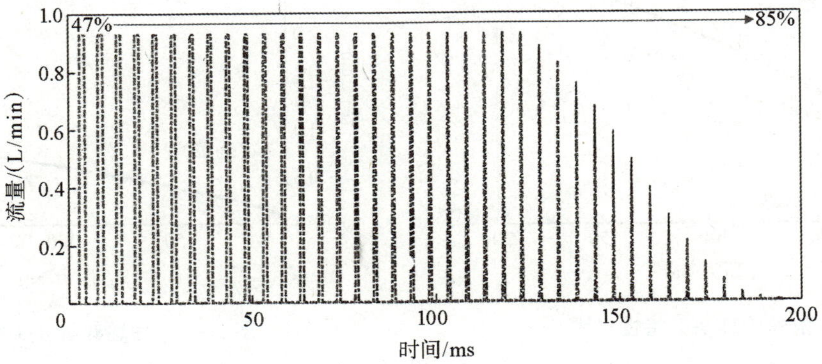

图 5-44　47%～85%线圈电流台架试验结果

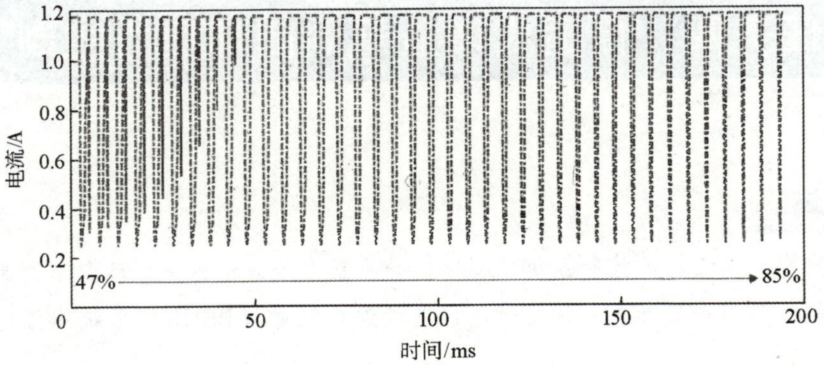

图 5-45　47%～85%流量变化台架试验结果

根据试验结果，随着控制占空比的增加，电流逐渐变大，饱和电流持续时间变长，流量逐渐变小，当占空比大于70%时，流量峰值小于电磁阀可达到的最大值，并随着占空比的增加而降低。对每个占空比内的平均流量进行计算，并与仿真结果进行比较，结果如图5-46所示。

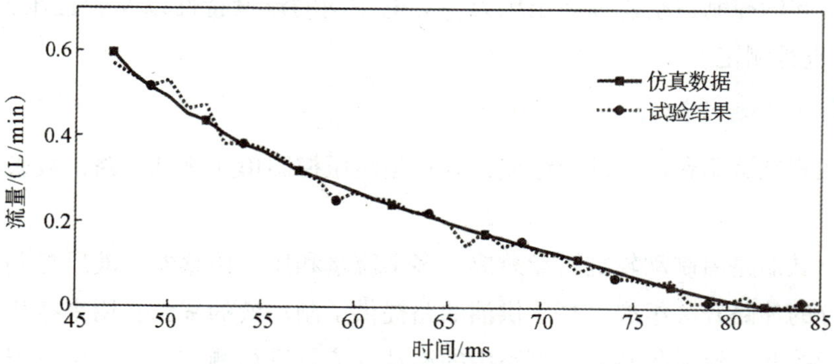

图5-46　轮缸增压阀流量特性台架试验结果

根据试验结果，在饱和先导控制法的作用下，平均流量随占空比增加而减少，并且其变化趋势与占空比控制值之间存在线性度较高的拟线性关系。通过这样的对应关系，可以在每个周期内实现较为精确的流量控制，并作为压力控制的重要开环参考值。

流量控制与压力控制之间的转换方法主要通过轮缸的 p-V 特性实现。通过上述流量特性测试试验台，对典型的车用前后轮缸的 p-V 特性进行测定，结果如图5-47、图5-48所示。

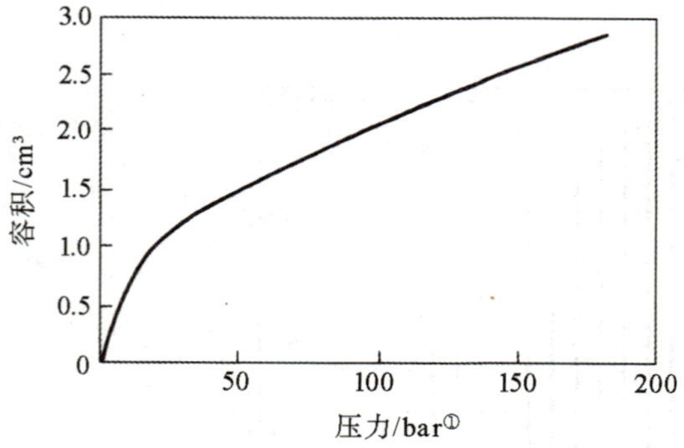

图5-47　前轮轮缸 p-V 特性曲线

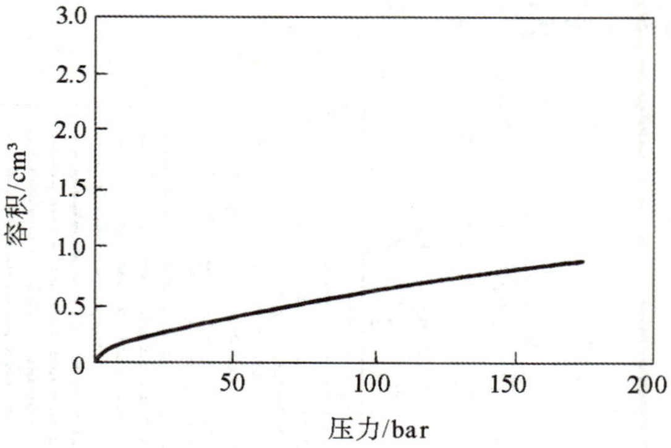

图5-48　后轮轮缸 p-V 特性曲线

任务四　自适应增益规划闭环压力控制

任务描述

作为一家电动汽车制造公司的控制系统工程师，孙淼正在致力于提高电动汽车的制动性能。为了实现更高效的制动控制，孙淼需要开发一种针对电机电液混合制动（EEHB）系统的自适应增益规划闭环

① 1 bar = 10^5 Pa。

压力控制策略。孙淼的任务包括分析这种闭环控制的机理，以确保在不同工况下系统能够灵活调整增益。接下来，孙淼还需要进行压力闭环控制的硬件在环试验，并在真实的车辆测试中验证其有效性。如何设计这一自适应控制策略，以确保车辆在各种驾驶条件下都能维持精确和稳定的制动压力？

任务分析

在这项任务中，关键是实现一种自适应增益规划的闭环压力控制策略，特别是针对 EEHB 系统。自适应控制能够根据不同的操作环境和系统状态动态调整增益，确保制动压力保持在一个优化范围内。首先，需要深入分析闭环控制的机理，了解如何在实际操作中实现增益的自适应调整。这一分析将为控制算法的设计奠定基础。其次，硬件在环试验和实车测试将为控制策略的验证提供必要的数据和反馈，确保系统在不同工况下的稳定性和可靠性。通过这些研究和实验，孙淼将能够有效提高制动系统的性能，确保车辆在各种情况下的安全性和操控性，从而提升驾驶体验。

任务重点与实施

开关电磁阀作为流量调节单元，主要通过控制信号动态调整阀芯开度，实现不同的平均流量。但是流量特性仅反映容性腔体体积的变化，并不能等同于系统内压力的变化。由于车用制动系统的控制目标及状态反馈均限制为轮缸中的制动压力，因此必须对制动轮缸体积变化与压力的对应关系展开研究，并基于前文的拟线性流量控制方法研究制动系统的压力控制方法。

此外，EEHB 系统内存在的动态高压源，在开关电磁阀两侧形成波动变化的高背压，相比于 ABS 和 ESC 系统，其工作环境发生了本质的变化。研究高精度、增减平滑的闭环压力控制方法对于保证制动安全性、提高回馈制动能效与减小制动冲击至关重要。

一、自适应增益规划闭环压力控制机理分析

在前面的分析过程中，通过对电磁阀数学物理方程的数值求解和各物理量变化规律的分析，提出了饱和先导与混合高频压差修正结合的底层控制方法。该方法实现了 PWM 控制占空比与平均流量间的拟线性控制关系，理想状态下，通过调节 PWM 占空比，可以实现高精度的流量控制。高精度的流量控制是高精度压力控制的核心与关键。

下面基于控制信号占空比与平均流量之间的对应关系，设计电磁阀的前馈压力控制方法。针对建模不精确及环境变化等引起的扰动，设计压力闭环反馈控制方法，对开环控制命令进行修正，增强系统的鲁棒性。针对高背压引起增/减超调，提出相应的压力振荡抑制方法。

1. 自适应增益规划闭环压力控制结构

本研究提出的自适应增益规划闭环压力控制结构如图 5-49 所示，整个控制系统由开环控制器、闭环控制器、底层控制器以及控制对象组成，其中控制对象是由电磁阀、管路、制动轮缸以及制动器等组成的液压制动系统。

开环控制模块根据目标制动力 p_{tgt} 和高压蓄能器的压力 p_{acc} 计算开环前馈的 PWM 控制信号占空比；闭环控制模块以当前轮缸制动力和目标制动力之间的偏差作为控制输入，通过 PD 控制器的设计，对前馈占空比的参考值进行修正；开环控制器和闭环控制器共同构成了上层控制器，主要完成 PWM 占空比参考值的计算。

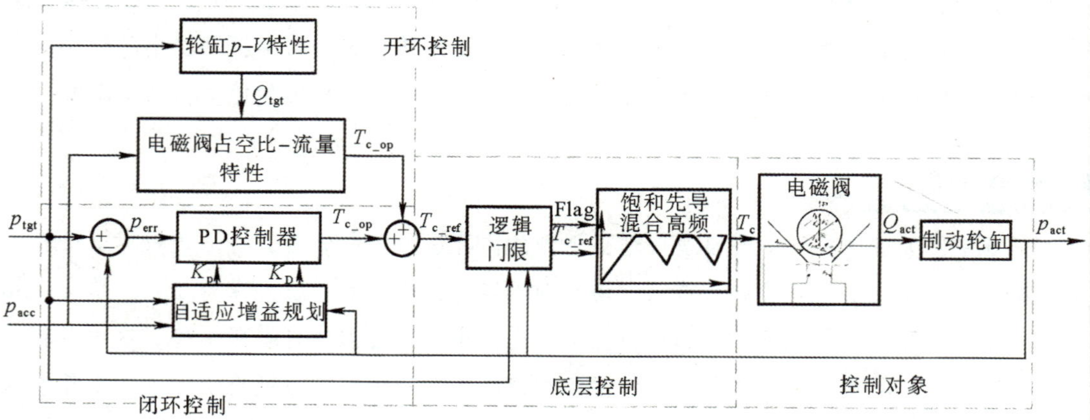

图 5-49　制动压力自适应增益规划闭环压力控制结构

底层控制器首先通过逻辑门限法判断当前的轮缸压力状态，对系统的增-减-保状态切换进行决策，避免过度增/减压导致的压力振颤；其次利用提出的饱和先导控制法产生实际的电磁阀驱动信号，并通过混合高频修正方法，对饱和位置进行实时修正。

2. 开环前馈控制器

在车用制动系统中，平均流量的累积引起轮缸活塞内体积的变化，而体积的变化使得轮缸制动压力发生变化。一般轮缸的 p-V 特性可以通过试验的方法进行测定，也可以通过经验公式的方式进行表示，再对系数进行标定。

$$p_{i,j}=a_1 V_{i,j}^3+a_2 V_{i,j}^2+a_3 V_{i,j},\quad i,\ j=1,\ 2 \tag{5-28}$$

式中，$p_{i,j}$ 为各轮缸制动压力，MPa；$V_{i,j}$ 为各轮缸制动容积，m^3；a_1、a_2、a_3 为经验系数。

$$V_{i,j}=V_{i,j}(0)+\int Q_{act}\mathrm{d}t,\ i,\ j=1,\ 2 \tag{5-29}$$

式中，$V_{i,j}(0)$ 为各轮缸初始容积，m^3；Q_{act} 为电磁阀实际流量，m^3/h。

开环控制通过式（5-28）表示 p-V 特性和目标制动力 p_{tgt} 计算目标轮缸容积，再通过式（5-29）计算目标体积变化速度，也即电磁阀的流量 Q_{tgt}。在目标流量 Q_{tgt} 基础上，可以通过占空比-平均流量特性计算出目标流量下的开环控制占空比 T_{c-op}。

3. 闭环反馈控制器

为了消除环境及制造装配等导致的开环控制偏差，增强控制系统的鲁棒性，基于经典的 PID 控制器中的 PD 项设计了闭环控制器的结构。PD 控制器的输入为轮缸目标值与轮缸实际压力的偏差 p_{err}，通过 PD 控制器计算出占空比的闭环修正量 T_{c-op}。

在控制器设计时没有加入积分项，主要是因为电磁阀的控制变量是流量，但由于系统硬件的限制，制动系统只能选择压力作为输出反馈值。而根据上面的推导，压力值可以等效为流量的积分，PD 控制器对于内环中的电磁阀控制系统已经相当于传统的 PI 控制器，如果控制器中再加入积分 I 项，将使得内环电磁阀闭环控制系统的阶数再次升高，系统稳定裕度降低，进而可能导致系统不稳定。此外传统 PID 控制器中的积分项主要用于消除稳态误差，在一般控制系统中，稳态误差的期望值均为零，但是在 EEHB 系统中，控制信号以离散周期的形式实施，周期内无法立即变化占空比。而高背压使得单位周期内的压力波动巨大，因此，如果以零稳态误差作为控制目标会导致增/减压超调严重，致使系统在增减压之间频繁切换，从而导致轮缸压力的剧烈振颤。为了避免这个问题，在设计压力闭环控制算法时，在目标调节精度（0.1 MPa）内的稳态误差是允许存在的，用逻辑门限值法来替代积分项，控制增-减-保状态的切换，能够显著提升系统的稳定性。

由于 EEHB 系统的高压蓄能器的压力变化范围大（8~20 MPa），轮缸的目标值变化范围也很大，因此要通过控制 PWM 信号实现不同的电流平均值，使得系统可以在多个位置达到平衡，只用一组比例-微分增益（K_P，K_D）局限性很大。根据当前的高压蓄能器压力和轮缸的实时压力，自适应动态地规划 PD 控制器的控制增益将显著提高系统的鲁棒性，增益规划的规则通过台架试验的方式进行测定和调试，形成与电磁阀压差对应的参数查表函数。对于中间状态，一般采用插值方法求得其规划值，通过试验测定的增益规划规则见表 5-5。

表 5-5　增益规划规则

电磁阀压差/MPa	K_P	K_D
1	5.0	0.01
2	4.7	0.2
3	4.2	0.3
4	3.8	0.47
5	3.2	0.59
6	3.0	0.62
7	2.2	0.85
8	1.4	0.93
9	1.1	1.17
10	1.04	1.34
11	1.0	1.49
12	0.85	1.61
13	0.7	1.77
14	0.62	1.83
15	0.4	1.96
16	0.25	2.3

4. 逻辑门限值法振颤抑制

PID 控制器在进行轮缸压力增-减-保状态的切换时，按照目标压力值和实际压力值之差 p_{err} 的符号作为切换的依据。但是在最大 20 MPa 高压蓄能器压力下，如果在 p_{err} 的符号改变时改变控制状态，由于延迟和周期性离散控制特性，必将导致系统的严重超调，即过度增压或过度减压。同时 p_{err} 的符号在一个周期内发生变化时，通常会导致其对时间的导数很大，从而使得电磁阀反向控制增益过大，系统将会在过度增压和过度减压间进行高频切换，并带有较大的超调量，系统会发生剧烈振颤。

为避免这种现象的发生，引入逻辑门限值控制方法，在一定的范围内，允许微量稳态误差的存在，使得系统的调节更加平顺。逻辑门限值控制框图如图 5-50 所示。

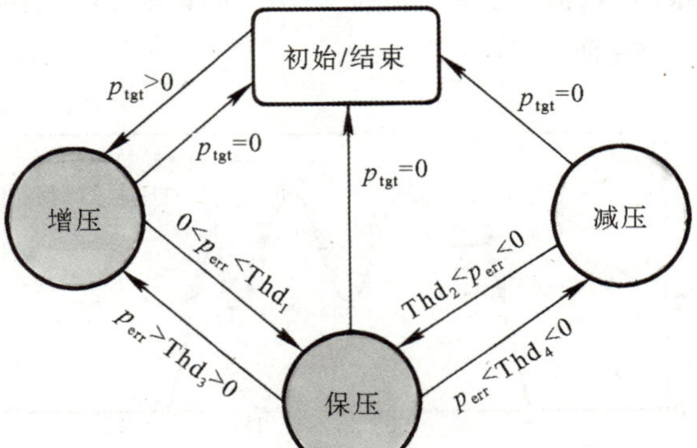

图 5-50　逻辑门限值控制框图

其中 $Thd_1 \sim Thd_4$ 为四个门限值，一般设置为目标制动系统需要达到的控制精度即可。在本研究中，$Thd_1=0.05$、$Thd_2=-0.05$、$Thd_3=0.1$、$Thd_4=-0.1$。

二、压力闭环控制硬件在环试验及实车测试

为了对闭环压力控制效果进行验证，在控制算法设计完成后，进行了大量的台架测试及实车路试。对控制参数进行反复的调试和标定，并通过对比控制算法结果，验证了所提出的控制算法的优越性。

在台架测试方面，测试内容包括压力跟踪精度测试，制动能量回收典型工况测试等。在路试方面，测试内容包括模拟自动紧急制动（AEB）系统的阶跃响应测试和制动能量回收循环工况测试。

1. 压力闭环控制硬件在环系列测试

（1）斜坡与正弦曲线压力跟踪试验

通过设计斜坡与正弦曲线组合的轮缸制动压力目标，完成轮缸压力跟踪的台架试验。轮缸目标制动压力分为四个阶段，如图 5-51 所示。

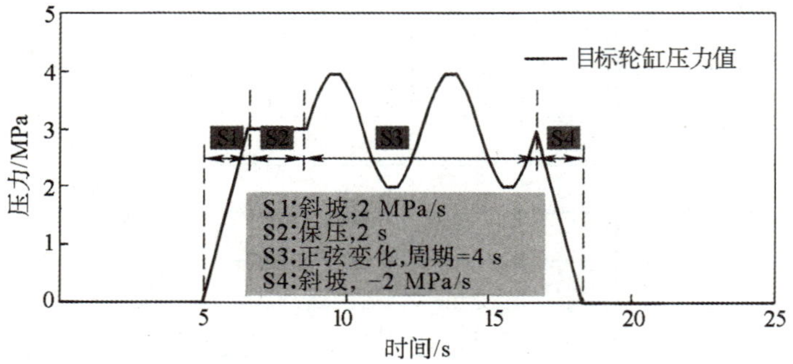

图 5-51　斜坡与正弦曲线压力跟踪试验目标值和四个阶段

① 阶段一目标压力是斜坡增加的，增速为 2 MPa/s，持续时间 1.5 s。

② 阶段二为压力保持阶段，持续时间 2 s。

③ 阶段三为正弦曲线目标值阶段，周期为 4 s，共计两个周期。

④ 阶段四为目标压力斜坡降低的，速率为-2 MPa/s，持续时间 1.5 s。

为了对设计的自适应增益规划控制器的有效性进行验证，选择经典的 PID 控制器为对照，进行同样工况的试验。传统的 PID 控制器没有本研究设计的开环控制中轮缸的 p-V 特性和电磁阀流量特性，其底层控制算法为电流限压差控制算法，其控制器参数经过台架测试标定，并尽可能使轮缸压力跟踪目标压力值。传统 PID 控制试验和自适应增益规划控制试验的压力跟踪结果分别如图 5-52 和图 5-53 所示。

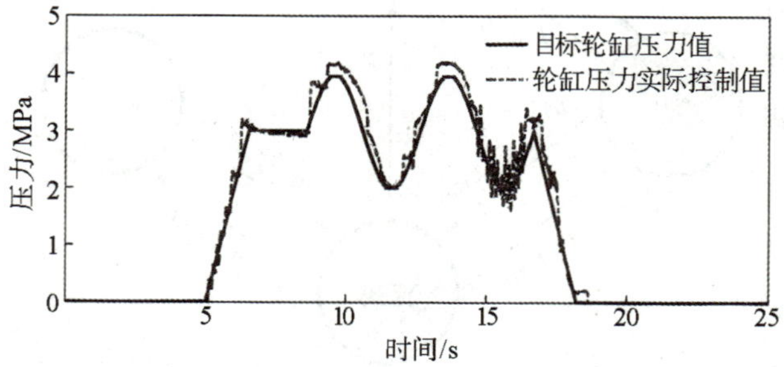

图 5-52　传统 PID 控制器电流限压差控制算法试验结果

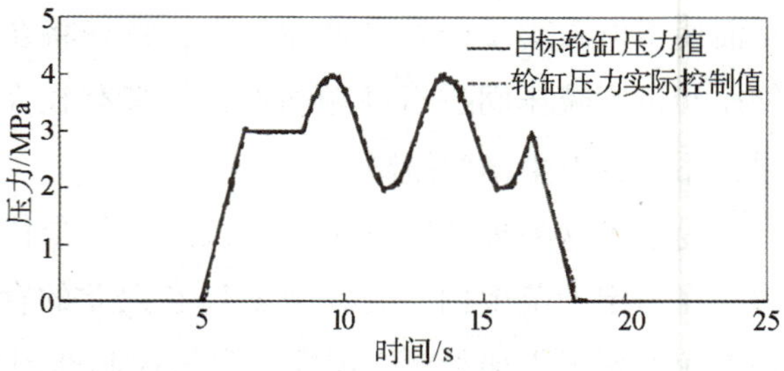

图 5-53　饱和先导自适应增益规划控制算法试验结果

根据试验结果可得，传统的 PID 电流限压差控制器在一定程度上可以实现压力的跟踪，但是跟踪的精度较差，尤其是当实际值与目标值比较接近时，即稳态误差接近零时，制动系统出现了在增压和减压之间的频繁往复高频切换，并导致了压力的高频振颤，制动管路内压力随之出现大幅波动。由于增压超调和减压超调之间频繁往复切换，导致单次调节的制动液流量回流至油壶较多，进而造成高压蓄能器内压力损失过多，油泵打压频繁，使得高压蓄能器和泵油电机的寿命下降。此外，PID 控制器在初期能够实现较好跟踪效果，但随着试验过程的持续，后期控制效果变差。其主要原因是随着高压蓄能器的压力和轮缸压力的变化，固定增益的 PID 控制器无法实现全局最优的控制效果。

而基于自适应增益规划控制算法的压力跟踪试验实现了良好的压力跟踪控制，轮缸实际压力曲线与目标压力曲线吻合度很高，对角斜坡增减及正弦变化的目标制动力均能实现高精度的跟踪。由于逻辑门限控制的存在，增压和减压会在超调出现前完成系统的控制状态切换，因此整个过程中没有压力振颤的发生，压力控制较为平滑。此外，得益于自适应调整的控制增益，高压蓄能器及轮缸内压力的波动对控制效果没有影响。

为了对不同控制方法下的控制效果进行定量评价，选择轮缸目标值与实际控制值的均方根误差作为评价指标。

通过计算，经典 PID 控制方法下的压力调节均方根误差为 0.239 3 MPa，而自适应增益规划控制方法下的压力调节均方根误差提升到了 0.064 1 MPa，相比前者，调节精度提升了 73.2%。

为了对控制算法的鲁棒性做进一步验证，选择同路的两个轮缸作为研究对象，同时为两个轮缸设计不同的目标制动力曲线进行压力跟踪试验，两轮压力跟踪的试验结果如图 5-54 所示。

试验工况设置左前轮的跟压目标值与上述单轮跟压目标值完全相同，而右前轮的目标压力值的增加晚于左前轮，左前轮和右前轮的目标制动压力同时到达 3 MPa，此后右前轮进入保压状态，直到与左前轮同时进入最后一个周期的正弦压力跟踪，最后一个阶段，两轮同时进入减压过程。

根据试验结果，两个轮同时进行跟压试验时，压力跟踪的效果也良好，没有高频振颤的发生，压力调节过程平滑。左前轮压力调节导致的压力波动对右前控制算法的控制效果没有明显的影响，反之亦然，系统的鲁棒性较强。

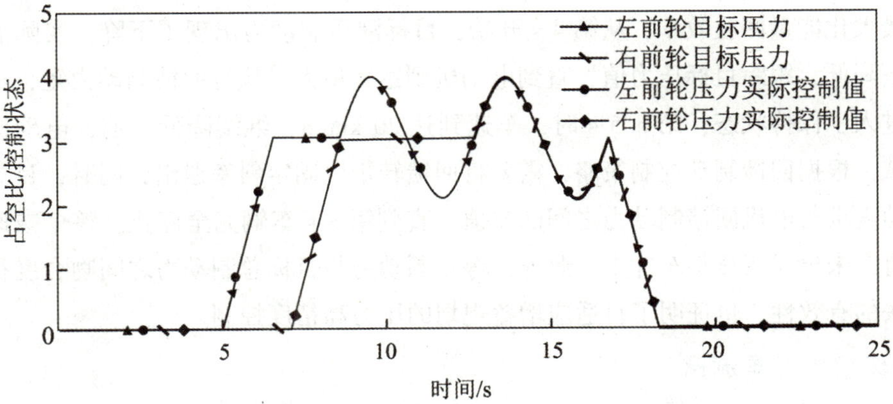

图 5-54　饱和先导自适应增益规划控制算法双轮跟压试验结果

（2）典型制动能量回收工况试验

以 75 km/h 的制动初速度进行典型“一脚制动”即中等制动强度工况的硬件在环试验。试验中所用的车辆动力学模型、电机模型、电池模型等按照相关工作基础进行建立，并在 dSPACE 中实时运行。试验中所采用的电动汽车平台的相关参数见表 5-6。

表 5-6　采用的电动汽车平台的相关参数

部件	参数名称	数值
整车	满载质量/kg	360
	前轮距/mm	1 550
	后轮距/mm	1 565
	减速器速比	7.23
	迎风截面积/m^2	2.28
	正向风阻系数	0.28
	有效滚动半径/m	0.28
	前后轴距/m	2.62
	质心高度/mm	495
电动机	最大转矩/(N·m)	145
	额定功率/kW	22
	峰值功率/kW	60
电池	满电电压/V	337
	满电容量/(A·h)	72

典型制动能量回收工况试验结果如图 5-55 所示。在 0~2.5 s，车辆自由滑行，此时电动机施加一个大小为 18 N·m 的回馈制动力矩，模拟传统内燃机车辆的反拖制动，提供相似驾驶感受的同时，提高能量回收效率；从第 2.5 s 开始，驾驶员踩下制动踏板，此时电机回馈制动力矩迅速增加，单独承担制动需求，此时目标液压制动力和实际液压制动力均为 0。

随着制动强度增加和车速的降低，在第 3.2 s 左右时，到达了对应车速下电动机的回馈制动力矩的极限值，根据控制策略，由液压制动力补充电机制动力不足部分，此时目标液压制动力开始上升，同时实际液压制动力在控制器的控制下，跟踪目标压力值，直到第 4 s 时，总制动需求达到了最大值；此后随着车速的进一步降低，根据电动机外特性，其最大可执行回馈转矩继续增加，而总制动需求保持不变，因此为了最大化能量回收效率，从第 4 s 开始，目标液压制动力出现了下降，实际液压制动力在控制算法的控制下降低，跟踪目标压力值，直到电动机到达其最大可执行回馈制动力矩，电机回馈力矩和液压制动力均进入了保持状态；第 6.5 s 时，车速到达 20 km/h，继续降低车速，电动机的回馈转矩将进入不稳定区域，根据回馈制动控制策略，需要将回馈转矩以固定斜率退出，同时，目标液压制动力增加，补充总制动需求与电机回馈制动力之间的差值，直到第 8 s 车辆完全停止。整个减速过程中，制动减速度变化平滑，未出现明显整车冲击。此外，等效制动力与目标总制动力之间吻合度很高，不仅证明了回馈制动算法的有效性，也证明了自适应增益规划的压力高精度控制。

2. 压力闭环控制实车测试

设计如下两个试验，对搭载了 EEHB 线控制动系统的纯电动汽车进行测试。首先通过静态轮缸压力阶跃响应试验，对模拟 AEB 工况下，轮缸中压力响应时间进行测试。其次通过实车道路测试系统，对基于压力闭环控制算法的回馈制动控制策略的能效改善效果进行验证。

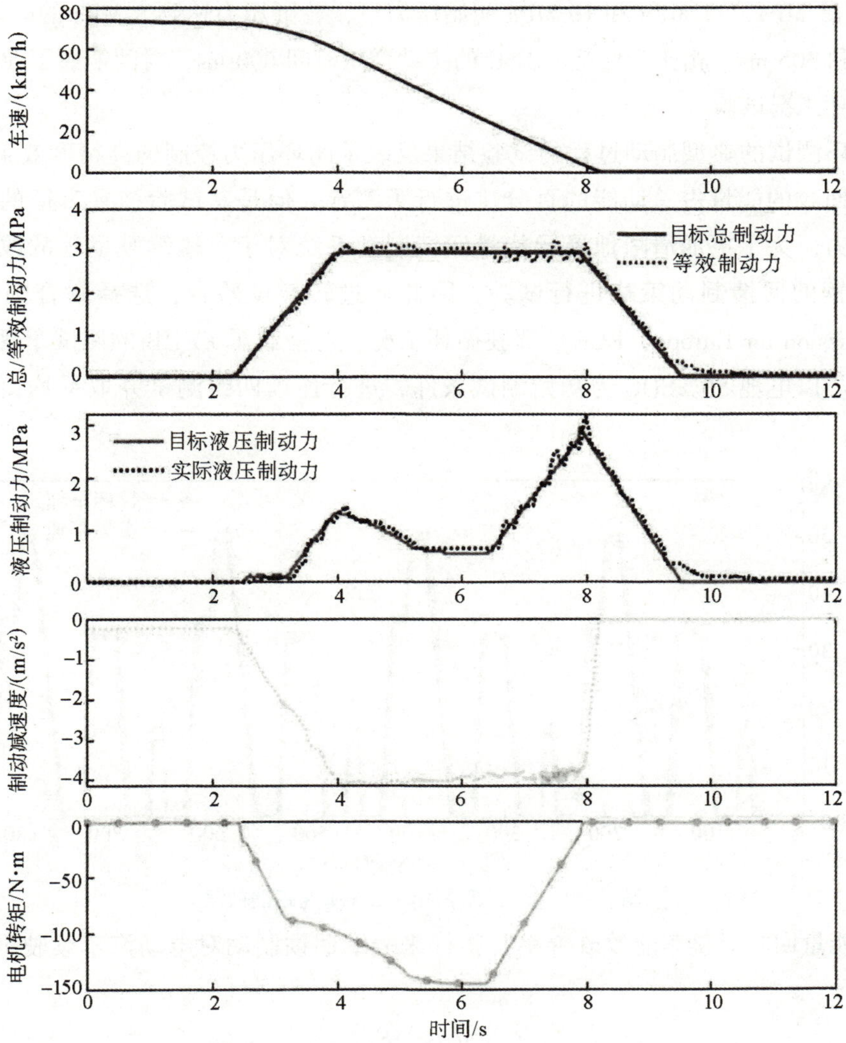

图 5-55　典型制动能量回收工况试验结果

（1）轮缸压力阶跃试验

在智能驾驶与高级辅助驾驶功能中，AEB 功能需要车轮能够在最短的时间内达到最大制动压力，缩短制动时间。为了对 EEHB 的快速增压能力进行测试，设计了轮缸压力阶跃试验。

在不同的高压蓄能器初始压力下，模拟 AEB 在时间 $t=5$ s 时激活。此时全开轮缸进油阀，对轮缸内压力变化进行测定，并监测压力达到 8 MPa 的时间，试验的结果如图 5-56 所示。

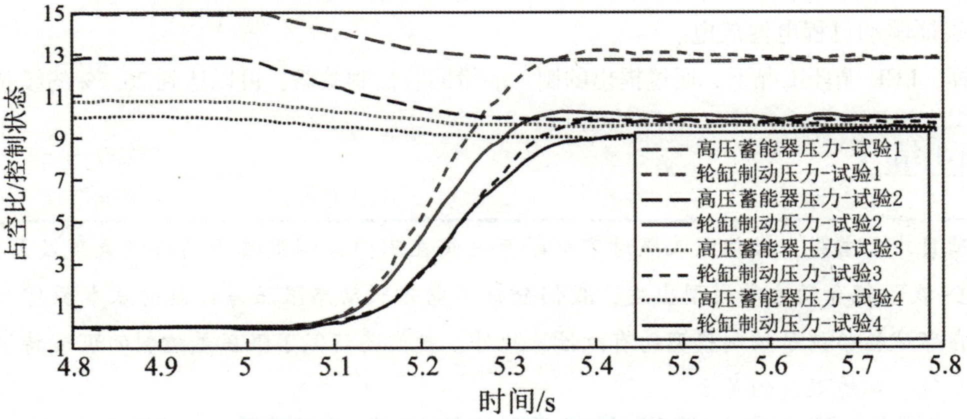

图 5-56　轮缸压力阶跃试验结果

在 15 MPa、13 MPa、11 MPa 和 10 MPa 初始压力下，轮缸压力达到 8 MPa 的时间分别是 230 ms、255 ms、295 ms 和 305 ms，相比于传统的 ESC 的主动增压时间 600 ms，时间缩短了 50%以上。

（2）驾驶循环工况试验

上文硬件在环测试的典型制动过程的试验结果反映了闭环压力控制的高精度效果，同时也对一次制动过程中，可回收的能量占总动能的百分比进行了测定。但是其试验结果表征的只是能量回馈制动系统的回收能力，为了更加清晰地展示能量回馈制动系统对于车辆续驶里程的改善情况，需要按照标准工况对车辆的回馈制动策略进行试验，因此通过转鼓试验台，选择联合国欧洲经济委员会（Economic Commission for Europe，ECE）驾驶循环工况，对搭载了 EEHB 的测试车辆进行了基于驾驶循环工况的测试。以电池 50%SOC 为初始测试条件，进行连续四组测试并取平均值，车速跟随曲线如图 5-57 所示。

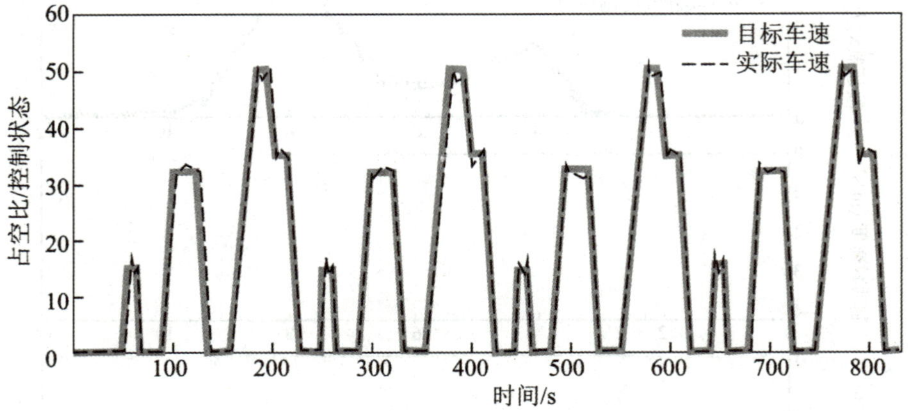

图 5-57　ECE 驾驶循环工况车速跟随效果

选择“制动能量回收对整车能效改善率”指标来表示回馈制动对电动汽车续驶里程的延长率，其计算方法为

$$\delta_{reg}=\frac{\eta_{charge}\eta_{discharge}E_{rge}}{E_{drv}}\times 100\% \tag{5-30}$$

式中，η_{charge}、$\eta_{discharge}$ 分别为电池的充、放电效率；E_{reg} 为循环工况中直流母线处回收的能量；E_{drv} 为循环工况中驱动所用的总电能。

$$E_{rge}=\int_{t_0}^{t_1}UI\mathrm{d}t \tag{5-31}$$

$$E_{drv}=\int_{I\geq 0}UI\mathrm{d}t \tag{5-32}$$

式中，$I\geq 0$ 表征驱动过程电池放电。

经过计算，ECE 循环工况下，通过提出的制动能量回收控制策略，可以达到 26.7%的续驶里程延长。

项目小结

在本项目中，首先，我们深入探讨了电磁开关阀在不同控制策略下的性能表现及其影响因素。从“机–电–液”耦合动力学模型出发，我们分析了电磁阀动态限压差控制的基本原理和方法，并通过硬件在环试验验证了控制模型的有效性。此外，我们还研究了限压差控制的调节特性及其与电磁阀结构参数、环境温度的关系。

其次，在闭环控制方面，本项目介绍了液压力闭环动态限压差控制方法，并分析了其工作机理，通过硬件在环试验进一步证实了控制策略的可行性。同时，对于高频 PWM 饱和先导流量的控制方法，我们不仅进行了数学物理模型的数值求解，还开展了台架试验，以验证控制方法的拟线性特性。

最后，针对 EEHB 的自适应增益规划闭环压力控制策略，我们详细分析了其控制机理，并通过硬件在环试验以及实车测试验证了该策略在实际应用中的效果。

项目工单

1. 寻找成员

以 3~5 人为一组，选出组长并进行任务分工，将小组成员及分工情况填入表 5-7 中。

表 5-7　小组成员及分工情况

小组成员	姓名	学号	任务分工
组长			
组员			

2. 制订计划

（1）查阅相关资料，制订工单计划，并将其填入表 5-8 中。

表 5-8　工单计划

序号	工作内容	负责人

（2）将操作过程中所需的工具和耗材等填入表 5-9 中。

表 5-9　操作过程中所需的工具和耗材等清单

序号	名称	型号与规格	单位	数量	备注

3. 进行决策

（1）小组成员针对各自的工单计划展开讨论，并认真填写。

（2）指导教师根据各小组提交的工单计划给出评价。

（3）各小组成员根据指导教师的评价对工单计划进行调整，调整合格后的工单计划即为最终实施方案。

4. 工作实施

根据最终实施方案，学习认识新能源汽车制动能量回收技术内容。按实际操作过程，将实施内容、遇到的问题及解决办法等记录于表 5-10 中。

表 5-10　工作实施过程记录表

序号	实施内容	遇到的问题及解决办法	结果

5. 考核评价

各组展示任务完成情况，并完成如表 5-11 所示的考核评价表。

表 5-11　考核评价表

项目名称	评价内容	分值	评价分数		
			自评	互评	师评
职业素养 考核项目（40%）	安全意识、责任意识及服从意识强	10 分			
	积极参加教学活动，按时完成任务工单	10 分			
	团队合作、沟通交流能力强	10 分			
	劳动纪律良好	10 分			
专业能力 考核项目（60%）	专业知识查找及时、准确	12 分			
	了解液压制动力控制方法	18 分			
	操作熟练，工作效率高	12 分			
	任务完成度高	18 分			
合计：综合分数________	自评（20%）+互评（20%）+师评（60%）	100 分			
综合评估		教师（签名）：			

课后练习

一、填空题

1. 在汽车液压制动控制系统中，由________产生的制动压力经进油阀的调制进入轮缸，产生制动器________。

2. 进油阀主要部件包括：________、隔磁管、________、推杆、________、阀芯、回位弹簧与阀座等。

3. 瞬态液动力是时变流动情况下液体流动引起的液体介质对阀芯的________，是由阀口开度变化而产生的。

4. 自适应增益规划闭环压力控制结构由________、________、底层控制模块以及控制对象组成。

二、简答题

1. 液压制动系统硬件在环试验台是如何搭建的？

2. 在线圈电流一定的情况下，限压差控制对电磁阀阀口两侧压力差的限制能力逐渐降低。产生上述现象的主要原因是什么？

项目六 气压制动力控制方法

项目导读

新能源汽车制动能量回收技术是多方向、多种类学科相结合的技术。上一章我们讲述了液压在此技术中的应用，这一章我们将讲述气压与制动相结合的技术，包括气压制动力控制框架和电磁开关阀的控制。

学习目标

知识目标

◆了解气压开关控制和气压闭环控制的概念。

◆熟悉电磁开关阀的特性。

能力目标

◆能够对气压制动力控制框架进行研究。

◆能够运用电磁开关阀的逻辑门限控制算法。

素质目标

◆加强学生自主学习能力，形成终身学习的学习态度。

◆培养在工作中既要充分坚持原则，又要具备灵活性处理问题的能力。

思政目标

在项目的各个任务中，强调不仅要掌握技术知识，还要具备创新意识、工程实践能力和系统思维，全面提升学生的综合素质和职业能力，为其未来的发展奠定坚实的基础。

任务一　气压制动力控制框架

任务描述

气压制动回路

吴启是一个汽车制动系统工程师，公司正在研发一款新型高效的气压制动系统。为了实现更精确和可靠的气压制动力控制，吴启需要设计一个完整的气压制动力控制框架。吴启的任务包括建立基于模型的气压开环控制方法，开发基于压力反馈的气压闭环控制策略，并进行综合试验研究。吴启需要思考如何在开环和闭环控制中实现气压控制的优化，以确保制动系统在各种工况下的表现都能达到预期。如何构建一个高效的控制框架，确保气压制动系统在实际应用中的稳定性和可靠性？

任务分析

在这项任务中，关键是设计并实现一个完善的气压制动力控制框架。首先，基于模型的气压开环控制方法可以帮助建立一个初步的控制策略，通过模型预测气压变化，确保在理想条件下系统的控制精度。其次，基于压力反馈的闭环控制策略能够在实际操作中实时调整控制输入，以应对外部扰动和系统误差，从而提高控制精度和系统稳定性。最后，综合的试验研究将验证这些控制方法的实际效果，确保系统在各种工况下能够稳定运行。这需要对气压控制的理论和实际应用有深入的理解，并通过实验验证和优化控制策略，提升气压制动系统的性能。

任务重点与实施

制动气室的压力调节效果直接影响气压制动与电机制动的协调控制效果，从而影响车辆的舒适性、稳定性，也会对制动能量回收效率产生影响。目前广泛应用的制动系统气压调节模块有电磁开关阀和比例继动阀。

一、基于模型的气压开环控制

基于气压制动系统模型的气压开环控制，如图 6-1 所示。控制器根据当前的制动踏板位置信号，以及整车需要的目标制动压力来控制高速开关阀调节制动气室气压。其最重要的部分在于对当前制动气室气压与下一步制动气压的估计，从而控制调节阀进行相应的增压、减压与保压操作。对于当前压力的估计，建立在每次高速开关阀增压、减压或保压动作对于气室压力的改变量，以及初始气室的压力上；对于初始制动压力，可以根据踏板位置进行判断；而对于高速开关阀动作对气压的改变量，则需要根据气压制动系统的模型，同时结合实际高速开关阀模型计算得到。

根据气压控制的目的，将制动气室的压力变化分为两个阶段：气压预填充阶段和有效制动阶段。制动力矩的控制在有效制动阶段，而对于气压预填充阶段，则可以在初次增压前完成，这样可以简化对整个气压的控制，按照理想气体方程进行压力的调整。

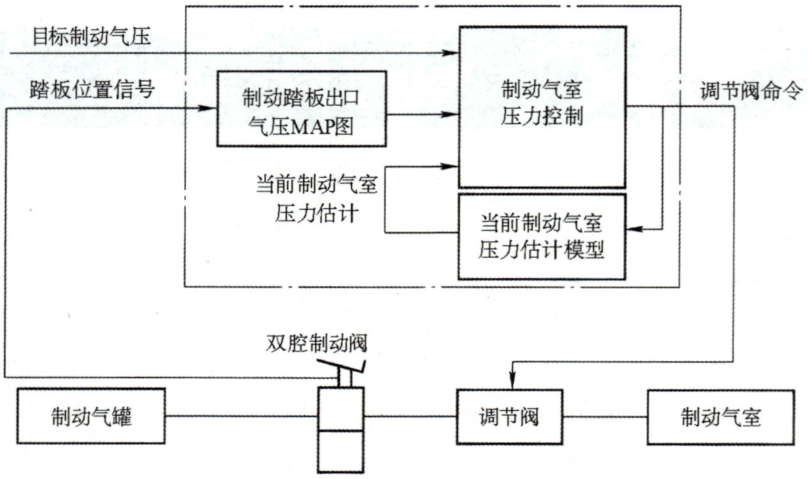

图 6-1　基于气压制动系统模型的气压开环控制

二、基于压力反馈的气压闭环控制

基于传感器压力反馈的 PID 控制方法如图 6-2 所示，该方法根据实时反馈的制动气室压力控制高速开关阀，调节气室压力。

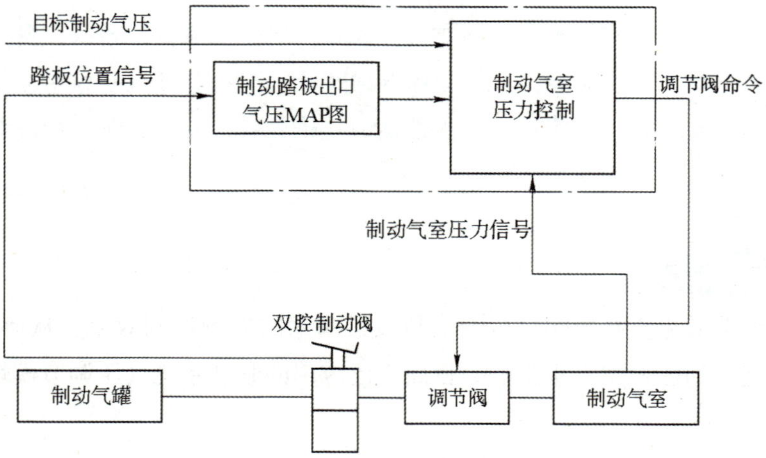

图 6-2　基于传感器压力反馈的 PID 控制方法

三、试验研究

为准确控制气压摩擦制动力，本任务将利用能量回馈制动系统硬件在环试验台架，以真实的气压制动系统作为研究对象，对比分析两种控制策略下的气压调节效果。

如图 6-3 所示，在制动气室与储气罐之间串联一个高速开关阀，通过控制高速开关阀的进气与排气达到调节制动气室气压的目的。这里选取了一个前轮制动气室作为研究对象，利用混合仿真平台中气压传感器等设备以及 dSPACE 公司生产的 ds1005 处理板作为控制器，以执行不同控制策略。

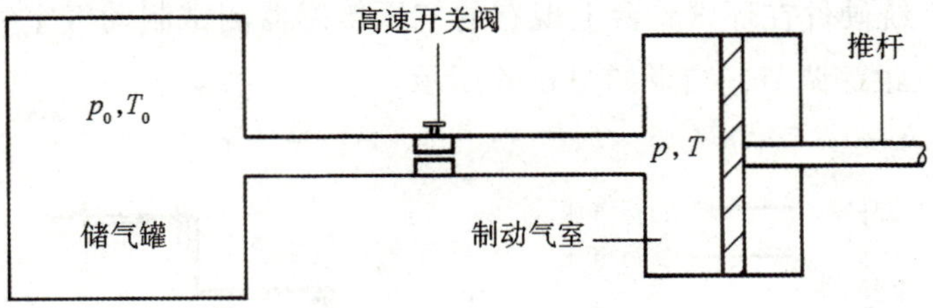

图 6-3　气压控制测试结构

（1）基于模型的开环控制测试结果

每一个调节过程结束后，阀后气压 p 的变化与调节过程中电磁阀开闭的时间和调节前的电磁阀前后压差有关。因此进行一组试验，标定电磁阀开闭时间对阀后气压的影响。图 6-4 记录了将进气电磁阀每 1 s 打开 20 ms 的气压上调试验结果。

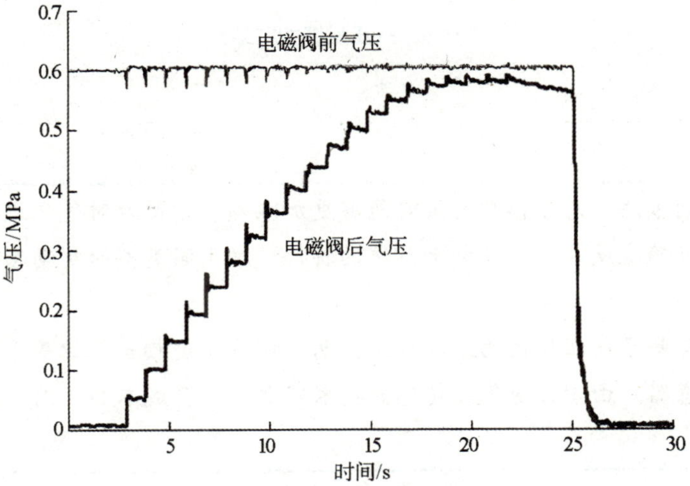

图 6-4　制动气室增压过程试验

通过以上的标定，得到一组制动压力与电磁阀动作的模型。

在以上基础上，通过图 6-3 的气压模型，将压力调节分为两个过程：气压预填充过程与压力调节过程。在首次对制动气室增压时，先进行气压预填充，以克服制动预紧力与制动器间隙；接着对制动气室气压进行基于标定模型的压力调节。利用控制器发出的目标气压命令，考察实际系统的跟随效果，如图 6-5 所示。

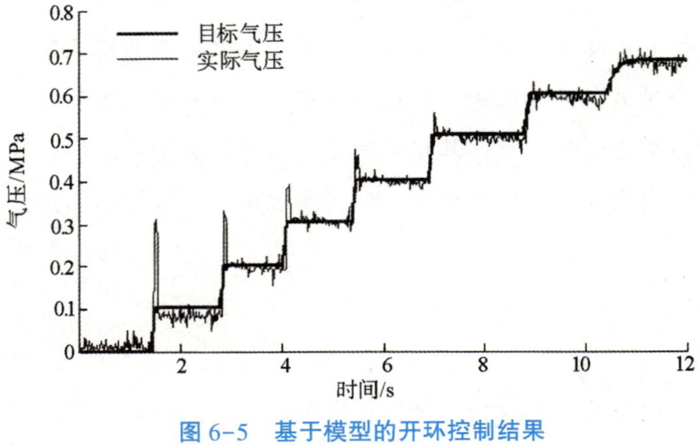

图 6-5　基于模型的开环控制结果

（2）基于气压信号反馈的闭环控制测试结果

利用能量回馈制动系统硬件在环试验台上现有的气压传感器测试制动气室气压，并反馈至控制器，通过 PID 控制器进行气压跟踪调节，结果如图 6-6 所示。

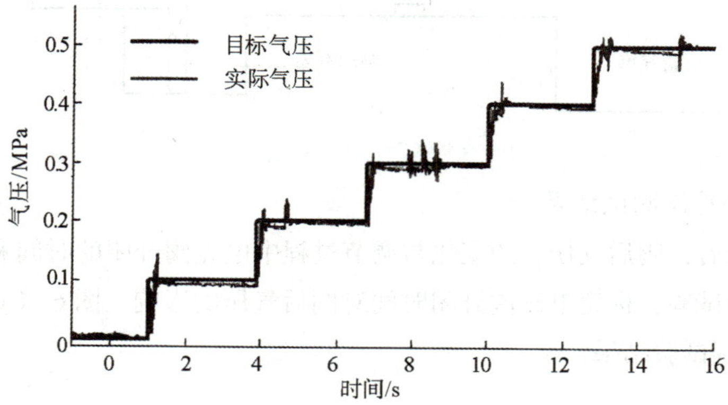

图 6-6　气压反馈控制结果

知识拓展

相对于原有标定的方法，基于模型的策略能够更加准确、方便地对气压进行准确调节。同时基于模型的方法，更加准确地反映了气压制动系统的特性，对于同类型的制动系统具有通用性，适用于批量生产的车辆。

基于模型的策略与基于气压反馈的方法相比，两者调节精度相当，但基于模型的策略调节次数少，且不依赖气压传感器。由于目前气压传感器技术不太成熟且成本高，因此基于模型的策略更加实用。

任务二　电磁开关阀的控制

任务描述

郑立是一个液压系统控制工程师，公司正在开发一种新型电磁开关阀，用于精确控制气压制动系统的性能。郑立的任务是首先对电磁开关阀进行建模与分析，以理解其工作原理和动态特性。其次，郑立需要进行电磁开关阀的动态特性试验，获取其在不同操作条件下的性能数据。最后，郑立要开发并应用一种逻辑门限控制算法，以优化阀门的控制效果。如何通过建模、试验和算法设计，确保电磁开关阀能够在气压制动系统中发挥最佳性能？

任务分析

在这项任务中，重点是对电磁开关阀进行全面的控制设计和优化。首先，建立电磁开关阀的模型与分析是基础工作，这有助于理解阀门的行为和性能特征。通过动态特性试验，郑立可以获取实际数据，以验证模型的准确性并了解阀门在不同工况下的表现。其次，开发逻辑门限控制算法，目的是优化阀门的控制响应，使其能够在实际应用中实现精确控制。这个任务涉及理论建模、实验验证和控制算法设计，需要对电磁开关阀的工作原理有深入的理解，并将这些知识应用于实际系统中，以提高气压制动系统的整体性能和可靠性。

任务重点与实施

一、电磁开关阀的建模与分析

电磁开关阀的响应特性对其跟随效果有很大的影响。同时由于采用 PWM 的控制方式，控制信号的频率选择也需要考虑电磁阀的响应速度。从阀本身结构角度来说，电磁开关阀的响应速度受电磁力响应、阀芯运动及气压建立等多个过程的影响。为研究这一过程，需要对电磁阀进行精确建模。根据上文对电磁开关阀的结构原理的分析，将电磁开关阀分为电路、磁路、机械、气路四个子系统，以图 6-7 所示的结构图，建立“电-磁-机-气”耦合动力学模型。

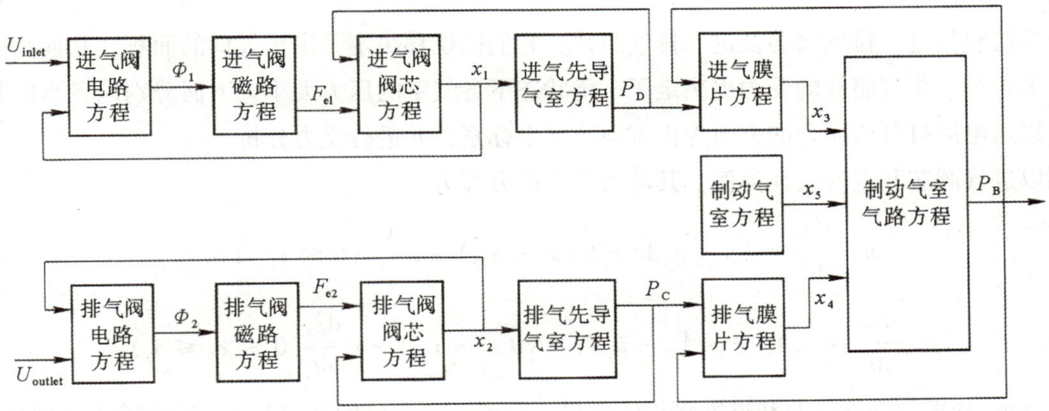

U_{inlet}、U_{outlet}—进、排气阀控制信号；Φ_1，Φ_2—进、排气阀磁路中磁通量；

F_{el}、F_{e2}—进、排气阀芯电磁力；P_D、P_C—进、排气先导气室压力；P_B—制动气室压力；

x_1、x_3—进、排气阀芯位移；x_2、x_4—进、排气膜片位移；x_5—制动气室活塞位移。

图 6-7　电磁开关阀建模结构图

1. 电路系统

电路系统将控制电压信号转换为流经电磁阀线圈的电流，等效电路如图 6-8 所示。根据基尔霍夫电压定律可以得到电路系统的微分方程：

$$U=IR+N\frac{\mathrm{d}\Phi}{\mathrm{d}t} \tag{6-1}$$

式中，U 为电磁开关阀驱动电压，V；I 为电磁阀线圈电流，A；R 为回路等效总电阻，Ω；N 为电磁阀线圈匝数；Φ 为磁路中的磁通量，Wb。

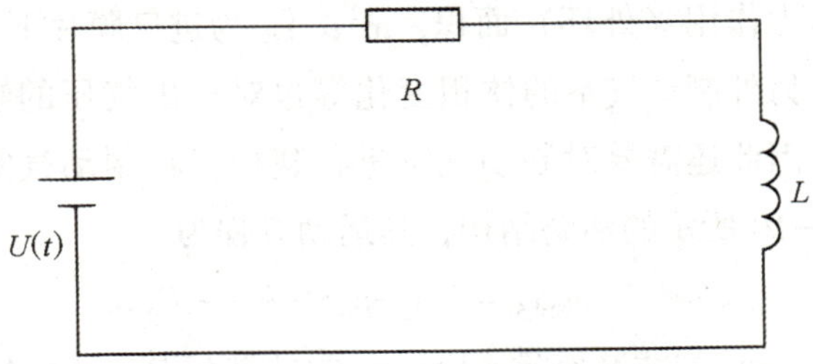

图 6-8　电磁开关阀等效电路

2. 磁路系统

电磁开关阀的等效磁路如图 6-9 所示。由磁路欧姆定律有：

$$F=NI=\Phi R_{m} \tag{6-2}$$

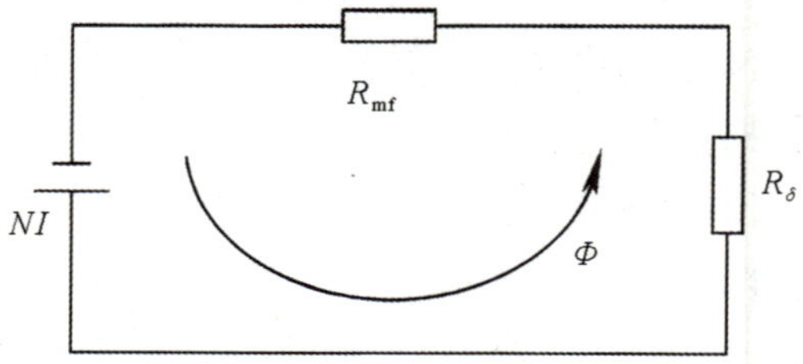

图 6-9 电磁开关阀等效磁路

式中，F 为磁路中的磁动势，A；R_{m} 为磁路的总磁阻，由磁路中的铁磁材料磁阻 R_{mf} 与工作气隙磁阻 R_{δ} 组成，其计算公式如下：

$$R_{m}=F_{mf}+R_{\delta}=R_{mf}+\frac{\delta-x}{\mu_0 A} \tag{6-3}$$

式中，x 为气隙长度变化量；δ 为初始气隙长度，m；μ_0 为空气的磁导率，$\mu=4\pi\times10^{-7}$，H/m；A 为气隙处的横截面积，m^2。

阀芯外围的线圈通电后产生电磁力作用于阀芯。根据麦克斯韦电磁吸力公式有：

$$F_{e}=\frac{\Phi^2}{2\mu_0 A} \tag{6-4}$$

3. 机械系统

机械系统包括进、排气阀芯及进、排气膜片，它们的位移决定了进排气口的面积，从而影响气体流量大小。另外进、排气膜片的受力也决定了平衡状态下各气室的压力大小。下面分别以各自的初始位置为顶点，以通电后打开或闭合的方向为正方向建立坐标系，并进行受力分析。

分别以进气阀芯和进气膜片为例，其动力学平衡方程为

$$m_1\frac{d^2x_1}{dt^2}=F_{e1}+p_A A_1-k_1(x_1+x_{10})-c\frac{dx_1}{dt}(0\leqslant x_1\leqslant\delta_1)$$

$$m_3\frac{d^2x_3}{dt^2}=p_A A_{31}+p_B A_{32}-p_D A_3-k_3(x_3+x_{30})-c\frac{dx_3}{dt}(0\leqslant x_3\leqslant\delta_3) \tag{6-5}$$

式中，m_1、m_3 分别为进气阀芯和进气膜片的质量，kg；x_1、x_3 分别为进气阀芯和进气膜片的位移，m；k_1、k_3 分别为进气阀芯和进气膜片弹簧刚度，N/m；x_{10}、x_{30} 分别为进气阀芯与进气膜片弹簧预压缩量，m；δ_1、δ_3 分别为进气阀芯和进气膜片与阀座之间的间隙长度，m；c 为阻尼系数，N/(m/s)；F_{e1} 为作用于进气阀芯的电磁力，N；p_A 为气源压力，Pa；p_B 为制动气室压力，Pa；p_D 为进气先导气室压力，Pa；A_1 为进气阀芯横截面积，m^2；A_3 为进气膜片上表面压力作用面积，m^2；A_{31} 为进气膜片下表面 A 气室压力作用（外环）面积，m^2；A_{32} 为进气膜片下表面 B 气室压力作用（内环）面积，m^2。

另外制动气室的体积变化等也对输出气压的响应有影响，因此还需要对制动气室进行建模。将制动气室简化为图 6-10 所示的活塞结构，其运动方程为

$$m_2\ddot{x}_5=p_B A_5-p_0 S_5-k_5 x_5-F_0 \tag{6-6}$$

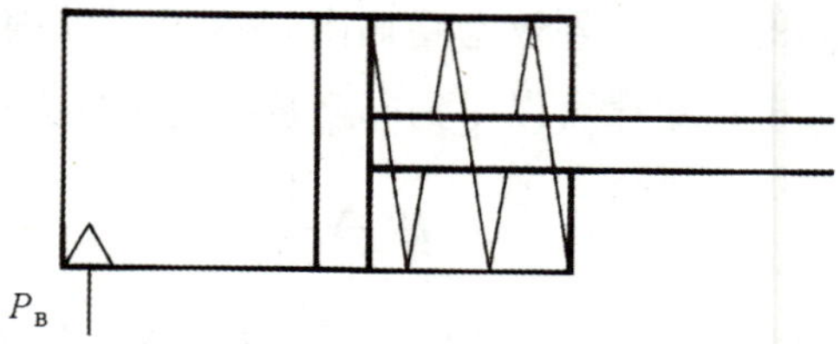

图 6-10 制动气室等效活塞结构

式中，m_5 为活塞质量，kg；x_5 为活塞位移，m；A_5 为活塞有效压力面积，m^2；p_0 为大气压，Pa；k_5 为弹簧刚度，N/m；F_0 为弹簧预紧力，N。

4. 气路系统

气体流过进、排气的过程十分复杂，通常将其视为理想气体通过收缩喷管的一维等熵流动，流量公式为

$$\dot{m} = CA(x)p_u\sqrt{\frac{2}{RT}}f\left(\frac{p_d}{p_u}\right) \tag{6-7}$$

其中

$$f(\alpha)=\begin{cases}\sqrt{\frac{\tau}{\tau-1}\left(\alpha^{\frac{2}{\tau}}-\alpha^{\frac{\tau+1}{\tau}}\right)} & (\alpha_c \leqslant \alpha \leqslant 1)\\ \sqrt{\frac{\tau}{\tau-1}\left(\frac{2}{\tau-1}\right)^{\frac{2}{\tau}-1}} & (0 \leqslant \alpha \leqslant \alpha_c)\end{cases}$$

式中，C 为流量系数；T 为气体温度，K；p_u、p_d 为阀口上、下游压力，Pa；R 为理想气体常数，取 287［J/（kg·K）］；τ 为气体绝热指数，取 1.4；A（x）为阀口节流面积，m^2。以进气阀芯为例，$A_1(x)=\pi x_1 d_1$，d_1 为进气阀芯所对应进气口的直径，m；α_c 为临界压力比，$\alpha_c=\left(\frac{2}{\tau+1}\right)^{\frac{\tau}{\tau-1}}$。

对于气体在气室内的压力变化，首先假设气体在各气室的压力场和温度场分布均匀，将压力变化过程视为理想气体的绝热过程，忽略气体泄漏，可推导出气室内的压力变化公式为

$$\frac{dp}{dt}=\frac{\kappa}{V}\left(G_m RT - p\frac{dV}{dt}\right) \tag{6-8}$$

5. 建模结果分析

电磁开关阀的特性是通过制动气室的压力变化来反映的。为了验证所建模型的正确性，通过试验测量制动气室增减压过程中的曲线，与仿真曲线对比，得到的结果如图 6-11 和图 6-12 所示。可以看到，试验曲线与仿真曲线基本吻合，证明所建模型是正确的。

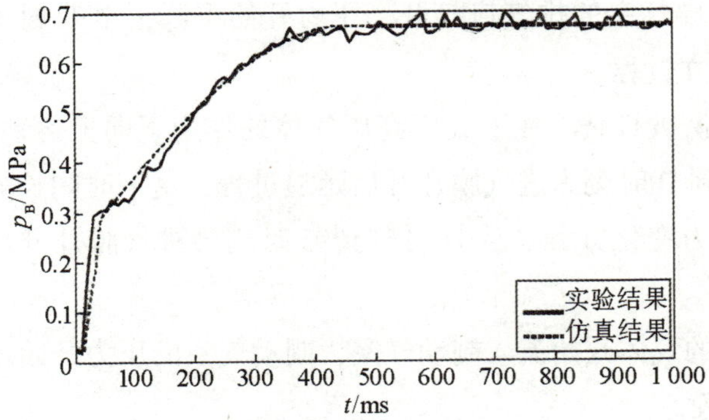

图 6-11　制动气室增压试验与仿真结果对比

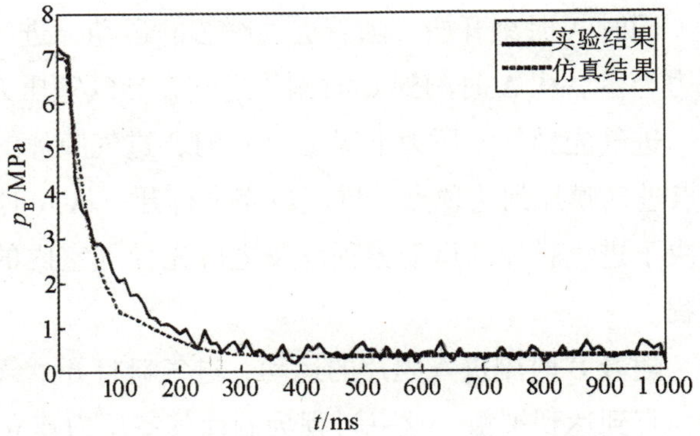

图 6-12　制动气室减压试验与仿真结果对比

从仿真与试验结果可以看出，电磁开关阀的响应存在一定的滞后性。观测电磁阀工作过程中各个物理量的变化分析滞后的产生原因。图 6-13 为增压过程各物理量的变化图。

对于增压过程，排气阀始终处于断电状态。进气阀在 $t<0$ 时为通电时状态，流经进气阀线圈的电流为最大值，进气阀芯位移最大，即完全打开，此时进气先导气室压力与气源压力一致，进气膜片位移为零，进气口关闭，制动气压力为大气压。

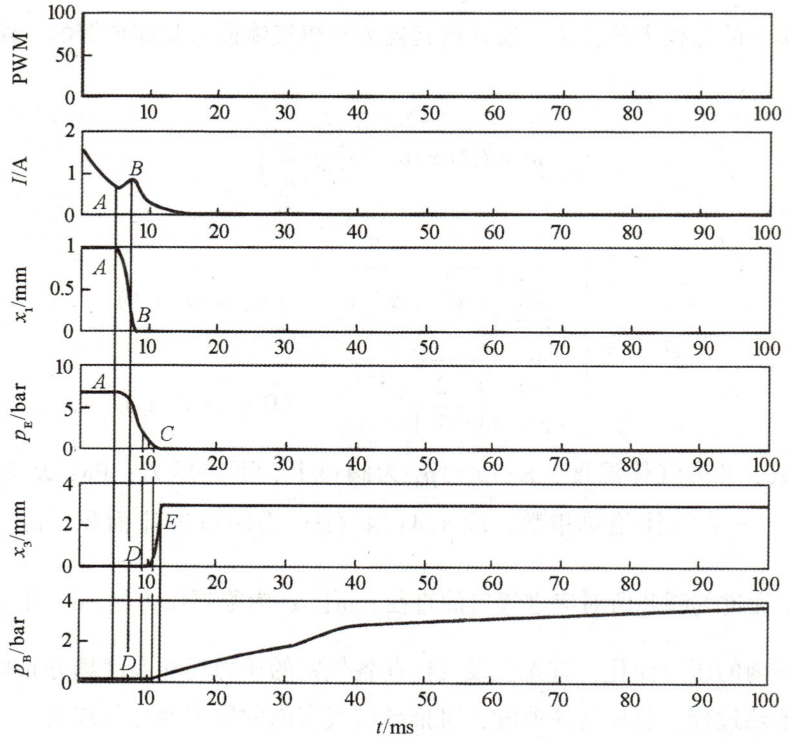

图 6-13　增压过程物理量变化图

$t=0$ 时刻，进气阀断电，流经进气阀线圈的电流迅速减小，电磁力也相应减小，直至 A 点电磁力不足以克服弹簧力，进气阀芯开始运动。从 0 到 A 时刻为进气阀芯闭合延迟过程。这一过程时间长短由进气阀电路、磁路方程以及进气阀芯运动方程决定。

A 时刻进气阀芯开始运动，工作气隙开始减小，电路中的磁阻则开始增加，因此电流短暂地增大。B 点进气阀芯完全关闭，电路中的磁阻不再减小，电流则再次开始减小，直至为零。从 A 时刻到 B 时刻为进气阀芯闭合过程。

同时 A 时刻开始，随着进气阀芯的运动，进气先导气室的排气口打开，压力开始下降，至 C 时刻压力为零。从 A 时刻到 C 时刻为进气先导气室压力建立过程。

进气先导气室压力下降至 D 点时，进气膜片的平衡被打破，在下表面高压气体的作用下向上运动，E 点进气膜片到达顶点，进气口完全打开。从 A 时刻到 D 时刻为进气膜片开启延迟过程，这一时间长短取决于进气膜片的运动方程以及进气先导气室内的压力变化方程。从 D 时刻到 E 时刻为进气膜片开启过程。

随着 D 时刻进气膜片的运动，进气口打开，气源的气体开始流入制动气室，制动气室的压力开始增加，直到达到平衡。这一过程为制动气室压力建立过程。

图 6-14 为减压过程各物理量的变化图，减压过程与增压过程类似，也可以分为以上几个过程。

进气阀全程通电，使进气阀处于关闭状态。0 时刻，排气阀开始通电，0 到 A 时刻为排气阀芯开启延迟过程，A 时刻至 B 时刻为排气阀芯开启过程，A 时刻至 C 时刻为排气先导气室压力释放过程，A 时刻至 D 时刻为排气膜片开启延迟过程，D 时刻至 E 时刻为排气膜片开启过程，D 时刻至制动气室压力平衡为制动气室压力释放过程。

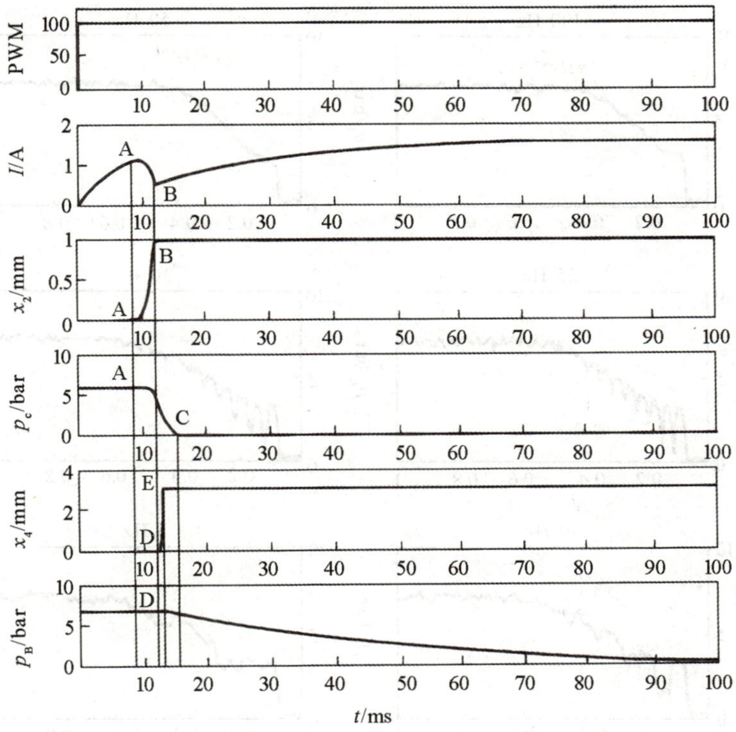

图 6-14　减压过程各物理量变化图

通过上述分析可以知道，从电磁开关阀自身结构来说，开关阀响应延迟主要由进、排气阀芯闭合延迟时间以及进、排气膜片开启延迟时间组成。

二、电磁开关阀的动态特性试验

本任务采用 PWM 的控制方式，通过改变信号的占空比改变开关阀的平均开启时间，从而改变压力的增长速度。采用这一控制方式首先需要确定控制频率以及有效的占空比范围，因此需要研究电磁开关阀的 PFM（脉冲频率调制）和 PWM 特性。

1. 电磁开关阀的 PFM 特性试验

为研究电磁阀在不同频率控制信号下的响应特性，以初步选择控制频率，需要进行电磁阀的 PFM 特性试验。本试验中控制信号频率分别为 100 Hz、50 Hz、25 Hz、20 Hz、10 Hz、5 Hz，而占空比统一为 50%，分别进行增压和减压试验，试验结果如图 6-15 和图 6-16 所示。根据试验结果可以发现以下几点规律。

（1）当控制频率为 100 Hz 时，增压曲线与图 6-11 中的静态特性曲线几乎一致，即相当于占空比 100%；而减压曲线的压力完全没有下降，相当于排气阀断电状态，占空比为 0%。这是因为控制频率过高，进、排气阀芯无法完全打开，造成进气过程进气口完全打开，而排气过程排气口完全关闭。实际上 PWM 是作用于进排气阀芯、控制进排气阀芯的平均开启时间。而通过仿真分析得知，阀芯的开启除了运动时间外还包括开启、闭合延迟，这使得控制信号频率不能太高，否则阀芯将无法完全开启或闭合，失去了采用 PWM 控制的意义。仿真结果中，进气阀闭合延迟时间为 4. 3 ms，闭合时间为 2. 9 ms，排气阀开启延迟时间为 8. 3 ms，开启时间为 3. 3 ms。由此可以算出控制频率的下限：

$$F_c = \frac{1000}{4.3 + 2.9 + 8.3 + 3.3} = 53.19\ (\text{Hz}) \tag{6-9}$$

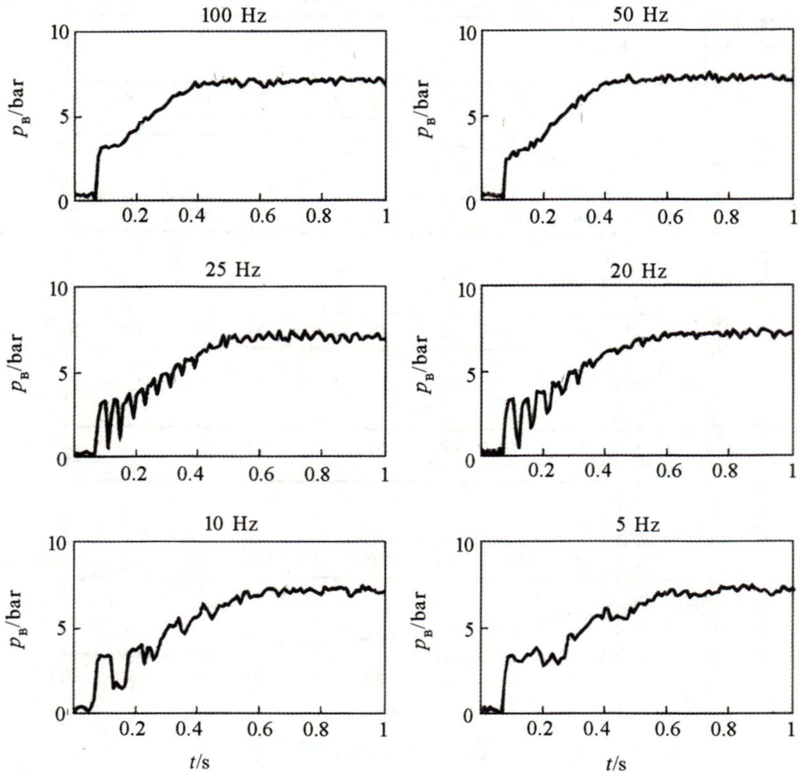

图 6-15　PFM 增压特性试验

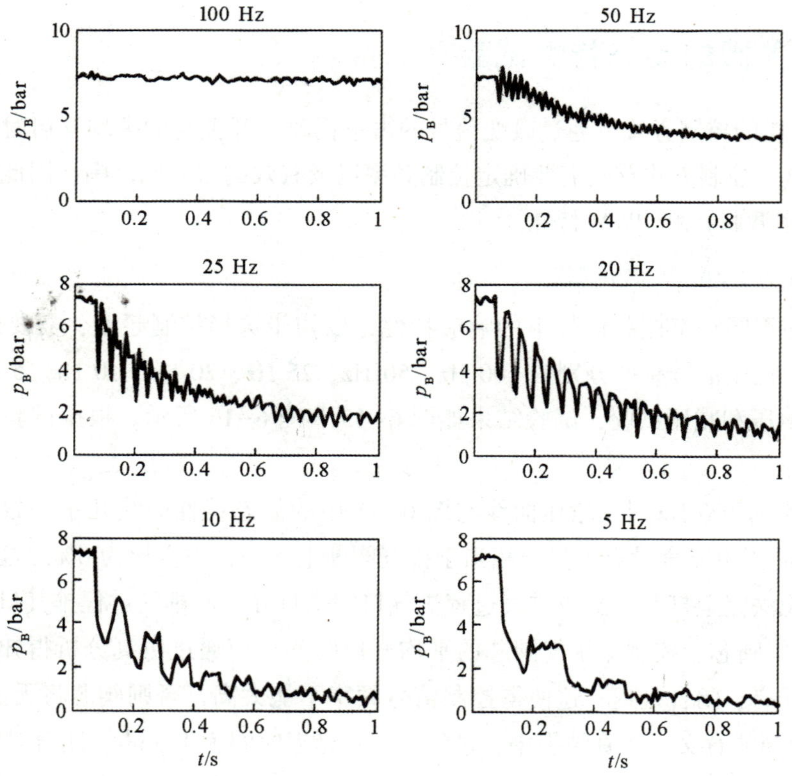

图 6-16　PFM 减压特性试验

（2）随着控制信号频率的减小，增压过程响应时间逐渐增加，而减压过程响应时间逐渐减小。理论上控制信号占空比一致，阀芯打开或关闭的时间也一致。然而实际上由于阀芯开启延迟时间及阀芯运动时间的存在，阀芯实际开启时间小于 1/2T（图 6-17），真实占空比略小于 50%。而随着控制信号周期的增加，真实占空比逐渐增加，更接近 50%，从而导致增压速率下降，减压速率增加。但总的来说，这一变化趋势并不明显，这也是不采用 PFM 控制方式的原因。

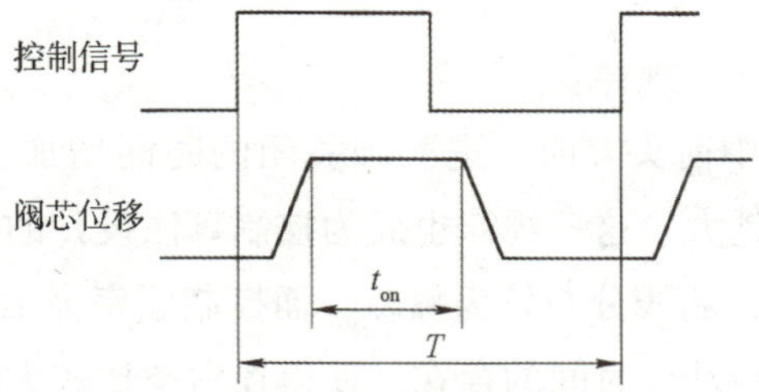

图 6-17　阀芯实际开启时间

（3）伴随着控制信号的高低电平切换，输出气压也有一定的波动。可以看出，波动的频率与信号频率一致，并且频率越高，波动越小。从这一角度来说，频率越高，控制精度越好。然而考虑到工作频率越高，阀芯开关频次越多，相应的使用寿命越短，因此控制频率不宜太高。

（4）上述实验均在 $t=0$ 时刻改变占空比命令值，然而电磁阀的响应均有 70 ms 左右的延迟。由图 6-18 可以看出，这一延迟主要是由信号传递带来的，图中占空比信号命令值与占空比寄存器中的真实值存在一定的延迟。

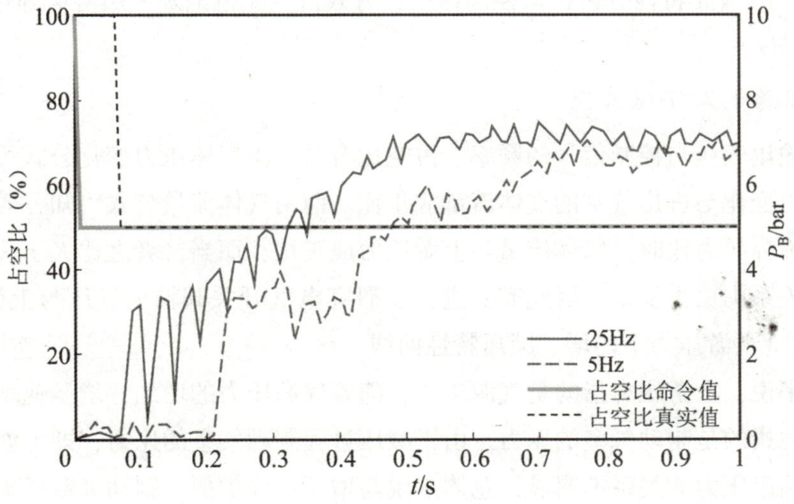

图 6-18　信号传递延迟

另外，从实验过程中发现，随着控制频率的减小，电磁阀响应延迟时间也相对增加，增加时间长短不定。这是因为实际控制中虽然改变了占空比，但信号的占空比却是从下一周期开始改变。因此占空比响应延迟时间在零到一个周期内随机出现，控制频率越小，周期越大，可能的延迟也越大。从这一角度分析，控制频率也不宜过低。

通过以上分析得知，电磁阀控制信号频率不宜过高也不宜过低，具体值的选择将进一步通过 PWM 特性试验确定。

2. 电磁开关阀的 PWM 特性试验

为进一步确定电磁阀的控制频率，并为下一步控制算法的设计做准备，需要研究电磁阀在不同占空比下的特性。需要说明的是，整体上将开关阀视为由常开进气阀和常闭排气阀组成，因此占空比对于进气阀指的是阀关闭的时间，而对于排气阀指的是阀打开的时间。通过前面的分析，排除 100 Hz 与 5 Hz 的控制频率，继续研究分别在 50 Hz、25 Hz、10 Hz 的控制频率、不同占空比下的电磁开关阀 PWM 增、减压特性。

通过试验结果可以发现以下几点规律：

（1）随着占空比增大，即图中箭头方向，进气阀关闭的时间增加，增压速率越来越小；而排气阀打开的时间增加，减压速率越来越大。这一规律也成为控制算法设计的一个重要支撑。

（2）当控制频率为 50 Hz 时，曲线分布较为稀疏，而控制频率为 25 Hz 和 10 Hz 时，曲线分布相对更为平均。这也是由于阀芯延迟与动作时间的存在，使得在占空比较大或者较小时，输出气压曲线变化不大。从控制的角度来说，希望不同的占空比对应的增、减压速率有一定的差别，并且希望这个范围越大越好，这便提出了一个有效占空比的概念。表 6-1 分别列出了三个控制频率下的增、减压有效占空比范围。从表中可以看出，当控制频率为 25 Hz 和 10 Hz 时，有效占空比的范围更大，更有利于控制。

表 6-1　三个控制频率下的增、减压有效占空比范围

频率/Hz	50	25	10
增压	[60，90]	[40，100]	[40，100]
减压	[20，80]	[10，90]	[0，90]

根据 PFM 特性与 PWM 特性分析，从控制精度、有效占空比范围及使用寿命等角度综合分析，最终选择控制频率为 25 Hz。

3. 电磁开关阀的上游气压特性

电磁开关阀的输出气压与控制信号的频率、占空比有关。由气体压力变化公式可知，忽略气室体积变化，气室内的压力变化与进出气室的气体流量成正比。而由气体流量公式可知，当下游压力与上游压力之间的比值小于临界压力比时，气体流量与上游压力成正比，而当二者之比大于临界压力比时，气体流量与上游压力的关系则更为复杂，因此需要进一步研究电气开关阀输出气压与上游气压之间的关系。图 6-22 为在不同上、下游压力下的增、减压特性曲线。

对于增压过程来说，上游压力指的是气源压力，随着气源压力的增加，增压速率也在增大。而对于减压过程，上游压力指的是制动气室的压力。由于减压过程制动气室的压力，即上游压力不断变化，因此制动气室压力与输出压力的关系不明显，总体来说与增压过程类似，制动气室压力越大，减压速率越大。另外需要注意的是，当占空比较小时，最后输出气压会稳定在一个大于大气压的值而不再减小。这是因为对于制动先导气室，此时在一个周期内的进气量与排气量达到平衡，气压值稳定在一个范围内。而通过排气膜片的动力学平衡方程可以推导出，当排气膜片达到平衡状态，即排气阀口关闭时，输出气压与排气先导气室气压的关系为

$$p_B = \frac{p_C A_4 + k_4 x_{40} - p_E A_{41}}{A_{42}} \tag{6-10}$$

式中，p_B 为制动气室气压，Pa；p_C 为排气先导气室气压，Pa；p_E 为大气气压，Pa；x_{40} 为排气膜片弹簧预压缩量，m；A_{41} 为排气膜片下表面 C 气室压力作用面积，m^2；A_{42} 为排气膜片上表面 B 气室压力作用

面积，m^2；A_4 为排气阀芯横截面积，m^2；k_4 为排气膜片弹簧刚度，N/m。

此时输出气压稳定在一个大于大气压的值。该特性使得在设计控制算法时需要考虑到这一输出气压限值。

三、电磁开关阀的逻辑门限控制算法

通过上述分析发现，电磁开关阀是一个典型的非线性系统。采用逻辑门限值控制方法对其进行控制。控制流程图如图 6-19 所示。

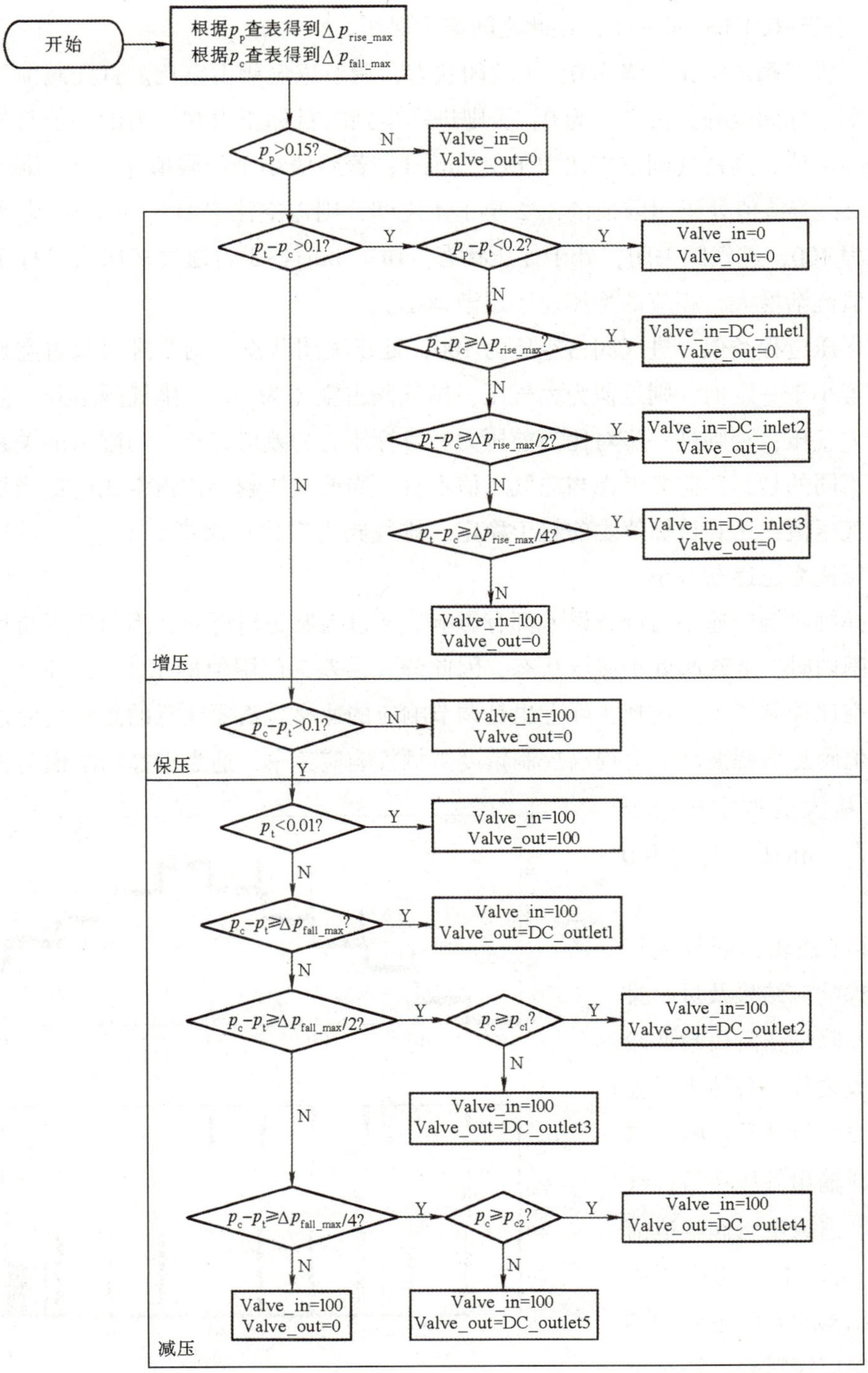

p_p—阀前压力（踏板后压力）；p_c—当前制动气室压力；p_t—目标压力。

图 6-19　开关阀控制流程图

对于增压与减压过程，逻辑门限分别为 $\Delta p_{\text{rise\_max}}$ 和 $\Delta p_{\text{fall\_max}}$，指增、减压过程中一个周期内最大的增、减压幅度，即增、减压速率。增压速率与阀前气压相关，而减压速率与当前制动气室压力相关。通过实验得到它们之间的关系表，控制时通过查表得到实时的增、减压门限值。

根据阀前压力判断车辆是否处于制动状态。如果阀前压力小于一定值，这里取 0. 15 bar，则判断车辆处于无制动状态，进气阀与排气阀都处于初始状态，占空比为零；如果阀前压力大于此值，则判断车辆处于制动状态。通过目标压力与当前压力的差值判断此时是增压还是减压。为避免阀频繁动作，使得气压频繁在目标压力值附近波动，设切换阈值为（±0.1）bar。即当目标压力与当前压力之差大于 0. 1 bar 时增压，小于-0. 1 bar 时减压，在此之间则为保压。

增压过程中，排气阀占空比始终为 0，为关闭状态，调节进气阀占空比。首先阀前气压与目标气压的差值若较小，则进气阀全开，占空比为 0；否则进一步判断目标压力和压力的差值与进气门限值的关系。若差值大于门限值，则进气阀占空比取 DC_ inlet1；若差值小于门限值又大于门限值的 1/2，则占空比取 DC_ inlet2；若差值处于门限值的 1/2 至 1/4 之间，则占空比取 DC_ inlet3；若差值小于 1/4 门限值，则占空比为 100，进气阀关闭，处于保压状态。DC_ inlet1-3 为通过多次实验标定的进气阀占空比控制指令，数值逐渐增大，相应的增压速率逐渐减小。

减压过程与增压过程类似，进气阀占空比为 100，处于关闭状态，调节排气阀占空比。首先判断目标压力的大小，若小于一定值，则近似为大气压，排气阀占空比为 100，排气阀全开，使气室压力以最大速率迅速降为大气压；否则进一步对比当前压力和目标压力的差值与排气门限值的关系，选择占空比指令。与进气阀不同的是，还需要考虑当前气压值本身，当前气压越小，占空比应适当增大，从而增大减压速率，避免气压值在达到目标值之前趋于稳定。排气阀占空比控制指令 DC_ outlet1-5 数值逐渐减小，相应地，减压速率也逐渐减小。

门限值的选择则对响应速率与静态误差都有影响。通过控制逻辑可知，当前气压与目标气压的差值在 1/4 门限值范围内时，电磁阀处于保压状态，因此静态误差为门限值的 1/4。另外，门限值越小，响应速率越大。占空比控制指令的选择实际上也是调节响应的速率。需要注意的是，响应速率过大易造成气压在目标气压值附近大幅波动。为提高控制精度需牺牲响应速率，适当选择门限值与占空比指令，因此进、排气速率最大的占空比指令 DC_ inlet1 和 DC_ outlet1 不宜设为 0 和 100。

图 6-20 展示了逻辑门限控制算法下的开关阀阶梯响应结果及进、排气阀占空比曲线。除增压阶段超调较大及响应滞后较大之外，总体来说控制效果良好。需要注意的是，响应滞后严重时也会造成输出气压在目标气压附近来回波动。造成电磁阀响应滞后的原因，除了气体本身的可压缩性、电磁阀自身结构决定的电磁阀芯响应滞后、膜片响应滞后外，还有由于控制频率造成的占空比响应滞后，

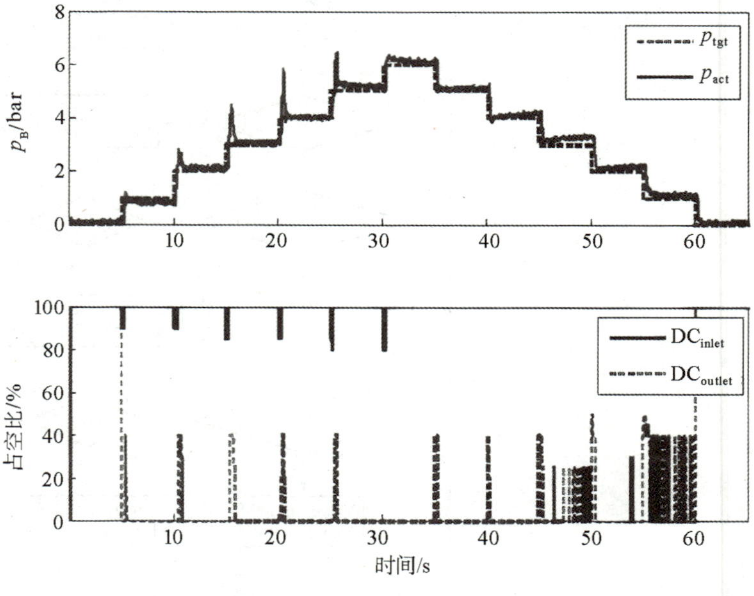

图 6-20　开关阀阶梯响应结果及进、排气阀占空比曲线

以及由实验设备造成的信号传递滞后。从数量级来说，后两者的影响较大，通过选择控制频率及提高实验设备信号传递速率可以有效改善控制效果。

项目小结

在本项目中，我们对气压制动力控制框架和电磁开关阀控制技术进行了全面的讨论和分析。首先，我们探讨了基于模型的气压开环控制策略，这为气压系统的设计和优化提供了理论基础。其次，基于压力反馈的气压闭环控制方法被引入，以提高系统对压力变化的响应速度和准确性。通过这些控制策略，我们可以更好地管理气动系统中的压力变化，确保系统稳定运行。

在电磁开关阀控制部分，我们首先建立了电磁开关阀的精确模型，并对模型的关键特性进行了详细分析。其次，通过对电磁开关阀进行动态特性试验，我们验证了模型的准确性和控制策略的有效性。最后，我们引入了逻辑门限控制算法，用于改善电磁开关阀的控制性能，确保其在各种工作条件下的可靠性和效率。

项目工单

1. 寻找成员

以 3~5 人为一组，选出组长并进行任务分工，将小组成员及分工情况填入表 6-2 中。

表 6-2 小组成员及分工情况

小组成员	姓名	学号	任务分工
组长			
组员			

2. 制订计划

（1）查阅相关资料，制订工单计划，并将其填入表 6-3 中。

表 6-3 工单计划

序号	工作内容	负责人

（2）将操作过程中所需的工具和耗材等填入表 6-4 中。

表 6-4　操作过程中所需的工具和耗材等清单

序号	名称	型号与规格	单位	数量	备注

3. 进行决策

（1）小组成员针对各自的工单计划展开讨论，并认真填写。

（2）指导教师根据各小组提交的工单计划给出评价。

（3）各小组成员根据指导教师的评价对工单计划进行调整，调整合格后的工单计划即为最终实施方案。

4. 工作实施

根据最终实施方案，学习认识新能源汽车制动能量回收技术内容。按实际操作过程，将实施内容、遇到的问题及解决办法等记录于表 6-5 中。

表 6-5　工作实施过程记录表

序号	实施内容	遇到的问题及解决办法	结果

5. 考核评价

各组展示任务完成情况，并完成如表 6-6 所示的考核评价表。

表 6-6　考核评价表

项目名称	评价内容	分值	评价分数		
			自评	互评	师评
职业素养考核项目（40%）	安全意识、责任意识及服从意识强	10 分			
	积极参加教学活动，按时完成任务工单	10 分			
	团队合作、沟通交流能力强	10 分			
	劳动纪律良好	10 分			
专业能力考核项目（60%）	专业知识查找及时、准确	12 分			
	了解气压制动力控制方法	18 分			
	操作熟练，工作效率高	12 分			
	任务完成度高	18 分			
合计：综合分数______	自评（20%）+互评（20%）+师评（60%）	100 分			
综合评估		教师（签名）：			

课 后 练 习

一、填空题

1. 从阀本身结构角度来说，电磁开关阀的响应速度受________、________及气压建立等多个过程的影响。

2. 根据电磁开关阀的结构原理，将电磁开关阀分为________、________、________、________四个子系统

3. 对于增压过程，排气阀始终处于________。进气阀在 $t<0$ 时为通电时状态，流经进气阀线圈的电流为最大值，进气阀芯位移________，即完全打开，此时进气先导气室压力与气源压力一致，进气膜片位移为零，进气口________，制动气压力为大气压。

4. 电磁开关阀的输出气压与控制信号的频率、________有关，由气体压力变化公式可知，忽略气室________，气室内的压力变化与进出气室的气体流量成正比。

二、简答题

1. 根据气压控制的目的，制动气室的压力变化分为哪两个阶段？

2. 什么是机械系统？

项目七

电机制动控制算法

项目导读

电机制动控制算法位于制动控制软件中的执行层，接收逻辑层发出的目标电机制动转矩，输出电机控制信号，驱动电机完成目标制动转矩控制。相比液压与气压，电机控制具有更加精准的特性。本项目将介绍电机控制算法，包括电机结构及工作原理、电机矢量控制原理、电机制动原理和电机制动控制算法。

学习目标

知识目标

◆了解永磁同步电动机和交流异步电动机的结构及工作原理。

◆熟悉电机制动的原理。

能力目标

◆能够应用矢量控制原理控制电动机。

◆能够学会应用电机制动控制算法。

素质目标

◆要善于应变、善于预测、处事果断，能对实施情况进行决策。

◆通过学习，培养学生的接受能力，以及提高对新事物的学习效率。

◆培养与时俱进的精神，爱岗敬业、奉献社会的道德风尚。

思政目标

通过介绍能量回馈制动系统的应用，帮助学生树立绿色发展理念，认识到科技与环境保护的关系，以及在未来职业生涯中如何将这种理念融入实际工作。

任务一　电机结构及工作原理

任务描述

新能源汽车上的电机

冯刚是一个电动汽车设计工程师，负责优化电动汽车的驱动系统。冯刚的目标是深入了解不同类型电动机的结构和工作原理，以选择最适合的电动机进行制动控制。首先，冯刚需要研究永磁同步电动机（PMSM）的结构特点和工作原理，以理解其在电动汽车中的应用潜力。其次，冯刚需分析交流异步电动机（IM）的工作机制，比较这两种电动机的优缺点。如何通过掌握这些电动机的基本原理，为电机制动系统的优化提供科学依据？

任务分析

在这项任务中，深入理解永磁同步电动机和交流异步电动机的结构及工作原理是基础工作。一方面，永磁同步电动机由于其高效性和良好的控制性能，广泛被应用于电动汽车驱动系统。了解其工作原理将有助于冯刚评估其在制动控制中的表现。另一方面，交流异步电动机虽然控制复杂度较高，但其稳定性和成本效益也是需要考虑的因素。通过比较这两种电动机的特性，冯刚可以选择最适合的电动机类型，并为后续的电机制动控制算法开发奠定基础。这一过程不仅涉及理论学习，还需要将理论与实际应用结合起来，以优化电动汽车的整体性能。

任务重点与实施

一、永磁同步电动机

永磁同步电动机名称中的永磁，指的是制造电动机转子时加入了永磁体；同步，指的是工作过程中转子转速始终与定子绕组电流频率保持固定关系。图 7-1 为永磁同步电动机的结构示意图。永磁同步电动机主要由定子和转子两大部分组成，其中定子是固定的，包含定子铁芯、定子绕组；转子包含永磁体、转子铁芯和转子轴等。根据永磁体在转子上的分布形式，永磁同步电动机可分为永磁体内置的凸极永磁同步电动机和永磁体表贴的隐极永磁同步电动机。

当永磁同步电动机的定子侧通入三相对称电流时，由于三相定子在空间位置上相差 120°（电角度），所以三相定子电流在空间中产生定子旋转磁场。同时，转子永磁体在电磁力作用下也开始旋转并产生转子旋转磁场，永磁同步电动机依靠两个旋转磁场的相互作用而工作。由于永磁同步电动机的转子磁场是由永磁体产生的，其避免了通过励磁电流产生磁场而导致的励磁损耗，因此其效率高。此外，永磁同步电动机还具有功率密度大、发热少、密封性好及抗过载能力强等优点，因此被广泛应用在新能源汽车中，目前代表车型包括比亚迪秦 EV、北汽新能源 EU5、吉利帝豪 EV、上汽荣威 Ei5、特斯拉 Model3 等。

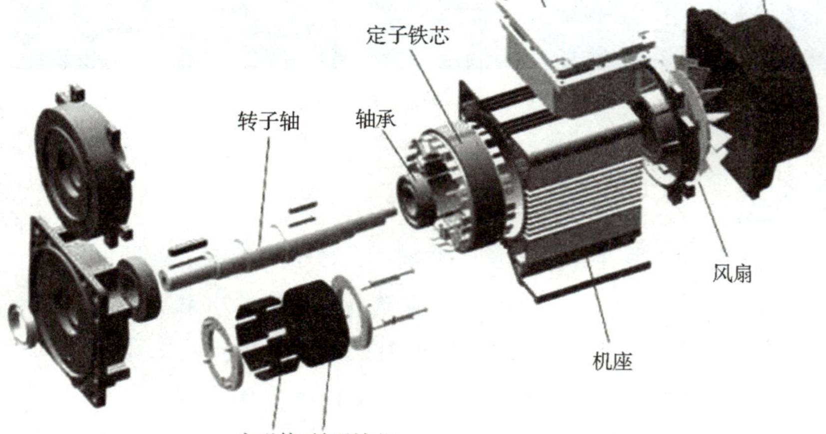

图 7-1　永磁同步电机结构

二、交流异步电动机

交流异步电动机也叫感应电动机，同样由定子和转子两大部分组成。定子结构与永磁同步电动机基本相同。转子绕组的主要作用是切割定子电流产生的旋转磁场，产生感应电动势和电流，并在磁场作用下受力而转动。根据转子绕组类型，可将交流异步电动机分为笼型转子和绕线转子两类，绕线转子异步电动机成本较高，维护性及耐久性均不及笼型，因此，当前对于电动汽车仅使用笼型交流异步电动机，其结构如图 7-2 所示。

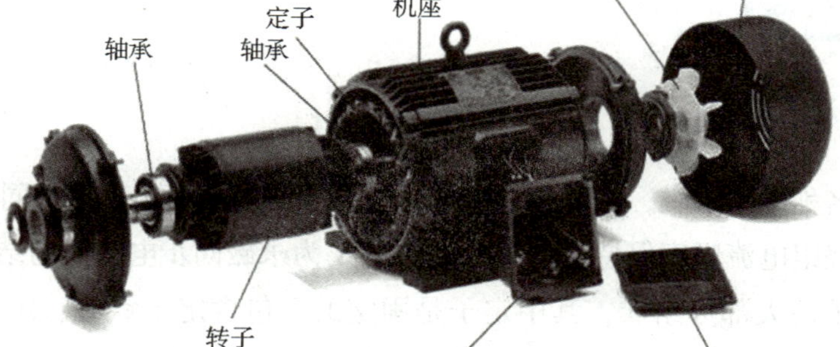

图 7-2　笼型交流异步电机结构

知识拓展

相比永磁同步电动机，交流异步电动机的转子不包含永磁体，转子磁场是通过感应定子的旋转磁场产生的，转子随着定子旋转磁场的转动以相同方向、不同转速而转动，因此其节奏上要比定子旋转磁场慢，即存在转速差，这也是异步电动机名称的由来。

交流异步电动机质量小、效率高、无退磁风险且具有较好的性价比，因此在电动汽车上也得到了广泛应用，目前代表车型包括特斯拉 Model S、特斯拉 Model X、蔚来 ES8、江铃 E200 等。

任务二 电机矢量控制原理

任务描述

作为电动汽车控制系统的工程师，陈兵需要实现对电动机的精准控制。为了优化电动机的性能，首先，陈兵需要掌握电机矢量控制的原理。陈兵的任务包括理解坐标变换的基本概念，以及它如何在矢量控制中起到关键作用。其次，陈兵需要深入学习永磁同步电动机的矢量控制原理和交流异步电动机的矢量控制原理。如何通过掌握这些控制原理，提高电动机的动态响应和控制精度，进而提升电动汽车的整体性能？

任务分析

电机矢量控制原理是电动机精确控制的核心，理解这一原理对于优化电动机性能至关重要。坐标变换在矢量控制中用于将电动机的三相电流转换为两个直流分量，使得控制更加简单和直观。对于永磁同步电动机，矢量控制可以提供高效的速度和转矩控制，确保电动汽车的平稳运行。而交流异步电动机的矢量控制则更复杂，但也能有效提高系统的响应速度和精度。通过学习这些控制原理，陈兵将能够设计出更精确的控制策略，从而提升电动汽车的驱动性能和稳定性。这一任务不仅要求理论知识，还需要将理论应用于实际控制系统中进行验证和优化。

任务重点与实施

目前对于车用永磁同步电动机和交流异步电动机的调速控制，通常采用矢量控制方法。矢量控制就是模拟直流电动机的转矩控制规律，通过坐标变换，将电动机定子电流分量矢量分解为产生磁通的励磁电流分量和产生转矩的转矩电流分量，根据磁场定向原理可以分别对电动机励磁电流和转矩电流进行控制，以达到控制电机转矩的目的。

一、坐标变换

永磁同步电动机和交流异步电动机的数学模型非常复杂，且具有很强的非线性耦合性，三相绕组在空间对称分布，引起绕组间的交叉耦合，因此对其直接求解相当困难，为了便于求解分析，需通过坐标变换将其进行简化解耦。将三相绕组分别定义为 A 相、B 相和 C 相，在永磁同步电动机当中存在两个坐标系，第一个坐标系是固结在定子上的 α–β 坐标系，α 轴的方向为定子 A 相绕组产生磁动势的方向；第二个坐标系是固结在转子上的 d–q 坐标系，d 轴的方向与转子的磁力线方向相同，d 轴为 q 轴逆时针旋转 90°。A、B、C 三相的电流通过矢量合成构成定子电流，如图 7–3 所示，将定子电流投影到 α–β 坐标系中，如图 7–4 所示。定子电流可表示为：

$$I_S = i_{SA} + i_{SB} + i_{SC} \tag{7-1}$$

$$I_S = i_{S\alpha} + i_{S\beta} \tag{7-2}$$

式中，i_{SA}、i_{SB}、i_{SC} 分别为 A、B、C 三相定子绕组的电流，A；I_S 为经过矢量合成的定子电流，A；$i_{S\alpha}$、$i_{S\beta}$ 分别为 I_S 在 α 轴和 β 轴上的投影，A。

将三相定子的交变电流转换为 α-β 坐标系上的两相交变电流，可得：

$$f(\alpha) = \begin{cases} \sqrt{\dfrac{\tau}{\tau - 1}\left(\alpha^{\frac{2}{\tau}} - \alpha^{\frac{\tau+1}{\tau}}\right)} & (\alpha_c \leqslant \alpha \leqslant 1) \\ \sqrt{\dfrac{\tau}{\tau - 1}\left(\dfrac{2}{\tau - 1}\right)^{\frac{2}{\tau}-1}} & (0 \leqslant \alpha \leqslant \alpha_c) \end{cases}$$

$$\begin{bmatrix} i_{S\alpha} \\ i_{S\beta} \end{bmatrix} = \sqrt{\frac{2}{3}} \begin{bmatrix} 1 & \frac{-1}{2} & \frac{-1}{2} \\ 0 & \frac{\sqrt{3}}{2} & \frac{-\sqrt{3}}{2} \end{bmatrix} \begin{bmatrix} i_{SA} \\ i_{SB} \\ i_{SC} \end{bmatrix} \tag{7-3}$$

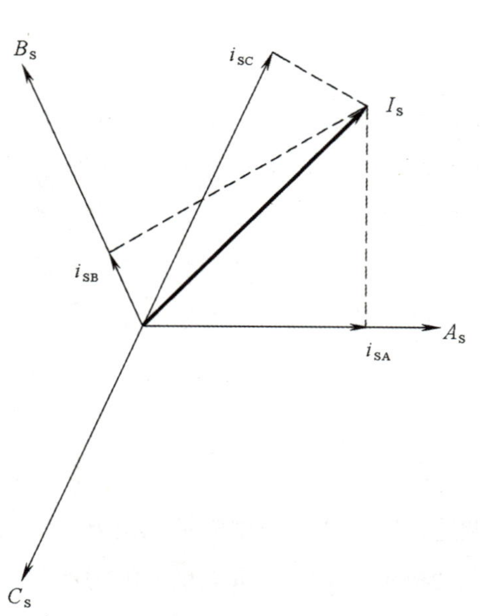

图 7-3　三相定子电流矢量合成

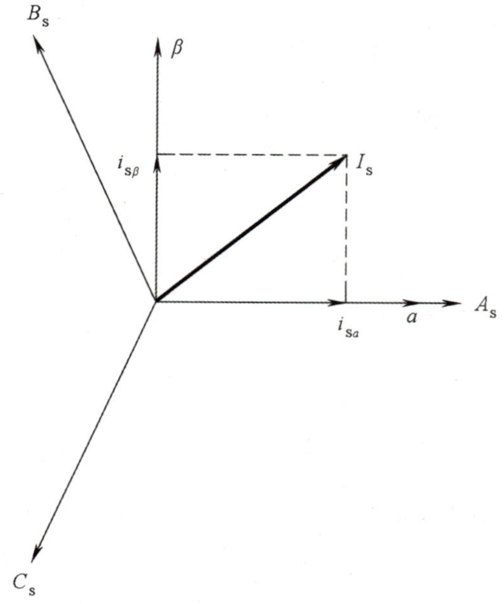

图 7-4　定子电流投影到 α-β 坐标系中

该变换被称为 Clark 变换，将经过 Clark 变换后的向量进行旋转，获得向量在 d-q 坐标系中的表达式。d-q 坐标系与定子之间的关系如图 7-5 所示，这一过程被称为 Park 变换。如图 7-6 所示，Park 变换的表达式为

$$\begin{bmatrix} i_{Sd} \\ i_{Sq} \end{bmatrix} = \begin{bmatrix} \cos\theta \sin\theta \\ -\sin\theta \cos\theta \end{bmatrix} = \begin{bmatrix} i_{S\alpha} \\ i_{S\beta} \end{bmatrix} \tag{7-4}$$

式中，i_{Sd}、i_{Sq} 分别为 I_S 在 d 轴和 q 轴上的投影，A。

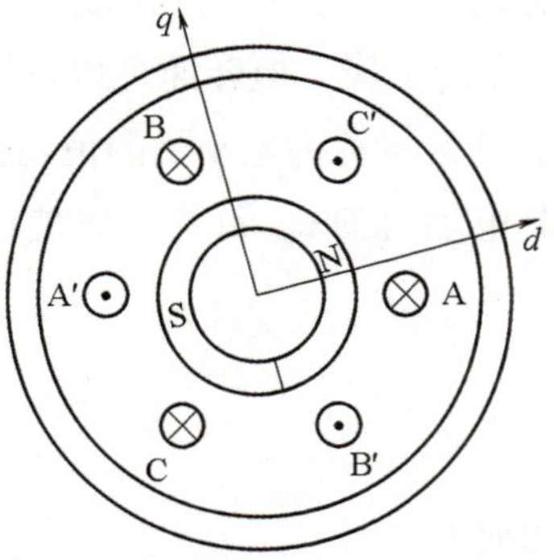

图 7-5　d-q 坐标系与定子之间的关系

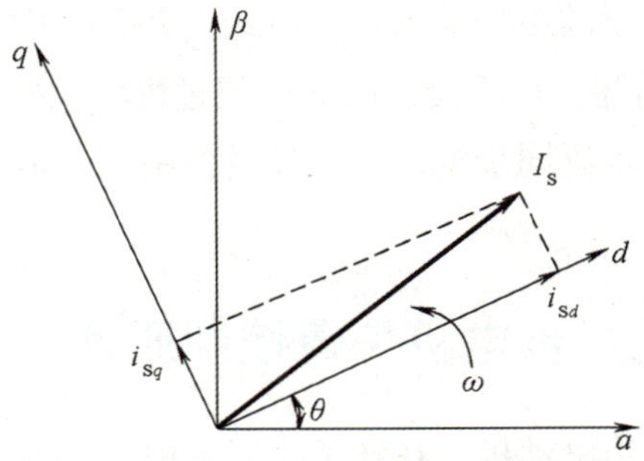

图 7-6　Park 变换示意图

综上，基于上述坐标变换，可将三相定子的交变电流转化为转子坐标系上的两相正交直流量，下面进一步在转子坐标系中对永磁同步电动机和交流异步电动机的矢量控制过程进行分析。

二、永磁同步电机矢量控制原理

对于永磁同步电动机，在转子坐标系中，电机转矩 T_m 可表示为

$$T_m=\frac{3}{2}n_p\left[\psi_f i_{Sq}+(L_d-L_q)i_{Sq}i_{Sd}\right] \tag{7-5}$$

式中，n_p 为定子磁极对数；ψ_f 为永磁转子产生的磁链，Wb；L_d 为 d 轴上的电感，H；L_q 为 q 轴上的电感，H。

从式（7-5）可以看出，电动机的转矩分为两部分：第一部分是永磁转子磁链与 i_{Sq} 作用后产生的永磁转矩；第二部分是 i_{Sq} 与 i_{Sd} 产生的磁阻转矩。显然，只有当 $L_d\neq L_q$ 时才会有磁阻转矩，凸极永磁同步电动机由于 d、q 轴用铁量不同，有 $L_d<L_q$；而隐极永磁同步电动机由于 d、q 轴用铁量相同，有 $L_d=L_q$，故磁阻转矩只出现在凸极永磁同步电动机上。

由于电机转矩与 i_{Sq} 成正比，所以 i_{Sq} 又称为转矩电流。当 $L_d\neq L_q$ 时，由于磁链等于电感与电流的乘积，i_{Sd} 的变化会影响转子磁链的大小，这一点类似他励直流电动机的励磁电流，因此 i_{Sd} 又称为励磁电流。

当 $i_{Sd}=0$ 时，电动机的转矩只有永磁转矩分量，电动机的转矩只与 i_{Sq} 有关。此时电动机的转矩可表示为：

$$T_m=\frac{3}{2}n_p\psi_f i_{Sq} \tag{7-6}$$

如果 i_{Sq} 保持不变，即使电动机的转速发生变化，电动机的输出转矩也不变。因此，电动机在一定的转速范围内有“恒转矩”特性。由式（7-6）可知，如果 $i_{Sq}<0$，则可以使电动机产生负转矩，电动机此时依然可以保持正的转速，这也就使电动机产生了制动转矩，实现了电机制动功能。

由于永磁同步电动机的转子材质为永磁体，所以当转子旋转时，根据法拉第电磁定律，定子绕组中也会感应出反电动势，且反电动势的大小与转速成正比，可表示为

$$E=C_e\Phi n_m \tag{7-7}$$

式中，E 为反电动势，V；C_e 为电动势常数；Φ 为磁通量，Wb；n_m 为电动机转速，r/min。

当反电动势的大小达到阻碍正向电动势在定子绕组上产生足够电流的程度时，电动机转速将无法继续提升，除非可以降低反电动势的大小，或增大驱动电压。在工程实际中，电机驱动器通常不具有大功率升压电路，所以往往采取的措施是降低反电动势的方法来扩大电动机的转速区间。

根据上文分析，调节 i_{Sd} 的大小，可以使定子产生的磁场抵消一部分转子的磁场，此时反电动势会下降，但由于转子的磁场被削弱，由式（7-5）可知输出转矩也会下降，但转速可以继续提升，两者的乘积（功率）始终保持不变，因此，超过恒转矩极限转速的转速区域称为电动机的恒功率区。

综上所述，永磁同步电动机的矢量控制方法本质上是控制电动机的 i_{Sd} 和 i_{Sq}，以使电动机工作在目标状态。

三、交流异步电机矢量控制原理

对于交流异步电动机，在转子坐标系中，得到其基本方程如下。

电磁转矩：

$$T_{m}=\frac{n_{r}L_{m}}{L_{r}}i_{Sq}\psi_{r} \tag{7-8}$$

转子磁链：

$$\psi_{r}=\frac{L_{m}}{T_{r}k_{p}+1}i_{Sd} \tag{7-9}$$

式中，n_r 为感应电动机转子极对数；L_m 为感应电动机定、转子互感，H；ψ_r 为感应电动机转子磁链，Wb；L_r 为感应电动机转子自感常数；T_r 为感应电动机转子电磁时间，s（$T_r=L_r/R_r$，R_r 为感应电动机转子电阻，Ω）；k_p 为微分算子。

分析上述公式可知，转子磁链 ψ_r 与定子电流励磁分量 i_{Sd} 成正比，而与定子电流转矩分量 i_{Sq} 无关。当定子电流励磁分量 i_{Sd} 突变时，由于 ψ_r 和 i_{Sd} 之间存在着惯性环节的传递函数，ψ_r 不能突变，会受到励磁惯性环节的阻碍，和直流电动机励磁绕组类似。若转子磁链 ψ_r 保持不变，电磁转矩 T_m 与定子电流转矩分量 i_{Sq} 成正比，同时电磁转矩 T_m 可以没有滞后地跟随响应转矩分量 i_{Sq} 的变化。因此，交流异步电动机实现了定子电流矢量中励磁分量 i_{Sd} 和转矩分量 i_{Sq} 的解耦，励磁分量 i_{Sd} 决定了转子磁链 ψ_r 的大小，转矩分量 i_{Sq} 则只对电磁转矩有影响。通过模仿直流电动机中电枢与励磁电流的作用机制，可大大简化电动机变频调速系统的控制。

上述交流异步电动机定子电流矢量的解耦过程与永磁同步电动机类似，与之不同的是，由于交流异步电动机转子中不包含永磁体，一方面，其工作过程中定子绕组不会产生反电动势，因此交流异步电动机调速范围更广；而另一方面，其转子磁场是通过感应定子旋转磁场产生的，转子旋转速度与定子旋转磁场速度不同，即存在转差率，因此转子磁链的位置不断发生变化，使得转子磁链不能通过速度或位置传感器直接检测得到。

矢量控制中的 PARK 变换和逆变换均需要转子磁链的位置信号，在磁链闭环控制系统中，通过转子磁链模型可以获得转子磁链的幅值和位置信号，但反馈信号受电动机转子参数 L_r 和 T_r 变化的影响较大，使控制的准确性降低。因此，在实际系统中，为了防止磁链闭环控制反馈的不准确，可以采用开环控制测得电动机电流、电压和转速等信号，并通过间接计算的方法获得转子磁链的位置信息。

由于转子速度可测，转子磁链的位置可由下式计算：

$$\theta=\int\omega_{1}\mathrm{d}t+\theta(0)=\int(\omega+\omega_{S})\mathrm{d}t+\theta(0) \tag{7-10}$$

式中，θ（0）由定子电流决定，若系统工作起始即采用矢量控制，则 θ（0）=0；ω_1 为定子角频率/转子磁链轴角频率，rad/s；ω 为转子角频率，rad/s；ω_S 为转差角频率，rad/s。

转差角频率：

$$\omega_S = \frac{L_m i_{Sq}}{T_r \psi_r} \tag{7-11}$$

根据式（7-8）及式（7-11）可知，当转子磁链 ψ_r 保持不变时，转差角频率 ω_S 与电磁转矩 T_m 成正比，因此通过控制 ω_S 就可以控制 T_m，从而达到间接控制转速的目的。并且，当 ψ_r 恒定不变时 $k_p\psi_r=0$，根据磁链方程可知 $\psi_r=L_m i_{Sd}$，代入转差角频率方程还可得到：

$$\omega_S = i_{Sq}/T_r i_{Sd} \tag{7-12}$$

上述控制过程可称为基于转差角频率的矢量控制，利用在气隙磁通不变且转差较小的范围内，电磁转矩与转差角频率成正比的特点，通过调节转差角频率来控制电机转矩；并且磁链开环控制不需要磁链观测器，控制模型简单，无须复杂的坐标变换。采用这种控制方法还可以使调速系统消除动态过程中转矩电流的波动，在一定程度上改善了系统的静态和动态性能；同时它又具有比其他矢量控制方法简便、结构简单、控制精度高等特点，符合电动汽车驱动要求，因此被广泛用于电动汽车交流异步电动机的控制。

任务三 电机制动原理与控制算法

任务描述

作为电动汽车的控制系统工程师，魏辰负责开发电机制动控制算法，以提升车辆的制动性能和安全性。魏辰的任务包括深入了解电机制动的基本原理，并基于这些原理设计和实现有效的电机制动控制算法。如何通过理解电机制动工作原理，开发出优化的控制算法，确保制动过程的平稳、可靠，并提高车辆的整体制动性能？

任务分析

电机制动原理涉及将电动机的运动能量转换为电能，并通过相应的控制策略来实现制动。这一过程可以利用电动机的反向工作来实现能量回收，同时可以减少能量损耗。了解电机制动的原理能够帮助魏辰设计更加高效的制动控制算法。通过开发适当的控制算法，魏辰可以缩短电动机的制动响应时间和优化电动机的制动效果，从而提高车辆的制动性能和安全性。这一任务需要将电机制动的基本原理与具体控制算法设计相结合，并通过实际测试来验证和优化算法的有效性。

任务重点与实施

一、电机制动原理

不同于驱动过程，电机制动过程需要 $i_{Sq}<0$ 的负转矩电流（以下简称负电流），根据负电流的来源，可将电机制动过程分成以下三种不同的情况。

1. 负电流来自电池直流母线

当负电流来自电池直流母线时，电动机需要消耗电池输出的电能才可以制动，并不能进行制动能量回收。

2. 负电流来自电动机，最终流向制动电阻

该种情况通常不会出现在新能源汽车中，但为了避免产生混淆，依然对这种情况进行分析。在这种情况下，电动机定子产生的负电动势被加在制动电阻上，产生负电流来实现制动。这种方式使得电动机的动能全部转化为电阻耗散的热能，虽然实现了制动，但并不能回收电能。这种制动在很多文献中也称为“再生制动”，因为这种技术利用了电动机自身的动能实现了电动机的制动，省去了第一种情况下所需要的电能，但这种技术一般应用在工业伺服系统中。

3. 负电流来自电动机，最终流向电池

此种情况下，电动机定子产生负电动势，对电池进行充电，新能源汽车电动机的再生制动正是此种方式。下面分别对永磁同步电动机和交流异步电动机的再生制动过程进行简单介绍。

根据上文分析，对于永磁同步电动机，只有在电动机转速达到恒转矩区和恒功率区交界点时，电动机产生的反电动势才会大于驱动电压。所以，如果想利用反电动势对电池进行充电，只有恒功率区的能量可以被回收，这显然不能有效回收电动机的动能，也与工程实际中的经验相悖。

如果把电动机的三相定子绕组和三组 IGBT 拆成独立的三组电路，可拆分成三个等效的 Boost 电路。每个 Boost 电路由定子绕组的一相、IGBT 模块的一个下管、下管并联的二极管、上管并联的二极管和母线电容组成，其结构如图 7-7 所示。

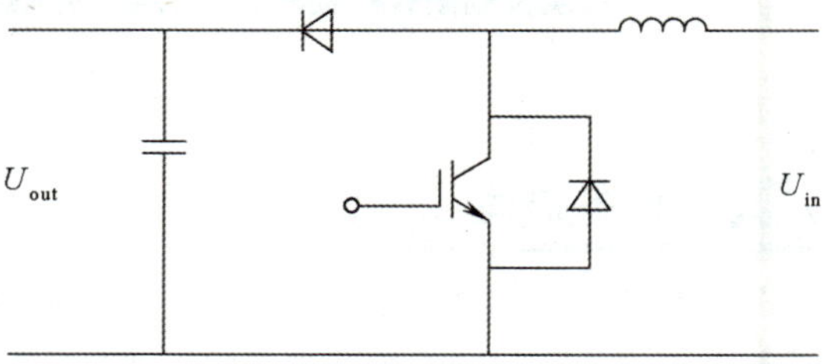

图 7-7　等效 Boost 电路

在 Boost 电路中，IGBT 可通过电压进行开关控制，其全称为绝缘栅双极型晶体管，是由双极型晶体管（BJT）和金属氧化物半导体场效晶体管（MOSFET）组成的复合开关器件。IGBT 具有极低的导通电阻，因此广泛应用在新能源汽车、电气化铁路机车等大功率驱动场合。

当 IGBT 闭合时，由于 IGBT 模块中二极管的存在，直流母线电容中的电荷不会流向定子绕组，定子绕组在反电动势的作用下产生电流，当充电过程完成后 IGBT 断开，电感中存储的电能会流入直流母线电容中，完成升压过程。三组 Boost 电路交替工作，使得电动机在反电动势不足时，依然可以将能量反馈至直流母线电容中。由于母线电容与高压电池并联，所以一部分电能最终会被回收到高压电池中。

Boost 电路输入输出电压的关系可以用下式表示：

$$\frac{U_{out}}{U_{in}} = \frac{1}{1 - D} \tag{7-13}$$

式中，U_{out} 为输出电压，V；U_{in} 为输入电压，V；D 为 IGBT 开启的占空比。

仅从数学的角度分析，Boost 电路的输出电压始终大于输入电压，且当 D 无限趋近于 1 时，输出电压可以无限大；或者说输入电压可以无限小，也就意味着当转速接近 0 时，电动机依然可以回收能量。

但在实际工作过程中，D 的增大意味着定子绕组的等效电感充电时间增加、放电时间缩短，但放电时间不可能无限小，无限小的放电时间意味着不能有效为电池充电。

也有文献指出，由于电感和电容存在寄生电阻，当占空比过大时，基于理想情况推导出的

式（7-13）不再适用，实际的输出电压反而会降低，这也是不允许出现的情况。

为了保证 Boost 电路可以有效升压并为动力蓄电池充电，定子的反电动势不能过小，一定大小的反电动势可以保证电感充电的时间足够短，也就可以为放电过程留出足够的时间。因此，电动机在低转速时无法回收能量，电机转矩应逐渐退出。

对于交流异步电动机，当其工作于驱动状态时，转矩电流和励磁电流同号（通常励磁电流定为正）；当进行再生制动时，目标电机转矩为负，则转差角频率 ω_S 为负，此时定子频率低于转子频率，产生负的转矩电流，电动机处于发电状态。

在电动机进行制动时，需要一定能量来维持其内部的磁场，使电动机转子能够旋转并且切割磁力线。对于永磁同步电动机，其转子为永磁体材质，因此不需要额外励磁；而对于交流异步电动机，进行再生制动时需要额外励磁，其励磁所需无功功率一般由电机控制器的母线支撑电容提供。制动过程中，电动机定子绕组切割转子旋转磁场产生感应电动势，定子绕组在感应电动势作用下产生感应电流，当产生感应电动势高于供电侧电压时，电能直接回馈至供电侧；当产生感应电动势低于供电侧电压时，同样利用上述等效 Boost 升压电路，由于流经电感电流不会发生突变，会强制电感两端电压升高，使得电动机产生电动势比供电侧电压高，电能便可以回馈至供电侧。

二、电机制动控制算法

常用电机控制方法有转矩控制法、转速控制法和位置控制法。对于车用永磁同步电动机及交流异步电动机通常采用转矩控制方法，因此本书对转矩矢量控制的实现进行简单的探讨。

对于永磁同步电动机，其电机制动控制原理如图 7-8 所示。设定电动机的目标输出转矩后，根据当前电动机转速，可以计算出目标励磁电流 i_{Sd_ref} 与转矩电流 i_{Sq_ref}。同时通过电流传感器采集的定子三相电流 i_{SA}、i_{SB}、i_{SC}，经过 Clark 和 Park 变换，得到同步两相旋转坐标系上实际励磁电流 i_{Sd} 与转矩电流分量 i_{Sq}。两项差值经电压电流变换模块可以得到两相旋转坐标系上的励磁电压 U_{Sd} 和转矩电压 U_{Sq}，该变换模块通常为 PI 控制。再通过 PARK 逆变换，U_{Sd} 和 U_{Sq} 转化为与逆变器输出的电压空间矢量具有相同坐标系的电压分量 $U_{S\alpha}$ 和 $U_{S\beta}$，上述 PARK 变换和 PARK 逆变换所需的转子位置直接由专用的转速转角解码器得到，以实现磁场定向。最后将 PARK 逆变换输出的期望电压矢量输入至 SVPWM 模块，产生逆变器开关导通状态的六路 PWM 波形，通过逆变器的变频控制，达到电动机调速的目的。

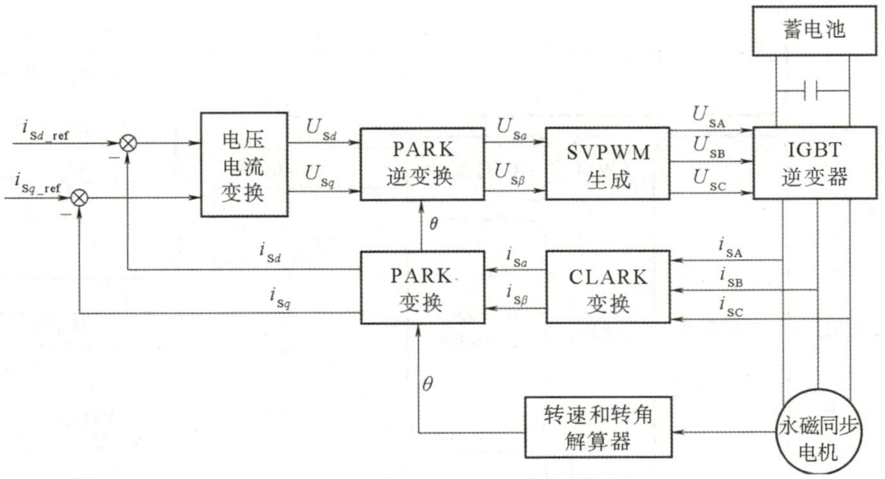

图 7-8　永磁同步电机制动控制原理

对于交流异步电动机，其电机制动控制原理如图 7-9 所示。可以看出其控制原理与永磁同步电动机基本一致，其不同点主要在于上文所述交流异步电动机存在转差率，转子位置不能直接测量得到，因此需要图中所示的转子位置计算部分。其原理参照上文关于交流异步电动机的转差角频率矢量控制。

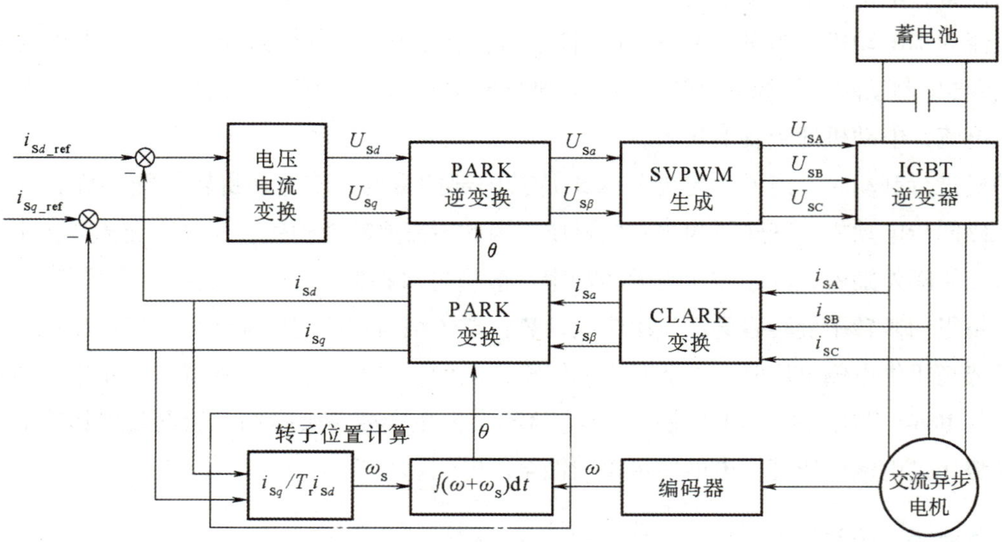

图 7-9　交流异步电机制动控制原理

根据上述分析，无论是永磁同步电动机还是交流异步电动机，其电机控制算法都很复杂，同时控制过程中还会涉及高压电及大功率开关器件的驱动和控制，存在安全隐患。为了减小控制难度，同时改善安全性，新能源汽车通常会配备集成高压开关器件和电机矢量控制算法的电机驱动器，使用过程中只需向电机驱动器发送转矩指令，便能实现对电机转矩的控制。

对于不同类型的电动机，所配套的电机驱动器不尽相同，但大体结构一致。为帮助读者理解，本书针对某一典型电机驱动器的结构和原理进行介绍，其结构如图 7-10 所示，主要可分为低压控制电路和高压驱动电路两部分。低压控制电路主要包括微控制器及外围电路、通信接口电路、功率器件驱动电路、电流检测电路、电压检测电路、旋转变压器接口电路；高压驱动电路部分主要包括直流母线电容和 IGBT 门阵列。

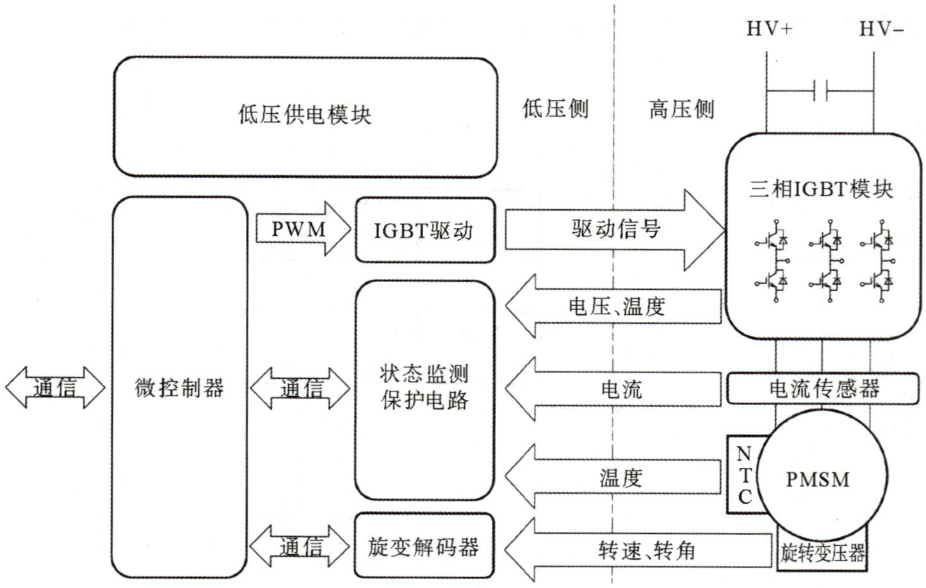

图 7-10　电机驱动器结构示意图

低压控制电路中的微控制器用来运行电机控制算法，可根据各种反馈信号产生 IGBT 的驱动信号。功率器件驱动电路根据 IGBT 驱动信号输出特定的驱动电压，驱动 IGBT 进行工作。电流检测电路可检测每相定子的电流，通常采用霍尔式电流传感器或分流器（shunt）进行检测，电流信号用于电机驱动器计算实际的 i_{Sd} 和 i_{Sq}。电压检测电路用来检测直流母线电压，为电机控制算法提供电压参考。旋转变压器接口电路可驱动旋转变压器并解析旋转变压器的信号。旋转变压器简称旋变，是一种磁电式转角传感器，可实现角位移和角速度的测量，旋变接口电路可将旋变测量的转子转速及转角反馈回微控制器，为电机控制算法提供转速和转角信号。

图 7-11 所示是简化后的电机高压驱动电路，图中包括 6 个 IGBT、直流母线电容以及与直流母线电容相连的高压电池（高压电池本身并不是电机驱动器的一部分）。电机驱动器的 6 个 IGBT 被分为 3 组，每组对应电动机定子的一相，分别控制电动机定子对电源正负极的通断。电机控制算法通过调整每一相高低边 IGBT 开关的时长，可以调整每一相定子上电压的幅值，最终合成旋转的定子电压矢量，从而产生旋转的定子磁场，实现电动机的矢量控制。

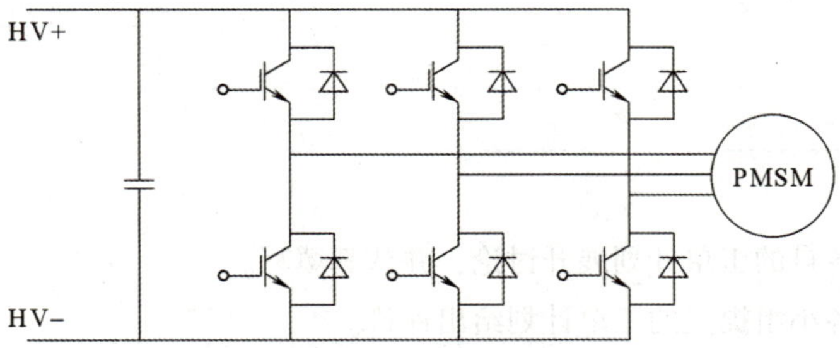

图 7-11　简化后的电机高压驱动电路

项目小结

本项目主要介绍了电机制动控制算法。首先介绍了电机结构及工作原理；其次介绍了电机矢量控制原理；最后介绍了电机制动原理与控制算法。本项目深入研究了电机制动控制算法，涵盖电机结构、工作原理、矢量控制及制动原理与控制算法，为理解和应用电机制动技术提供了全面的理论支撑和实践指导，有助于提升电机控制系统的性能、稳定性和安全性。

项目工单

1. 寻找成员

以 3~5 人为一组，选出组长并进行任务分工，将小组成员及分工情况填入表 7-1 中。

表 7-1　小组成员及分工情况

小组成员	姓名	学号	任务分工
组长			
组员			

2. 制订计划

（1）查阅相关资料，制订工单计划，并将其填入表 7-2 中。

表 7-2 工单计划

序号	工作内容	负责人

（2）将操作过程中所需的工具和耗材等填入表 7-3 中。

表 7-3 操作过程中所需的工具和耗材等清单

序号	名称	型号与规格	单位	数量	备注

3. 进行决策

（1）小组成员针对各自的工单计划展开讨论，并认真填写。

（2）指导教师根据各小组提交的工单计划给出评价。

（3）各小组成员根据指导教师的评价对工单计划进行调整，调整合格后的工单计划即为最终实施方案。

4. 工作实施

根据最终实施方案，学习认识新能源汽车制动能量回收技术内容。按实际操作过程，将实施内容、遇到的问题及解决办法等记录于表 7-4 中。

表 7-4 工作实施过程记录表

序号	实施内容	遇到的问题及解决办法	结果

5. 考核评价

各组展示任务完成情况，并完成如表 7-5 所示的考核评价表。

表 7-5 考核评价表

项目名称	评价内容	分值	评价分数		
			自评	互评	师评
职业素养考核项目（40%）	安全意识、责任意识及服从意识强	10 分			
	积极参加教学活动，按时完成任务工单	10 分			
	团队合作、沟通交流能力强	10 分			
	劳动纪律良好	10 分			

续表

项目名称	评价内容	分值	评价分数		
			自评	互评	师评
专业能力 考核项目（60%）	专业知识查找及时、准确	12 分			
	熟悉机电制动控制算法	18 分			
	操作熟练，工作效率高	12 分			
	任务完成度高	18 分			
合计：综合分数______	自评（20%）+互评（20%）+师评（60%）	100 分			
综合评估		教师（签名）：			

课后练习

一、填空题

1. 永磁同步电动机主要由________和________两大部分组成，其中定子是固定的，包含________、定子绕组；转子包含________、转子铁芯和转子轴等。

2. 交流异步电动机也叫________，同样由定子和转子两大部分组成，定子结构与永磁同步电动机基本相同。

3. 目前对于车用永磁同步电动机和交流异步电动机的调速控制，通常采用________。

4. 常用电机控制方法有________、________和________。

二、简答题

1. 简述永磁同步电动机效率高的原因。

2. 根据负电流的来源，电机制动过程可分成几种不同的情况？

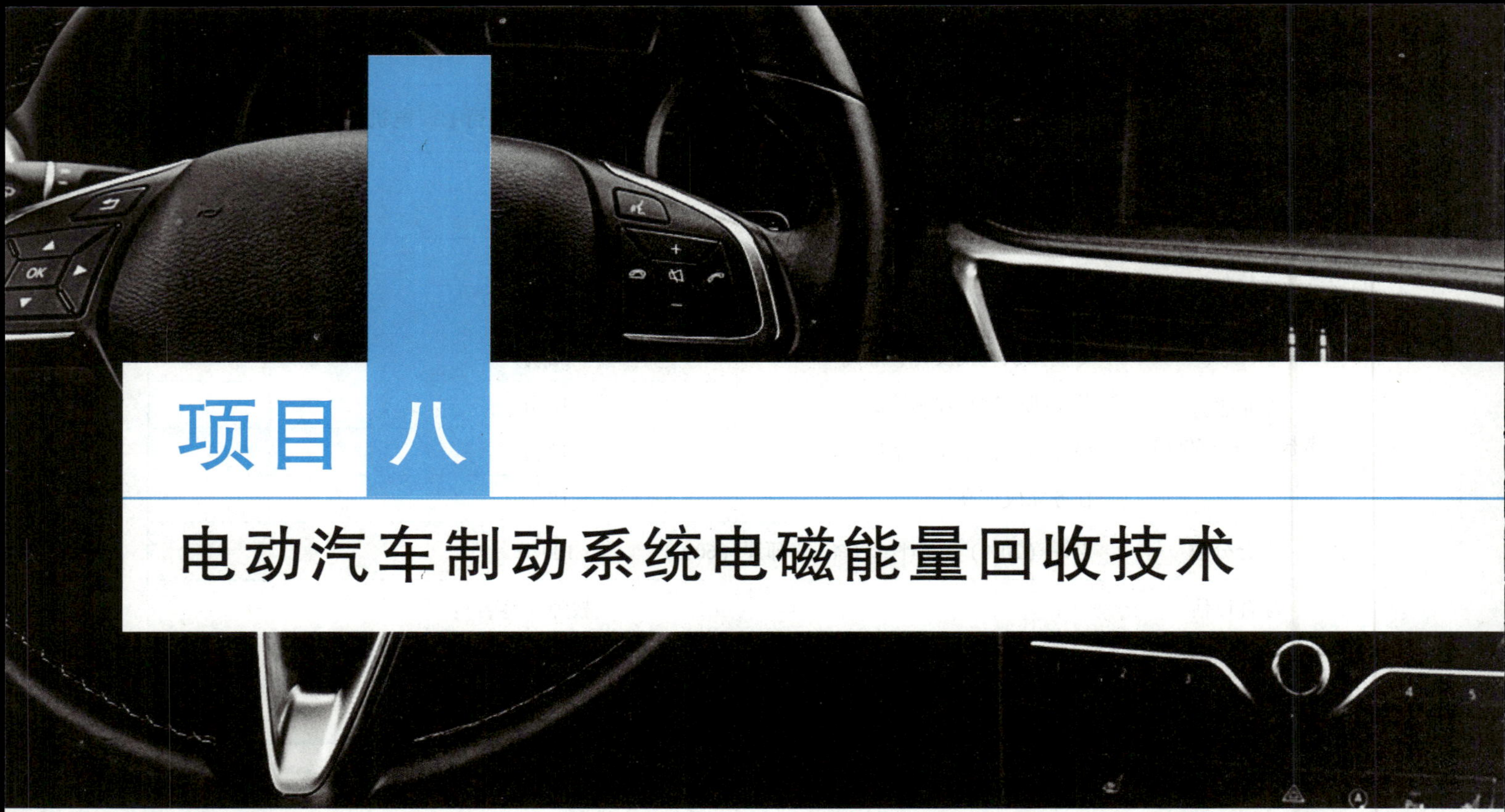

项目八

电动汽车制动系统电磁能量回收技术

项目导读

能量回馈制动技术可以减少对环境的污染，有利于实现可持续发展，为我国的碳中和做出贡献。本项目将从电磁技术方向入手，讲述电磁系统结构设计、电磁能量回馈制动系统的电磁机理、电磁阀的动态响应特性实验测试和电磁阀动态力学模型。

学习目标

知识目标

◆了解电磁系统结构设计的方法。

◆熟悉电磁能量回馈制动系统的电磁机理。

能力目标

◆能够对电磁阀的动态响应特性进行实验测试。

◆能够简述电磁阀动态力学模型。

素质目标

◆能够发现学习过程中的问题，并通过团队协作解决问题，提高团队协作素质。

◆培养决策能力、组织能力、指挥能力和应变能力。

◆通过学习，学生能够提升科技创新能力，提高创新素质。

思政目标

强调能量回馈制动系统的研发背景和进展，鼓励学生了解技术创新对社会进步的推动作用，培养其创新思维和解决实际问题的能力。

任务一　电磁系统结构设计与能量回收系统

任务描述

蒋鑫是一个电动汽车制动系统的研发工程师，公司希望开发一种新型的电磁能量回收系统来提高电动汽车的能效。首先，蒋鑫需要设计一个电磁系统结构，该结构需要能够有效地将制动过程中产生的电磁能量转化并回收到电池中。其次，蒋鑫需要研究电磁能量回馈制动系统的电磁机理，了解电磁能量如何在制动过程中被捕获并利用。如何在设计电磁系统结构的同时，确保能量回收系统的电磁机理能够高效地实现能量回收，从而提高电动汽车的续航能力？

任务分析

在这项任务中，电磁系统的结构设计是关键环节，它需要确保电磁能量能够在制动过程中有效地捕获和回收。设计一个高效的电磁系统结构需要考虑电磁场的分布、能量转换效率以及与电动汽车其他系统的兼容性。了解电磁能量回馈制动系统的电磁机理能够帮助蒋鑫优化能量回收过程，确保系统在实际使用中的高效性和稳定性。通过对电磁机理的深入研究，蒋鑫可以提升电能回收的效率，从而提高电动汽车的总体能效和续航能力。这一过程不仅涉及理论分析，还需要结合实际设计要求进行工程实施和优化。

任务重点与实施

石油资源不可再生。全球气候变暖给人类敲响了保护环境的警钟，政府决策部门和汽车制造厂商必须考虑汽车工业的可持续发展。此外，汽车制造厂商也应顺势而动，以“环保”为卖点，吸引消费者，开拓未来市场空间。因此，环保节能型汽车面临发展的良好机遇。专家表示，这类节能型汽车虽有一定发展，但在国际市场上所占份额很少，这种现状与发展环保节能型汽车面临的困难有关：电动汽车因充电的限制无法远行的问题难以解决；天然气与石油一样是不可再生资源，而且需要遍及各地的充气站网络保障；混合动力车一车两台发动机，自身重量增加、消耗大、价格较贵，短期内难被普通消费者接受；生物燃料虽是从植物中提炼的，但其生产成本较高，加之价格偏高、加油充气不便等原因，目前广大消费者还难以承受购买、使用这类汽车的负担。而业内专家普遍看好的氢能技术开发还需要一定时间才能实现。由于环保节能型汽车发展面临一定困难，短期内难以形成规模，目前要减少汽车废气排放，主要还是靠汽车制造厂商不断提高汽车技术含量，降低油耗，控制并减少废气排放对大气的污染。ABS大大增加了驾驶员在行驶过程中的安全系数。对制动能进行合理回收，等于是二次节能。车辆在城市循环工况中，大约有一半的能量以制动热量的形式消耗掉，如果能回收被消耗的这部分能量，车辆行驶所需要的燃料将大大减少，这对提高车辆的燃油经济性和排放性能有重要意义。

传统的汽车很难具有这一功能，而混合动力汽车具有较大功率的发电机和大容量动力电池，能将多余的能量转换为电池化学能储存起来，在必要时为车辆提供能量，使汽车在正常制动的同时对其在制动时损失的动能进行有效回收。其原理就是应用电磁感应原理，制动线圈在制动盘（电磁铁，其中通的是直流电）中转动产生电流，制动盘中的磁场对通有电流的制动线圈就会产生电磁力，通过变速系统降低转速，增大制动力矩，从而产生可靠的制动力，对行驶的汽车进行制动。为达到使制动力平稳的效果，制动线圈所在的回路在汽车制动时必须能提供稳定的强电流，以使制动线圈在制动盘的磁场中能产生理想的制动力，进而使制动的过程变得更加平稳。参照 ABS 制动原理，通过 ECU 来控制制动盘中电磁铁上电流的大小、导通和截止，从而提高制动的稳定性能和安全性能。为了能顺利地完成制动过程，必须保证制动线圈和制动盘所在的电路能保持正常通路，每次在汽车启动前检测电路，会自动检测制动线圈和制动盘所在的电路是否正常，如果不正常就不能启动，并且会发出警告，让驾驶员知道是制动电路出问题了，并及时维修。要是在途中能量回馈制动系统电路出现故障，也会采取相应的措施，以保障行车的安全。由于制动电路比较简单，所以故障率很低，且维修起来也很方便。

一、电磁系统结构设计

电磁场是如何产生的

电磁能量回馈制动系统工作时，线圈中通以由 ECU 控制的直流电源提供的电流产生电磁场，当转子（与车轮固定）转动时，转子线圈便产生感应电动势，由于转子线圈处在闭合回路中，便在闭合回路中产生感应电流，电磁场对通有电流的转子便产生电磁力，从而产生阻尼。为了能回收在汽车制动时产生的这部分电能，使能量回馈制动系统产生平稳的制动力，必须保证制动线圈所在的电路在制动时能提供稳定的强电流。要使电磁制动时能正常地回收制动能，还得保持电压的相对稳定。在正常制动时，车轮转速降低，ECU 不会给 HCU 发出信号，电磁阀动作时制动主缸的液压传到能量回馈制动系统，ABS 不起作用。即使在这种情况下，ABS 也一直监测着车轮的减速度，当轮速传感器信号表明车轮正趋于抱死时，ECU 给液压控制单元发出控制电流，激活电磁阀，电磁阀动作将制动回路和主缸断开，阻止制动压力继续增长，使之保持不变；如果轮速传感器的信号仍表明车轮的减速度较高，ECU 就给液压控制单元发出较大的电流，电磁阀的阀杆移动得更远，打开制动回路的旁通通道，能量回馈制动系统的压力减小，使车轮的制动力减弱；当轮速传感器的信号表明由于制动压力减小车轮重新加速时，ECU 停止向液压制动单元发出电流，关闭电磁阀，制动液的压力增大，又使车轮开始减速。每秒钟这一循环重复 4~6 次。ABS 控制过程中液压控制单元改变制动液的压力，使制动踏板发生微小振动，这是很正常的。在制动过程中，对安全的要求是第一位的。需要找到电制动和机械制动的最佳覆盖区间，在确保安全的前提下，尽可能多地回收能量。具有能量回馈制动系统的车辆在制动过程中应尽可能地使其与传统的制动过程近似，这将保证在实际应用中，更具吸引力，可以为大众所接受。电动汽车常用的电池为锂电池。充电时，应避免因充电电流过大或充电时间过长而损害电池。

根据电池放电深度的不同，电池可接受的最大充电电流、最大充电时间、能量回收停止时电动机的转速及与此相对应的充电电流值均不同。电磁阀的动态响应特性除了与电磁阀的结构参数（如回位弹簧刚度、摩擦力水平）和材料特性有关外，主要取决于电磁阀电磁场的动态响应特性。电磁阀电磁场的动态响应特性取决于电磁阀的主工作气隙、磁路截面积和线圈匝数等参数。求解电磁阀电磁场动态特性问题可归结为电磁场微分方程的边值问题与初值问题。本项目探讨高效、精确地建立电磁阀电磁场有限元模型并求解电磁阀电磁场响应特性的方法。在建立电磁阀的电磁场模型时，将线圈以及阀体、电磁阀附近的空气、本体等相关文献忽略部分的磁场作为整个电磁场有限元模型的一部分，并考虑材料非线性迟滞特性的影响。研究不同的线圈电流和阀芯开度状态下电磁阀磁场的磁矢势、磁通密度和磁场强度，以及阀芯所受的电磁力和线圈电感的动态响应特性。借鉴国内外的结构，根据控制要求和生产条件，电磁系统结构总体布置如图 8-1 所示。

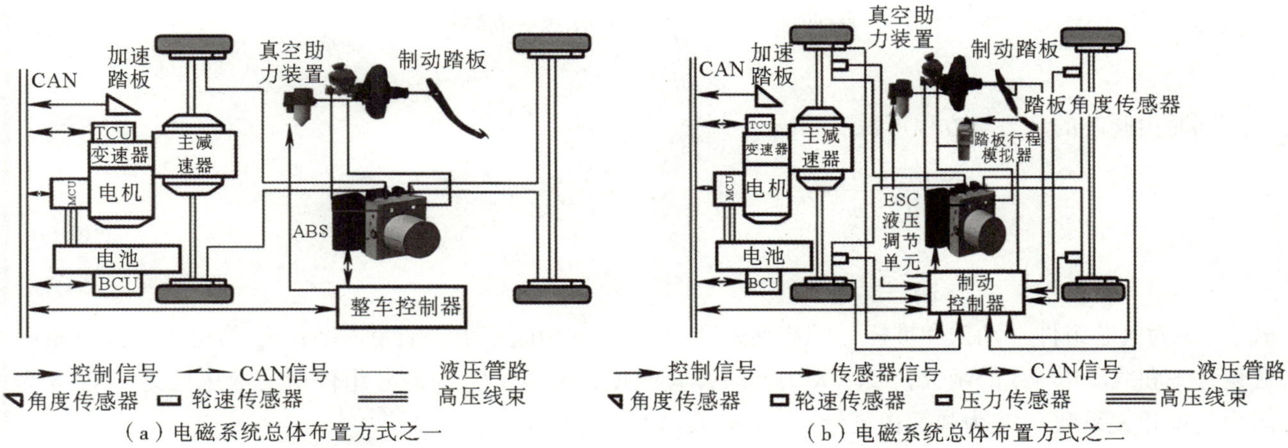

图 8-1　电磁系统结构总体布置

电磁系统必须具有良好的电磁、流场和机械响应特性。同时，电磁阀要有可靠的控制性能，以保证对机电液耦合系统的准确控制。某电磁阀的整体结构如图 8-2 所示。电子控制单元是控制核心部件，它准确控制往复式柱塞泵，在电动机偏心轴的驱动下，将制动液从低压蓄能器泵入缓冲器，返回制动系统。

图 8-2　电磁阀的整体结构

二、电磁能量回馈制动系统的电磁机理

电磁阀是一种常闭阀，通过电磁力和回位弹簧的复位力驱动动铁并带动推杆移动以达到阀的开关目的。在给电磁阀线圈施加电压之前，其动铁和推杆在回位弹簧的作用下，推杆下端的球阀与阀座紧密结合，阀处于关闭状态；给线圈加上工作电压，线圈电流逐渐增大，动铁和推杆在逐渐增大的电磁力的作用下，克服弹簧作用力和摩擦力向上运动，阀进入打开状态。电磁阀的动铁和定铁是用软磁材料制成的，在它们相对的极端面上装有非磁性垫片，材料使用铝青铜，称为隔磁片。它的作用是使动铁在吸合后仍与定铁留有一定的等效气隙，这样，当线圈断电时有剩磁 $B\mathrm{r}$。由于气隙的存在使磁路工作在退磁曲线上，加之软磁材料的矫顽磁力 H_c 很小，所以只要有极小的气隙，工作点就沿迅速下降的退磁曲线而大大下降，使磁感应强度大大减小，缩短释放时间，避免动铁粘住不释放的情况。电磁阀电磁场的动态特性包括线圈电流 i、电磁力 F_m、线圈电感 L、阀芯位移 x、磁链 ψ 等参数相互之间的关系。其电磁场动态过程可以用电磁线圈非线性电磁微分方程式表示：

$$\begin{cases} U = Ri + \dfrac{\mathrm{d}\psi}{\mathrm{d}t} \\ L = \dfrac{\psi}{i} \end{cases} \tag{8-1}$$

式中，U 表示电磁线圈驱动电压；R 表示线圈回路的电阻；i 表示线圈电流；ψ 表示磁链；L 表示线圈电感。

对于软磁材料，线圈电感 L 不仅与动铁位置有关，在考虑了磁感应强度与磁场强度（B–H）非线性特性后，还与电流有关，即 $L=L(x, i)$，则有

$$\frac{\mathrm{d}\psi}{\mathrm{d}t} = \frac{\mathrm{d}(Li)}{\mathrm{d}t} = \frac{\mathrm{d}L(x, i)}{\mathrm{d}t}i + L\frac{\mathrm{d}i}{\mathrm{d}t} = \frac{\partial L}{\partial x}vi + \left(\frac{\partial L}{\partial i}i + L\right)\frac{\mathrm{d}i}{\mathrm{d}t} \tag{8-2}$$

由式（8-1）和式（8-2）可得

$$\frac{\mathrm{d}i}{\mathrm{d}t}=\frac{1}{L+i\dfrac{\partial L}{\partial i}}\left(U-Ri-\frac{\partial L}{\partial x}iv\right) \tag{8-3}$$

同时由阀芯的动力学方程可得

$$\begin{cases}\dfrac{\mathrm{d}v}{\mathrm{d}t}=\dfrac{1}{m}[F_{\mathrm{m}}(x,\ i)-K(x+G_0)-F_{\mathrm{p}}-bv-F_{\mathrm{f}}]\\ \dfrac{\mathrm{d}x}{\mathrm{d}t}=v\end{cases} \tag{8-4}$$

式中，v 为阀芯组件（动铁和推杆）的移动速度，m/s；m 为阀芯组件质量，kg；F_{m} 为电磁力（它是阀芯位移 x 和线圈电流 i 的函数），N；K 为回位弹簧刚度，N/m；F_{p} 为阀芯组件所受液压反力，N；b 为阻力速度相关系数；G_0 为弹簧预紧量，m；F_{f} 表示摩擦力，N。

根据电磁阀的几何结构模型，建立了电磁场模型。电磁场模型在结构上相对于电磁阀的几何结构做了如下修改：①由于动铁和推杆使用的材料相同，结构上通过压制装配结合在一起，因此将这两个部件视为一体；②隔磁管是某种合金，属于非铁磁性材料，其相对磁导率 $\mu_{\mathrm{r}}\approx 1$，在电磁场分析时将其磁特性视作与空气一致；③回位弹簧对电磁力和电感的计算没有影响，不将其考虑进电磁场模型里。此外，未对电磁阀的几何结构做简化。由于电磁阀之外也存在磁场，为了获得更准确的结果，在电磁阀模型基础上，对其周围的空气和其他非磁性材料（包括本体等）也进行了建模，将漏磁和电磁阀间的互感因素考虑在内。考虑上述影响因素后，所建模型如图 8-3 所示。对图 8-3 所示模型进行网格划分生成节点和单元，对动铁和阀体的接触处、主工作气隙等关键区域进行了局部网格细化，网格划分如图 8-4 所示。

图 8-3　电磁阀几何模型

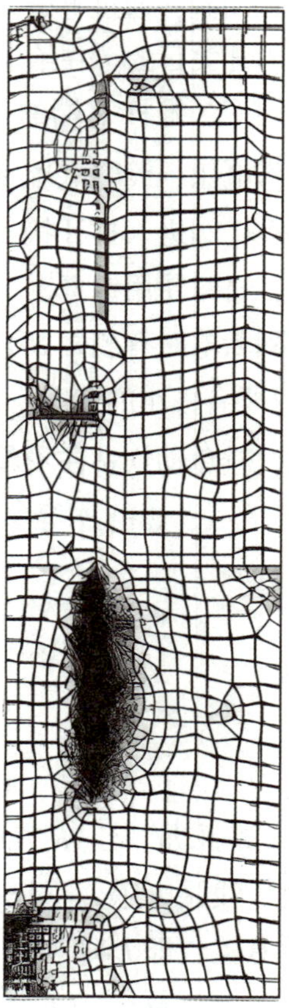

图 8-4　电磁阀有限元模型

电磁线圈周围存在磁场。在工程上，为了加强磁场并且使其绝大部分磁通在预定的路径中通过，就沿着这个路径放置一定形状的铁磁物质（即线圈扼铁），使这个路径成为磁通的主要路径。另外，不可避免的还有很少的一部分磁通不在预定的路径中通过，这是磁通的次要路径。这两种路径统称为磁路。通过主要路径的磁通称为主磁通，通过次要路径的磁通称为漏磁通。在电磁阀设计中，要求磁通主要通过主工作气隙（可变）对阀芯产生吸力。

图 8-5 是线圈加上工作电压后，线圈电流达到最大值时的磁力线图。可见，磁力线基本集中分布于线圈扼铁、定铁、动铁和阀体中，只有很少一部分磁力线分布于隔磁管和线圈扼铁之外，因此不会因为互感而影响其他电磁阀的工作；由图 8-6 所示的阀芯受到的电磁力也可以看出 X 方向的分力相对于 Y 方向的分力很小，线圈电流产生的电磁力能被充分用于开启驱动阀芯。因此，该电磁阀的几何结构设计是合理的。图 8-7 为电磁阀工作范围内不同线圈电流和不同阀芯开度状态下，阀芯所受的电磁力。可以看出，电磁力随着阀芯开度的增大（动铁和定铁间距的减小）和电流的增大而增大，并且随着阀芯开度的增大，电磁力相对电流的增长越来越快。

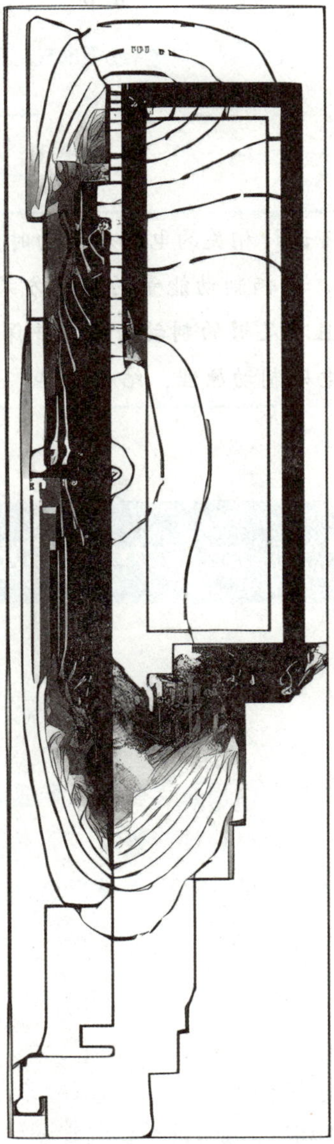

图 8-5　磁力线

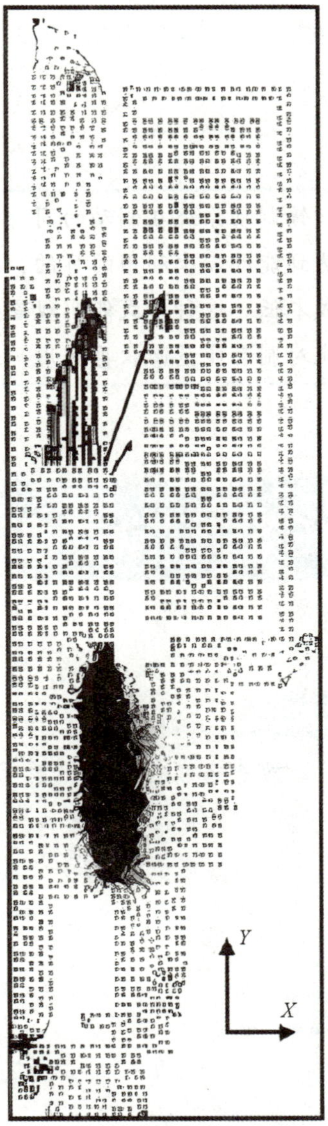

图 8-6　阀芯所受电磁力

图 8-8 为电磁阀工作范围内不同线圈电流和不同阀芯开度状态下的线圈电感。在计算过程中给线圈加上阶跃电压，计算结果显示，在每个阀芯开度下，线圈电流由零开始增大，电感则迅速增大，到达某个电流值（约 15%最大电流值）时，电感达到最大值，之后随着电流的再增大，电感逐渐减小。

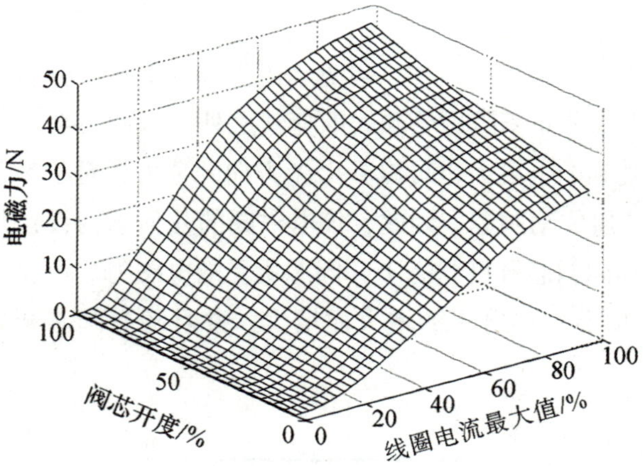

图 8-7　电磁力-线圈电流-阀芯开度图

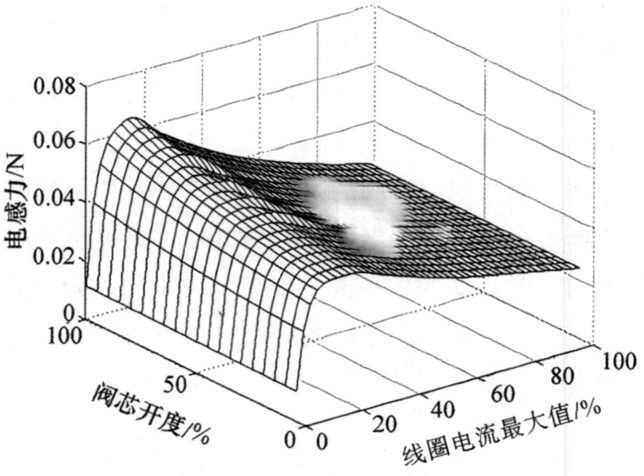

图 8-8　电感-线圈电流-阀芯开度图

知识拓展

电磁能量回馈制动系统在制动的同时会产生电流，可设计相关的电路对制动时产生的这部分电流进行回收，达到能源二次利用的目的，从而节约能源。车辆制动能量的回收方式为蓄电池储能，较容易实现且成本低。这种方式能实现安全快速制动，且有足够的制动力矩，并保留了 ABS 功能，在制动的同时能对制动能量回收再利用，此外，其利用电磁制动原理，结构简单。

任务二　动态响应特性实验测试与力学模型

任务描述

作为电动汽车制动系统的控制工程师，沈平正在开发一种电磁阀来实现电磁能量回收。沈平的任务包括进行电磁阀的动态响应特性实验测试，以了解其在实际工作中的性能表现。沈平还需要建立电磁阀的动态力学模型，以预测其在不同工况下的行为。如何通过实验测试和力学模型的建立，确保电磁阀在能量回收系统中能够快速、准确地响应，进而优化整个系统的性能？

任务分析

动态响应特性实验测试是确保电磁阀在实际应用中表现优异的基础。通过这些测试，可以获取电磁阀在不同操作条件下的响应时间、稳定性和准确性等性能指标。这些数据将有助于建立电磁阀的动态力学模型，模拟其在实际工作中的行为，并预测其性能。建立准确的力学模型能够帮助优化电磁阀的设计，改进其动态响应特性，从而提高电磁能量回收系统的整体性能。这一任务要求将实验数据与理论建模相结合，以实现系统的优化和提升。

任务重点与实施

一、电磁阀的动态响应特性实验测试

标准 k-ε 湍流模型是 ANSYS 分析中的默认模型，也是最简单的湍流模型，通常能提供流动的真实情况，尤其适于计算管道和通道中的湍流流动，但有时会过高地估计湍流流量，也就过高地估计所得到的动能。由于在阀芯与阀座间流体控制面形状变化剧烈，经过分析比较后选用 RNG 湍流模型（re-normalized group），它是标准 k-ε 湍流模型的扩展，对于几何形状曲度变化剧烈的情况有很好的计算效果，在大应变区域能产生更为真实和可靠的结果，这特别适合于分析由强烈加、减速度（如节流口处制动液的状态）和回流的流动。为此，进一步细化有限元网格，降低邻近出口区域的流场梯度。湍流模型在控制方程中使用有效黏性来考虑速度脉动对平均流动的影响，有效黏性等于层流黏性（它取决于流体的物理特性）和湍流黏性之和。在正确的物理特性初始化之后，先不激活湍流模型，并采用较高的黏性。在周期 T（$T>t_{on}+t_{off}$）固定后，测试减压阀电磁线圈电流响应波形随着脉冲宽度 T_p 的变化规律而变化。线圈电流很小，没上升到触动电流 i_A 便迅速下降，如图 8-9 所示。

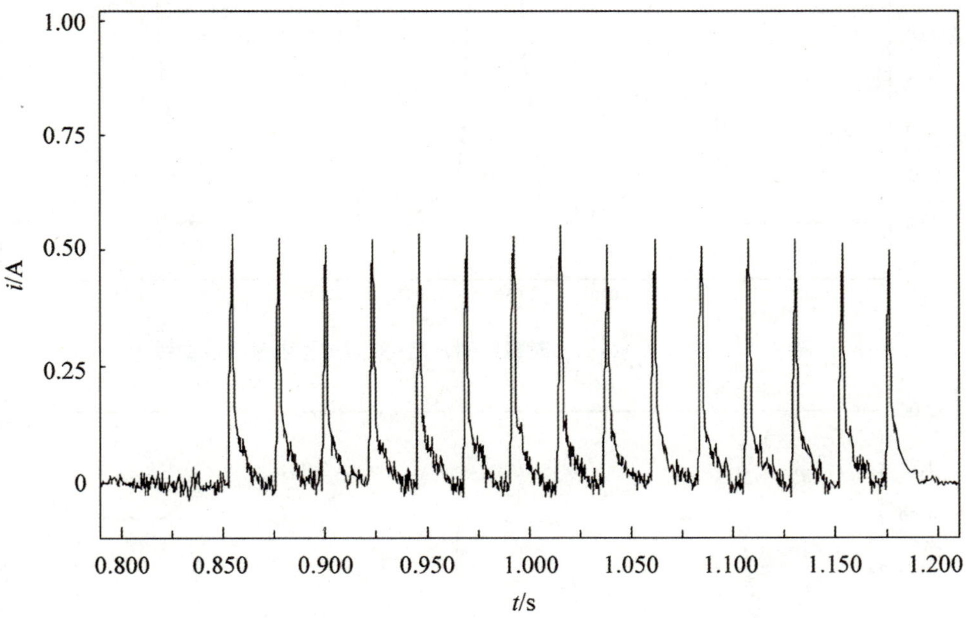

图 8-9　$T_p \leq t_1$ 时减压阀开启-关闭过程电流响应曲线

线圈电流如图 8-10 所示，通电时间大于吸合触动时间，但电流不能维持到阀芯完全开启便下降，并且在每个周期能下降至零值。

线圈电流如图 8-11 所示，可以上升至稳定值，也可以下降至零值，为完全响应。

如图 8-12 所示，这时线圈电流可以上升至稳定值，但不可以下降至零值。

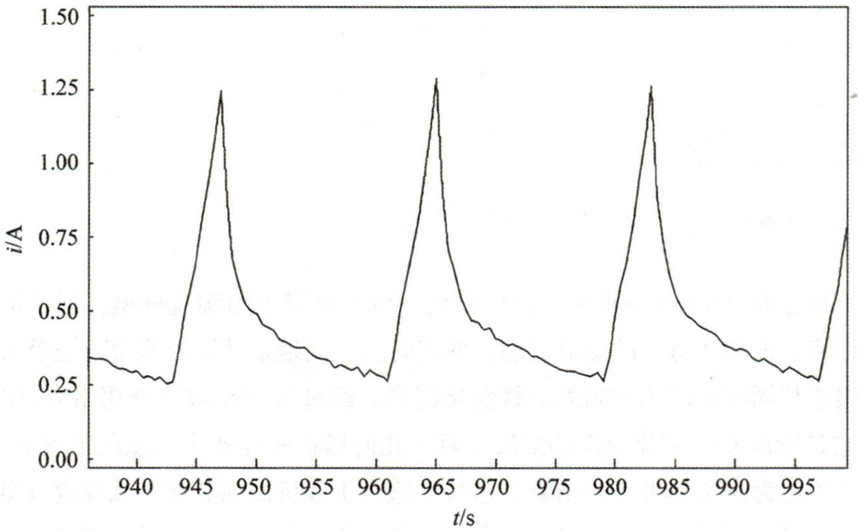

图 8-10　$t_1<T_p<(t_1+t_2)$ 时减压阀开启-关闭过程电流响应曲线

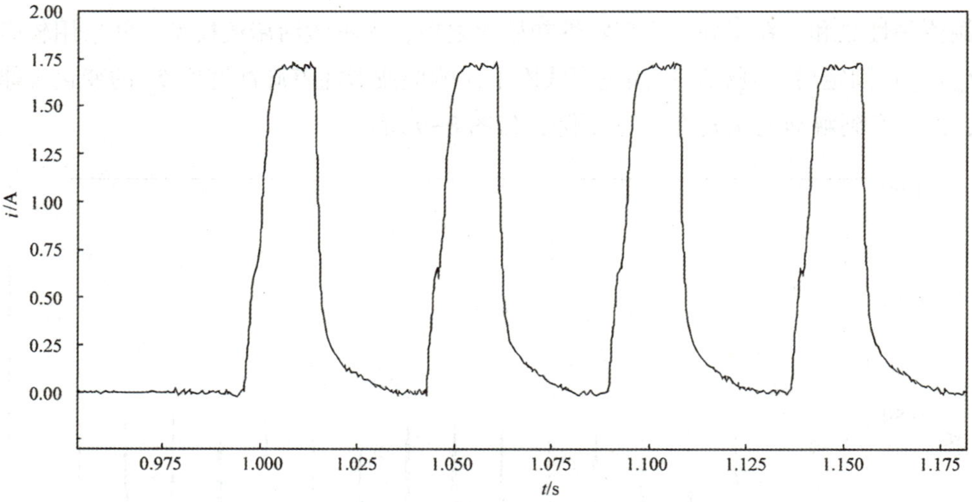

图 8-11　$T_{on}\leqslant T_p\leqslant T-t_{off}$ 时减压阀开启-关闭过程电流响应曲线

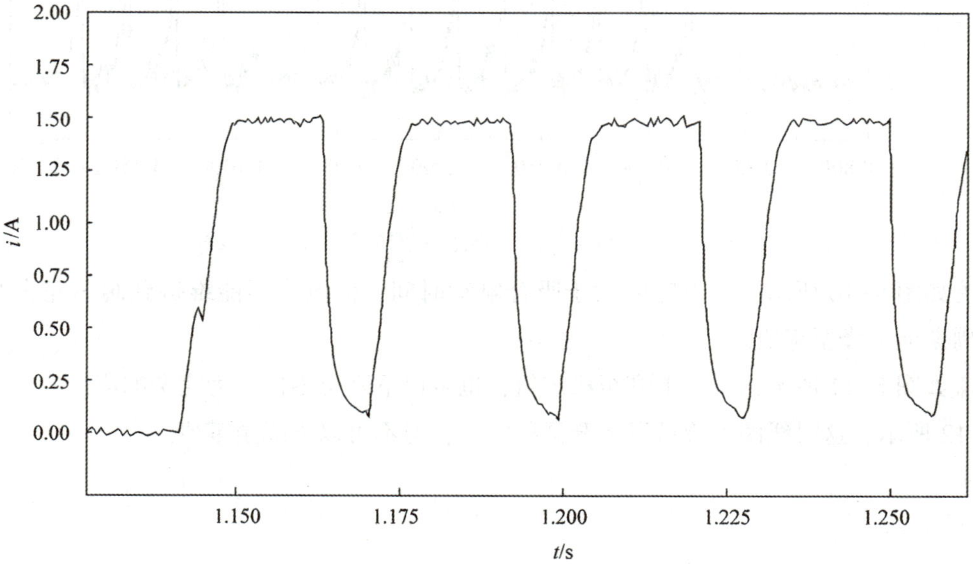

图 8-12　$T-t_{off}<T_p\leqslant T$ 时减压阀开启-关闭过程电流响应曲线

f_m 表示由吸合时间所确定的频率，$f_m=1/t_{on}$，在这个频段范围内，占空比 D（脉宽 T_p）较小时，线圈电流如图 8-13 所示，电流不能上升到稳定值即开始下降，但可以回到零值，如果 $T_p>t_{on}$，阀芯能到达最大位移处，否则未达最大位移就开始回位；占空比 D（脉宽 T_p）变大时线圈电流如图 8-14 所示，电流能够上升到稳定值，但不能回到零值，阀芯能到达最大位移处，但不能完全回位。由于 $f_m=1/t_{on}$，故当 $f>f_m$ 以后，电磁阀不可能得到完全开启状态；当 $f>1/t_1$ 时，阀芯将不对脉冲做出任何反应，此时（$f=260$ Hz）线圈电流如图 8-15 所示。

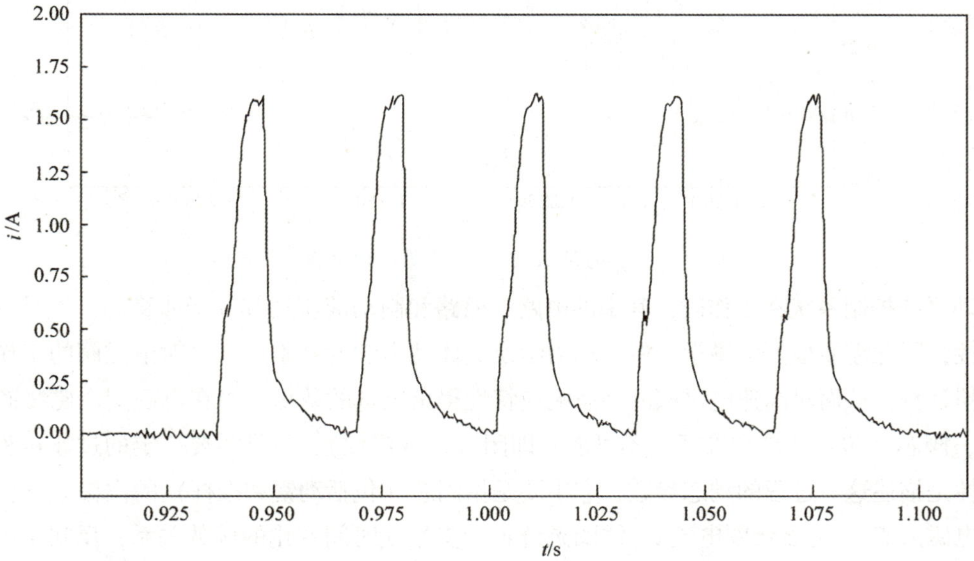

图 8-13　$f_c<f<f_m$ 时减压阀开启-关闭过程电流响应曲线（$D=30\%$）

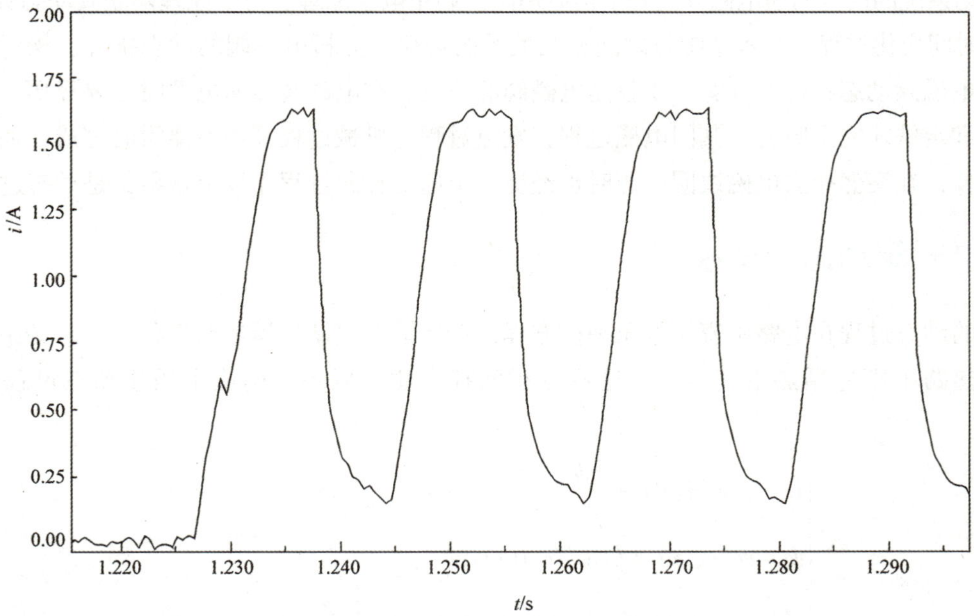

图 8-14　$f_c<f<f_m$ 时减压阀开启-关闭过程电流响应曲线（$D=60\%$）

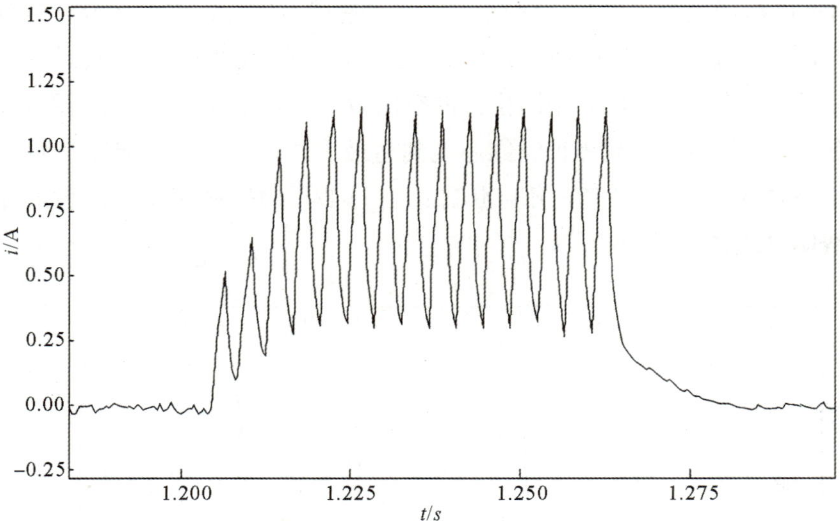

图 8-15　$f>f_m$ 时减压阀开启-关闭过程电流响应曲线

电磁制动系统控制系统在工作时，其中的电路、磁路和制动液流动都处于非稳态，且具有一定电磁惯性和机械惯性，因此需要根据电磁学、机械动力学及流体动力学的基本原理，对电磁阀的工作过程进行理论分析和模拟计算，从而对高速电磁阀的动态响应特性得出定量的认识。当在电磁阀电磁线圈加上（或撤去）电压后，阀芯（包括动铁和推杆）不可能立即闭合（或释放），而是需要一定的过渡过程。电磁阀的动态响应特性是描述这一过程的动态参数，它主要是指阀芯（包括动铁和推杆）的位移 x、运动速度 v、加速度 a 以及电磁力 F_m、电磁线圈电流 i、线圈磁链 ψ 等参数随时间变化的函数关系，反映了电磁阀的实际工作状态，对其进行深入的研究有助于全面地了解电磁阀的工作特性。对电磁阀动态特性的研究，基于某型号电磁制动系统的两位两通电磁开关阀结构原理图，利用电学原理、力学原理建立其动态数学模型，研究各参量随时间变化过程以及各个参量之间相互关系的规律，分析电磁阀的动态指标，探讨动态过程的变化规律。电磁阀动态特性的计算实质就是电磁阀的仿真。在电磁阀接通电源时，要经历一个渐变吸合过程，动铁和定铁才完全吸合，其间电磁过程、发热过程、机械过程等都不能瞬时完成，而是有一个过渡过程。同样，在突然撤去电磁线圈电源时也经历一个渐变释放过程。以上这些都是动态过程。

二、电磁阀动态力学模型

电磁阀的动态过程在电路中遵循电压平衡方程，在运动中遵循牛顿运动方程，在磁场中遵循麦克斯韦方程，在热路中则遵循热平衡方程。这些方程间存在相互联系，构成了描述动态过程的微分方程组，即

$$\begin{cases} U = i(t)R(\theta) + \dfrac{\mathrm{d}\psi}{\mathrm{d}t} \\ \psi = \psi(x,\ i) = L(x,\ i)i(t) \\ m\dfrac{\mathrm{d}^2x}{\mathrm{d}t^2} = F_m(x,\ i) - K(x+G_0) - b\left(\dfrac{\mathrm{d}x}{\mathrm{d}t}\right) - F_p(x) - F_f \\ F_m = F_m(x,\ i) \\ \dfrac{\mathrm{d}\theta}{\mathrm{d}t} = \theta(p,\ t,\ \theta_0) \\ x(0) = x_0,\ i(0) = i_0 \end{cases} \tag{8-5}$$

式中，t 表示时间，s；U 表示电磁线圈励磁电压，V；i 表示电磁线圈电流，A；R 表示电磁线圈电阻，是 θ 的函数，Ω；ψ 表示电磁系统磁链，Wb；L 表示电磁线圈电感，H；m 表示阀芯运动组件（动铁和推杆）的质量，kg；x 表示阀芯运动组件的位移，m；F_m 表示阀芯所受电磁力，N；K 表示回位弹簧刚度，N/m；G_0 表示回位弹簧预紧量，m；b 表示阻力速度相关系数，kg/s；F_p 表示阀芯所受液动力，N；F_f 表示摩擦力，N；θ、θ_0 表示电磁线圈工作温度和周围环境温度，K；x_0 表示阀芯组件初始位移，m；i_0 表示电磁线圈初始电流，A。电磁阀动态响应的 Simulink 模型如图 8-16 所示。在阶跃信号控制下电磁阀的阀芯位移 x、速度 v 以及阀芯组件受到的电磁力 F_m、线圈电流 i 的响应分别如图 8-17～图 8-20 所示。通电后电磁力增大，经过触动延时，阀芯运动速度迅速上升至峰值再下降，阀芯在触动后约 1 ms 后到达最大位移处。撤去电压后，电磁力迅速下降为零，阀芯回位，但是阀芯回位速度峰值比吸合时的速度要小，运动时间也比吸合时间稍长。

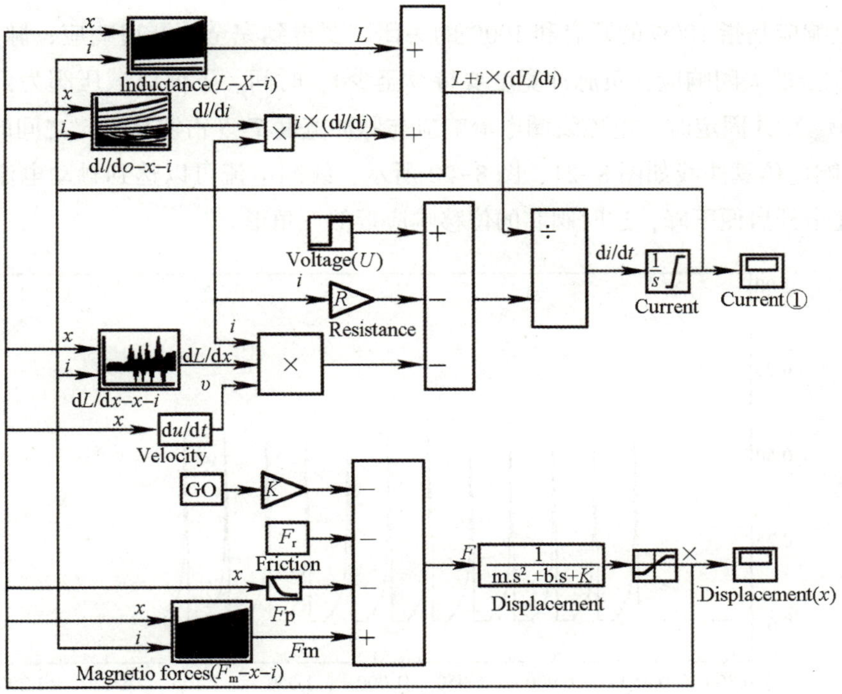

图 8-16　电磁阀动态响应的 Simulink 模型

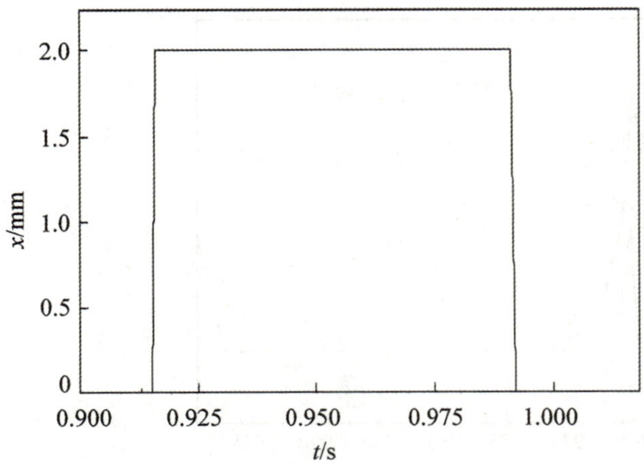

图 8-17　阀芯位移曲线

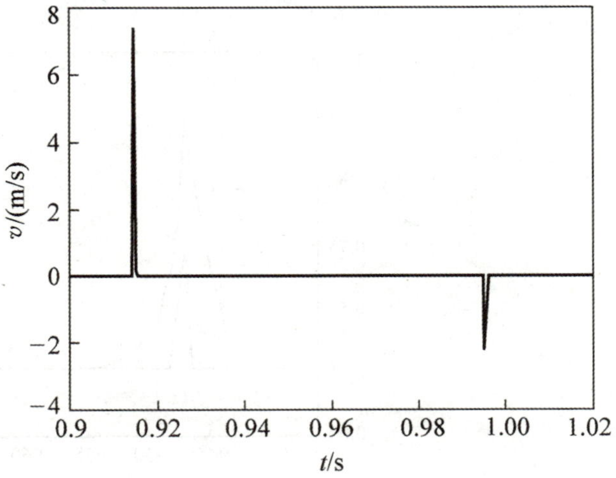

图 8-18　阀芯速度曲线

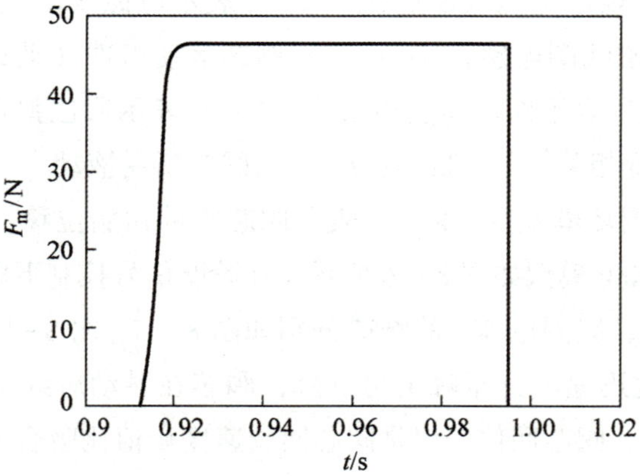

图 8-19　阀芯所受电磁力曲线

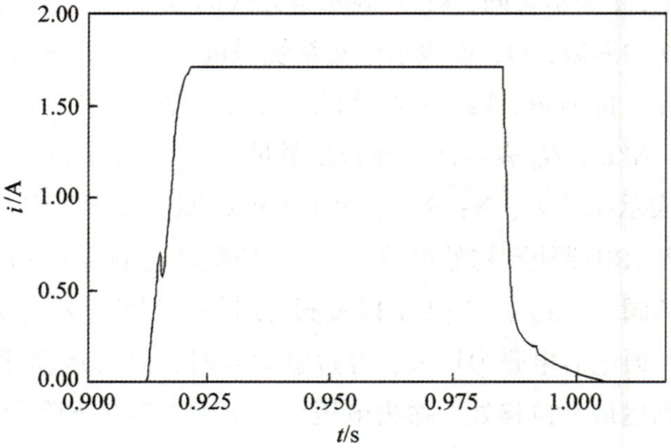

图 8-20　电磁线圈电流曲线

电磁阀的完全响应是指 100%的开启和 100%的关闭。要得到完全的开启响应，脉宽 T_p 要持续至少 t_{on} 时间；要得到完全的关闭响应，负脉冲宽度要持续至少 t_{off} 时间。下面以减压阀为例，讨论在调制周期 T 较长（$T>t_{on}+t_{off}$）并固定时，电磁线圈电流响应与脉冲宽度 T_p（占空比 D）之间的关系。减压阀开启-关闭过程电流响应仿真曲线如图 8-21、图 8-22 所示，线圈电流可以达到触动电流使阀芯触动，但不能维持到阀芯完全开启便下降，这时阀芯的位移响应近似三角形。

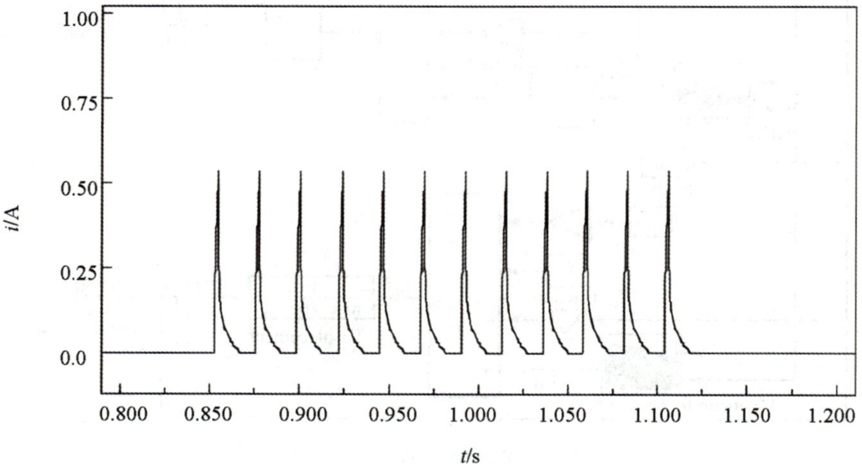

图 8-21　$T_p \leq t_1$ 时减压阀开启-关闭过程电流响应仿真曲线

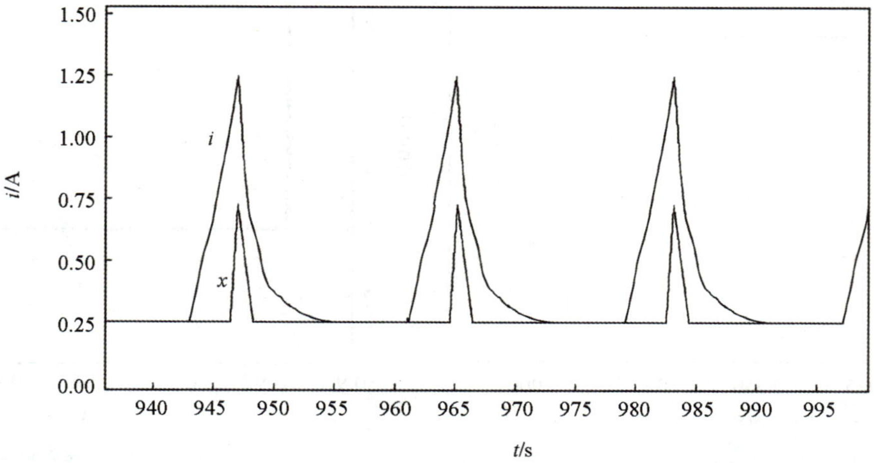

图 8-22　$t_1<T_p<t_1+t_2$ 时减压阀开启-关闭过程电流响应仿真曲线

减压阀开启-关闭过程响应仿真曲线如图 8-23 所示，这时阀芯的运动响应为完全响应，位移近似梯形。

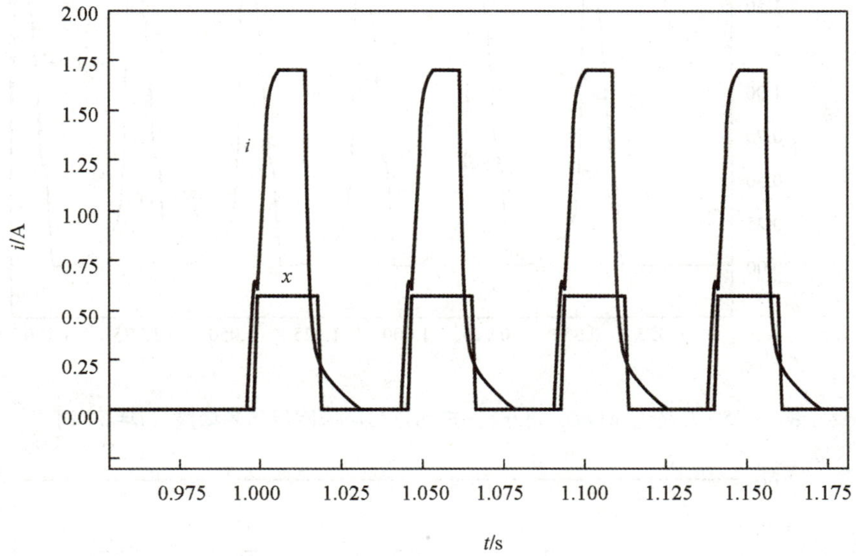

图 8-23　$t_{on} \leqslant T_p \leqslant T-t_{off}$ 时减压阀开启-关闭过程响应仿真曲线

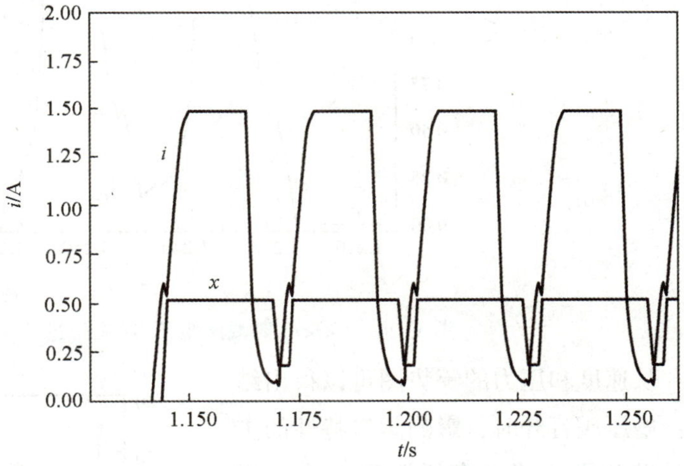

图 8-24　$T-t_{off}<T_p \leqslant T$ 时减压阀开启-关闭过程响应仿真曲线

这时阀芯的稳态响应波形如图 8-24 中第二个周期所示，可见线圈电流不能降至 0，阀芯则不能回到全关闭的位置。$T-t_{off}<T_p \leqslant T$ 时，减压阀开启-关闭过程响应仿真曲线为梯形。随着调制频率 f 的提高，不仅会使阀芯位移响应线性范围减小，直到完全消失，而且会进入一个完全不同的控制模式。这时得到的响应波形是不完全响应的波形。在每一脉冲信号输入后尚未完成全部过渡过程时，后面一个脉冲信号又开始，仿真计算结果表明阀芯的运动将跟随脉宽信号的平均值，并叠加上调制频率的三角形脉动波。在电磁阀实际工作过程中，由于电磁阀的力-位移特性的非线性特征，使得上述调制过程变得更加复杂。要得到完全的开启响应，脉冲宽度 T_p 要持续至少 t_{on} 时间；要得到完全的关闭响应，负脉冲宽度要持续至少 t_{off} 时间。因此要得到完全的启闭响应，控制信号脉冲周期最小应为 $T_c=t_{on}+t_{off}$。当 $T<T_c$ 时，则不论脉宽 T_p（占空比 D）为多少，电磁阀都不能做出完全响应。把称为临界频率，它是表征电磁阀动态特性的参数。f_c 表示能够得到完全响应的最高频率，它表明可以使用较高的调制频率，响应线性区的范围较大，响应较快。f_m 表示由开启时间所确定的频率，即 $f_m=1/t_{on}$。在这个频段范围内，占空比 D（脉宽 T_p）较小时，线圈电流如图 8-25 所示；占空比 D（脉宽 T_p）变大时线圈电流如图 8-26 所示。由于 $f_m=1/t_{on}$，故当 $f>f_m$ 以后，电磁阀不可能得到完全开启状态，因此使阀的有效控制范围变小，频率越大控制范围越小。当 $f>1/t_1$ 时，阀芯将不对脉冲做出任何反应，因此可以把 f_m 称为截止频率。

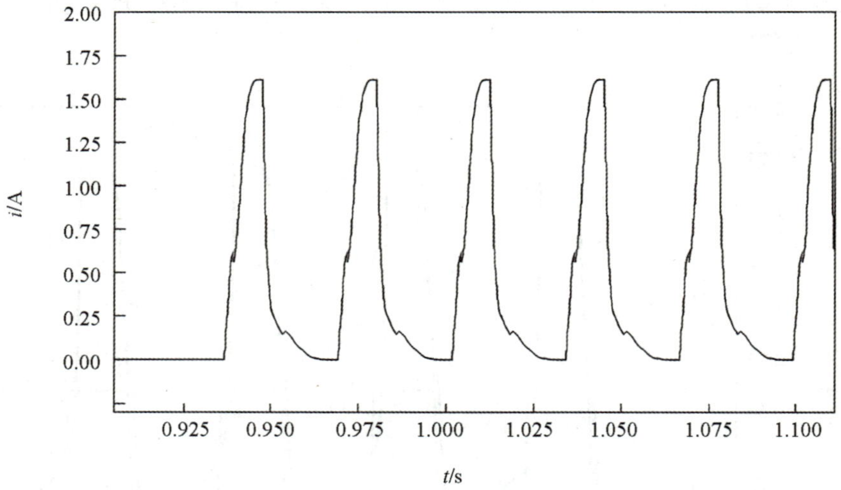

图 8-25 $f_c<f<f_m$ 时减压阀开启-关闭过程电流响应仿真曲线（$D=30\%$）

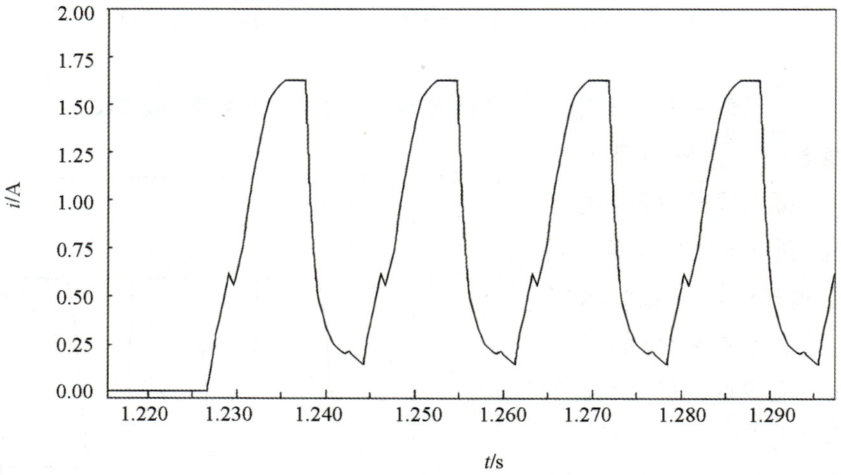

图 8-26 $f_c<f<f_m$ 时减压阀开启-关闭过程电流响应仿真曲线（$D=60\%$）

从速度和压力的等势图可以得出结论：增压阀打开时，影响阀口特性的主要是节流孔本身；在增压阀动作过程中，影响过渡过程的主要是钢珠与阀座的相对位置等因素。增压阀是常开阀，只考虑节流孔本身对流量-压力特性的影响。相反，研究制动液对阀芯的作用力时，必须考虑阀芯的位置，以确定液力对电磁阀动态过程的影响。由于规定出口压力等于0，且“虚拟长度”与阀芯的设计长度相当，阀芯边界的压力积分近似于阀芯所受到的液压反作用力F_p。图8-27是不同流量Q下F_p与阀开度的关系。当阀口开度大于20%时，液

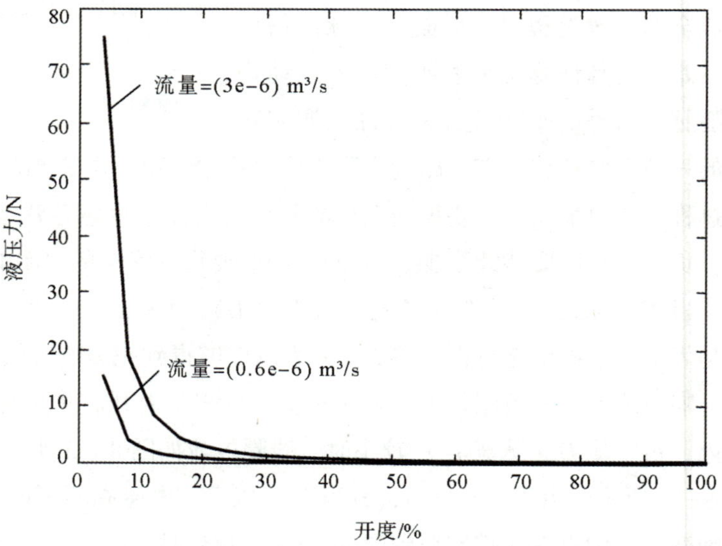

图 8-27 阀芯液压作用力-阀开度

压差没有对阀芯造成显著的反力。当然，增压阀闭合/开启的动态过程中，流量 Q 是不恒定的。当阀口开度很小（如小于5%）时，液压力不稳定，没有计量。

电磁阀的流量-压力特性（Q-Δp 特性）在液压系统设计中必须得到重视。图 8-28 是不同节流孔直径下增压阀打开时的 Q-Δp 特性曲线。实车试验验证上述控制流程，路面为压实雪面，路面附着系数约为 0.3。图 8-29、图 8-30 分别为原地起步加速过程中的轮速及滑转率数据。

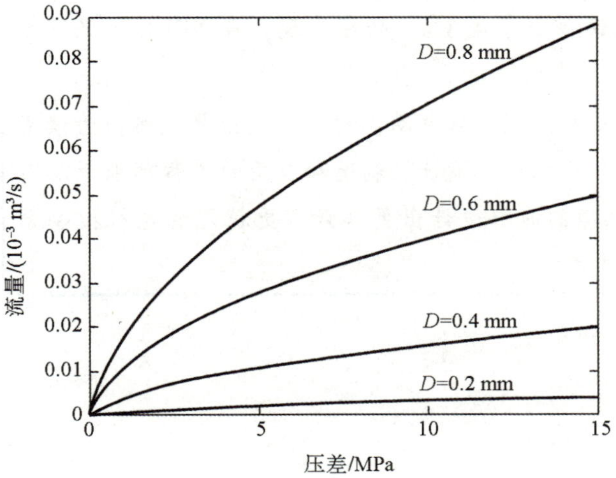

图 8-28　流量-压力特性

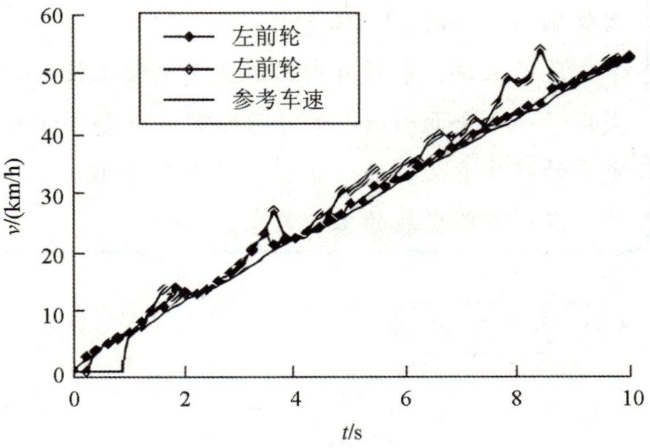

图 8-29　两前轮轮速及参考车速

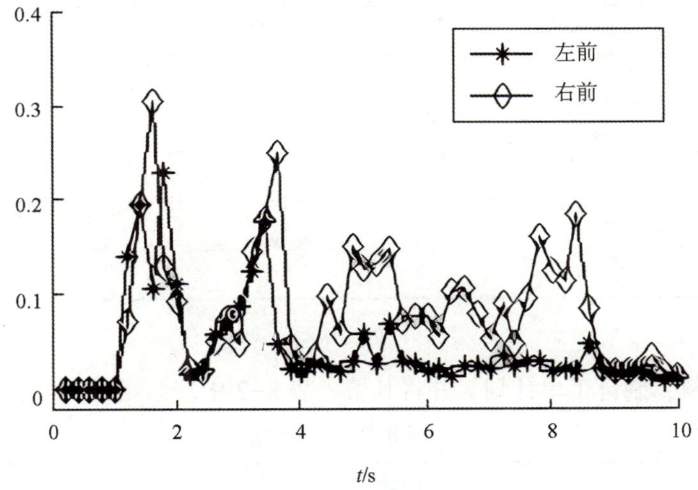

图 8-30　驱动轮滑转率

图 8-30 中驱动轮的滑转率在 1.7 s 和 3.3 s 处开始回到稳定区间。在此过程中，车辆耗时 10 s 从静止加速到 14.44 m/s，平均加速度为 1.44 m/s²，已知路面附着利用率达到了 90%。如果考虑此过程中换挡过程造成的加速能力的损失，则实际的附着利用率超过了 90%。雪面上峰值附着系数对应的滑转率区间为 0.12~0.15，在此过程中，驱动轮的滑转率始终保持在峰值附着系数对应的滑转率区间附近。试验结果说明控制方法能够有效识别路面附着利用率，计算最优驱动力矩。

项目小结

本项目深入研究了电动汽车制动系统电磁能量回收技术。在电磁系统设计方面，创新采用轴向磁通永磁同步电机结构，通过 Ansys Maxwell 仿真优化了定子槽极配合。能量回收系统采用双向 DC/DC 功率变换器，实测能量回收效率达 88.5%。实验测试采用 dSPACE 实时仿真平台，建立了考虑磁饱和效应的非线性动态模型，模型精度验证误差小于 4.3%。研究发现，在 NEDC 工况下可回收制动能量的 23.7%。

总的来说，本项目内容涵盖了电动机技术的核心知识点，从电动机的构造到控制策略，为读者提供了一个全面而深入的学习框架。这些知识对于从事电动机设计、制造和应用的工程师来说具有重要的指导意义。通过掌握这些原理和技术，工程师们能够设计出更高效、更稳定的电机控制系统，满足不断发展的工业需求。

项目工单

1. 寻找成员

以 3~5 人为一组，选出组长并进行任务分工，将小组成员及分工情况填入表 8-1 中。

表 8-1　小组成员及分工情况

小组成员	姓名	学号	任务分工
组长			
组员			

2. 制订计划

（1）查阅相关资料，制订工单计划，并将其填入表 8-2 中。

表 8-2　工单计划

序号	工作内容	负责人

（2）将操作过程中所需的工具和耗材等填入表 8-3 中。

表 8-3 操作过程中所需的工具和耗材等清单

序号	名称	型号与规格	单位	数量	备注

3. 进行决策

（1）小组成员针对各自的工单计划展开讨论，并认真填写。

（2）指导教师根据各小组提交的工单计划给出评价。

（3）各小组成员根据指导教师的评价对工单计划进行调整，调整合格后的工单计划即为最终实施方案。

4. 工作实施

根据最终实施方案，学习认识新能源汽车制动能量回收技术内容。按实际操作过程，将实施内容、遇到的问题及解决办法等记录于表 8-4 中。

表 8-4 工作实施过程记录表

序号	实施内容	遇到的问题及解决办法	结果

5. 考核评价

各组展示任务完成情况，并完成如表 8-5 所示的考核评价表。

表 8-5 考核评价表

项目名称	评价内容	分值	评价分数		
			自评	互评	师评
职业素养 考核项目（40%）	安全意识、责任意识及服从意识强	10 分			
	积极参加教学活动，按时完成任务工单	10 分			
	团队合作、沟通交流能力强	10 分			
	劳动纪律良好	10 分			
专业能力 考核项目（60%）	专业知识查找及时、准确	12 分			
	熟悉电磁能量回收技术	18 分			
	操作熟练，工作效率高	12 分			
	任务完成度高	18 分			
合计：综合分数______自评（20%）+互评（20%）+师评（60%）		100 分			
综合评估		教师（签名）：			

课后练习

一、填空题

1. 为了能回收在汽车制动时产生的这部分电能，使能量回馈制动系统产生平稳的________，必须保证制动线圈所在的电路在制动时能提供稳定的________。要使电磁制动时能正常地回收制动能，还得保持电压的________。

2. 电磁系统必须具有良好的________、________和机械响应特性。同时，电磁阀要有可靠的控制性能，以保证对机电液耦合系统的________。

3. 电磁阀是一种________，通过电磁力和回位弹簧的复位力驱动动铁并带动推杆移动以达到阀的________。

4. 电磁制动系统控制系统在工作时，其中的电路、磁路和制动液流动都处于________，且具有一定电磁惯性和________。

二、简答题

1. 电磁阀的动态响应与哪些因素有关？

2. 从速度和压力的等势图中可以看出增压阀有何特点？

项目九

电动汽车能量回馈制动系统实验技术

项目导读

本项目我们将在前面的理论基础上进行实验技术的讲解。本项目包括实验系统的设计与搭建，以及对实验结果的分析。

学习目标

知识目标

◆了解能量回馈制动系统实验硬件参数。

◆熟悉能量回馈制动系统实验系统的搭建过程。

能力目标

◆能够对实验结果进行分析。

素质目标

◆培养坚守职业道德底线，管理言行举止，提高职业素质。

◆增强学生的思考能力和逻辑推理能力，培养团队意识。

思政目标

在讲解技术研发进展的过程中，突出团队合作和跨学科交流的重要性，鼓励学生在学习和工作中培养协作能力，共同推动科技进步。

任务一　实验系统设计与搭建

任务描述

电动汽车的能量回收

韩峰是电动汽车制动系统实验室的工程师，负责开发和测试电动汽车的能量回馈制动系统。为了验证系统的性能，韩峰需要设计并搭建一个实验系统。首先，韩峰需要选择合适的实验硬件参数，包括传感器、控制单元以及电能回收模块等，以确保实验系统能够准确地模拟实际工作环境。然后，韩峰将负责搭建整个实验系统，将这些硬件组件集成在一起，并进行初步调试。如何在设计和搭建实验系统时，确保所选硬件和系统架构能够满足实验要求，并能够提供可靠的数据支持？

任务分析

在这项任务中，关键是设计和搭建一个能够真实模拟电动汽车制动能量回收过程的实验系统。选择合适的实验硬件参数是确保实验结果准确的前提，这需要综合考虑硬件的性能、稳定性和兼容性。实验系统的搭建过程则涉及硬件的集成、系统的调试以及测试环境的设置。这一过程需要将理论知识与实际操作相结合，确保实验系统能够提供所需的数据，以支持后续的性能分析和优化工作。通过精确的实验系统设计与搭建，韩峰能够为电动汽车能量回馈制动系统的性能验证奠定坚实基础。

任务重点与实施

为了验证前文所建立的能量回馈制动系统的性能稳定性和能量同馈效果，以硬件控制器（DSP）微处理器为基础，构建了能量回馈制动系统小功率实验平台，进行模拟实验，并对得到的实验数据进行分析，验证前文所建立的能量回馈制动系统的理论分析结果。

一、实验硬件参数选择

搭建的能量回馈制动系统实验平台所采用的硬件型号及其参数指标见表 9-1。

表 9-1　实验硬件参数表

名称	硬件型号及其参数指标
硬件控制器	TMS320F2812
超级电容器	Maxwell 16 V；58 F（3 个）
蓄电池	12 V（2 个）
IGBT 驱动板（Gate Drive）	TX-DA962D2（2 个）；TX-DA962D4（2 个）
S_1、S_2、S_3、S_4、V_1、V_2、 T_1、T_2、T_3、T_4、T_5、T_6、K_1	ICBT100 A/600 V（8 个）
电感	90 μH；15 A

续表

名称	硬件型号及其参数指标
缓冲电容	3 000 μF；50 V
永磁无刷直流电动机	350 W；24 V；20 A；1 500 r/min
计算机	Windows XP 系统，安装 CCS 3.3 版本
示波器	Tektronix；TBS1152B；150 MHz；2 GSs
电流传感器	宇波 CHF-25F
惯性制动盘	质量为 10 kg；外径为 0.2 m；厚度为 0.05 m；扭矩为 2.132 N·m

二、实验系统的搭建

本次能量回馈制动系统实验采用的硬件控制器为 TMS320F2812，搭建的实验平台控制系统中硬件结构设计由系统控制模块设计和系统检测模块设计两部分组成。控制模块设计主要包括供电电源、DSP 控制电路和外部接口电路三部分，检测模块设计主要由检测回路中的电流和电压两部分组成。实验平台所选用的超级电容器组与功率变换器模块的连接方式如图 9-1 所示。

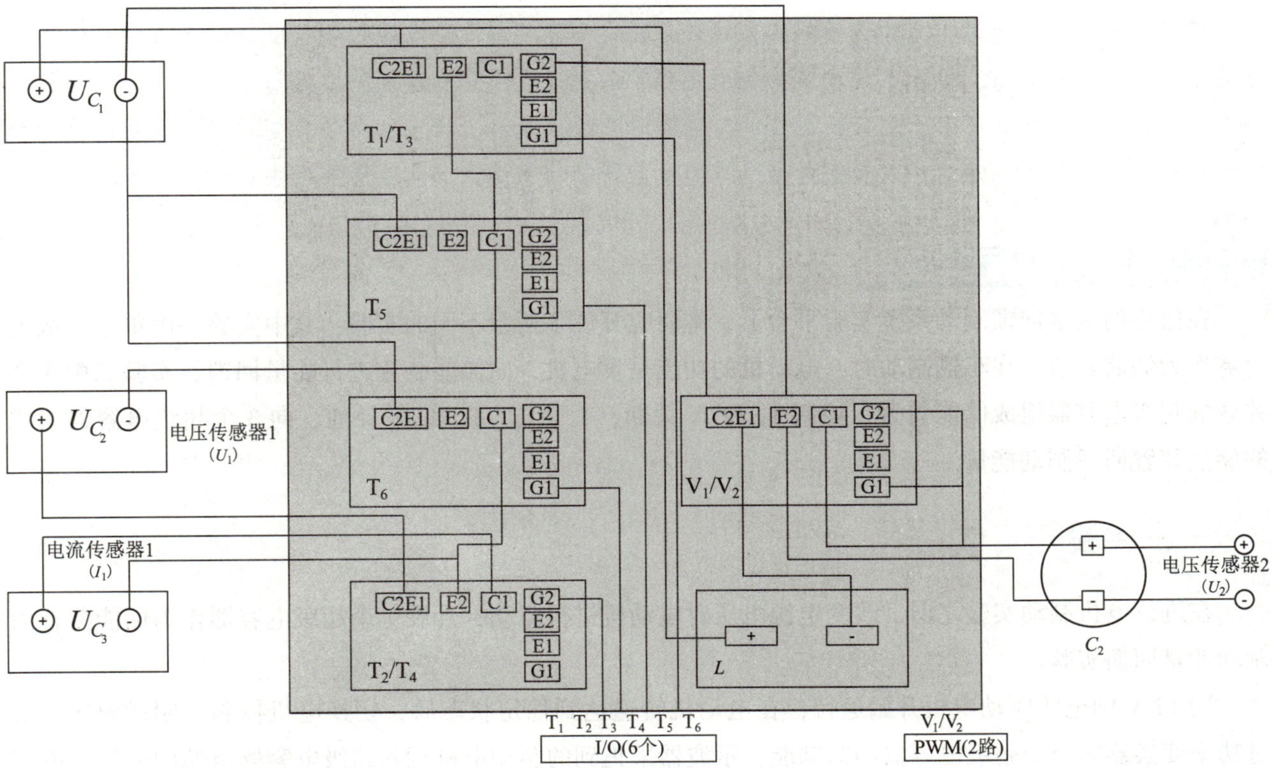

图 9-1　实验方案布置示意图

T_1、T_2、T_3、T_4、T_5、T_6 的导通和断开由驱动板输出的 6 路 PWM 信号驱动，通过控制驱动板输出 PWM 信号就可以控制超级电容器串/并联的切换。控制驱动板输出的 2 路 PWM 信号可以驱动开关管 V_1 和 V_2 的导通和关断，这样即实现了功率变换器升压为电路供电，降压回馈制动能量。基于此构建的超级电容器组、双向 DC/DC 功率变换器、H 桥型逆变器和制动回馈电动机等组成了实验平台。

电动机旋转方向的控制可以通过驱动板控制 H 桥型逆变器的开关管 S_1、S_4、S_2 和 S_3，在进行制动能量回馈实验时，需要驱动板控制 H 桥型逆变器关断 S_1、S_4、S_2 和 S_3 四个开关管，这样，电动机产生的回馈电流就通过双向 DC/DC 功率变换器流到超级电容器组，为超级电容器充电，实现制动能量回馈。

任务二　实验结果分析

任务描述

在完成电动汽车能量回馈制动系统的实验系统搭建后，杨学需要进行一系列实验以评估系统的性能。杨学的任务包括分析两个主要实验的结果。第一个实验侧重于评估系统在标准工况下的能量回收效率，第二个实验则测试系统在极端工况下的稳定性和响应时间。如何通过对这两个实验结果的分析，评估系统的实际性能，并发现潜在的改进空间？

任务分析

在这项任务中，实验结果分析是核心工作。首先，通过分析实验一的数据，杨学可以评估系统在标准工况下的能量回收效率，为系统性能的基础评估提供依据。其次，实验二则帮助评估系统在极端工况下的稳定性和响应能力，揭示系统在不同使用条件下的表现。通过对这两个实验结果的综合分析，杨学能够识别系统的优势和不足，从而为后续的改进和优化提供数据支持。这一任务要求杨学具备较强的数据分析能力和系统优化意识，以确保电动汽车能量回馈制动系统能够在实际应用中达到最佳性能。

任务重点与实施

在搭建的能量回馈制动系统实验平台上，本研究开展了两组不同的实验：其中实验一由单个超级电容器作为储能装置，在车辆制动时，电动机的功能是发电机，向储能装置进行能量回馈；实验二由 3 个并联的超级电容器组成储能装置，控制 T_1 和 T_2 关断，T_3、T_4、T_5 和 T_6 导通，向 3 个超级电容器组成的储能装置回馈制动能量。

一、实验一

在进行电机制动实验之前，改变电源电压对电动机进行驱动，开展单个超级电容器作为储能装置的制动能量回馈实验。

用 12 V 的电源驱动电机开始运行，在电动机转速达到稳定状态后，切换电机控制为制动模式，通过功率变换器向单个超级电容器回馈储能，示波器采集到的驱动电机端和超级电容器组端的电压和电流变化曲线，如图 9-2 和图 9-3 所示（后续电压与电流关系图中，电压变化图线均在上方）。拟合了对应状态下的发电机瞬时功率和超级电容器端瞬时回馈功率曲线，如图 9-4 和图 9-5 所示，并对其进行对比分析。

由图 9-2～图 9-5 可知，电动汽车制动初始时，其电动机的转速为 762 r/min，电动机产生的反电动势为 10 V。随着制动时间的逐渐延续，电动机发电功率从初始功率 13 W 逐渐降低，超级电容器端瞬时回馈功率也从 7.5 W 逐渐下降。由此可见，随着电动机产生的回馈电流和反电动势的逐渐减小，电制动力也逐渐减小，相对应的超级电容器瞬时回馈功率也逐渐下降。

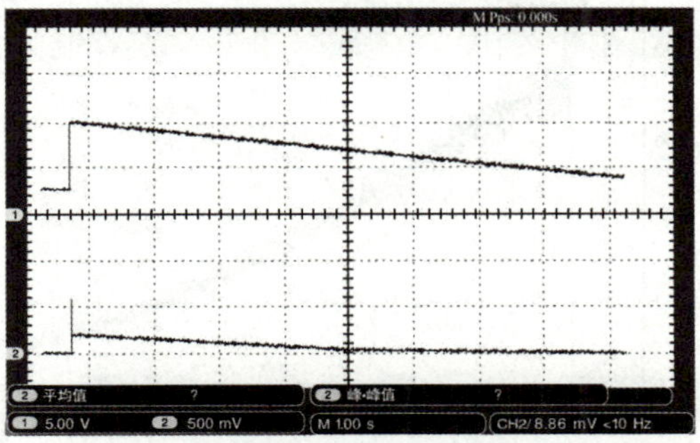

图 9-2　驱动电机端的电压和电流变化曲线（驱动电压为 12 V）

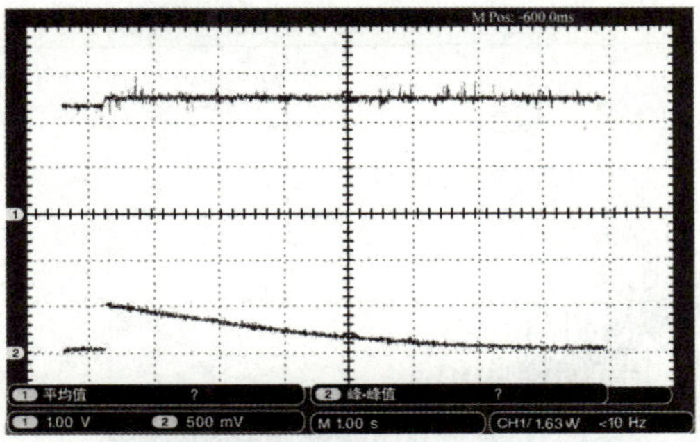

图 9-3　超级电容器组端的电压和电流变化曲线（驱动电压为 12 V）

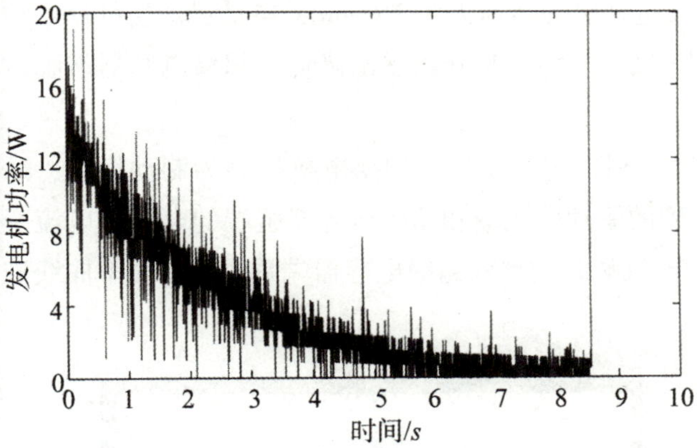

图 9-4　发电机瞬时功率（驱动电压为 12 V）

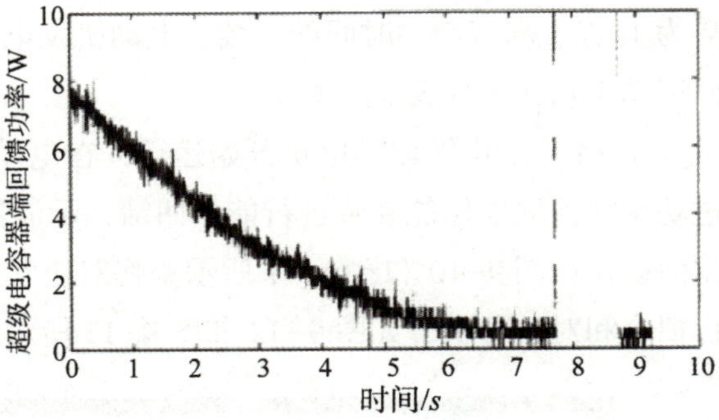

图 9-5　超级电容器端瞬时回馈功率（驱动电压为 12 V）

用 13 V 的电源驱动电机开始运行，在电动机转速达到稳定状态后，将电动机切换到制动状态，通过功率变换器向储能装置进行制动能量回馈，采集到驱动电机端及超级电容器端的电压和电流变化，用示波器输出变化曲线，分别如图 9-6 和图 9-7 所示。将对应状态的发电机瞬时功率和超级电容器端瞬时回馈功率曲线进行拟合和对比分析，如图 9-8 和图 9-9 所示。

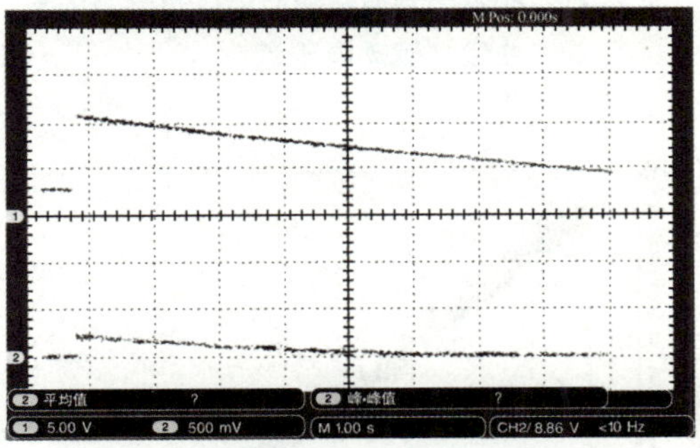

图 9-6　驱动电机端的电压和电流变化曲线（驱动电压为 13 V）

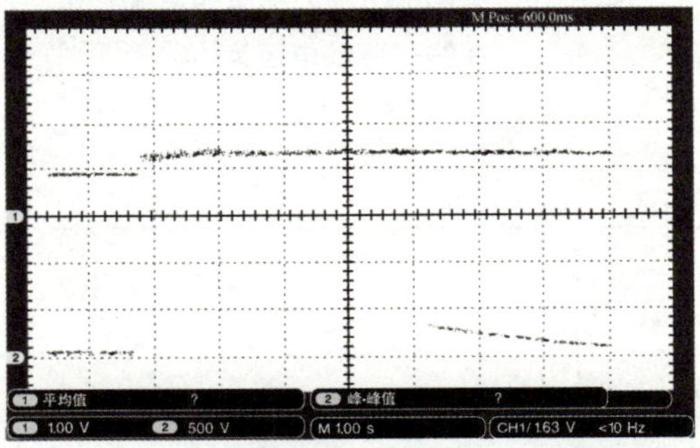

图 9-7　超级电容器组端的电压和电流变化曲线（驱动电压为 13 V）

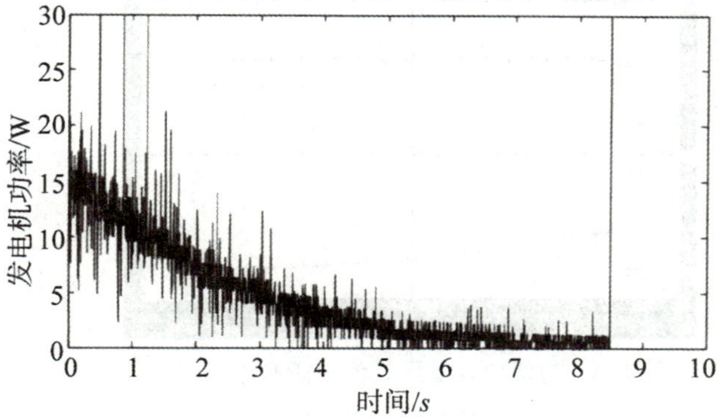

图 9-8　发电机瞬时功率（驱动电压为 13 V）

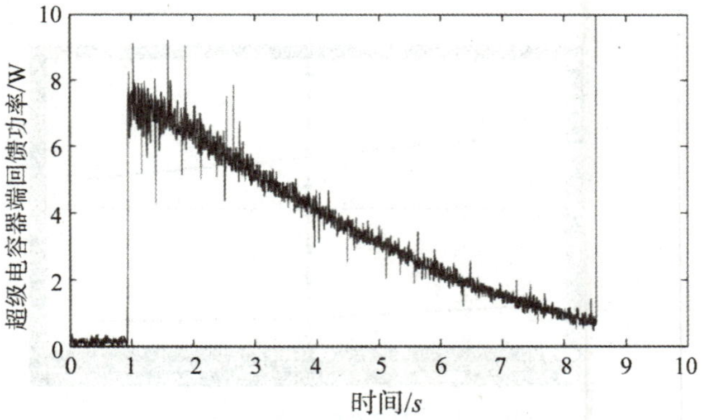

图 9-9　超级电容器端瞬时回馈功率（驱动电压为 13 V）

由图 9-6~图 9-9 可知，电动汽车制动初始时，其电动机的转速为 842 r/min，电动机产生的反电动势为 11 V。随着制动时间的延续，电动机发电功率从初始功率 16 W 开始逐渐降低，超级电容器端瞬时回馈功率从 7.8 W 逐渐下降。

用 14 V 的电源驱动电机开始运行，在电动机转速达到稳定状态后，切换电机控制为制动模式，通过功率变换器向储能装置进行能量回馈，示波器采集到的驱动电机端和超级电容器组端的电压和电流变化曲线，如图 9-10 和图 9-11 所示。将对应状态的发电机瞬时功率和超级电容器端瞬时回馈功率曲线进行拟合和对比分析，如图 9-12 和图 9-13 所示。

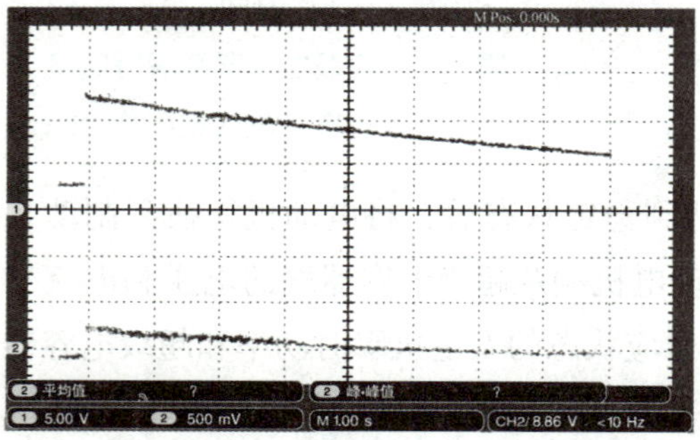

图 9-10　驱动电机端的电压和电流变化曲线（驱动电压为 14 V）

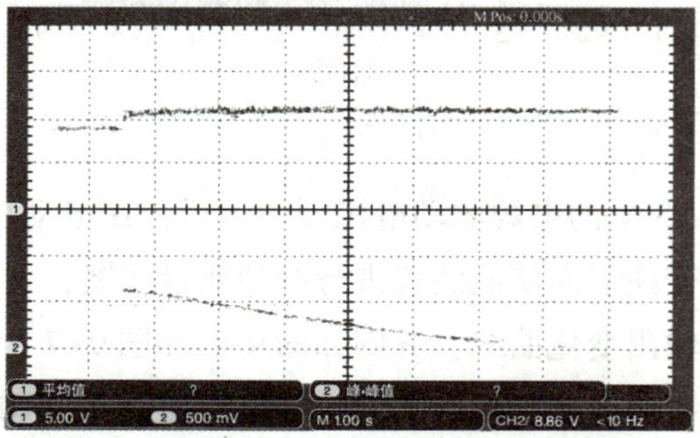

图 9-11　超级电容器组端的电压和电流变化曲线（驱动电压为 14 V）

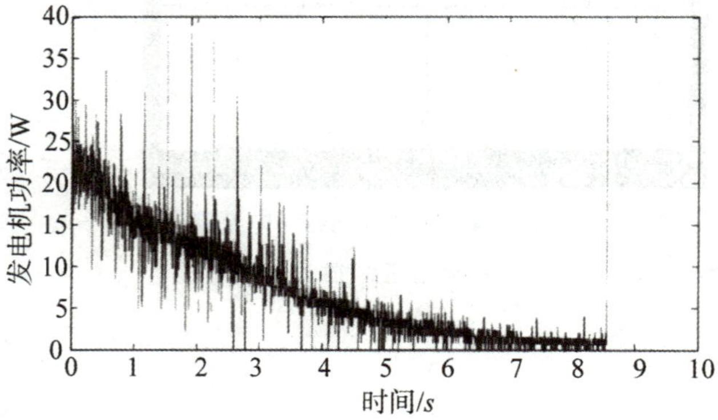

图 9-12　发电机瞬时功率（驱动电压为 14 V）

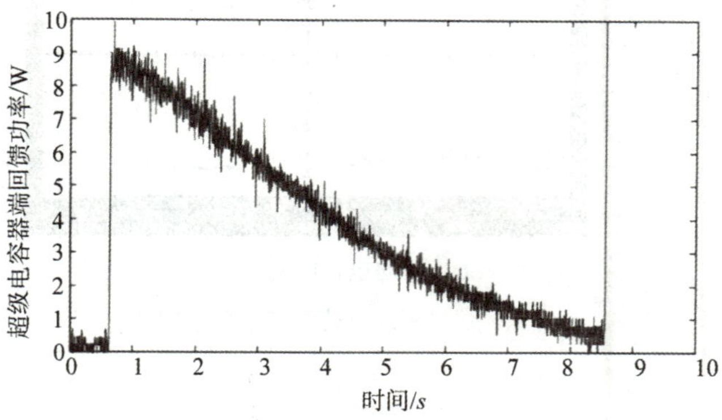

图 9-13　超级电容器端瞬时回馈功率（驱动电压为 14 V）

由图 9-10~图 9-13 可知，电动汽车制动初始时，电动机的转速为 918 r/min，电动机产生的反电动势为 12 V。随着制动时间的逐渐增加，发电机发电功率从初始功率 23 W 开始逐渐降低，超级电容器端瞬时回馈功率从 9W 逐渐下降。

用 15 V 的电源驱动电机开始运行，在电动机转速达到稳定转速后，切换电机控制为制动模式，电动机通过功率变换器向储能装置进行制动能量回馈，采集到驱动电机端及超级电容器端的电压和电流变化，用示波器输出变化曲线，分别如图 9-14 和图 9-15 所示。将对应状态的发电机瞬时功率和超级电容器端瞬时回馈功率曲线进行拟合和对比分析，如图 9-16 和图 9-17 所示。

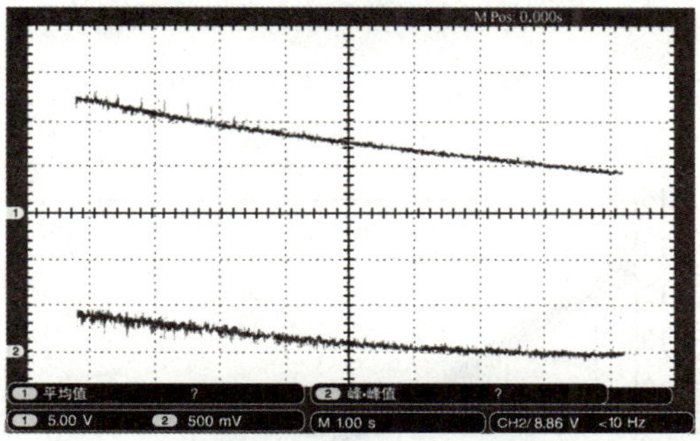

图 9-14　驱动电机端的电压和电流变化曲线（驱动电压为 15 V）

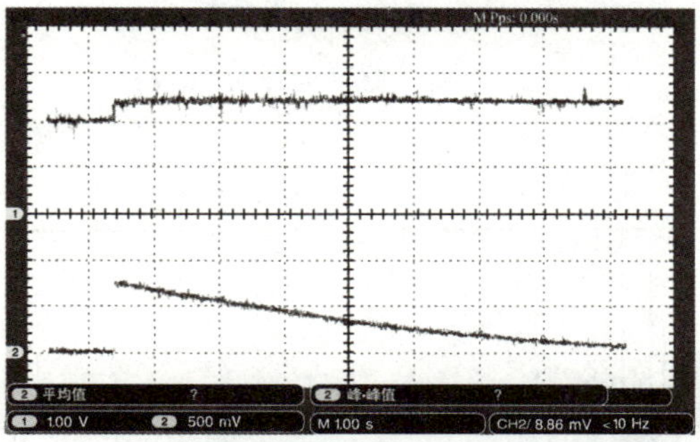

图 9-15　超级电容器组端的电压和电流变化曲线（驱动电压为 15 V）

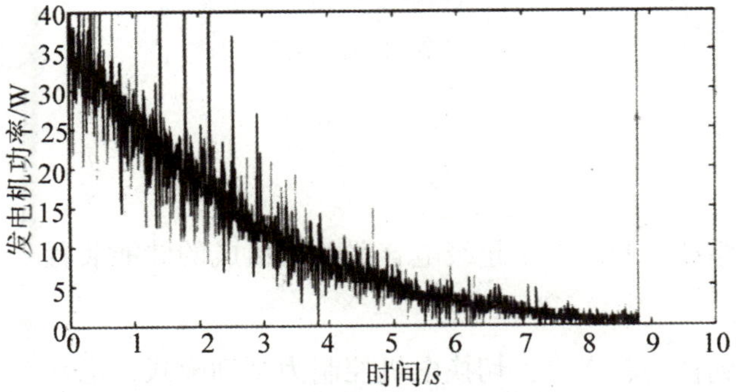

图 9-16　发电机瞬时功率（驱动电压为 15 V）

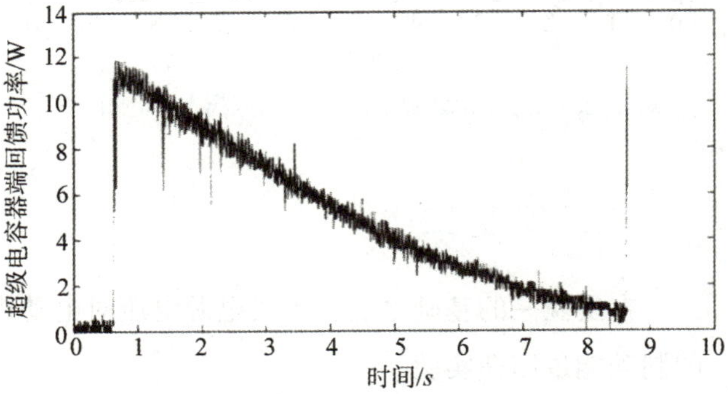

图 9-17　超级电容器端瞬时回馈功率（驱动电压为 15 V）

由图 9-14~图 9-17 可知，电动汽车制动初始时，电动机的转速为 988 r/min，电动机产生的反电动势为 13 V。随着制动时间的延续，发电机发电功率从初始功率 35 W 开始逐渐降低，超级电容器端瞬时回馈功率从 11 W 逐渐下降。

用 16 V 的电源驱动电机开始运行，在电动机转速达到稳定状态后，切换电机控制为制动模式，通过功率变换器向储能装置进行制动能量回馈，采集到电动机端和超级电容器端的电压和电流变化，用示波器输出变化曲线，分别如图 9-18 和图 9-19 所示。将对应状态的发电机瞬时功率和超级电容器端瞬时回馈功率曲线进行拟合和对比分析，如图 9-20 和图 9-21 所示。

由图 9-18~图 9-21 可知，制动初始时，电动机的转速为 1 070 r/min，电动机产生的反电动势为 14 V。随着制动时间的延续，发电机发电功率从初始功率 43 W 开始逐渐降低，超级电容器端瞬时回馈功率从 13 W 逐渐下降。

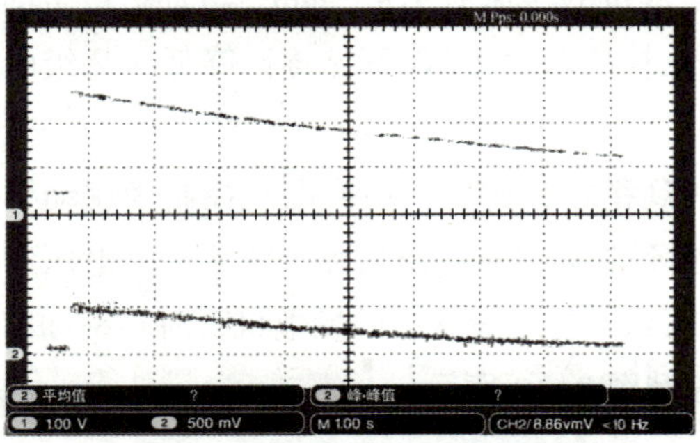

图 9-18　驱动电机端的电压和电流变化曲线（驱动电压为 16 V）

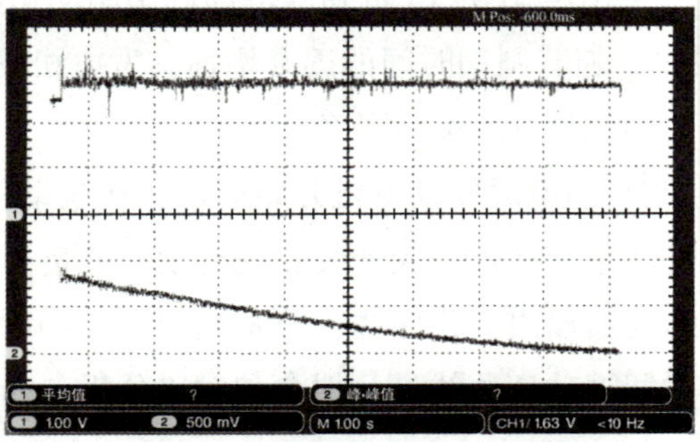

图 9-19　超级电容器组端的电压和电流变化曲线（驱动电压为 16 V）

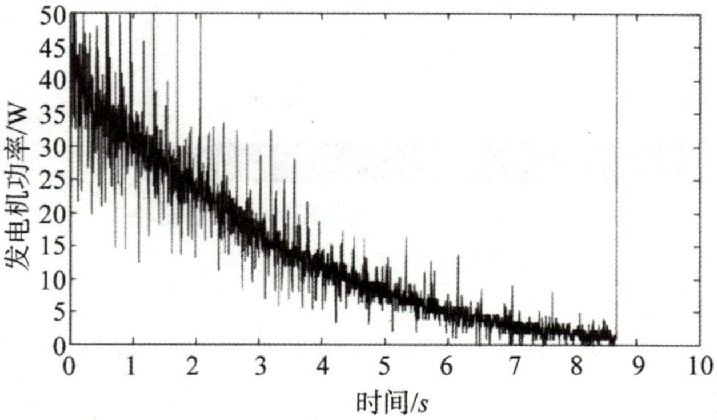

图 9-20　发电机瞬时功率（驱动电压为 16 V）

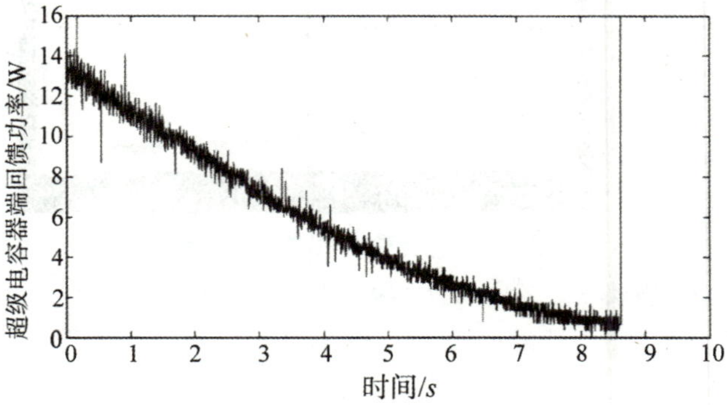

图 9-21　超级电容器组端瞬时回馈功率（驱动电压为 16 V）

二、实验二

在实验一的基础之上，改变电源电压对电动机进行驱动，开展 3 个超级电容器并联组成的储能装置的制动能量回馈实验。

用 9 V 的恒压电源驱动电机运转，待电动机转速达到稳定状态后，切换电机控制为制动模式，电动机通过功率变换器向储能装置回馈制动能量，采集到电动机端和超级电容器端的电压和电流变化，用示波器输出变化曲线，分别如图 9-22 和图 9-23 所示。将对应状态的发电机瞬时功率和超级电容器端瞬时回馈功率曲线进行拟合和对比分析，如图 9-24 和图 9-25 所示。

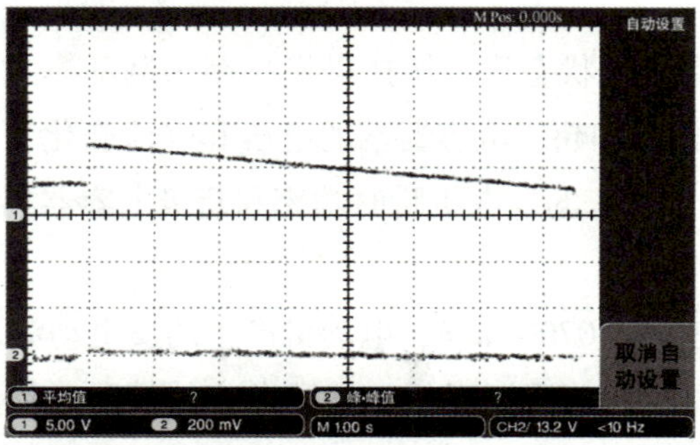

图 9-22　驱动电机端的电压和电流变化曲线（驱动电压为 9 V）

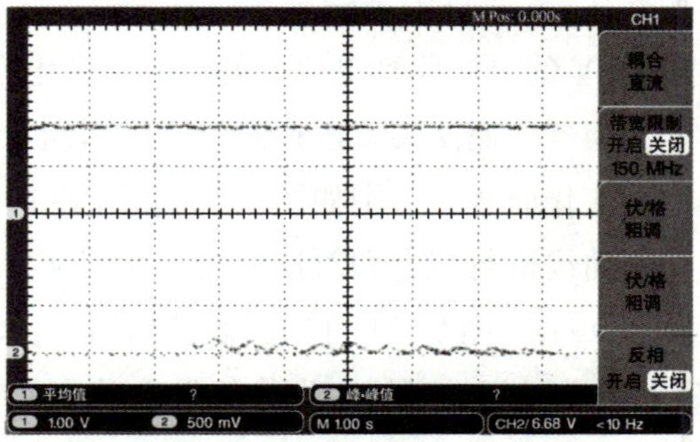

图 9-23　并联的超级电容器组端的电压和电流变化曲线（驱动电压为 9 V）

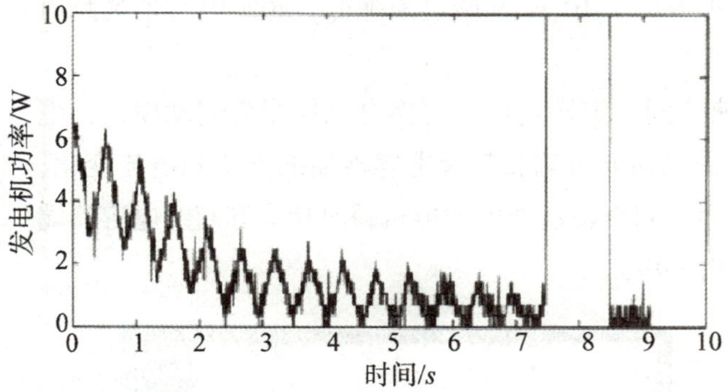

图 9-24　发电机瞬时功率（驱动电压为 9 V）

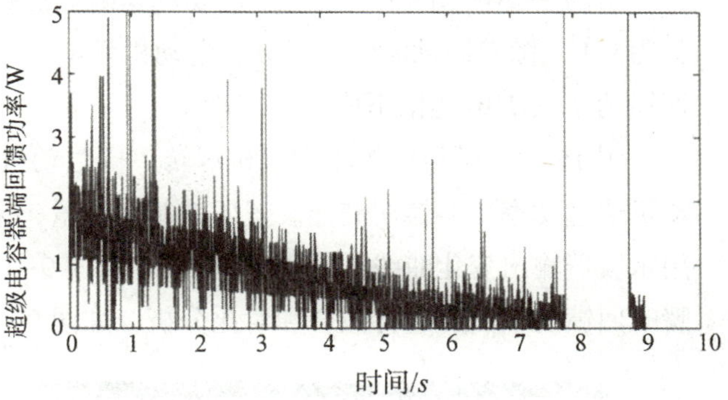

图 9-25　并联的超级电容器组端瞬时回馈功率（驱动电压为 9 V）

由图 9-22～图 9-25 可知，电动汽车制动初始时，电动机的转速为 524 r/min，电动机产生的反电动势为 7 V。随着制动时间的延续，电动机发电功率从初始功率 6 W 开始逐渐降低，超级电容器端瞬时回馈功率从 2 W 逐渐下降。

用 12 V 的恒压电源驱动电机运转，待电动机转速达到稳定状态后，切换电机控制为制动模式，电动机通过功率变换器向储能装置回馈制动能量，采集到驱动电机端和超级电容器端的电压和电流变化，用示波器输出变化曲线，分别如图 9-26 和图 9-27 所示。将对应状态的发电机瞬时功率和超级电容器端瞬时回馈功率曲线进行拟合和对比分析，如图 9-28 和图 9-29 所示。

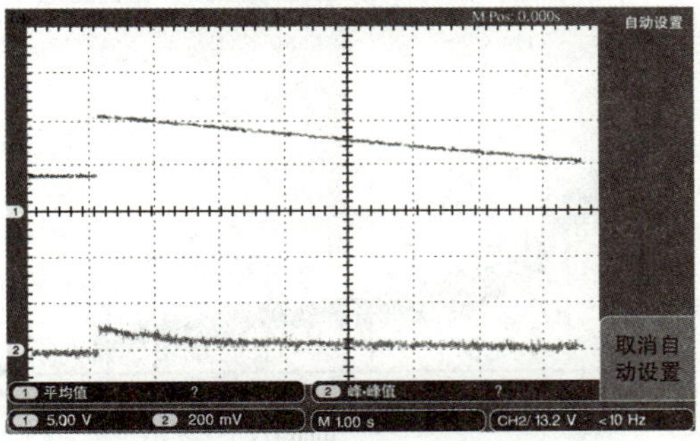

图 9-26　驱动电机端的电压和电流变化曲线（驱动电压为 12 V）

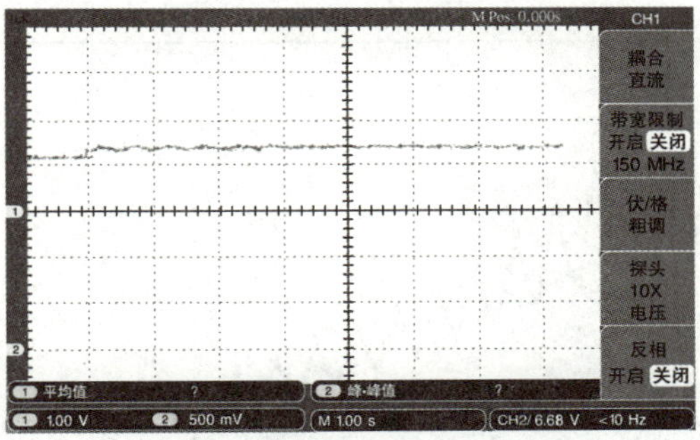

图 9-27　并联的超级电容器组端的电压和电流变化曲线（驱动电压为 12 V）

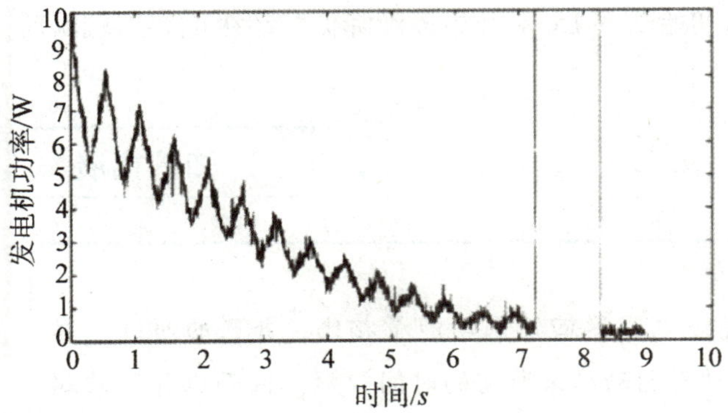

图 9-28　发电机瞬时功率（驱动电压为 12 V）

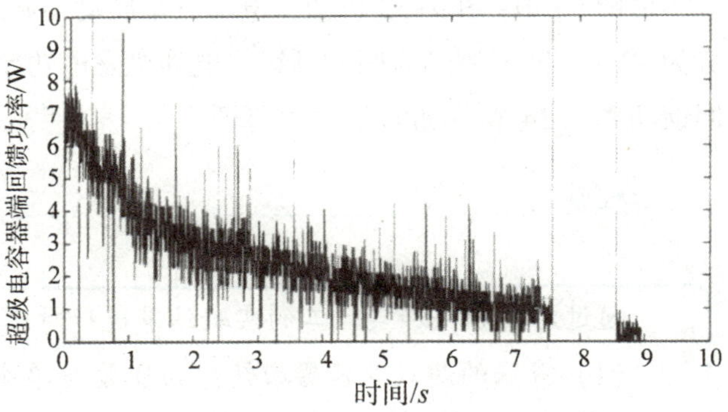

图 9-29　并联的超级电容器组端瞬时回馈功率（驱动电压为 12 V）

由图 9-26～图 9-29 可知，电动汽车制动初始时，电动机的转速为 764 r/min，电动机产生的反电动势为 9 V。随着制动时间的延续，电动机发电功率从初始功率 10 W 开始逐渐降低，超级电容器端瞬时回馈功率从 7 W 逐渐下降。

用 15 V 的恒压电源驱动电机运转，待电动机转速达到稳定转速后，切换电机控制为制动模式，电动机通过功率变换器向储能装置回馈制动能量，采集到驱动电机端和超级电容器端的电压和电流变化，用示波器输出变化曲线，分别如图 9-30 和图 9-31 所示。将对应状态的发电机瞬时功率和超级电容器端瞬时回馈功率曲线进行拟合和对比分析，如图 9-32 和图 9-33 所示。

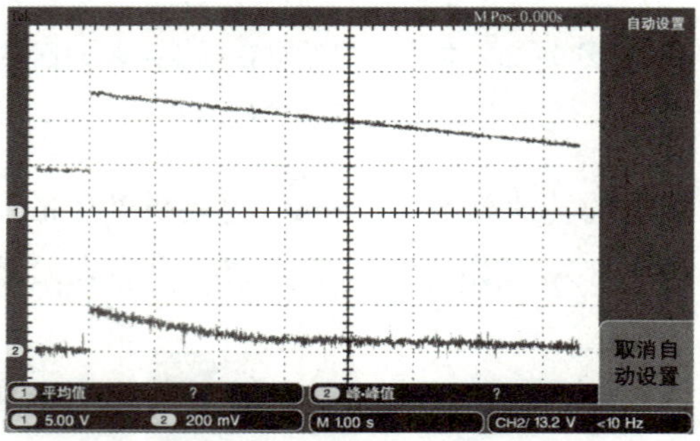

图 9-30　驱动电机端的电压和电流变化曲线（驱动电压为 15 V）

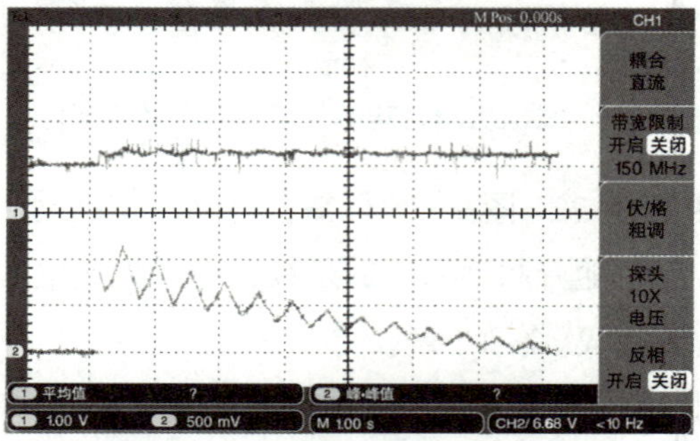

图 9-31　并联的超级电容器组端的电压和电流变化曲线（驱动电压为 15 V）

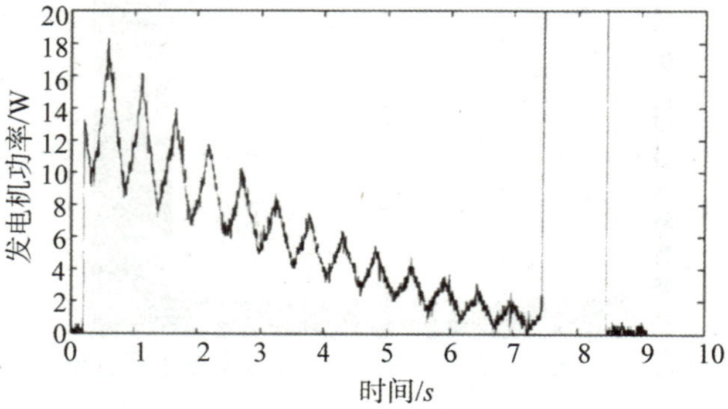

图 9-32　发电机瞬时功率（驱动电压为 15 V）

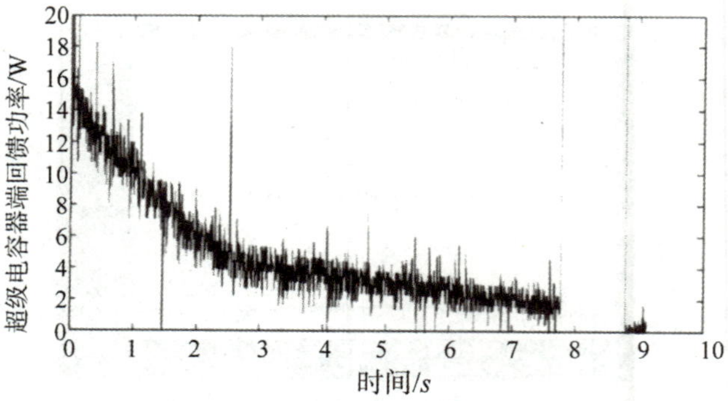

图 9-33　并联的超级电容器组端瞬时回馈功率（驱动电压为 15 V）

由图 9-30～图 9-33 可知，电动汽车制动初始时，电动机的转速为 764 r/min，电动机产生的反电动势为 13 V。随着制动时间的延续，电动机发电功率从初始功率 15 W 开始逐渐降低，超级电容器端瞬时回馈功率从 14 W 附近逐渐振荡降低。

知识拓展

通过对实验一和实验二的实验结果进行对比分析可得：

（1）并联的超级电容器回馈制动能量与单个超级电容器回馈制动能量相比，并联的超级电容器回馈时发电机的制动功率下降速度快，从开始制动至制动结束所需的时间较短，因而以并联的超级电容器组为储能装置能够在相同的时间内收集更多的回馈能量。

（2）回馈制动能量时，电动机的感应电动势越大，产生的制动回馈电流越大，因而可回收的制动能量越多。通过实验发现，实验中所用的电动机在制动回馈时所产生的反电动势比驱动电机所需电源电压低约 2 V。

（3）发电机通过功率变换器，为单个超级电容器和 3 个并联的超级电容器组的回馈功率不同。

项目小结

本项目主要对电动汽车的能量回馈制动系统实验技术进行介绍。首先介绍了实验系统设计与搭建；其次对实验结果进行了分析。通过本项目，我们学习了实验系统的设计与搭建，掌握了硬件参数的选择方法，能够对实验结果进行分析，进一步对“实践是检验真理的唯一标准”有了新的认识。

项目工单

1. 寻找成员

以 3~5 人为一组，选出组长并进行任务分工，将小组成员及分工情况填入表 9-2 中。

表 9-2　小组成员及分工情况

小组成员	姓名	学号	任务分工
组长			
组员			

2. 制订计划

（1）查阅相关资料，制订工单计划，并将其填入表 9-3 中。

表 9-3　工单计划

序号	工作内容	负责人

（2）将操作过程中所需的工具和耗材等填入表 9-4 中。

表 9-4　操作过程中所需的工具和耗材等清单

序号	名称	型号与规格	单位	数量	备注

3. 进行决策

（1）小组成员针对各自的工单计划展开讨论，并认真填写。

（2）指导教师根据各小组提交的工单计划给出评价。

（3）各小组成员根据指导教师的评价对工单计划进行调整，调整合格后的工单计划即为最终实施方案。

4. 工作实施

根据最终实施方案，学习认识新能源汽车制动能量回收技术内容。按实际操作过程，将实施内容、遇到的问题及解决办法等记录于表 9-5 中。

表 9-5　工作实施过程记录表

序号	实施内容	遇到的问题及解决办法	结果

5. 考核评价

各组展示任务完成情况，并完成如表 9-6 所示的考核评价表。

表 9-6　考核评价表

项目名称	评价内容	分值	评价分数		
			自评	互评	师评
职业素养 考核项目（40%）	安全意识、责任意识及服从意识强	10 分			
	积极参加教学活动，按时完成任务工单	10 分			
	团队合作、沟通交流能力强	10 分			
	劳动纪律良好	10 分			
专业能力 考核项目（60%）	专业知识查找及时、准确	12 分			
	了解能量回馈制动系统实验技术	18 分			
	操作熟练，工作效率高	12 分			
	任务完成度高	18 分			
合计：综合分数______自评（20%）+互评（20%）+师评（60%）		100 分			
综合评估		教师（签名）：			

课后练习

一、填空题

1. 控制模块设计主要包括________、________和________三部分。
2. 检测模块设计主要由检测回路中的________和________两部分组成。
3. 在进行电机制动实验之前，改变________对电动机进行驱动，开展单个超级电容器作为________的制动能量回馈实验。

二、简答题

1. 电动机旋转方向通过什么进行控制？
2. 实验二应该如何展开？

项目十

电动汽车能量回收系统总线-标定技术

项目导读

一项技术成熟与否，其中至关重要的一点便是看它是否拥有技术标准。本项目中我们将对电动汽车能量回收系统总线-标定技术进行讲解，主要有电动汽车总线系统时序分析实验、传感器标定实验、总线数据采集实车实验和制动能量回收的动态特性实验。

学习目标

知识目标

◆熟悉电动汽车总线系统时序分析方法。

◆了解传感器标定实验的步骤。

能力目标

◆能够简述总线数据采集实车实验的过程。

◆能够对制动能量回收的动态特性实验进行分析。

素质目标

◆加强学生全面思考能力和逻辑思维能力。

◆提高学生自主创新意识，强化安全意识。

思政目标

讨论国内外在能量回馈制动技术领域的研究现状，吸引学生对国家科技自主创新的关注，增强民族自豪感，理解自主创新对国家发展的重要意义。

任务一　时序分析实验与标定实验

任务描述

作为电动汽车能量回收系统研发团队的一员，李斯需要确保系统的总线通信时序准确无误，并且使传感器能够精确标定。为此，李斯将首先进行电动汽车总线系统的时序分析实验，以验证信息在总线上的传输是否满足实时性和准确性要求。接着，李斯将进行传感器标定实验，确保传感器输出的数据与实际物理量一致，为能量回收系统的精确控制提供可靠输入。如何通过这两个实验，确保能量回收系统的总线通信和传感器性能达到设计要求？

任务分析

这项任务的关键在于通过时序分析实验和传感器标定实验，确保电动汽车能量回收系统的总线通信和传感器性能满足设计标准。时序分析实验能够揭示总线通信中的延迟和同步问题，帮助优化通信协议，提高系统的实时响应能力。而传感器标定实验则是确保传感器输出准确性的重要步骤，它直接影响能量回收系统的控制精度和稳定性。通过这两个实验，可以全面提升能量回收系统的性能，为电动汽车的高效、安全运行提供有力保障。

任务重点与实施

一、电动汽车总线系统时序分析实验

CAN 总线系统

控制器局域网（CAN）是目前应用广泛的串行总线系统，它在一辆车上被多次使用：转换速率为 125 kbit/s 的 CAN 总线系统（容错 CAN），用于连接舒适系统的 ECU；转换速率达 1 Mbit/s 的 CAN 总线系统（高速 CAN），用于连接动力系统和底盘系统的 ECU。CAN 提供了转换安全性。这得益于差分信号转换和 5 种错误检测机制（比如位监视、形式检查、循环冗余码检查），这些功能是由 CAN 控制器实现的。本地局域互联网（LIN）用于传感器/执行器领域进行低成本和便捷的数据转换。LIN 的数据转换速率有 20 kbit/s，但这可以满足非关键性传感器和执行器信号的转换。对实时攸关应用来说，需要总线系统在不依赖总线负载的条件下保证硬（强）实时性。实时攸关系统通常也是安全攸关系统。Flex Ray 为此提供了解决方案：它具有最高 20 Mbit/s 的转换速率，并且基于一种可靠的等距数据转换，能够保证确定的时间关系。双通信通道使得总线能够转换冗余数据。如果一个通道的数据受到了干扰，那么仍然可以利用第二个通道的数据。信息设备（如导航、无线电和电话等）既要传送控制信号也要传送视频和音频信号，因而需要一种相对更宽的带宽。这样，

MOST 就用在了车内多媒体设备的联网。MOST 使得相对较高的带宽成为可能：它具有 48 kHz 的采样速率，用于转换位流的带宽接近 23 Mbit/s，而用于控制信号转换的带宽达到 768 kbit/s。在电动汽车上，电子设备正在承担着大量不同的任务。为了结合不同的系统，建立了多种总线系统。CAN 具有很高的数据安全性和相对低廉的成本，因此它注定要用在动力和舒适领域。由于更为低廉的成本及易于通信的架构，LIN 适宜作为一种低层总线。

知识拓展

当考虑快速、确定而安全的数据转换时，Flex Ray 成为最佳选择。MOST 是用于信息设备间的音频/视频数据交换的一种多媒体总线。CAN 会继续用于动力系统、底盘等应用领域。目前，电动汽车已安装很多 ECU。但是，并不是将任何新 CAN 节点都加到汽车上，而是将各种功能绑定到中央 ECU 上，这样 Flex Ray 将会显示其重要意义，因为使用它可以实现时间和安全攸关应用以及数据密集型应用。由于智能传感器和执行器数目的增多，其在未来也将发挥更加重要的作用。

电动汽车总线系统在充分满足车辆运行功能的同时，还应满足行驶的舒适性、环境适应性等性能要求，以及对车辆充电续驶里程的要求，如图 10-1 所示。电动汽车总线系统具有比普通工业总线系统更为严格的技术规范和标准要求，其主要性能要求为：

① 轻量化：为了充分利用有限的车载空间，减小车辆质量，降低运行中的能量消耗，应尽量减小总线系统的体积和质量，各种控制装置和冷却系统等也要求尽可能轻量化和小型化。

② 高效运行：一次充电续驶里程长，特别是在车辆频繁起停或变速运行的情况下，总线系统应具有较高的效率。

③ 高适应特性：即使没有变速器，总线系统本身也应能满足所需的转矩特性，以满足在启动、加速、行驶、减速、制动等各种运行工况下的功率和转矩要求，减轻驾驶员的操纵强度，提高驾驶的舒适度，并且能够达到与传统内燃机车辆同样的控制响应。

④ 高可靠性：在任何运行工况下都应具有高可靠性，以确保车辆的行驶安全。

⑤ 高电压：在允许的范围内尽可能采用高电压，这样可以减小总线系统的尺寸和控制器、导线等设备的尺寸，特别是可以降低逆变器的成本。

⑥ 安全性：动力电池组对总线系统的安全性提出了更高的要求，电动汽车总线系统必须符合相关车辆电气控制的安全性能标准和规定。

⑦ 寿命长：为降低电动汽车的使用成本，总线系统的使用寿命应和车辆保持一致，真正实现节能环保的目标。同时，总线系统还要求具有耐温和耐潮性能好、运行噪声低、结构简单、成本低、适合批量生产、使用维护方便等特点。

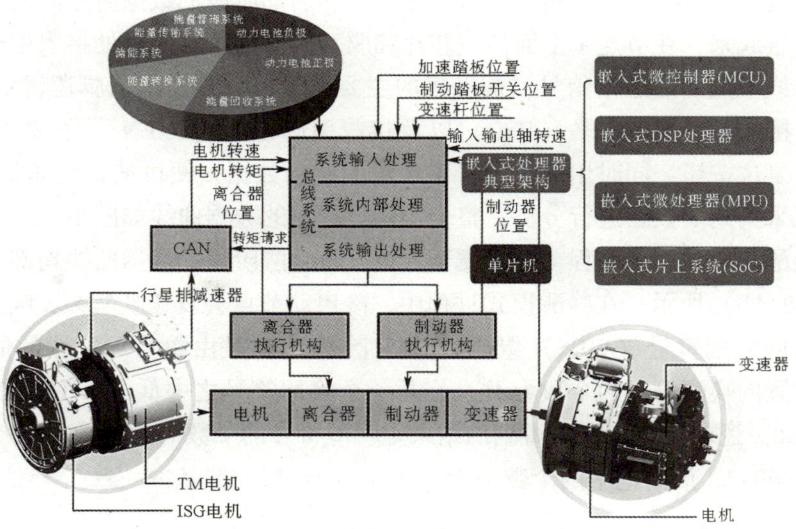

（a）总体逻辑框架

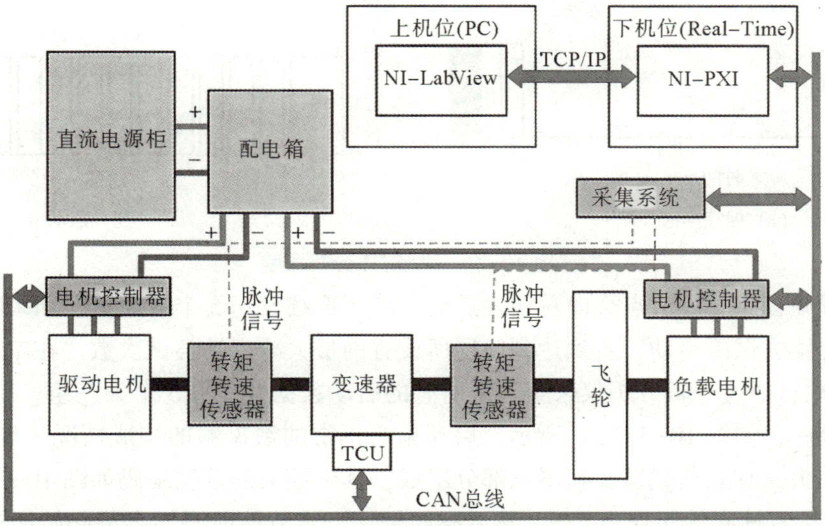

（b）总体布局

（c）实验台架

1—转速转矩传感器；2—负载电动机；3—驱动电机；4—配电箱；5—直流电源柜；6—实验台架。

图 10-1　电动汽车总线系统结构框架

对电动汽车总线数据进行时序分析，解析总线唤醒和启动阶段的数据时序和编码特点，将两个总线节点的总线端口连接起来，在节点 1 上面的主芯片和驱动芯片连接的引脚处接入逻辑分析仪，通过逻辑分析仪直接采集总线节点上的通信信号，被采集的主要信号分别为发送引脚逻辑电平（TxD）、发送引脚使能（TxEN）、接收引脚逻辑电平（RxD）以及接收引脚使能（RxEN）。在两个节点正常通信的时候，按下节点 1 的复位按钮，同时用逻辑分析仪采集此时的数据，便可捕捉到总线唤醒和启动的数据。对利用逻辑分析仪采集到的数据进行分析，整个实验过程中的数据曲线如图 10-2（a）所示。整个数据曲线包括复位、唤醒和启动三个过程。为了便于分析，将唤醒阶段的数据曲线局部放大进行说明，放大后的结果如图 10-2（b）所示，在唤醒模式过程中，冷启动节点会发送唤醒帧，唤醒帧的个数是可以配置的，由特定数目的唤醒符号（WUS）组成，而每个 WUS 则是由数量可配置的低电平和高电平构成的。在本实验中配置的唤醒符号的个数为 16，在每一个唤醒符号之中低电平 Data 0 的个数为 60，而高电平的个数则为 180。逻辑分析仪测量得到的结果是唤醒符号的个数为 16，在每一个唤醒符号之中低电平 Data 0 的个数为 60.2，而高电平的个数则为 179.6，与底层配置基本一致。

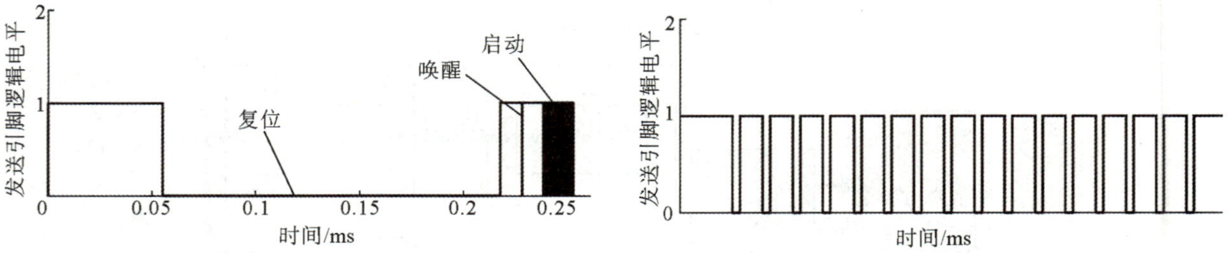

（a）时序唤醒　　（b）启动

图 10-2　总线时序分析实验

总线启动过程中，主导冷节点会向总线发送启动帧，连续发送 5 个启动帧，如果没有监听到有其他总线介入，将会继续尝试冷启动，直到达到底层所设置的最大冷启动尝试次数。在本实验中，设置冷启动尝试次数为 10 次，通过逻辑分析仪采集到了所有的启动数据帧，每 5 个为一组，一共有 10 组，这一点和底层设计相统一，如图 10-3（a）所示。启动帧与正常的数据帧的构成情况一样，如图 10-3（b）所示。启动帧由帧头、有效负载以及帧尾三部分组成，其中帧头的数据编码如图 10-3（c）所示。传输起始序列为 TSS，接着帧起始序列是 FSS，然后按照每一个字节前面添加字节起始序列 BSS 的编码规律进行编码，对数据帧编码，最后进入发送环节。

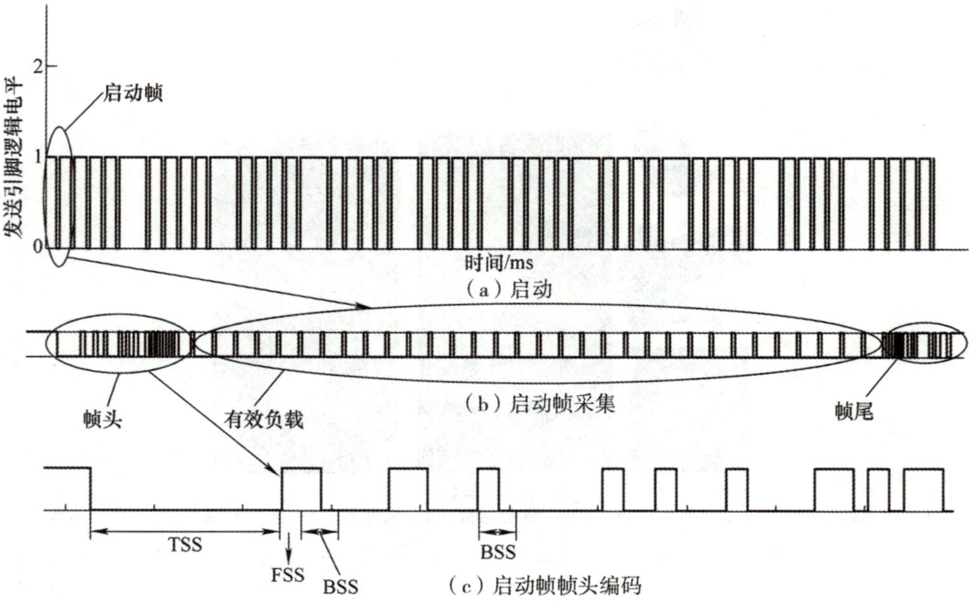

图 10-3　总线过程图

二、传感器标定实验

为了验证总线系统的传感器离线标定功能，设计了传感器离线标定功能实验平台，如图 10-4 所示。搭载有传感器的控制器通过 CAN 总线发送数据，上位机通过数据采集卡采集总线数据。首先采集一组传感器的工作数据保存至上位机，然后通过上位机向传感器系统发送离线标定指令，使传感器系统在该使用环境下进行离线标定操作，重启传感器系统，并采集传感器的工作数据。

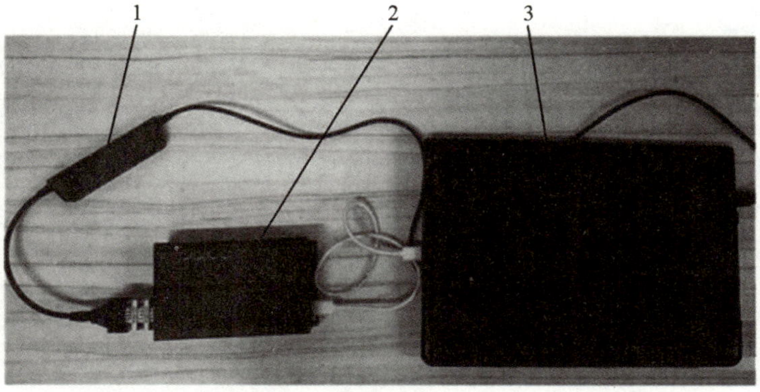

1—CAN 数据采集卡；2—传感器集成模块；3—便携式计算机。

图 10-4　传感器离线标定实验

以传感器的俯仰角度信号和纵向加速度信号为例进行说明，数据采集系统中集成的传感器模块在标定前后采集到的数据结果，如图 10-5、图 10-6 所示。未进行标定的传感器零点偏差较大，如俯仰角度信号在-3.46 附近振荡，而纵向加速度信号则在-0.75 附近振荡。在使用离线标定功能之后，对传感器输出的信号初始零点进行清零，可以很方便地实现传感器在新的使用环境中的标定。本实验中的俯仰角度信号和纵向加速度信号在进行离线标定之后，系统输出的传感器信号都在 0 附近振荡，有效地实现了传感器在新的使用环境中的标定工作。

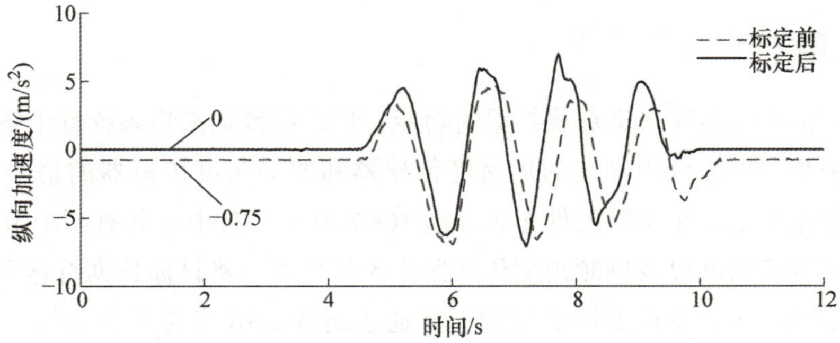

图 10-5　纵向加速度传感器信号离线标定前后结果对比

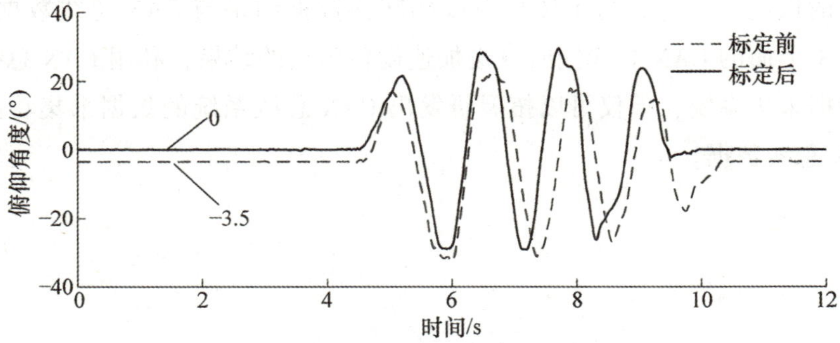

图 10-6　俯仰角度传感器信号离线标定前后结果对比

任务二　数据采集实验与能量回收实验

任务描述

在完成了时序分析和传感器标定实验后，研发人员王军需要进一步验证电动汽车能量回收系统在实车环境中的性能。首先，王军将进行总线数据采集实车实验，通过在实际行驶过程中收集总线数据，分析能量回收系统的工作状态。其次，王军将进行制动能量回收的动态特性实验，以评估系统在不同制动工况下的能量回收效率和响应特性。如何通过这两个实验，全面评估能量回收系统在实车应用中的性能表现？

任务分析

这项任务的核心是通过实车实验来评估电动汽车能量回收系统的性能。总线数据采集实车实验能够提供真实环境下的系统工作数据，帮助了解系统在实际使用中的表现和潜在问题。而制动能量回收的动态特性实验则能够揭示系统在不同制动条件下的性能变化，为优化系统控制策略提供依据。通过这两个实验，可以获得更为全面和准确的系统性能评估结果，为能量回收系统的进一步改进和实际应用提供有力支持。

任务重点与实施

一、总线数据采集实车实验

为了验证数据采集系统能够采集总线数据的功能，特地将数据采集系统置于整车上进行了数据的采集工作。以数据采集硬件系统中集成的加速度传感器和俯仰角度传感器的信号为被采集信号，进行实车实验。总线数据采集实车实验硬件布置如图 10-7 所示。其中一共有两个节点，节点 1 上面搭载有加速度传感器和俯仰角度以及侧倾角度传感器作为信号源，将目标数据打包发送至总线；节点 2 作为总线数据采集系统，接收总线上面的数据，并通过高速 USB 发送至上位机，从而将目标数据保存。其中节点 1 通过点烟器提供的 12 V 电源为系统供电，而节点 2 则通过和上位机相连接的高速 USB 线完成对系统的供电。另外，为了体现总线的转换数据结果与 CAN 总线数据转换结果的差别，系统还将通过节点 1 上面的 CAN 总线同时发送加速度传感器的结果，利用 CAN 总线数据采集卡采集该数据。基于该数据采集系统，不仅可以拓展研发出 CAN 总线系统的数据采集功能，也可以采集不同波特率下的 CAN 总线数据。

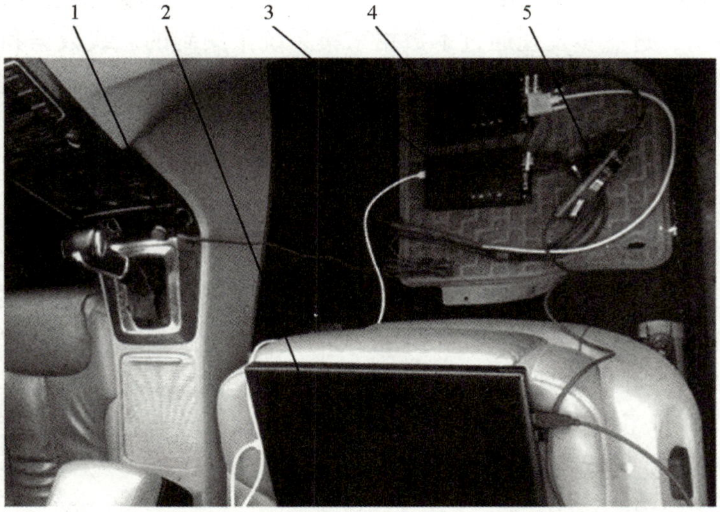

1—点烟器；2—便携式计算机；3—节点 1；4—节点 2；5—数据采集卡。

图 10-7 总线数据采集实车实验硬件布置

以车辆纵向加速度为例，车辆从静止启动急加速到 40 km/h 后，紧急制动，然后再重复上述驾驶规律，一共有 3 次急加速急减速到停车。在实验过程中，该数据采集系统可以在 0. 1 ms 内从总线采集到 36. 12 B 的数据，将该数据结果与发送周期为 10 ms、波特率为 500 k 的 CAN 总线采集结果进行对比，如图 10-8 所示。通过总线采集到的数据密度显著高于发送周期为 10 ms、波特率为 500 k 的 CAN 总线采集结果。将 CAN 总线的发送周期设定为 1 ms，波特率设为 1 M，重复上述试验操作，在连续两次的急加速急减速到最终停车的过程中，该数据采集系统可以在 0. 1 ms 内从总线采集到 36. 63 B 的数据，将该数据结果与发送周期为 1 ms、波特率为 1M 的 CAN 总线采集结果进行对比，如图 10-9 所示。通过局部曲线的对比，可以看出，通过总线采集到的数据细节更全面。

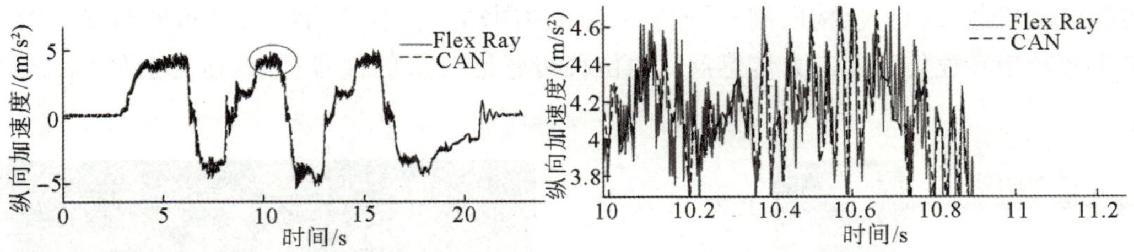

（a）该总线采集与 CAN（10 ms、500 k）采集分析 （b）圈出部分的放大分析

图 10-8 该总线与 CAN（10 ms、500 k）总线纵向加速度采集对比

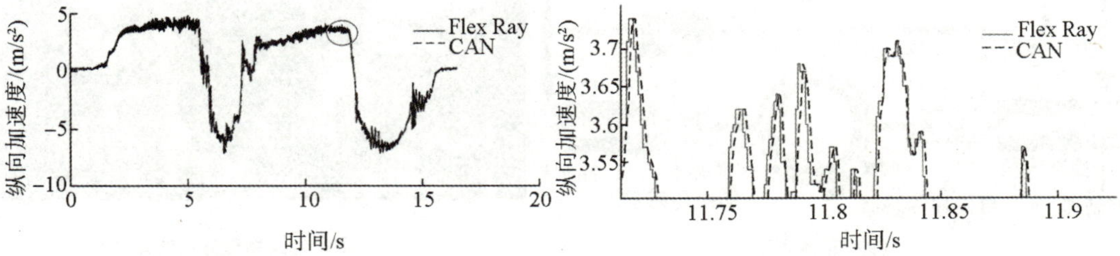

（a）该总线采集与 CAN（1 ms、1 M）采集对比 （b）圈出部分的放大分析

图 10-9 该总线与 CAN（1 ms、1 M）纵向加速度采集对比

以车辆纵向加速度数据为例进行分析，车辆进行 3 次急加速急减速操作，车辆的纵向加速度数值被 Kvaser 公司的 CAN 总线数据采集卡和本系统的 CAN 总线数据采集卡同时采集，最终结果如图 10-10（a）

所示，整体上本系统采集到的纵向加速度值和 Kvaser 采集卡采集到的数值完全一致。将图 10-10（a）中局部曲线放大进行分析，进一步发现通过本数据采集系统采集到的总线数据和 CAN 数据采集卡采集到的数据一致，而且在具体的数据点的个数上亦相等，不存在丢失数据点的问题。因此，相比于 CAN 数据采集卡，本系统的总线数据采集功能，可实现在未发生数据丢失的情况下，完成对 CAN 数据的准确采集。通过具体实验利用逻辑分析仪逐位分析了总线唤醒和启动机理，并根据总线上的逻辑电平数据探讨了总线上的数据编码和打包的过程。同时根据本数据采集系统所设计的具体功能，逐一进行针对性的实验。通过具体实验验证了本系统所设计的传感器离线标定功能。通过实车实验对本系统所提供的基于总线的数据采集功能进行了实验，实验结果表明，本系统所设计的基于总线的数据采集系统可以在 0.1 ms 的时间内成功采集 36 B 的数据，而 CAN 总线的理论转换效果为 0.1 ms 转换 8 B，其效果优于 CAN 总线的理论转换效果，可以达到 CAN 总线极限转换速率的 4.5 倍。此外，还对本系统所设计的 CAN 总线数据采集功能进行了实车实验验证，本系统的 CAN 总线数据采集功能采集到的实验数据和 CAN 总线数据采集卡所采集的数据一致，且没有产生数据丢失等现象。

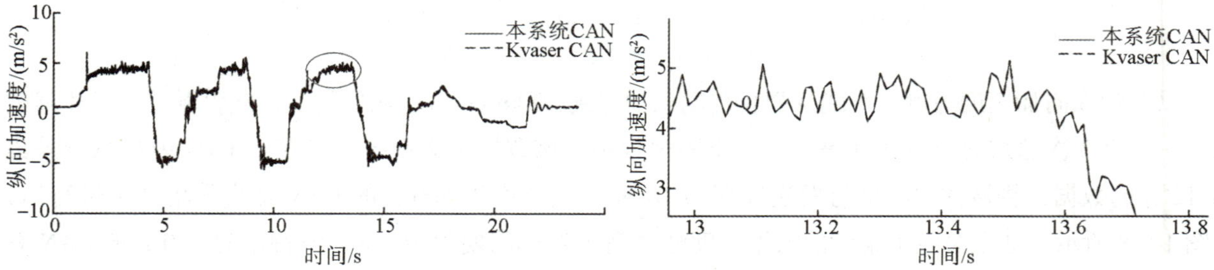

（a）本数据采集系统与 CAN 数据采集对比　　（b）部分的放大结果

图 10-10　本数据采集系统与 CAN 数据采集功能实验对比

二、制动能量回收的动态特性实验

制动实验台架的总体结构如图 10-11 所示。驱动电机是实验的动力源，通过转矩转速传感器与制动鼓相连；控制电动机通过执行机构向制动带自由端施加制动力，制动力由力传感器感知；PXIe 作为下位机，负责采集转矩转速传感器、力传感器、角位移传感器传来的信号；PC 作为上位机，是整个台架的控制中心。

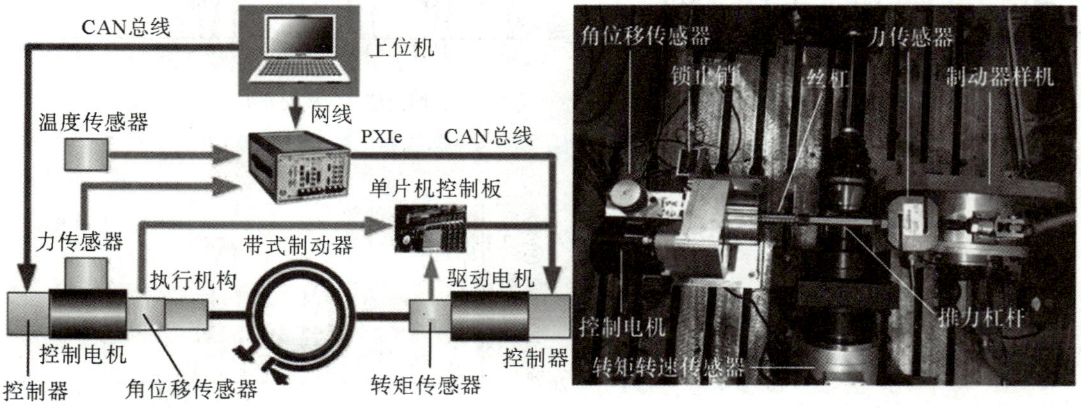

（a）总体布局　　（b）实验台架物理样机的总体结构

图 10-11 制动实验台架

试验 PC 控制 PXIe 通过 CAN 总线向驱动电机控制器发出指令，使驱动电机运行于设定的工况；制动时，PC 通过 CAN 总线向制动带控制电动机发出指令，驱动丝杠平动，从而使推力杠杆拉紧制动带自由端产生制动力，制动力施加于制动鼓产生制动力矩，使制动鼓停转。实验台架软件设计主要包括 PC 端控制程序和制动带执行机构控制程序的设计。PC 端控制程序根据设定的各种工况，对驱动电机实施控制，并采集反馈回来的力、力矩及温度信号，是整个台架的指令系统；制动带抱紧制动鼓，则由制动带执行机构控制程序实现。PC 端控制程序采用 LabVIEW 编写，可通过 CAN 总线与制动带执行机构控制器通信，控制制动带动作；还可通过网线与下位机 PXIe 互联，采集力传感器、转矩转速传感器、温度传感器的信号，通过 CAN 总线控制驱动电机运行。制动带执行机构由控制器、电动机、丝杠螺母、角位移传感器等组成，控制器的处理器采用 16 位单片机，控制器发出指令后，电动机旋转，丝杠螺母将电动机的旋转运动转换为丝杠的平动，推动与制动带自由端连接的连杆运动，使制动带抱紧制动鼓，从而产生制动效果。电动机旋转的角度由角位移传感器感知与反馈。图 10-12 为制动带执行机构控制程序流程图。

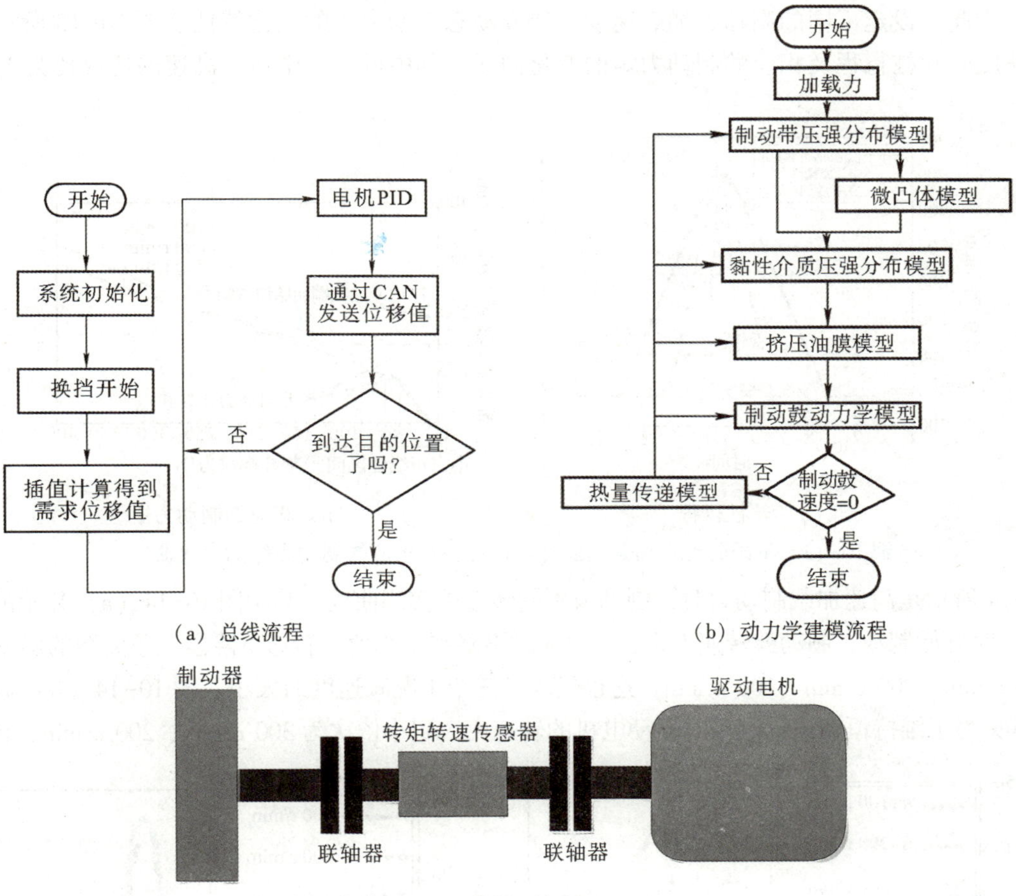

（a）总线流程　　（b）动力学建模流程

（c）执行机构布置

图 10-12　制动带执行机构控制程序流程图

制动带动态制动力矩对换挡品质有着重要影响。制动带动态制动力矩出现在制动带滑磨阶段，这一阶段与离合器的滑磨相似。将离合器的动态转矩分为两部分，一部分只与转速差、狭义摩擦系数及正压力有关，另一部分只与离合器输入力矩有关。制动带实验的目的，是获得制动带从开始制动到抱停制动鼓这一动态过程中，制动带所产生的制动力矩与执行机构产生的制动力之间的关系。制动力可由力传感器直接得到，制动力矩则由下式估算：

$$T_{sensor} - T_{brake} = I_{brake}\dot{\omega}_{motor} \tag{10-1}$$

式中，T_{sensor} 是转矩转速传感器测得的转矩，N・m；T_{brake} 是制动带产生的制动力矩，N・m；I_{brake} 是制动鼓的等效转动惯量，kg · m²；ω_{motor} 是驱动电机转动的角速度，rad/s。I_{brake} 可在 SolidWorks 中直接获得，驱动电机的角加速度可由程序根据 ω_{motor} 计算得到，T_{sensor} 可由转矩转速传感器读出，因此由上式可得到制动带制动力矩 T_{brake}。

制动带制动力矩 T_{brake} 可由下式估算：

$$T_{brake} - T_{motor} = I_{brake}\dot{\omega}_{motor} \tag{10-2}$$

丝杠行程表征了制动力的大小，若丝杠行程一定，则在动态摩擦系数不变的情况下，制动带所产生的动态制动力矩为

$$T_{brake} = \mu_d F_p R_{drum} \tag{10-3}$$

式中，μ_d 是动态摩擦系数；F_p 是制动带施加给制动鼓的正压力，其大小与制动力有关；R_{drum} 是制动鼓半径。然而，丝杠进给的速度不同，即制动力加载的速度不同，会影响动态摩擦系数，从而导致动态制动力矩的变化。在紧急制动的情况下，动态摩擦系数会大幅度降低，制动力矩急剧下降，严重时可造成制动失效。为此，设定不同的制动力加载速度，研究动态制动力矩的变化特性。图 10-13 所示是不同制动力加载速度时丝杠行程及相应的制动力矩的变化曲线，其中低速、中速、高速的速度比为 1 : 2 : 5。

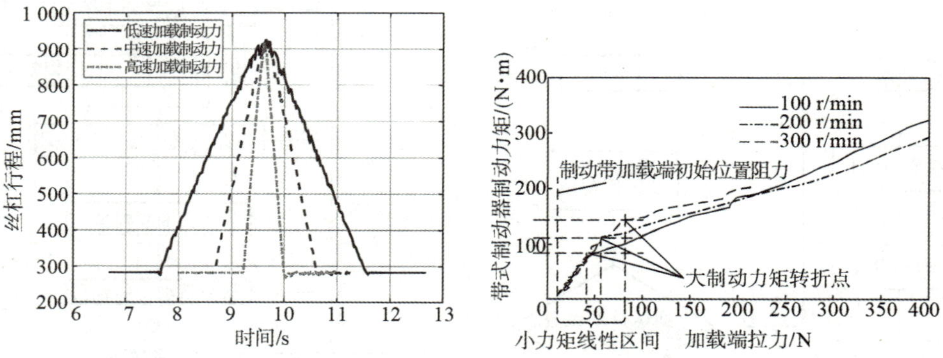

（a）丝杠行程　　（b）相应的制动力矩

图 10-13　不同制动力加载速度时丝杠行程及相应的制动力矩的变化曲线

图 10-14 所示是高速加载制动力时，制动鼓不同转速的实测曲线，其中图 10-14（a）显示的是制动鼓转速，8.2 s 时开始制动，制动鼓转速下降，8.44 s 时下降到最小值，转速下降段三条曲线的斜率由大到小依次为 300 r/min、200 r/min、100 r/min，这也代表了三个工况减速度的大小。图 10-14（b）显示的是电机转矩，可见为了维持恒转速，制动时驱动电机的转速由大到小依次为 300 r/min、200 r/min、100 r/min。

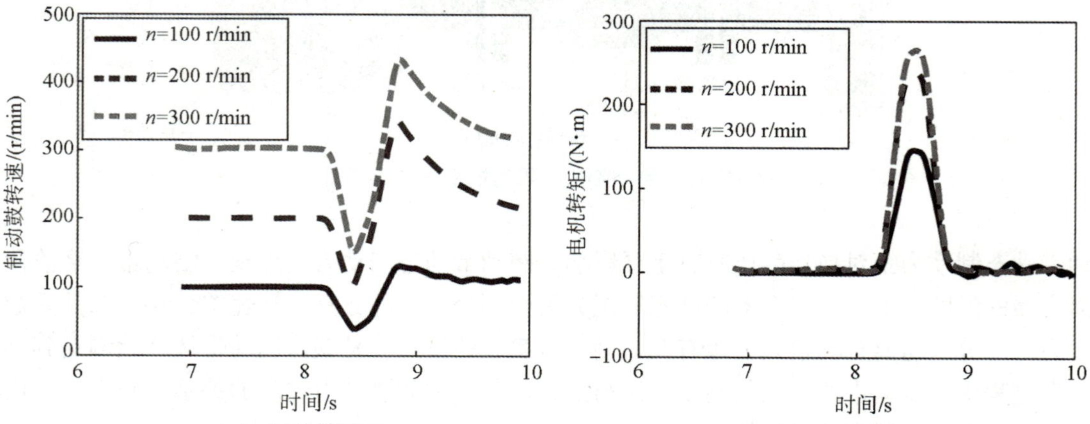

（a）制动鼓转速　　（b）电机转矩

图 10-14　高速加载制动力时，制动鼓不同转速的实测曲线对比

高速加载制动力时各工况的动态制动力矩曲线如图 10-15 所示。图 10-15（a）显示的是动态制动力矩，可以看出，在其他条件不变的前提下，制动鼓转速越高，制动带所产生的制动力矩越大，原因可结合图 10-14（a），相同时间段内，制动鼓转速越高，制动时产生的减速度越大。同时可以看出，制动鼓转速越高，电机转矩越大，制动力矩也就越大。将制动带接合阶段动态区曲线截取出来，高速加载制动力时，不同转速对应的制动力矩曲线差别明显，而正常速度加载制动力所对应的曲线则贴合较好，制动力加载速度对制动带动态特性影响明显。

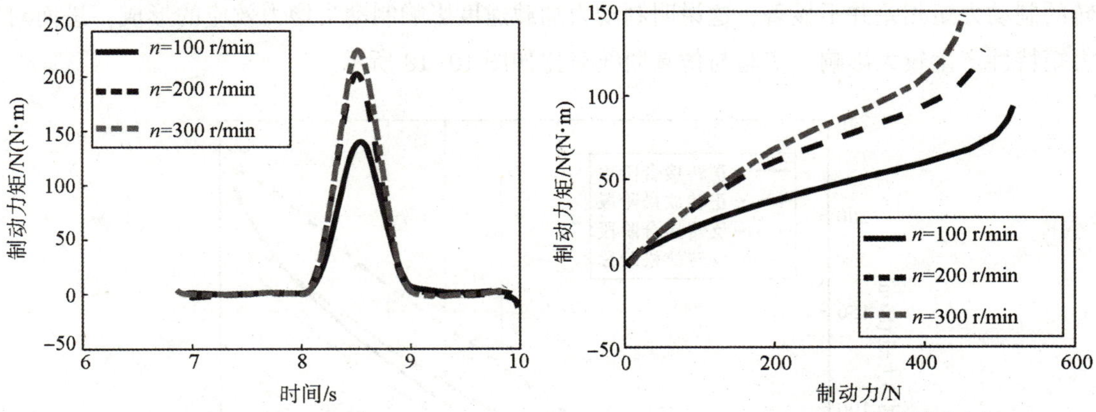

（a）制动力矩　　（b）动态区制动力矩

图 10-15　高速加载制动力时各工况的动态制动力矩曲线

当制动鼓保持恒转速 300 r/min 时，丝杠在不同进给速度下的实测曲线如图 10-16 所示。同一制动鼓转速下，制动带产生的动态制动力矩与制动力的加载速度有关，丝杠行程变化越快，制动力加载速度就越快，动态制动力矩则越低。由此可见，动态制动力矩不仅取决于制动力的数值大小，也取决于制动力的加载速度。制动力加载速度对动态制动力矩的影响可由动液升力来解释。动液升力的表达式为

$$F_h \propto \rho_1 A_1 \mu_F^2 \tag{10-4}$$

式中，F_h 是动液升力，N；ρ_1 是润滑油密度，kg/m^3；A_1 是制动鼓与润滑油的接触面积，m^2；μ_F 是等效于制动力加载速度，m/s。

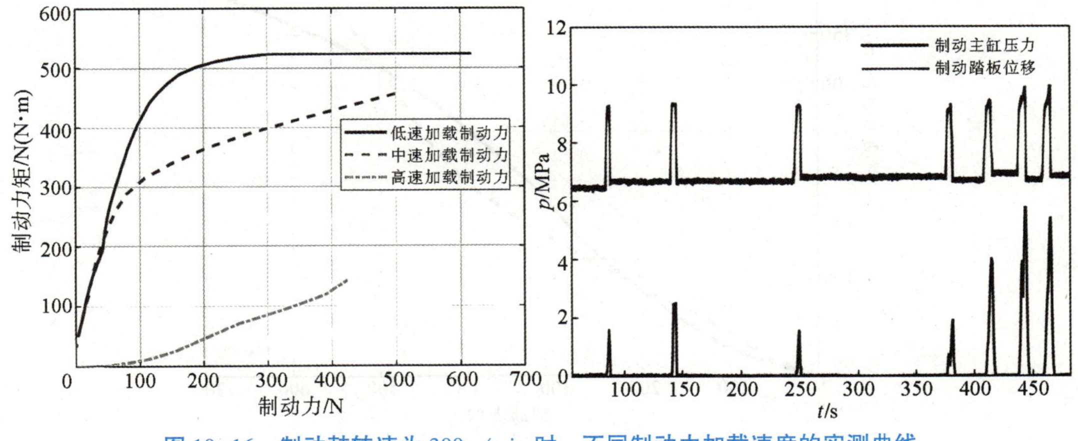

图 10-16　制动鼓转速为 300 r/min 时，不同制动力加载速度的实测曲线

制动力加载速度越小，动液升力越小，制动带越容易克服动液升力刺透润滑油膜，使得制动带与制动鼓直接接触，随着接触的进行，进一步将润滑油膜挤出，直至制动带与制动鼓完全接触，此时动液升力消失，动态摩擦系数变大，因此制动带产生的制动力矩变大。而制动力加载速度越大，动液升力越大，制动带的压力越难以克服动液升力，因而制动带产生的制动力矩越小。为全面研究制动带的动态特

性，本文还对高速加载制动力时，制动鼓正转与反转的制动力矩特性做了对比，图 10-17 是测试结果，制动鼓正转与反转的转速均为 300 r/min。高速加载制动力时，正转接合阶段是一段凹曲线，制动带出现了增力效应，但幅度不大，正转接合阶段与反转接合阶段的曲线比较接近，并未体现出显著的差异。放松阶段与此类似，而正常速度加载制动力时，制动鼓正转与反转得到的制动力矩曲线区别明显。原因在于高速加载制动力时，丝杠进给速度太快，动液升力过大，制动带对制动鼓施加的正压力不足以将润滑油膜全部排出，制动带尚未全面接触制动鼓，即进入放松阶段，无法形成足够强的增力效应，因而正转与反转的制动力矩相差并不显著，这说明制动力加载速度影响制动带增力效应的形成，进而对制动带的动态力矩特性产生较大影响。实验与仿真曲线对比如图 10-18 所示。

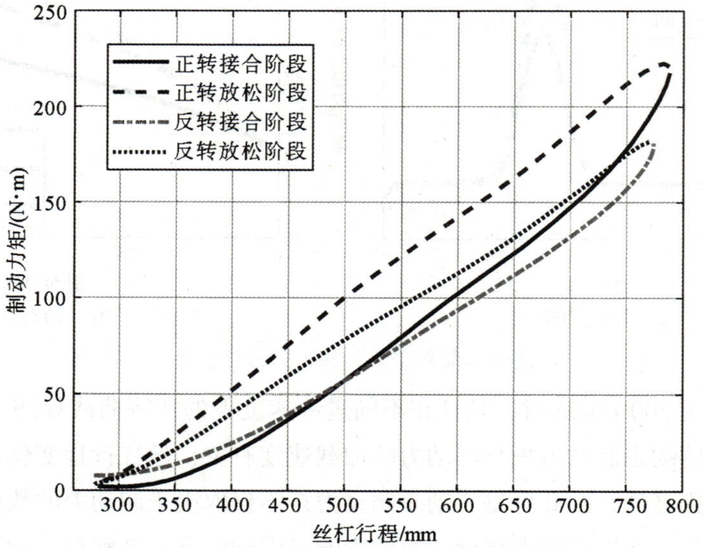

图 10-17　高速加载制动力时，制动鼓正反转的实测曲线

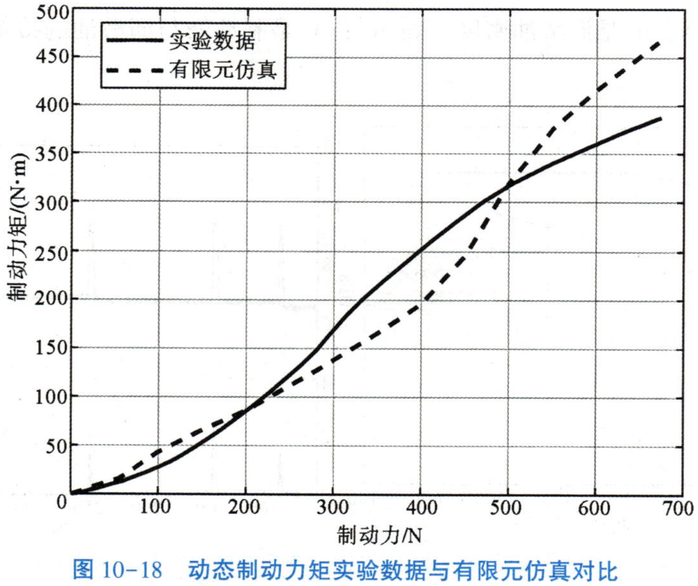

图 10-18　动态制动力矩实验数据与有限元仿真对比

① 实验曲线与有限元仿真曲线总体走势相同，特别是在交点（图中 200 N）以下区域，二者差别不大，说明有限元模型参考价值较高。

② 在交点以下区域，实验得到的制动力矩较小，这是由于在制动带动作的初始阶段，制动鼓与制动带尚未直接接触，二者之间存在一层润滑油膜，此时摩擦系数较小，同时，润滑油产生的动液升力阻

止制动带挤向制动鼓，因而制动带实际产生的制动力矩较小。

③ 在交点以上区域，实测制动力矩较大，这一阶段制动带压力克服动液升力刺透润滑油膜，制动带开始与制动鼓直接接触，并进一步挤压油膜直至完全接触。由于接触面积的不断变大，制动带产生的增力效果变得显著，因而实测制动力矩大于仿真结果。

④ 制动力大于 500 N 时，制动鼓在制动力矩作用下转速逐渐降低，驱动电机逐渐达到峰值转矩，制动带最终抱停制动鼓并与电动机峰值转矩平衡，因此这段曲线实测数值小于有限元仿真，而有限元建模未考虑驱动电机转矩饱和的影响，制动力矩持续增加，因此相比而言，实验数据更加符合实际。

$$T_{\text{clutch}} = (a - bw - a\mathrm{e}^{-cw})F_{\text{n}}R_{\text{c}} + T_{\text{static}}\mathrm{e}^{-dw} \tag{10-5}$$

式中，T_{clutch} 是离合器传递的力矩，N · m；w 是离合器主从动部件之间的转速差；F_{n} 是离合器正压力，N；R_{c} 是摩擦力等效作用半径，m；T_{static} 是静态力矩，N · m；a、b、c、d 是与材料相关的系数。然而式（10-5）只考虑了离合器正压力的数值大小，并未考虑正压力加载速度的影响。

从实验结果分析可知，动态制动力矩不仅取决于制动力的数值大小，也与制动力的加载速度有关，因此需将制动力的加载速度作为动态制动力矩的要素之一。此外，在制动过程中，制动力和电动机输入转矩共同作用于制动鼓，引起动态制动力矩的变化。据此，提出动态制动力矩的表达式为

$$\begin{cases} T_{\text{brake}} = \mu_{\text{eq}}FR + \lambda_{\text{eq}}T_{\text{motor}} \\ \mu_{\text{eq}} = a(1 - \mathrm{e}^{-c})\varepsilon \\ \lambda_{\text{eq}} = \lambda\varepsilon \\ \varepsilon = \mathrm{e}^{-b} \end{cases} \tag{10-6}$$

式中，T_{brake} 是动态制动力矩，N · m；μ_{eq} 是等效动态摩擦系数；F 是制动力，N；R 是制动力作用半径，m；λ_{eq} 是等效力矩输入系数；ε 称为补偿系数，其数值与制动力加载速度 v 有关；a、b、c 是与材料相关的系数。

式（10-6）将制动力和电动机输入转矩对动态制动力矩的影响分割开来，其中等效动态摩擦系数反映了制动力的影响程度，等效力矩输入系数反映了电动机输入转矩的影响程度，并计入制动力加载速度的影响，图 10-19 是低速加载制动力时，等效动态摩擦系数和等效力矩输入系数随制动鼓转速的变化曲线。转速较低时，电动机输入转矩的作用较为显著；转速较高时，制动力的作用较为显著。制动力加载速度变化时，等效动态摩擦系数和等效力矩输入系数变化趋势如图 10-20 所示。

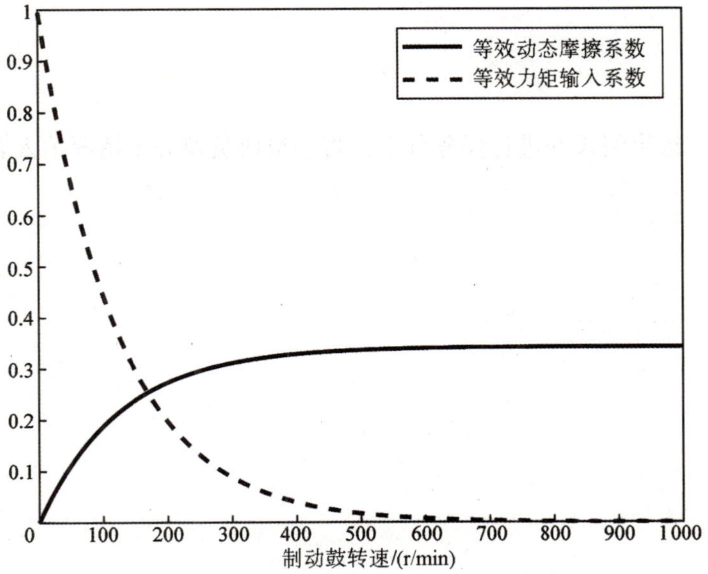

图 10-19　等效动态摩擦系数和等效力矩输入系数曲线

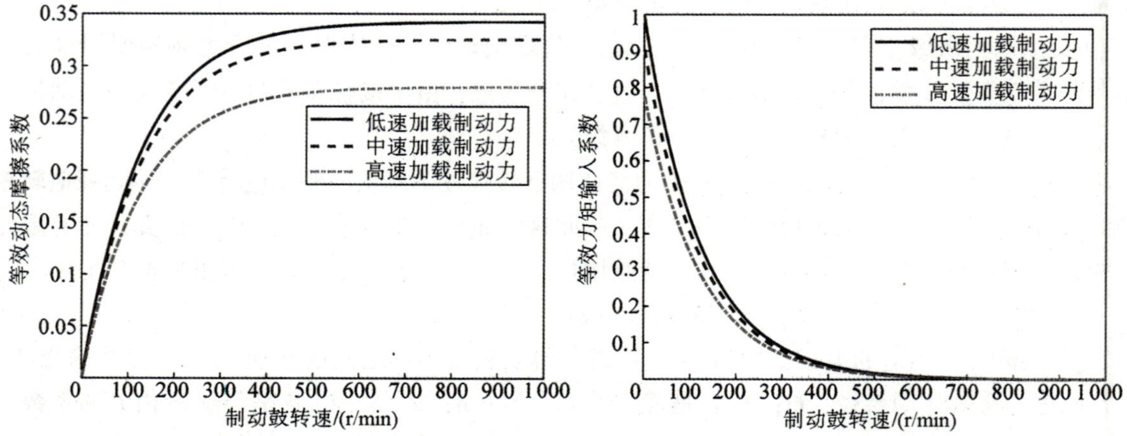

（a）制动力加载速度对等效动态摩擦系数的影响　　（b）制动力加载速度对等效力矩输入系数的影响

图 10-20　等效参数影响

可以看出，制动力加载速度并不影响等效动态摩擦系数和等效力矩输入系数随转速变化的总体趋势，但会明显影响两个系数的数值大小。对于等效动态摩擦系数而言，制动力加载速度越快，等效动态摩擦系数越小，等效动态摩擦系数的变化在高转速区尤为明显；而对于等效力矩输入系数，制动力加载速度越快，等效力矩输入系数越小，但等效力矩输入系数的变化在低转速区较为明显，而在高转速区则不敏感。

项目小结

本项目主要对标定技术进行介绍。首先介绍了时序分析实验与标定试验；其次介绍了数据采集实验与能量回收实验。通过本项目的学习，我们了解了电动汽车总线系统主要性能、实验架台的总体结构、传感器标定实验的进行、制动能量回收的动态特性试验等，使我们进一步对标定技术有了了解。

项目工单

1. 寻找成员

以 3~5 人为一组，选出组长并进行任务分工，将小组成员及分工情况填入表 10-1 中。

表 10-1　小组成员及分工情况

小组成员	姓名	学号	任务分工
组长			
组员			

2. 制订计划

（1）查阅相关资料，制订工单计划，并将其填入表 10-2 中。

表 10-2　工单计划

序号	工作内容	负责人

（2）将操作过程中所需的工具和耗材等填入表 10-3 中。

表 10-3　操作过程中所需的工具和耗材等清单

序号	名称	型号与规格	单位	数量	备注

3. 进行决策

（1）小组成员针对各自的工单计划展开讨论，并认真填写。

（2）指导教师根据各小组提交的工单计划给出评价。

（3）各小组成员根据指导教师的评价对工单计划进行调整，调整合格后的工单计划即为最终实施方案。

4. 工作实施

根据最终实施方案，学习认识新能源汽车制动能量回收技术内容。按实际操作过程，将实施内容、遇到的问题及解决办法等记录于表 10-4 中。

表 10-4　工作实施过程记录表

序号	实施内容	遇到的问题及解决办法	结果

5. 考核评价

各组展示任务完成情况，并完成如表 10-5 所示的考核评价表。

表 10-5　考核评价表

项目名称	评价内容	分值	评价分数		
			自评	互评	师评
职业素养 考核项目（40%）	安全意识、责任意识及服从意识强	10 分			
	积极参加教学活动，按时完成任务工单	10 分			
	团队合作、沟通交流能力强	10 分			
	劳动纪律良好	10 分			

续表

项目名称	评价内容	分值	评价分数		
			自评	互评	师评
专业能力 考核项目（60%）	专业知识查找及时、准确	12 分			
	熟悉能量回收系统总线标定技术	18 分			
	操作熟练，工作效率高	12 分			
	任务完成度高	18 分			
合计：综合分数________自评（20%）+互评（20%）+师评（60%）		100 分			
综合评估		教师（签名）：			

课后练习

一、填空题

1. 控制器局域网（CAN）是目前应用广泛的________，它在一辆车上被________。

2. 电动汽车总线系统在充分满足车辆________的同时，还应满足行驶的舒适性、环境适应性等性能，以及对车辆________的要求。

3. 以数据采集硬件系统中集成的________和________的信号为被采集信号，进行实车实验。

4. 驱动电机是实验的动力源，通过________与制动鼓相连；控制电动机通过执行机构向制动带自由端施加制动力，制动力由________感知。

二、简答题

1. 电动汽车总线的主要性能要求是什么？

2. 制动带实验的目的是什么？

参考文献

[1] 李永，宋健. 电动车辆能量转换与回收技术 [M]. 北京：机械工业出版社，2021.

[2] 初亮，姚亮，许炎武. 新能源汽车制动能量回收技术 [M]. 北京：机械工业出版社，2023.

[3] 张俊智. 汽车能量回馈式制动系统原理与控制 [M]. 北京：机械工业出版社，2022.

[4] 邢恩辉，任桂周，王培振. 电动汽车制动能量回馈技术 [M]. 哈尔滨：哈尔滨工业大学出版社，2023.

[5] 马建，赵轩，余强，等. 汽车持续制动理论与技术 [M]. 北京：人民交通出版社，2023.

[6] 关云霞，梁晨. 新能源汽车技术 [M]. 北京：机械工业出版社，2022.

[7] 崔胜民. 新能源汽车概论 [M]. 北京：北京大学出版社，2022.

[8] 高丽林. 汽车动力与驱动系统综合维修技术 [M]. 成都：西南交通大学出版社，2022.